バガヴァッド・ギーター

マハリシ・マヘーシュ・ヨーギーによる新訳と注釈

第一章 ― 第六章

マハリシ総合教育研究所 監訳

マハリシ出版

BHAGAVAD-GITA

A NEW TRANSLATION AND COMMENTARY

by MAHARISHI MAHESH YOGI

CHAPTERS 1 - 6

The Japanese translation is published by Maharishi Publishing
of Maharishi Institute of Total Education Japan

献辞

本書をヒマーラヤのジョーティル・マタに住み給うた
シャンカラーチャーリヤの道統を継げるジャガッドグル、
大聖スワミ・ブラフマーナンダ・サラスワティー、
またの名シュリー・グル・デーヴァの蓮華の御足に捧げまつる。
聖俗すべての栄光に浴さんと願い人生を愛する人々に、
大聖御自ら息吹を与え、
本書を祝福として世に下し給うものなり。

ジヨーティル・マタの
ジャガッドグル、バグワン・シャンカラーチャーリヤ
スワミ・ブラフマーナンダ・サラスワティー大師

聖マハリシ・マヘーシュ・ヨーギー

はじめに

『ヴェーダ』は、永遠なる英知の灯台です。『ヴェーダ』により人類は救済へと導かれ、至高の達成へと促されます。

永遠の「存在」は形に現れない非具象の絶対として遍在しており、形をとって現れた創造世界の多様性の中においてさえも、「それ」としての地位を保っています。そして、だれもが自己の本質としてこの「存在」を実現する可能性をもっているということ、これが『ヴェーダ』の永遠の哲学が説く偉大な真理です。

『ヴェーダ』は、目に明らかな創造世界の多様性の根底にある、生命の不変の統一を明らかにします。なぜなら、形に現れたものも形に現れないものも、ともに真実であり、「それ」のみが存在しているからです。「我はそれなり、汝《なんじ》はそれなり、これすべてはそれなり」という有名な格言がありますが、これこそが真理です。これこそが『ヴェーダ』の教えの核心であり、リシ（賢者・見者）たちが「耳を傾け、想いを凝らし、成し遂げるに値するもの」と称賛してやまないものです。

『ヴェーダ』の英知が明らかにする真理は、本質的に時間とは無関係ですから、決して失われることはありません。しかし、人間の視野が偏ってくると、現象世界の束縛的影響にとらわれるようになり、真実の絶対面を忘れてしまいます。このように、人々が実存の変化し続ける面に閉じ込められるようになると、人生から安定性が失われ、苦しみが始まります。そして、苦しみが増大してくると、自然の無敵の力が働きだして人間の視野を正し、人間の実存の崇高な目的を再び成就させることのできる人生の道を確立します。世界の長い歴史を見ると、人生の理想的な姿が忘れ去られまた復活されるということが、何度も繰り返されてきたことがわかります。

ヴェーダ・ヴィヤーサは、広大な視野をもつ賢者であり、古代における最も偉大な歴史家でした。ヴィヤーサは、今から約五千年前、人々を統治していた一族の間に不正がはびこり始めたことを記録しています。主クリシュナが現れて、人生の本当の価値を人々に思い起こさせたのは、まさにその時のことでした。主は、超越的「存在」との直接的な接触のみが、人生のあらゆる面を完全なものにすることができる、という教えを復活しました。主は、絶対「存在」が人生の根本的な真実であることを明らかにし、「それ」をすべての思考の基盤、さらにはすべての行動の基盤として確立しました。「存在」、思考、そして行動に関するこの哲学は、統合された人生についての真の哲学です。この哲学に従うならば、行為者は行動において成功を収められるようになるだけでなく、同時に、行動の束縛からも解放され、あらゆる段階で成就が得られるようになります。『バガヴァッド・ギーター』の中で、主クリシュナがアルジュナに与えた永遠の「真理」に関する教えは、実にこのようなものであるのです。

しかし、この教えも次第に忘れ去られ、二千年後には、「存在」が絶対的な真実であり、創造世界すべての源、基盤であるという原理さえも、人生の相対的な面だけを賛美する誤った考え方によって、覆い隠されてしまうようになりました。このように英知が失われてしまう原因は、主クリシュナも述べているように、「長い時の流れ」にあるのです。

主クリシュナが復活させた統合された人生についての哲学が見失われると、人生が提供するものはすべて実存の表面レベルにある、という考え方が優勢になりました。そして、内側深くに潜んでいるものについては、求めることすら無駄であると思われるようになってしまったのです。このような表面的な見方が社会を支配するようになった結果、真実への洞察は見失われ、正しい価値観も忘れ去られて、人生の安定性が破壊されてしまいました。そして、緊張、混乱、迷信、不幸、恐怖などがはびこるようになったのです。

仏陀（釈尊）は、このような状況を正すために現れました。行動の領域が歪められているのを見て、仏陀は正しい行動に関する教えを説きました。「存在」すなわち永遠の自由（ニルヴァーナ）に立脚した意識レベルから、仏陀は、自由の境地に確立された行動の哲学を教えました。「存在」に直接接触することによって想念の領域を浄化し、社会における正しい行動のあり方をもたらすために、仏陀は人々に瞑想《めいそう》を勧めました。仏陀の教えは完全なものでした。なぜなら、仏陀が復活した教えの中には、「存在」、思考、そして行動の領域がすべて含まれていたからです。しかし、仏陀の後継者たちが、超越瞑想の実践によって人生におけるこれらの異なる領域を体系的に関連づける、ということを怠ったために、「存在」の実現が正しい人生の基盤である、ということが次第に不明瞭《ふめいりょう》になってきました。仏陀の教えは、その構造全体が歪められたばかりでなく、原因と結果が取り違えられ逆さにされてしまいました。正しい行動とは自由の境地に確立された意識状態の結果である、というのが真理なのですが、正しい行動がニルヴァーナを得るための手段である、と見なされるようになってしまったのです。

偉大な教師はみな、こういった不幸を経験してきました。教師は高い意識レベルから教えを説くのですが、弟子たちはそれを自分たちの意識レベルでしか受け止めることができません。こうして、時を経るにつれ、教えと理解との間の溝が大きくなっていくのです。

「存在」の実現が第一に必要であると強調すべきなのに、そうせずにいくら正しい行動をせよと説いたとしても、それは土台のない壁を築くようなものです。そのような壁は風が吹けば揺れ動いて、ほどなく倒れてしまうでしょう。仏陀の真の教えと弟子たちの日常生活との間にあったつながりは、三、四百年もたたないうちに、まったく消え失せてしまいました。統合された人生に関する原理が、またしても見失われてしまったのです。「存在」の実現という最も大切なことを忘れてしまったために、社会は再び人生の表面的な価値に埋もれてしまうようになりました。

自然は、人類があまりにも長い間、真実への洞察を失ったままでいることを許しません。復活の波のうねりとともにシャンカラが現れ、人生の基盤を再建し、人々の理解を一新しました。シャンカラは「絶対」に関する英知を復活しました。人々の日常生活の中に「それ」を確立し、「存在」の力によって想念と行動の領域を強化したのです。真我意識の状態において超越的な「存在」を直接悟ることが、人生におけるあらゆる善の基盤であり、それによって成就に到達することができる、とシャンカラは説いたのです。

シャンカラは真我の実現を力説しましたが、その教えは、『バガヴァッド・ギーター』の中で主クリシュナが説いている、統合された人生に関する永遠の哲学に由来しています。主はアルジュナに、まず「三つのグナから離れよ」と説き、それから「『存在』に立脚して行動せよ」と教えています。すべての人が絶対「存在」の至福意識を常に生きるべきです。すべての人が、あらゆる想念、言葉、行動を通じて、神意識における成就の状態を生きるべきです。これがシャンカラの教えの神髄であり、また、主クリシュナの、そして全ヴェーダ哲学の教えの神髄でもあるのです。

超越的な純粋意識に基づいた悟りの状態においては、知的な面も情《じょう》的な面も、ともに完全な発達を遂げるという原理、それがシャンカラの教えの最高の祝福として世界にもたらされました。この悟りの状態においては、心情はこの上なく純粋となり、普遍的な愛と神への献身とに満ちあふれ流れるようになります。また、理性も極めて洗練され、神聖なるものの本質が活動の場から離れたものであることを自覚し、それを楽しむことができるようになります。

シャンカラの理性と心情はこのような自由と成就の状態にあり、そこから自然にやってくる表現は、心情によって生きる人々と理性によって生きる人々の両方にとって、インスピレーションの源となってきました。シャンカラの意識は、人間の発達の最高状態を示す模範であったのです。シャンカラの心情は神への至高の超越的献身（パラ・バクティ）を、また、その理性は行動の場から離れた真我の自覚（ギャーナ）を、それぞれ表していました。そのために、シャンカラの言葉は、一方では献身の法悦へと流れ、また他方では知識の明確な表現、つまり、現象世界から離れている神聖なるものに関しての、厳然たる真理へと流れたのでした。これらは、完全な成就の中で人生の真実を生きている人が持つ、二つの面であるのです。

シャンカラは統合された人生に関する英知を復活し、その時代に広めました。さらにシャンカラは、その教えが将来にわたって純粋に保たれ、確実に受け継がれていくようにと、学問の中心となる場をインドの四隅に設けました。シャンカラの教えは、何世紀もの間、後継者たちの中に生き続けていました。シャンカラの後継者たちは、献身とともに知識の理想的状態を生きたのでした（バクティとギャーナ）。しかし、シャンカラのこのような将来への配慮や努力にもかかわらず、その教えは、他の偉大な教師たちの教えと同様に、時とともに見失われていくという不運を避けることができませんでした。

もし、家の持ち主が建物の土台を忘れてしまうということがあるとすれば、それは土台が地面の下にあって目に見えないからです。「存在」が見失われてしまったのも当然のことかもしれません。なぜなら、「それ」は生命の超越的領域にあるからです。

目的地についての説明をいくら聞いたとしても、それが目的地に至る道の代わりになるわけではありません。

それと同じように、悟りを得た人たちが述べた真実の状態についての説明も、それがそのまま求道者のための道とはならないのです。悟りの状態の基盤となるのは「存在」である、という真理が曖昧になったとき、シャンカラがゴールについて述べた言葉は、それがゴールを実現するための道であると誤解されるようになりました。

この誤解は、シャンカラの表現があまりにもすばらしかったために、かえっていっそう大きくなってしまいました。神への完全な帰依と一体化の状態で表現された深い献身と、神聖なるものを自覚した状態で表現された知的な説明とは、ともにそれ自体が欠けるところのない、たいへん完全なものでありました。そのために、普通の意識レベルからすると、知識の道と献身の道という、悟りへの二つの異なった道であるかのように思われてしまったのです。

これは知識の悲劇です。知識が無知の手の中で必ず出合う悲しい宿命です。それは避けることができません。なぜなら、教えはある意識レベルから発せられ、そのレベルとはかなり異なったレベルで受け取られるからです。統一に関する知識も、やがては無知という固い岩の上で打ち砕かれてしまう定めにあるのです。歴史を見ると、これが何度も繰り返されてきているのがわかります。シャンカラの教えといえども、この法則の例外となることはできませんでした。

二つの道という考え方は、シャンカラの教えを引き継いだ人たちの不注意によって、ますます助長されていきました。彼らは隠遁《いんとん》生活をしていましたから、「神聖なるもの」は現象世界から離れている、という考えの方に関心が寄せられたのも当然かもしれません。このような状況が何世代も続くうちに、献身の面が次第にその重要性を失い、知識の面だけがシャンカラの伝統を支配し始めました。シャンカラの教えは完全性を失って偏ったものとなり、ついにはその普遍的な魅力をも失うに至ったのです。その教えは「マーヤーヴァーダ」、すなわち幻影の哲学であると見なされるようになってしまいました。幻影の哲学とは、世界は単なる幻影であると説き、現象世界から離れた人生に重きを置く哲学のことです。

「存在」の原理が見失われていくにしたがって、献身の道と知識の道はますます離れていき、ついには両者の間のつながりが失われてしまいました。一つの方法（超越瞑想）によって心情と理性を完全に開発するという原理が失われ、そして、悟りの完全な本質も失われました。心情と理性を同時に発達させることによって得られる、人生の成就に関する真の英知が失われてしまったのです。献身と知識は別々のものであるという考え方は、シャンカラの教えにとって最大の痛手となりました。

月のない夜には星がその代わりをして、可能な限り明るい光を放ってくれます。超越的な献身というシャンカラの高い理想が見失われてからも、ラーマーヌジャやマドヴァなどの教師たちが献身の道を説き続けました。しかし、彼らの教えは「存在」に正しく基盤を置いたものではありませんでした。人々は彼らの教えに従い、やがて、感情に基づいた献身を説く数多くの流派が生まれました。どの流派も、「いつの日か私たちの祈りが届いて、神が現れ、私たちを招いてくださるだろう」といったような、心地よい望みを基盤としていました。確かに、それは心地よいでしょうが、悲しいかな、そのような献身は感情の空想的な次元で作り上げたものにすぎません。献身者が実際にその神と接触するということからは、大きくかけ離れたものです。どんな献身であっても、それが真の献身となるためには、「存在」の状態に確立された意識がなくてはなりません。

これらの流派はいずれも、超越的な献身は献身者の達成の最終段階であると説きました。しかし、シャンカラの献身の原理は、最初から超越意識の上に築かれています。シャンカラにとっては最初の段階であったものが、これらの献身的流派にとっては最後の段階となり、彼らの理解によれば、普通の人たちにはとても手の届かないものとされてしまったのです。

献身は超越意識から出発しなくてはならないという考え方を、シャンカラの英知を守り伝える人たちが見失ってしまったために、献身の世界への入口が閉ざされてしまいました。神を求める人たちはあてもなく神を捜し続け、神を愛する人たちは神を見つけることができずに、ただ涙に暮れるばかりでした。

超越意識を実現する直接的な方法が失われたために、献身は単なる思考のレベルや、気分を装うといった感情のレベルにとどまるようになってしまったのです。そして、知識もまたそれと同様の運命をたどることになりました。自分の内面にある神聖な本質は行動の場から離れている、ということを直接の経験によって完全に理解できるようにならなければ、人生の統一に関する理解は本物とはなりません。超越瞑想の実践によって「存在」に確立された意識を得ることがなければ、その人は無知と束縛のうちに生き続けなければなりません。そのような人は、「神聖なるもの」が現象世界から離れていることを経験していないのですから、いくら統一のことを考えても何の役にも立ちません。統一しようにも統一するものがないのです。

超越意識という肥沃《ひよく》な場に根を下ろせば、知識も献身も成就の実を結びます。しかし、ある時点でこの原理が忘れ去られ、超越意識を開発する方法が失われてしまったために、数多くの世代が神の光を見ることも、成就を得ることもなく死んでいきました。これが、過去一千年以上にもわたって続いてきた状況です。誤解それ自体が一つの伝統を形成し、不幸にも、それがシャンカラの伝統であると理解されるようになってしまったのです。人類にとってのこの多大な損失は、償っても償いきれるものではありません。しかし、これが歴史のたどってきた道なのです。時は取り戻すことができません。過去を嘆いてもしかたがないでしょう。

「真理」の盛衰をみる際、シャンカラがインドの人たちの生活に与えた大きな影響を見失ってはなりません。シャンカラの教えが、ヴェーダの英知の核をなすものとしてインド文化の中心に位置づけられたのは、その教えが完全なものだったからです。それは、インドの人たちの生活様式と切っても切れないものになりました。そのために、やがてこの教えが普遍性を失って、隠遁者たちだけのものとして解釈されるようになると、インド文化の基盤もすべて、世俗的なものの放棄や世俗的なものに対する無関心に基づいた隠遁者の生き方、という観点から考えられるようになってしまったのです。

このように超俗的な人生観がヴェーダの英知の基盤であると理解されるようになったとき、人生の全体性と成就は失われてしまいました。この誤った理解が何世紀もの間インド文化を支配し、人生の原理をひっくり返したままにしてしまったのです。世俗に無関心であることを基にした人生。これはインド哲学の完全な歪曲《わいきょく》です。この誤解のために、悟りへの道は破壊され、「真理」を求める人たちがみな迷い続けてきたのです。人々はゴールを見いだす可能性すら奪われてしまいました。

悟りへの道が失われたばかりか、人生を正しく生きる技術すらも、人生のあらゆる面を覆い隠す無知の雲の中にことごとく消え去ってしまいました。宗教でさえも、その本来の姿を見失いました。聖職者というのは、人々が神意識を得て、それを基盤にした正しい行動ができるように助けるべきなのですが、その反対に、正しい行動それ自体が浄化の方法であり、さらには神意識を得るための方法でもある、と説き始めたのです。

「存在」が見失われたために、原因と結果を取り違えるという混乱が、あらゆる学問の領域に押し寄せてきました。そして、その混乱は、ヨーガ哲学の最も実際的な領域にまでも及んできました。カルマ・ヨーガ（行動による合一の達成）は、カルマ（行動）にその基盤を置くものとして理解されるようになってしまいました。実際には、その基盤はヨーガ、すなわち合一、超越意識になければいけません。ヨーガ哲学の創始者パタンジャリについてすらも誤った解釈が行われ、彼の説いた八つの道はその順序が逆にされてしまいました。本当のところ、ヨーガの実践はサマーディから始められるべきなのですが、ヤマ、ニヤマといった道徳的な行為から始めていくべきだ、と理解されるようになったのです。サマーディは、ヤマ、ニヤマなどの実践によって得られるものではありません。サマーディを繰り返し経験するからこそ、その人の道徳性が高められるのです。人生に関するこの偉大な哲学が歪められ、サマーディへの道が閉ざされてしまったのは、結果が原因と取り違えられたためにほかなりません。

ヨーガへの洞察が失われるとともに、インド哲学における他の五つの伝統的体系もその効力を失いました。それらの哲学は、知識の理論的レベルだけにとどまってしまうようになったのです。なぜなら知識というのは、ヨーガによって初めて、実生活に生かすことができるからです。

このように、宗教や哲学のあらゆる領域が、過去何世紀にもわたって、誤解され間違って解釈されてきました。そのために、この心情と理性とを完全に発達させる道は、シャンカラがたいへん厳密に復活させたにもかかわらず、再び閉ざされてしまったのです。

『バガヴァッド・ギーター』をはじめとしたインドのさまざまな聖典に関して、現在の解釈には放棄という考え方があまりにも満ちあふれています。そのために、これらの聖典は世界中の実際的な人たちから不信の目で見られるようになってしまいました。西洋の大学でインド哲学を教えることがためらわれているのも、このような理由によります。世界全体に及ぶ「真理」についてのこの損失は、シャンカラの教えを間違って解釈した人たちに責任があります。シャンカラの英知における神髄を見失ってしまったために、世界が無知と苦しみの中に深く沈んでいくのを、救うことができなかったのです。

しかし、この時代の人たちは幸運です。全体的な形でヴェーダの英知の啓示を受け、統合された人生に関する哲学を正しく完全に復活することができた人の、生きた実例を見るに及んだからです。この『バガヴァッド・ギーター』の注釈をすすめる上で、インスピレーションと導きの光となったスワミ・ブラフマーナンダ・サラスワティー大師は、北のシャンカラーチャーリヤの座に就かれておられました。聖なる輝きに満ちあふれたこの大師は、シャンカラの理性と心情を、ご自身のうちにそのまま体現していらっしゃいました。大師は、すべてを包み込むという本質そのままに「真理」をお説きになりました。無限の愛に満ちた大師の心からもたらされる静かな言葉は、聞く者すべての心情に深くしみ入り、人々の理性に悟りをもたらしました。大師の教えは、心の情的な面においても知的な面においても、ともに完全なものでした。著名な哲学者で現インド大統領（一九六五年当時）でもあるラーダークリシュナン博士は、「真理」の具現者として生きたこの大師を、「ヴェーダーンタの化身」とたたえました。

大師が私たちから去られて五年後の一九五八年に、世界的規模の精神復活運動が始まりました。この運動も、あらゆるところのあらゆる人々に悟りをもたらそうという、スワミ・ブラフマーナンダ・サラスワティー大師、グル・デーヴァの願いから生じたものにほかなりません。

インドは、ほかの何よりも「真理」を尊ぶ国です。インドの人たちは、何よりも「神」を敬う国民です。インドの大地は、これまで何度も、人生に関する真の哲学が復活するのを見てきました。インドの人たちは、人生が誤った道に迷い込んでいると指摘されたとき、その指摘が納得できるものであれば、元の道に戻ることを決してためらいません。インドの人々の「真理」に対するこのような受容性は、真の人生と人生の復活を目指すさまざまな運動にとって、いつの時代においてもインスピレーションの源であり、希望の道しるべとなってきました。

『バガヴァッド・ギーター』のこの注釈書が、今日の歴史的な要請に応えて、望ましい結果を生み出すことを祈ります。

この注釈書の目的は、『バガヴァッド・ギーター』の根本的な真理を復活させ、さらにそれによって、その教えの意義を復活させることにあります。この教えに従うならば、人生はより実り多いものとなり、人類はあらゆるレベルで成就を得て、時代の歴史的な要請も満たされることになるでしょう。

マハリシ・マヘーシュ・ヨーギー

イギリス、ウィルトシャー、
オールドボーン、オールド・マノーにて
一九六五年一月一二日

序

『バガヴァッド・ギーター』は、人類を無知と苦しみの暗闇から救い出すために、神によって人間の祭壇に灯《とも》された「生命の光」です。それは時を超えて生き続ける聖典であり、いかなる時代のどんな人にも不可欠なものであるといえます。いわば人生の百科事典であり、この注釈書はそのための索引となるものです。

人生の相対領域には常に混乱と無秩序があり、人間の心はいつも過ちや迷いに陥ります。『バガヴァッド・ギーター』は人生を生きるための完全な手引書です。常にそこにあり、どんな状況にある人をも助けようと待機しています。ちょうど時の荒波にもまれる、人生という船を支える錨《いかり》のようなものです。

『バガヴァッド・ギーター』は個人の人生に成就をもたらします。社会がその教えを受け入れるならば、その社会に安寧と秩序がもたらされるでしょう。また、世界がそれに耳を傾けるならば、恒久的な世界平和が実現されるでしょう。

『バガヴァッド・ギーター』は、人生の科学と生きる技術を提供します。いかに存在するべきか、いかに考えるべきか、いかに行動するべきかを教えてくれます。内なる「存在」に触れることによって人生のあらゆる面を栄光あるものにするというその技術は、ちょうど木の根に水をやることによって、その木全体を生き生きとさせるのに似ています。その実際的な人生の英知は、これまで人間社会で尊ばれてきたいかなる英知よりも優れたものといえます。

数ある聖典の中で、『バガヴァッド・ギーター』ほど多くの注釈書が書かれたものは他に類を見ません。ここにさらにまた一つの注釈書を付け加える理由は、その教え全体における最も肝心なところを、本当に明らかにしたものが見当たらないように思われるからです。

賢明な注釈者たちは、それぞれの時代の要請に応えようとして、自らが見いだした教えの真理を明らかにしてきました。そうすることによって、これらの注釈者たちは人類の思想史にその位置を占め、時の長い回廊にたいまつをかかげてきたのです。彼らは、英知の大海の大いなる深みを探求しました。しかし、その輝かしい達成にもかかわらず、『バガヴァッド・ギーター』の核心が明らかにされることはありませんでした。不幸なことですが、この古代の英知の神髄は、今までずっと見失われてきたのです。

『バガヴァッド・ギーター』には、戦場で主クリシュナがアルジュナに授けた教えの核心と技術を、わかりやすい言葉で説明する注釈書が必要です。『バガヴァッド・ギーター』に説かれている知識の道、献身の道、行動の道といった英知をたたえる注釈書はいくつもありますし、これらの道は、人類の進化を大いに速めるものです。しかし、どの注釈書をとってみても、『バガヴァッド・ギーター』が提供しているのは、これらすべての道への門を同時に開くマスターキーである、ということを説き明かしたものは一つもありません。どんな人でも、『バガヴァッド・ギーター』の中ではっきりと示されている一つの簡単な技術を用いるならば、その生活様式を放棄することなく、これらの道すべての祝福を享受できるようになるのです。しかし、このことを明らかにした注釈書が今まで一冊もなかったのです。

この注釈書は、そのようなマスターキーを人類に提供し、また、それを将来の世代へと伝えていくために書かれたものです。

『バガヴァッド・ギーター』は、「ヨーガ」すなわち「聖なる合一」に関する聖典です。その目的は、人間の意識を可能な限り最高のレベルへと高めるために必要なことすべてを、理論的にも実践的にも説き明かすことにあります。『バガヴァッド・ギーター』の言葉と文体のすばらしさは、すべての表現が人間の進化のどのレベルにとっても適切な教えとなっている、という点にあります。

意識には基本的に、通常の覚醒《かくせい》状態、超越意識、宇宙意識、神意識の四つのレベルがあり、教えをそれぞれのレベルで実践する際には、教えの意味合いが異なってきます。『バガヴァッド・ギーター』の教えはすべて、これらのどの発達段階にも応用できるように説かれています。したがって、すべての表現は四つの異なる方法で解釈されなくてはなりません。そして、理論面においても実践面においても、これら四つの異なるレベルに対応して、教えが順を追って高まっていくように説かれている、ということが説明されていなくてはなりません。このことから明らかなように、『バガヴァッド・ギーター』は全体として四つの異なる方法で解釈される必要があり、そのとき初めて、神についての悟りを得るための道が、すべてはっきりと説き明かされることになるのです。

『バガヴァッド・ギーター』が、これまでこのような方法で解釈されたことはありません。そのために、この聖典の真の教えは眠ったままになっていました。この聖典を正しく評価するためにも、また、真理を求める人たちにまっすぐな道を示し、この実践的な哲学の深遠な英知をもたらすためにも、このような四つの注釈書が書かれるべきなのです。これはとても重要なことといえます。

どんなテーマに関する知識であっても、それが完全な知識として認められるためには、インド哲学の六つの体系それぞれによって与えられる基準に照らして、その正しさが立証されなくてはなりません。インド哲学の六つの体系とは、ニヤーヤ、ヴァイシェーシカ、サーンキヤ、ヨーガ、カルマ・ミーマーンサー、ヴェーダーンタのことです。

どの発達段階においても、理論と実践のあらゆる面が完全であるためには、これら六つの体系すべてによって、その正しさが同時に裏づけられなくてはなりません。したがって、『バガヴァッド・ギーター』の完全な意義を明らかにするためには、先に述べた四通りの注釈のそれぞれに対して六通りの解釈が必要である、ということになります。

この注釈書は、その二十四通りの注釈の共通の基盤として位置づけられます。もし時が許すなら、それらの注釈書も書かれることでしょう。しかし、世界は精神の発達を促す基本原則を一刻も早く必要としていますから、これ以上時間を費やすことなく、この注釈書を発表すべきだと考えました。

『バガヴァッド・ギーター』に説かれている技術は、世界中さまざまな国の数多くの人たちによって、その価値が実証されてきました。これは、世界中のあらゆる人々の人生を精神的に復活させることをただ一つの目的として始められた、「精神復活運動」のおかげです。このような経過を経た上で、この注釈書が出版されることになったということは、読者の皆さんにとっても興味深いことでしょう。ここに提供されているのは、時を超えた普遍的な真理です。それは、信仰や文化や国籍の違いを越え、あらゆる人に等しく適用できる人生の真理なのです。

この注釈書の内容はすべて、『ギーター・バーシャ』における、偉大なシャンカラのたぐいまれな洞察と深遠な英知に追加されるべきものです。この英知を私はグル・デーヴァから授かりました。グル・デーヴァに栄光あれ。この英知は「生命の光」をもたらすものであり、生命の流れを導き、永遠「存在」の海の中に、神への献身の中に、そして、神意識の至福の中に成就が見いだされるようにするものです。

すべての人が、第二章詩節45で与えられる実践的な英知を活用することによって、人生のあらゆる面を輝かしいものとし、聖なる意識の中に永遠の自由を獲得されることを願ってやみません。

目次

追録 537

『バガヴァッド・ギーター』における主な登場人物

●**主クリシュナ**……ヤドゥ族の王。パーンドゥ五王子のいとこ。「至高者」の化身といわれ、アルジュナに真理の教えを説き明かす。

●**アルジュナ**……パーンドゥ五王子のうちの三男。すべての武芸（特に弓）と徳に秀でた英雄。

●**ドリタラーシュトラ王**……クル族（カウラヴァ）の盲目の王。パーンドゥ五王子の伯父。

●**ドゥルヨーダナ**……ドリタラーシュトラ王の長男。いとこであるパーンドゥ五王子を滅ぼし、すべての権力を手中に収めようとしている。

●**サンジャヤ**……ドリタラーシュトラ王の寵臣兼御者。盲目の王に、戦場の様子を語る。

第一章　アルジュナの落胆のヨーガ

第一章における教えの展望

詩節20〜24……「真理」の探究者アルジュナが、善と悪という対立する力の中間に自分の位置を定めます。

詩節25……主クリシュナが呼び起こす愛の波によって、アルジュナの意識が高められます。

詩節26〜28……アルジュナは、人生という戦場の真実を見ます。そして、対立する力の衝突がまさに人生の核心であると理解します。

詩節29〜46……アルジュナは深く考察して、あらゆる衝突の基となっている十六の基本的な問題を見いだします。そして、問題なく人生を生きることができるように解決策を求めます。

詩節47……人生に伴う基本的な問題をあまりに強く認識したために、アルジュナはすっかりその問題にとらわれてしまいます。言葉もなく、深く物思いに沈み、解決の不可能なレベルで問題を解決しようとします。この状況は、「真理」の探究者が直面する極限状態を表しています。この『聖なる合一の聖典』は、このような極限の状況を解決し、人生のあらゆる問題に対する一つの簡単な解決策を提供します。

この章は、神の詩『バガヴァッド・ギーター』の栄えある対話への舞台を準備し、場面を設定します。実際に主クリシュナが教えを説き始めるのは第二章からであり、第一章には主の教えは含まれていません。しかし、この章では人生の基本的な問題が提示され、苦しみのない人生を生きるための哲学と実践について、教えを説く機会が主クリシュナに与えられます。第一章は、人生を科学的に考察する上で大切な役割を果たしており、とても重要な章です。

この章は、人類の代表者が「神の化身」へ差し出した嘆願書といえます。その嘆願書は、「私たちは正しく生きようと最善を尽くしていますが、苦しみは私たちから離れようとしません」と訴え、「私たちに苦しみのない人生を授けてください」と求めています。

この章の中に、戦場で主クリシュナがアルジュナに語りかける短い言葉があります。主の口から発せられたこの最初の言葉が、アルジュナを愛で満たし、その心情を優れた理性と同じ次元にまで高めます。こうして、アルジュナの心情と理性は、高度に鋭敏なレベルに確立されることになります。しかし、それぞれがあまりにも自足的に機能しているため、心情と理性との間の交流がほとんど失われ、それに伴い、活動へと向かう力も失われてしまいます。しかし、内面においては、アルジュナの意識が一種の中立状態へと高められることで、心情と理性のあらゆる汚《けが》れが浄化されるようになります。そして、人生に関する万人のための時を超えた教え、すなわち「絶対者」についての英知を、たちまちのうちに受け入れることができるようになります。

ドゥルヨーダナは、敵と味方の軍勢が戦場に集結したのを見て、戦闘の合図を出します。そのとき、当時最強の弓の名手であり思慮深く善良なアルジュナは、悪に立ち向かおうと決意しています。しかし、その心は愛の波で満ちあふれており、戦争の結末がありありと思い浮かんできてしまうために、心情と理性のどちらにも従うことのできない状態となります。意識が中立的な状態にあり、心情と理性とが最高度に鋭敏になっているこの状況が、神聖なる知性が訪れて人間の運命を導く絶好の機会となるのです。

人生は、対立する力の戦場です。アルジュナのように神聖なる知性に帰依する者は光明を授かり、自分のみならず他の人々のためにも、宇宙の目的である成就の実現に寄与することになります。しかし、ドゥルヨーダナのように誘惑の虜《とりこ》になった者は、人生の進化にとって足手まといとなります。そのような人は、自分自身の進化を遅らせるばかりか、他の人々の進化をも妨げるのです。

この章では、自然界の仕組みが提示され、人生と社会の基本が明らかにされます。この章の内容は、まだ人間のレベルにとどまっていますが、人間の意識の極みが描かれています。そして、その意識を通して神聖なるものが地上にやってくるのです。主クリシュナの教えは、人生において永遠の自由を得るための英知です。その大いなる教えを構築するための確固とした基礎が、この章で形づくられます。

この章は、ハスティナープルの王宮でドリタラーシュトラ王がサンジャヤに戦いの様子を尋ねるところから始まります。

詩節1

ドリタラーシュトラは言った。
サンジャヤよ、ダルマの地、クル族の野に、戦おうとして集まった
私の息子たちとパーンドゥの息子たちは、何を行ったのか。

「ダルマ」とは、自然界の無敵の力であり、存在するものを支えます。それは、進化を維持し、宇宙生命の基ます。

盤そのものを形づくります。ダルマは、進化に役立つものすべてを支持し、それに反するものすべてをくじ

ダルマとは、世俗的な繁栄と精神的な自由をともに促すものです。人生におけるダルマの役割を理解するためには、進化の仕組みについて考えなければなりません。

人生が一つの状態から次の状態へと進化していくときには、最初の状態がまず崩壊して、それから次の状態が現れます。言い換えると、進化のプロセスは、二つの対立する力の影響の下に進行しています。一つの力が最初の状態を破壊し、もう一つの力が次の状態を生み出すのです。これらの創造的な力と破壊的な力が互いに協同して働くことで、人生を維持し、進化の車輪を回していきます。ダルマはこれらの力の均衡を保ちます。ダルマは、対立する宇宙的な力の均衡を保つことによって、存在するものを守り、進化の道、正義の道を支えています。

人間は高度に進化しているので、行動の自由を楽しむことができます。そのため、人間は善悪どちらにも、自分の望むままに生きることができます。そして、その行いに相応するものを受け取ります。人生に善が増大し、肯定的な力が実存の通常の均衡状態を越えようとすると、ダルマの働きによって均衡状態が回復し、その結果、心情には幸福感が、理性には満足が与えられます。同じように、人生に悪が増大し、否定的な力が優勢になると、ダルマの力が均衡を回復させ、痛みや苦しみといった感覚が生み出されます。

苦しみであれ喜びであれ、人生は私たちの望んでいるようになります。肯定的な力と否定的な力とが通常の均衡状態にあるようにすれば、私たちは普通の人生を生きることになります。否定的な力の成長を助ければ、苦しむことになります。肯定的な力の増人を助ければ、人生の喜びにあずかることができます。「蒔《ま》いた種は刈

りとらねばならぬ」という諺《ことわざ》がありますが、これは、人生の実際面におけるダルマの役割をよく言い表しています。

国家や地域社会における災害、危機、破局は、そこに住む大多数の人々が悪い行いをすることから生じる、否定的な力の増大が原因となって起きるものです。否定的な力が集中的に高まるとき、その力とつり合う肯定的な力がなければ、人生は苦しみや破滅へと陥ります。同じように、肯定的な力が高度に集中するときにも、人生を普通の状態にとどめておくことができなくなります。増大する肯定的な力の影響の下で、個人の人生には幸福が増大し、やがて至福意識へと変わっていきます。そして、その至福意識の状態で、個人は宇宙的な実存、永遠の生命という地位を獲得するに至ります。

このように、否定的な力の増大は人生を消極性や破滅へと至らせ、また反対に、肯定的な力の増大は人生を永遠へと至らせるということがわかります。私たち個人の人生は、ダルマの影響のもとで、私たちが方向付けるままに、前に後ろにと自動的に動きます。肯定的な力と否定的な力とは、私たちがそれぞれの力を助長するままに、ダルマの領域でその役割を果たし、人間の運命を形づくっていきます。

クルクシェートラの戦場におけるカウラヴァとパーンダヴァの両軍は、ダルマの領域における否定的な力と肯定的な力を表しています。ドリタラーシュトラが「ダルマの地、クル族の野に」と述べているのは、このような意味があるのです。

ドリタラーシュトラは、その長年の経験から、クルクシェートラの戦場が、常に正義に勝利をもたらし、その土地の神聖さを維持していることを知っています。この戦場は、ヤムナー川とサラスワティー川に挟まれたところ、ダルマクシェートラの中にあります。

ドリタラーシュトラは、事の詳細を聴こうとしています。その理由は、悪に染まって破滅へと向かいつつある自分の息子たちに、その土地の良い影響力が何らかの作用を及ぼしていないかどうかを、あるいは、その力がパーンダヴァの正義感を刺激して、その心の中に悪事をなす者たちへの許しの気持ちを喚起していないかどうかを、知りたいと思ったからです。

『バガヴァッド・ギーター』の中で、ドリタラーシュトラが話すのはここだけです。ドリタラーシュトラはこの問いを発するためだけに登場しています。

「クル族」というのは、その時代に最も有力であった一族の名前です。「クル族の野」とは、デリー近郊のハスティナープルに近い広大な平野のことです。この戦いが行われた当時、クル族に属していたのでクルクシェートラと呼ばれています。

「私の息子たちとパーンドゥの息子たち」。ドリタラーシュトラはクル族の盲目の王であり、その弟パーンドゥが代わって王国を治めていました。パーンドゥが亡くなったとき、ドリタラーシュトラはパーンドゥの五人の王子の長子であるユディシュティラに王位を譲ろうと思いました。ユディシュティラは、その高貴な人格からダルマラージ、正義の化身と呼ばれています。ところが、ドリタラーシュトラの邪悪な百人の王子たちの長子であるドゥルヨーダナが、策略と裏切りによって王位を奪い、その上、ユディシュティラたち五王子を亡き者にしようと企て始めたのです。

主クリシュナはヤドゥ族の族長として、いとこ同士のこのような対立を和解させようとします。しかし、主の試みもすべて失敗し、またドゥルヨーダナの裏切りも、やむどころかますますひどくなってきたため、カウラヴァとパーンダヴァとの戦いはもはや避け難いものとなりました。地上のあらゆるところから王や戦士たちがやってきて、その意識レベルに従って、正義のパーンダヴァか、悪のカウラヴァか、そのいずれかの側につきました。世界中の善と悪とが参集して、二つの軍団を形成したのです。ここに、悪を滅ぼし正義を守るという主クリシュナの使命が明確なものとなります。

「サンジャヤ」とは、盲目の王ドリタラーシュトラの御者のことですが、この言葉には、「五感と心とを征服した者」という意味もあります。サンジャヤは戦いの様子を詳細に語るようにと求められます。なぜなら、千里眼と天耳通をもっており、しかも公平無私であるからです。『バガヴァッド・ギーター』全体は、ドリタラーシュトラの問いに対するサンジャヤの答え、という形になっています。

詩節2　**サンジャヤは言った。**
そのときドゥルヨーダナ王は、戦闘配置についたパーンダヴァの軍を見て、
師に近づき、次のように言った。

「師」とは、聖典の意味を理解しており、それを他の人々に教え、自らもその教え（追録Ⅳ「インド哲学の六体系」参照）を実践している人のことをいいます。ここでの師は、カウラヴァとパーンダヴァの両方の王子たちに兵法を教えたドローナーチャーリヤを指します。

今は危急の時ですから、ドゥルヨーダナが自分の師であるドローナーチャーリヤに近づいて、祝福と激励を求めようとするのは当然のことです。

詩節3　師よ、ご覧ください、このパーンドゥの息子たちの大軍を。
あなたの賢明な弟子、ドルパダの息子が配した大軍を。

「ドルパダの息子」、ドリシュタデュムナは、パーンダヴァ軍の総司令官です。ドゥルヨーダナは師に向かって、敵軍は確かに強大であるが、それは問題ではないと指摘しています。こちら側は師の恵みを直接受けているが、敵軍は師の弟子によって支えられているにすぎない。弟子がどんなに賢明だとしても、結局のところ弟子は弟子にすぎない。しかも、弟子が自分の師と戦おうとしているわけだから、おのずと士気も鈍り、力も入らないだろう、というのです。また同時にドゥルヨーダナは、「あなたの賢明な弟子」と言うことによって、師に敵対する戦線を組織した弟子に対して、師の心を奮い立たせるという効果を創り出しています。

詩節4　戦いにおいてビーマやアルジュナにも匹敵する勇士や強力な射手たちがいる。
ユユダーナに、ヴィラータ、マハーラティなるドルパダ、

「ビーマ」は、パーンドゥ王の第二王子であり、パーンダヴァ軍最強の戦士です。名目上の総司令官はドリシュタデュムナですが、実質的にはビーマがパーンダヴァ軍を指揮しています。

「アルジュナ」は、『マハーバーラタ』の中で中心的な役割を演じる英雄であり、パーンドゥ王の第三王子です。当時最強の弓の名人で、主クリシュナの親しい友人でもあります。

「マハーラティ」とは、一人で一万人の弓の射手を相手にできる、兵法にたけた偉大な戦士という意味です。

「ユユダーナ」は、サーティヤキとも呼ばれる主クリシュナの御者です。

「ヴィラータ」は、ドゥルヨーダナとのさいころ賭博《とばく》に敗れた後、パーンドゥ王子たちがひそかに身を寄せていた国の王です。

詩節5　**ドリシュタケートゥ、チェーキターナ、勇敢なカーシ国王、**
プルジット、クンティボージャ、勇者の中の勇者シャイビア、

「ドリシュタケートゥ」は、チェディス族の王です。

「チェーキターナ」は、パーンダヴァ軍の中でも名高い戦士です。

「プルジット」と「クンティボージャ」は兄弟です。

「シャイビア」は、シビ族の王です。

詩節6　**勇者ユダマーニュ、雄々しいウッタマウジャ、**
スバドラーの息子、ドラウパディーの息子たち、彼らは皆マハーラティである。

ドゥルヨーダナはこれら敵軍の偉大な戦士たちの名を並べ挙げることによって、いくつかの目的を成し遂げているようです。すなわち、自分自身の心を奮い立たせ、師の心中に強い責任感を呼び起こし、さらに、自分の言葉に耳を傾けているすべての人たちの注意を喚起しているのです。

こうした効果と雰囲気を創り出した後、ドゥルヨーダナは次の詩節で、師の注意を自軍の偉大な英雄たちのほうへ向けさせます。

詩節7　二度生まれる者の中で最も高貴な方よ、われらの中の傑出した者たちをよく心におとどめください。わが軍の指導者たちを確認するために、その名を申し上げます。

ドゥルヨーダナは師のドローナーチャーリヤに語りかけるときに、「二度生まれる者」という言葉を使っています。これは、師を引き立たせ、また同時に、師の責任感を呼び起こすためです。そうすることによって、師が自ら引き受けた大義に対して最後まで忠実であってほしい、とドゥルヨーダナは願っているのです。

「二度生まれる者」という言葉は、バラモンの家に生まれた人たちに対して使われるのが普通ですが、バラモン以外のカーストであっても、ヴェーダの方法に従って浄化の儀式を受けることができます。

バラモンが二度生まれるといわれるのは、生誕後、八歳くらいになったときに、ヴェーダに基づく浄化の儀式を受けるためです。それによって、バラモンの主要な役割であるヴェーダの学習を始める資格が与えられることになります。このようなわけで、その儀式は二度目の誕生と言われているのです。

この二度目の誕生は人生において重要なことです。なぜなら、それによって、肉体から生まれた人間が精神の世界へ歩みだすからです。これがヴェーダの学習の主な目的です。ヴェーダの学習によって、人間の内なる王国へのドアが開かれ、神の光が見えるようになるのです。

ドゥルヨーダナは、自軍の英雄たちの名前を師に思い出させることによって、自分のもっている力を再確認しています。さらに、自分を支援すべくそこに集まってきたすべての人々と自分自身とが、強大な力をもっているのだと認識しようとしています。

詩節8　あなたご自身、ビーシュマ、カルナ、戦いの勝利者クリパ、
アシュヴァッターマー、ヴィカルナ、ソーマダッタの息子、

「ビーシュマ」は、カウラヴァとパーンダヴァの両方の王子たちの大伯父（祖父の異母兄）にあたり、ドリタラーシュトラとパーンドゥを育てた人物です。ビーシュマはここに集まっている戦士たちの中で最も経験のある戦士であり、ドゥルヨーダナは彼をもっとも頼りにしています。

「カルナ」は、アルジュナの異父兄弟です。

「クリパ」は、ドローナーチャーリヤの義理の兄弟です。

「アシュヴァッターマー」は、ドローナーチャーリヤの息子です。

「ヴィカルナ」は、ドリタラーシュトラの百人の王子のうちの三番目の王子です。

「ソーマダッタ」は、バーヒーカ族の王です。

詩節9　その他、私のために命をかけた多くの勇士たち。
さまざまに武装した彼らは、みな戦《いくさ》にたけた者ばかり。

ドゥルヨーダナは自軍の勇士たちの名前を呼び上げた後、その強さを強調しています。そして次の詩節では、両軍の強さを比較します。

詩節10　ビーシュマ率いる我が軍には限りがないが、ビーマ率いる彼らの軍には限りがある。

ドゥルヨーダナは、パーンダヴァ軍を率いる強力なビーマに対抗して、自軍の指揮官であるビーシュマを奮い立たせなければなりませんでした。それと同時に、戦いの勝敗の責任は指揮官にあるということも、ビーシュマに思い起こさせたのです。

ドゥルヨーダナは、自分の軍は敵の軍よりも強力であると宣言した後、次の詩節で最終的な戦闘命令を下します。

詩節11　それゆえ、皆のもの、すべての戦線において各自の持ち場をかためて、ほかならぬビーシュマを支援せよ。

この詩節では、ドゥルヨーダナの抜け日のなさが明らかにされています。ドゥルヨーダナは、味方としては せ参じた戦士のほとんどが、自分ではなくビーシュマを慕ってきたのだということを知っています。そのために、ドゥルヨーダナはこのような言い方をしているのです。また、そうすることによって、自分自身への共感や信頼を、ビーシュマだけでなく戦士たちからも獲得しているのです。

詩節12　クル族の長老、栄えある祖父（ビーシュマ）は高らかに獅子《しし》のような雄たけびを上げ、ほら貝を吹き鳴らし、ドゥルヨーダナの心を歓喜させた。

ドゥルヨーダナの言葉を受けて、ビーシュマは戦闘の合図を出し始めます。ドゥルヨーダナはこれを聞いて勇気づけられます。

次の詩節では、ドゥルヨーダナの軍勢が、ビーシュマの合図に応えて一斉にときの声を上げ、戦闘の準備が整ったことが示されます。

詩節13　続いて、まさに突然に、ほら貝、角笛、軍太鼓、太鼓、小太鼓が鳴り響き、その音たるや騒然たるものである。

「まさに突然に」という言葉は、自然界が機能するときの様子を表現しています。自然界は大きな柔軟性をもっており、あたりに善や悪が育っていくことに寛容です。しかし、許容できる限界を超えてしまうと、もう受け入れてはくれません。突然崩壊点に達します。この突然のビーシュマの雄たけびと全軍からわき起こった騒然とした音は、ドゥルヨーダナとその支持者たちが自ら蓄積してきた、計り知れないほどの悪がついにその崩壊点に達したということを知らせる、自然界の大いなる叫びなのです。

歴史の中で繰り返されてきた戦争は、罪のない人々に対する攻撃的な影響が累積した結果生じたものです。環境に攻撃的な影響が増大していることに気づかずに、個々人が他の人を圧迫し続けると、ついには崩壊点に達してしまい、自分自身に降りかかる災害となります。自分の行為の結果は、自分で刈り取らなければなりません。

次に続く詩節では、これが相手の軍隊にどんな影響を与えたかが説明されます。

詩節14　すると今度は、白馬につながれたみごとな戦車に乗ったマーダヴァ（主クリシュナ）と、パーンドゥの息子（アルジュナ）もまた、その輝かしいほら貝を吹き鳴らした。

この詩節の「すると今度は」という言葉は特別な意味をもっています。というのは、パーンダヴァ（アルジュナとその兄弟たち）は自ら進んで戦っているのではなく、ただ単にカウラヴァの行為に応じているだけだからです。

これは正義を守る人の自然な振る舞いです。正義の人は決して他の人を攻撃しません。もし、攻撃しているように見えたとしたら、それは神の計画の手足となって、その役割を果たしているにすぎないのです。戦いを挑まれたパーンダヴァは、その誘いをやってくるままに受け入れなくてはなりません。しかし、先に戦闘の合図を出すことはしません。相手から合図を受けたときに、やむなくそれに応じるのです。そして、パーンダヴァが応じるときには、その戦闘の合図は相手の合図よりもいっそう強力なものとなります。なぜなら、正義という力の後ろ盾があるからです。

「戦車」という言葉には、特別な形而上学的な意味があります。「戦車」とは、生理的な構造、すなわち肉体のことを指しています。それは、人生という戦場にあって、進化の自然な過程における乗り物としての役割を果たすのです。戦車すなわち肉体は、馬につながれています。この馬は五感を意味しています。

「白馬につながれた」。「白」は「サットワ」すなわち「純粋性」の象徴です。ですから、この戦車は純粋性すなわち正義の力の影響の下で機能している、ということになります。真我に導かれるとき、肉体はサットワの影響の下で機能します。主クリシュナは真我を象徴していますから、主の御す戦車は白馬につながれていなければなりません。このように戦車の外見そのものが、戦車の目的を表しています。それは、純粋性を守るために存在し、正義を助けるために働くのです。

「マーダヴァ」は、「幸運の主《あるじ》」という意味ですが、また「悪魔マドゥの殺戮《さつりく》者」という意味もあります。この呼び名を用いたのは、自然界を支配する主クリシュナの力を示すためです。すなわち、主は、肯定的な力を支持する人たちにとっては「幸福の主」となり、悪を推し進める人たちにとっては「悪魔の殺戮者」となる、ということが示されているのです。主クリシュナは二つの軍隊の中間に立ってほら貝を吹き鳴らし、だれもが私の存在から利益を得られるように私はここにいるのだ、と宣言します。

詩節15　**フリシーケーシャ（主クリシュナ）はパーンチャジャニヤを吹き鳴らし、**
ダナンジャヤ（アルジュナ）はデーヴァダッタを、
勇猛なビーマは大きなほら貝パウンドラを吹き鳴らした。

「フリシーケーシャ」という言葉には、その語根からの由来が二通り考えられ、それに応じて、二通りの意味があります。一つは「感覚の支配者」、もう一つは「髪の長い人」です。どちらの意味も大切です。長い髪は感覚を制御することと関連しています。髪を切るとある種の微妙なエネルギーが生じるのですが、このエネルギーは五感を制御から解き放つ傾向があります。ですからこの言葉は、戦場における主クリシュナの外観だけでなく、戦車の御者すなわち感覚の支配者として、どんな状況も制御しうる主の内面の強さをも表しているのです。

「パーンチャジャニヤ」は、悪魔パーンチャジャナの骨で作ったほら貝です。

「デーヴァダッタ」とは、神から授かったという意味です。このほら貝は、アルジュナが聖なる父インドラからもらったものです。

「ダナンジャヤ」とは、富の獲得者という意味で、アルジュナのことを指しています。

「フリシーケーシャはパーンチャジャニヤを吹き鳴らし」という言い方は、多くの重要なことを明らかにしています。第一に、主クリシュナの息はほら貝の中の悪魔的な要素に吸収され、そのほら貝から音が出てきているという点です。これで主クリシュナは、かねてからの約束どおり、戦闘において中立的な立場にとどまっていることになります。

主クリシュナは、カウラヴァからもパーンダヴァからも尊敬されていました。双方が戦いの準備をしているとき、アルジュナとドゥルヨーダナは同時に主のもとに赴いて、その助けを求めました。主クリシュナは、一方の面前でもう一方に味方するとは言えなかったので、その場をとりまとめるために、二人の間で決めさせるようにしました。

主クリシュナは次のように言ったのです。

「私自身が一方の側につき、私の軍をもう一方の側につけることにしよう。ただし、私の軍は戦うが、私自身は戦わない。どちらが私をとり、どちらが私の軍をとるか、二人の間で決めなさい」

最初の選択権を与えられたドゥルヨーダナは、軍隊の方をとりました。こうして、主クリシュナがアルジュナを助けることになったのですが、主は自分自身は戦わないと約束していましたから、アルジュナの戦車の御者となって戦いの運命を導いたのです。

五感の支配者が悪魔のほら貝を吹き鳴らして戦いの合図を送ったということには、別の意味もあります。それは、悪魔のようなカウラヴァに対抗して、主クリシュナが強力な悪魔の力を生み出したということです。なぜなら、正義の力は常に肯定的なものだからです。それは常に創造的で建設的なものですから、破壊するという働きをすることはできません。破壊は、否定的な力によってのみもたらされます。パーンダヴァ軍がもっているのは正義の力ですから、その力でカウラヴァ軍を破壊することは困難です。そこで、主クリシュナはパーンチャジャニヤの音によって、両軍すべての人たちの中に否定的な力を呼び起こしたのです。パーンダヴァ軍の中に呼び起こされた否定的な力は、正義の偉大な力に支えられて、悪を破壊するというパーンダヴァ軍の力をいっそう強力にします。一方、カウラヴァ軍の中に呼び起こされた否定的な力は、肯定的な力の支えがまったくないままに否定的な要素を過度に集中させますから、カウラヴァ軍の破滅を促進することになるのです。

主クリシュナがパーンチャジャニヤを吹き鳴らしたことには、さらに別の意味があります。主クリシュナはそうすることによって、戦闘の合図に対するパーンダヴァ軍の応答が彼らの正義に属するものではない、ということをはっきり宣言しています。それは、カウラヴァ軍の悪魔のような叫び声がパーンチャジャニヤに共鳴しているにすぎません。悪魔が悪魔の声に共鳴したのです。もし、その音の中に何かがもともとあったとするならば、それは、カウラヴァの抑圧と不正のもとで、パーンダヴァが耐え忍んできた積年の苦しみに対する、パーンチャジャニヤのため息であったでしょう。

五感の支配者は、自らの五感を使いませんでした。主クリシュナは、ただパーンチャジャニヤを通して息を吐き出しただけです。主の神聖さからすれば、状況はあまりにも低次元なものであったために、主はそれに対し自分の声で応えることはしなかったのです。主の周囲のあらゆるものはその場を支配している雰囲気に反応しますが、五感の支配者である主は自らの「存在」の永遠状態に確立しており、常に中立を保ちます。五感の支配者として、主の地位は最高の正義をも超越しています。一方、カウラヴァは悪の最低レベルにいます。初めに主クリシュナが自分は戦わないと約束したのは、主の地位とカウラヴァの意識レベルが、あまりにも違いすぎていたからにほかなりません。

こういった意味がすべて、この詩節の最初の句に含まれています。『バガヴァッド・ギーター』の言葉どれ一つをとってみても、そこには尽きることのない含蓄があります。これは、著者である、悟りを得た視野をもつ賢者ヴィヤーサの栄光といえるでしょう。

戦士たちとその吹き鳴らすほら貝の名が、次の三つの詩節で続けて説明されます。

詩節16　**クンティーの子ユディシュティラは、アナンタヴィジャヤを吹き鳴らし、**
ナクラとサハデーヴァは、スゴーシャとマニプシュパカを吹き鳴らした。

「クンティー」は、五人のパーンダヴァ兄弟たち、すなわちパーンドゥの息子たちの母親です。

「ユディシュティラ」は、五人のパーンダヴァ兄弟のうちで最年長の王子です。
「ナクラ」は四番目の王子で、馬の調教にたけています。
「サハデーヴァ」は五番目の最年少の王子で、牛の管理にたけています。
「アナンタヴィジャヤ」は「永遠の勝利」という意味です。
「スゴーシャ」は「甘い音色の」という意味です。
「マニプシュパカ」は「宝石の花飾りの」という意味です。

詩節17

偉大な射手カーシ国王、マハーラティなるシカンディー、
ドリシュタディユムナ、ヴィラータ、無敵のサーティヤキ、

詩節18

ドルパダ、ドラウパディーの息子たち、勇猛なスバドラーの息子も、
地上の支配者よ、みな一斉にそれぞれのほら貝を吹き鳴らした。

「地上の支配者よ」とは、サンジャヤがドリタラーシュトラ王に呼びかけてこう言ったのです。

詩節19

そのすさまじい音は天地に響きわたり、
ドリタラーシュトラの息子たちの心を引き裂いた。

パーンダヴァ軍は、ほら貝を吹き鳴らすことによって、戦闘の準備が整っていることを知らせました。その音は大気を震わせ、天と地のあらゆるものを貫いて響きわたりました。天地万物に一つの動きが創り出されたのです。

一つの宇宙的な過程がここに明らかにされています。カウラヴァの邪悪な行いが環境に充満し、いわば、その悪の影響力があらゆるものに染みわたった、とでもいうような状態になっていました。しかしこの悪の影響力も、正義の力が増し、悪の挑戦を受けて立ち上がったときに動揺し始めました。世界に浸透していた破壊的な力が、生命の波の高まりによってまさに打ち砕かれようとしています。

詩節20　こうして、まさに矢石が飛び交おうとするとき、布陣したドリタラーシュトラの息子たちを見て。ハヌマーンの旗印を掲げるパーンドゥの息子（アルジュナ）は、その弓を取り上げた。

「布陣したドリタラーシュトラのご子息たち」というのは、正義を滅ぼそうとしている悪を表しています。アルジュナが「弓を取り上げた」というのは、正義が悪に対抗して、地上に調和を取り戻そうとしていることを表現しています。

これは一つの宇宙的な過程です。悪が増大し、人生を脅かすようになるときにはいつでも、自然界はバランスを取り戻すべく働きます。正義の波が高まり、悪を中和するのです。正義の波が高まってくると、悪が世の中に入ってくるのを助けていた悪の仲介者たちは滅びていきます。一方、悪の影響力の下で苦しみに耐えてきた人たちは、正義の手足となって働くことにより、喜びを感じ始めます。

「ハヌマーンの旗印を掲げる」のハヌマーンは、至高の主への献身と奉仕の象徴です。アルジュナの人生は、神聖な大義に捧げられた人生でした。その弓の腕前は、正義のために役立てられます。ですから、アルジュナの戦車には、ハヌマーンの旗印が掲げられていたのです。

詩節21

そして、地上の支配者よ、
アルジュナは、フリシーケーシャ（主クリシュナ）に向かって次のように言った。
戦車を両軍の間に止めてくれ、アチュタよ。

「地上の支配者」。サンジャヤはこの言葉を用いることによって、ドリタラーシュトラ王には、両軍の間に介入し彼らが破壊にかかわるのを止める力がある、という事実に王の注意を向けようとしています。すでに詩節18でも、サンジャヤはドリタラーシュトラ王を「地上の支配者」と呼んでいます。同じ言葉の繰り返しから、サンジャヤがなんとかドリタラーシュトラ王に事態の深刻さを知らせたいと思っている、ということがうかがわれます。すでに両軍とも戦闘開始のときの声を上げ、今やアルジュナは最前線へと進み出ようとしています。一刻一刻が極めて重要です。破滅はもはや避け難いように思われます。

「アチュタ」とは「不動の」という意味です。アルジュナは主クリシュナを「アチュタ」と呼んでいます。アルジュナは、「不動なるもの」が自分のために動きだしてくれることを望んでいるのです。また「アチュタ」という言葉には、「決して屈伏することのない人」という意味もあります。アルジュナはこの言葉によって、あなたが私を見捨てることは絶対にないはずだということを、主に言おうとしているのです。

アルジュナは、戦車を両軍の間に置くようにと求めています。そこに自分と主クリシュナがいるようにするのです。主クリシュナを中間に位置させることで、アルジュナは、時というスクリーンの上に一つの構図を映し出したいと思っています。それは、対立する力の中間に絶対「存在」があるという構図です。自然界の内なる仕組みを表現するこの構図は、将来の世代にわたって、人生の根本を説明し、戦争と平和の基本原則を明らかにし続けることでしょう。

主クリシュナは絶対「存在」の象徴です。絶対「存在」はダルマの領域です。絶対「存在」は、自然界の否定的な力と肯定的な力の中間にとどまることによって、それらの力のバランスを保ちます。中立的な立場にとどまってはいますが、常に正義を支持します。主クリシュナは中立ではありますが、アルジュナとともにいます。アルジュナは主の支援を受けているのです。

次の詩節ではアルジュナが、なぜ両軍の間に自分を置きたいと望むのか、その理由を説明します。

詩節22　そうすれば、戦いを望んでここに立ち並んだ者たちを見ることができ、この戦いにおいてだれと戦うべきかが見定められる。

戦いの秘訣《ひけつ》は、第一に、敵陣の戦略的な急所を見つけることにあります。

アルジュナはたいへん優れた集中力をもっています。敵の指揮官たちの位置を正しく突き止めたならば、アルジュナの矢は狙い違わずそこへ飛んでいきます。

「戦いを望んで」というのは、戦いを望んでいる者たちだけを注意深く選び出したい、とアルジュナが考えていることを表しています。戦いを望まない人たちを相手にすることはしません。これはアルジュナの自信と勇気を明らかにしています。これはまた、アルジュナの戦闘準備が整っていることを表しています。

詩節23　戦いを求めてここに集まった者たち、
ドリタラーシュトラの、邪悪な心を持つ息子を喜ばせようと、
戦いで手柄を立てようとしている者たちを、私に見せてくれ。

ドゥルヨーダナの支持者たちは、戦いによって悪を遂行しようとしています。この詩節の調子には、その悪に対するアルジュナの強い怒りが示されています。軽蔑《けいべつ》の気持ちがあまりにも強いので、アルジュナはドゥルヨーダナの名前すら口にしていません。代わりに、その父ドリタラーシュトラ王の名を挙げることによって、ドリタラーシュトラ王もまた恥を知るべきだと言っているのです。

アルジュナは自分の立場に確信があります。すなわち、戦おうとしているのは徳を守り堕落を防ぐためだ、と確信しているのです。そして、敵軍に参集してきている人たち自身は悪人ではない、ただ悪の手助けをしているだけだ、と考えています。

詩節21でサンジャヤは、ドリタラーシュトラ王に「地上の支配者」と呼びかけましたが、ここでは、王が息子たちの行いによって辱められているという、アルジュナの遠回しな言い方を報告しています。このことは、社会全体が破滅の危機にひんしているその究極的な責任は、邪悪な心を持った息子たちの父親であるドリタラーシュトラにある、ということを示しています。

集合的なカルマ（行為）のために国家が崩壊へと追いやられるとき、個人の力でそれを食い止めようとしてもどうにもなりません。それが極限までいって、まさに崩壊の一歩手前というときにはなおさらです。ですから、どんな時代の人々も、周囲に誤った行為が増大するのを見過ごさないように注意し、まだ蕾《つぼみ》のうちに摘み取ってしまうようにすることが賢明です。なぜなら、国家や国際間に緊張を生み出し破滅へと至らせるのは、個々人がそれぞれの小さな領域で犯す小さな誤りの、累積的な影響力であるからです。

主クリシュナが教える超越瞑想という方法があります（第二章詩節45、および追録参照）。これは個々人が毎日実践して、それぞれの心の中に超越的で神聖な意識を注ぎ込むためのものです。そうすることによって、人は誤った傾向から自然に解放され、人生のあらゆる領域において、正しい影響力を放つ源となることができるようになります。

超越して神聖な意識を得るためのこの技術を、もしドリタラーシュトラが王としてその息子たちに教えていたならば、クル族の王家が、その時代の文明に不幸をもたらしたこの大戦争の原因となることはなかったでしょう。

これは、いつの時代の人も耳を傾けるべき教えです。すべての人たちが神聖な意識を開発する方法を学べるように教育体制を調えることは、人類の幸福を心から願っている世界中の指導者たちや、公の立場にいる人たちの責任であるといえます。悪い影響を後に残すことは、いかなる時代の人々にも許されるべきではありません。さもなければ、その悪影響の累積的な結果を、後世の人々が刈り取らねばならなくなるからです。

詩節24

サンジャヤは言った。
バーラタよ、このようにグダーケーシャ（アルジュナ）に求められ、
フリシーケーシャ（主クリシュナ）は最高の戦車を両軍の間に止め、

サンジャヤは、戦場で起こっていることをドリタラーシュトラに報告しています。サンジャヤはここで「バーラタ」と呼びかけていますが、これは偉大なバラタ王の子孫ということです。「バーラタ」はまた、インド全体を指していうときの言葉でもあります。

『マハーバーラタ』の英雄アルジュナは、戦うべき相手を見定めるために、両軍の間に戦車を進めます。サンジャヤはここで、アルジュナのことを表すのに「グダーケーシャ」という名前を使っています。これは、アルジュナのもっている重要な特質を象徴するためです。「グダーケーシャ」とは、「眠りの支配者」、「眠り、すなわち心の鈍さを征服した人」という意味です。この言葉によって、アルジュナの心の集中力が表現されています。的を外すことのない弓の名人であるアルジュナは、完全に目覚めた心をもっています。サンジャヤは、英雄アルジュナのこのような特質を表すために、「グダーケーシャ」という言葉を使っているのです。

ここが作者ヴィヤーサの表現力の見事なところです。たいへん深い意味をもった的確で簡潔な表現を用いて、物語を展開しています。ヴィヤーサの作品を楽しみ、そこから最大のものを引き出すためには、それを理解しようという気持ちさえあれば十分です。

ヴィヤーサは、アルジュナの戦車を形容するのに、「最高の」という言葉を使っています。サンスクリット語では「ウッタマム」というこの言葉は、それだけで栄光の世界を表しています。それは、壮大、快適、安定、軽快、強さなどのさまざまな特質を意味しています。この世界で最もどう猛な敵と戦う戦車の特質が、すべてここに表されています。戦車が最高であるのは、それ自体の優れた特質のためだけではなく、やはり、それを操る御者とその戦車に乗った英雄が、最高の特質を備えているからです。御者は五感の支配者フリシーケーシャであり、英雄は眠りの征服者グダーケーシャです。

詩節25　ビーシュマやドローナ、そして地上のすべての王たちの前で言った。
見よ、パールタ（アルジュナ）よ、集い合ったこれらクルの人々を。

主クリシュナは、アルジュナが憤慨していることに気がつきました（詩節23参照）。怒りは大いなる敵です（第三章詩節37注釈参照）。なぜなら、それは人の力を弱めるからです。主は御者として、アルジュナの力が弱まっていくのを見たくはありません。アルジュナの怒りを鎮めるだけでは十分ではありません。アルジュナを本来の状態に戻すために、何かをしなければなりません。しかし、アルジュナがアルジュナを本当に強くするためには、それ以上の何かが必要です。怒りは弱さのしるしです。内側に怒りがあるということは、アルジュナが本当の強さをもっていない、ということを示しています。アルジュナは当時最高の弓の名手なのですが、戦いにおける本当の秘訣は教えられていないということを、主クリシュナは知っています。弓を射る技術は教えられているのですが、自分自身にしっかりと根差して弓を射るという訓練は受けていないのです。もし、ある人が怒りを抱いたまま弓を射るならば、その人の力はその怒りによって弱められてしまうでしょう。

アルジュナは、主クリシュナを「アチュタ」（詩節21参照）と呼びました。これは「確固としていて動かない」

という意味ですが、これこそ主クリシュナが、アルジュナにあるべき姿として教えたいことなのです。しかし、英知というものは、人がそれを求め、受け取りたいという姿勢を示さない限り、与えられないものです。ですから主クリシュナは、まずアルジュナの心の中に、それを学びたいという必要性と欲求を生じさせなければなりません（第二章詩節7参照）。もし、アルジュナが、確固としているための技術を学ぶ必要があると戦いの場で言われたとしたら、アルジュナの士気はくじけてしまったことでしょう。アルジュナは自分自身でそのことを認識しなければなりません。そのとき初めて、主クリシュナはアルジュナを助けることができるのです。アルジュナの中に望ましい結果を生み出すために、主は一つの短い言葉を発します。

「見よ、パールタ（アルジュナ）よ、集い合ったこれらクルの人々を」。これが、『バガヴァッド・ギーター』の中で主クリシュナが語る最初の言葉であり、戦場におけるアルジュナへの最初のアドバイスです。

この言葉がアルジュナの中に引き起こした奇跡は、何世紀もの間、ほとんどすべての注釈者から見過ごされてきました。そして、その結果、アルジュナは精神の錯乱した人間のように解釈されてきました。以下に続く詩節の注釈を詳しく見ていけば、アルジュナの本当の状態がどんなものか明らかになるでしょう。

主クリシュナはアルジュナに「パールタよ」と呼びかけています。「パールタ」とは「プリターの息子」ということです。主はこのように呼びかけることで、アルジュナに母のことを思い起こさせ、心の中に愛の温かい波を、母と子を結ぶ愛の温かさをつくり出しているのです。あらゆる家族や社会の間に行きわたり、家族、社会、国家、世界を維持しているのは、この愛の柔らかな絆《きずな》にほかなりません。

このようにして、主クリシュナはアルジュナの心の中に愛の波をつくり出し、さらにそれを強めようとします。主が「集い合ったこれらクルの人々を見よ」と言ったのは、そのためです。心の中には、人々とのいろいろな関係がさまざまな愛として保たれていますが、それらがすべて、この言葉によって刺激され活気づきます。親愛なる人々が「集い合っている」のを一目見渡すと、アルジュナの心は愛で満ちあふれてきます。

詩節26　プリターの子（アルジュナ）が目の前に見たのは、
叔父、祖父、師、母方の叔父、兄弟、息子、孫、そして多くの友人たち。

「プリターの子が目の前に見た」という言い方から、敵対する軍隊を見たときのアルジュナの目は、敵意や闘志ではなく愛に満ちていた、ということがわかります。もし「敵を焼き焦がす者」の目で見たのであれば、そのような呼び名が用いられたはずです。

これは主クリシュナの影響力を示しています。主は「見よ、パールタよ」と言いました。するとアルジュナは、母親を前にした子供のように、愛と尊敬の気持ちでいっぱいになってしまったのです。

詩節27　また、両軍に分かれた義父や朋友《ほうゆう》たち。そのとき、クンティーの子（アルジュナ）は、
これらすべての親族が立ち並ぶのを目の当たりにして、

アルジュナは自分の敵を見定めようと立ち上がったのですが、そこで見いだしたのは、敵ではなく親愛なる人たちでした。これは、主クリシュナがパールタと呼びかけたことによって、アルジュナの視野が愛で彩られるようになったからです。物語はここで大きく一転します。次の詩節が示すように、今まさに合戦に臨もうとしていたアルジュナの心の中に、憐れみの気持ちが込み上げてきたのです。

詩節28

おお、クリシュナよ、戦おうとして集まったこれらの親族を見ると、この上ない憐れみにとらわれ、悲しみに沈んで、こう言った。

この詩節は、アルジュナが主クリシュナに提示しようとしている問題の根本を表しています。アルジュナは、すぐ近くにいる主クリシュナに、自分の思いを声に出して表現しています。心情的にも理性的にも自分に近く、また自分の考えを発展させてくれるような賢明な人であれば、その人に自分の思いをありのままに表明することができるものです。主クリシュナはアルジュナにとって、ちょうどこのような存在です。アルジュナは自分の考えや感情を、主とともに親しく分かち合うことができるのです。

「この上ない憐れみにとらわれ」という言葉と「親族」という言葉は、「悲しみ」の根本原理を示しています。悲しみというものは、アルジュナの状態を描いているだけでなく、人間社会の苦しみの基本原理を明らかにして、その解決策を求めようとしています。

この詩節は、自分と他人との関係から生じるものです。

憐れみは、心情の質の中でも最も輝かしいものです。「この上ない憐れみ」という言葉は、心情が完全な状態にあることを表しています。しかし、ひとたび理性から切り離されてしまうと、このような心情も、もはや人生における行動をうまく支えることができなくなってしまいます。心情と理性がどんなに優れていたとしても、それらが互いに協調していなければ、人生を支えることはできません。アルジュナはたいへんバランスのとれた立派な人格者なのですが、今さまざまな問題に直面しています。この詩節は、それらの問題の原因はすべて「この上ない憐れみ」にある、ということを明らかにしています。

『バガヴァッド・ギーター』における主クリシュナの言葉はすべて、人生の英知と生きる技術を読者に与えるように書かれています。その英知と技術によって、人は心情と理性を完全に協調させ、人生の優れた特質すべてを生きられるようになります。個人は高い意識へと高められ、自分の内側に永遠の満足を得るようになります。人は自分自身にとっても、社会にとっても役に立つ存在となり、成就の中で人生を生きるようになります。こういった人生は周りの自然界をも支えますから、あらゆるものが調和し、理想的な相互関係が生まれます。

ここに『バガヴァッド・ギーター』の栄光があります。ここには、すべての時代のあらゆる人々が活用できる人生の英知と生きる技術が記されています。だれもが苦しみのない人生を生きることができるようにと、最も立派な人格者であるアルジュナが取り上げられています。アルジュナは最高にバランスのとれた人生を生きており、その人生は、最も優れた質をもつ心情と理性の影響下にあります。心情と理性が最高の状態にあるという、このたいへん恵まれた輝かしいレベルにおいて、『バガヴァッド・ギーター』は、すべての苦しみの根本原因を心情と理性の間に見いだします。心情は豊かな感情と愛に満たされており、一方、理性も完全に鋭敏な状態にあり、正義感と使命感でいっぱいです。どちらも完全な状態にあります。その一つ一つを見れば、苦しみなどまったく入り込む余地がないように思われます。しかし、『ウパニシャッド』の中の「ドウィティヤード　ヴァイ　バヤム　バヴァティ（実に二元性から恐怖が生じる）」という言葉に表されているように、いつ、どこであろうと「二つ」という感覚があるときには、恐怖や苦しみが存在しうるのです。

人間には心情と理性があります。まさにその二元的なありかた自体に、苦しみの生まれる原因があるのです。

心情と理性が統一されており、両者の間に調和が保たれ、正義感と崇高なインスピレーションに満ちているときには、苦しみが生じることはありません。しかし、心情と理性との間に調和が欠けていて、互いが争い合うときには、自動的に苦しみが生じてきます。アルジュナの「悲しみ」は、心情と理性の基本的な相違から生まれたものなのです。

諸宗教の聖典は、人々が過ちや苦しみに陥ることがないように行動の規範を示し、善を行い悪を退けよ、と勧めています。

悟りを説く永遠の宗教の聖典である『バガヴァッド・ギーター』は、苦しみの原因を分析するにあたって、悪を拒み善を受け入れるということだけでは満足しません。『バガヴァッド・ギーター』は、二つの善い面からも苦しみが生じる可能性があるということを明らかにしています。人生から苦しみをなくすためには、心情と理性から罪の汚れを払って、それらを正義に確立するだけでは十分ではないのです。

『バガヴァッド・ギーター』は、苦しみの問題を完全に解決しようとします。苦しみの原因を究極までつきつめて、それを取り除く方法を提供しようというのです。人生における苦しみの種は、心情と理性との間の質的な違いの中にもともと存在している二元性にあります。ですから、『バガヴァッド・ギーター』では、すでにたいへん立派な人格を備えた、罪の汚れ《けが》のない、また心情も理性も最高度に進化しているアルジュナを取り上げ、その心情（詩節26～35参照）と理性（詩節36～46参照）をさらに刺激するような環境の中に置いています。心情と理性がそれぞれの領域でさらに活発になってくると、それらが基本的にもっている質的な違いもますます大きくなっていきます。心情と理性がそれぞれ最高の状態に達すると、どちらもそれ自体の中で完全に満たされるようになり、他方とのかかわりを失い、両者の間の連絡がなくなってしまいます。愛ですっかり満たされた心情は、ごく自然にそれ自身で満足しきってしまい、理性の行う決定を忘れてしまいます。同様に理性のほうも、心情の叫び声に気づかなくなります。心情も理性も個々には満たされた状態にあるのですが、その間の連絡が失われたために、どちらも人生における活動に役立つことができなくなります。アルジュナが身動きのとれない状態にあるのは、このような理由によるのです。

活動は欲求の流れから始まります。心情が何か物足りなさを感じて、理性がそれに応えるとき、あるいは理性が不足を感じて、心情がそれに応えるとき、両者の間から欲求の流れが生じて、目的とするものに向かって流れていきます。欲求は、周囲で利用できるものや、心情、理性、肉体のさまざまな働きとかかわり合いながら、流れていきます。このことから、欲求が生じるためには、心情と理性との間に連絡がなければならない、ということが明確になります。そして、もしその欲求の流れが進化の自然な流れの方向に沿っているならば、目に見えない自然界の影響力の支持をさらに得ることになり、その目的は成就されることになるでしょう。

今、アルジュナは、心情と理性がそれぞれの質に完全に満たされていて、両者の間に連絡がない、という状態に置かれています。心情と理性が完全な状態にあり、それぞれが満足しきっているときには、どちらも何の不足も感じません。したがって、そこには欲求が生じる余地がありません。欲求の欠如のために、アルジュナは身動きのとれない状態に陥っているのです。このような状態では、心身の働き全体がその躍動的な構造を失ってしまうので、人生のさまざまな局面で行動の必要が生じたときに、それがどうにも解決不可能な問題のように思われてしまいます。

このように、『バガヴァッド・ギーター』が描いているのは、心情と理性とが完全な状態に確立されているときでさえも、人生にはまだまだ多くの問題がありうる、という一つの状況なのです。『バガヴァッド・ギーター』

は、そのような極端な状況を解決することによって、どのレベルにあっても苦しみのない人生を生きる英知と技術とを明らかにしています。『バガヴァッド・ギーター』は、人生に苦しみがあってはならない、と断言します。どんな人も人生において苦しむべきではありません。これが『バガヴァッド・ギーター』の教えです。

苦しみの根本原因は二元性にあります。しかし、人生の全領域はもともと二元性を有するものです。では、いったいどうしたら苦しみのない人生が可能なのでしょう。これは、これまでずっと形而上学の大問題でしたし、また実生活での難問でもありました。その解決策は、二元性の場に非二元的な要素を持ち込むことにあります。これにより人生は、苦しみがつきものの世界にとどまりながらも、苦しみの影響を受けることがなくなるのです。このことは、物語が進んでいくにつれて、もっとよく理解できるようになるでしょう。アルジュナは、いよいよ主クリシュナの前に自分の問題を提示し始めます。

詩節29　私の手足は萎《な》え、口は干からび、体は震え、髪は逆立つ。

名の通った戦士たちのもつ偉大な力は、同胞への思いの中にあるものです。彼らは同胞を思う気持ちに動かされて、社会の救済者となります。アルジュナもまた、人々を思う気持ちでいっぱいでした。それだからこそ、悪が迫ってきたとき、その挑戦を受けて立つことができたのです。このように、アルジュナが戦いに臨むことになった基盤には人々への思いがあったのですから、愛の力が彼の心情を圧倒して、それを完全に満たしてしまったことも、驚くべきことではありません。彼の心情はこのように自ら満足しきっている状態にあって、理性の要請すなわち義務遂行の呼びかけをすっかり忘れてしまっています。アルジュナは愛の力と義務の呼びかけとの間にとらわれて、そのいずれにも従うことができません。

正義の呼び声と心情の中にわき上がった愛のうねりとは、アルジュナにとってどちらも大切なものです。なぜなら、生きるとは正義を愛することにほかならないということを、アルジュナは理解しているからです。

しかし、今、アルジュナは心情と理性の間に挟まれて、身動きがとれず、行動することもできなくなっています。たとえ、何らかの奇跡のおかげで行動を始めようとしたとしても、恐ろしい状況に直面することになってしまいます。もし、正義の呼びかけに従うならば、それは愛に背くことになり、戦いに集まった親愛なる人たちをすべて殺さなくてはならなくなります。また、愛の呼びかけに従うならば、正義を犠牲にして、悪に屈服することになってしまいます。このように見てみると、アルジュナは、人生において最も大切な要素である二つの力の間にあって、その両方に引っ張られている、ということがわかります。ちょうど、母親と父親の両方に同時に呼ばれて、どちらに行ったらよいか迷っている子供のようです。一方に行こうとすると、もう一方に引き戻され、両方の間を揺れ動きます。そのために、アルジュナは身も心も震えているように感じ始めているのです。

人が深い思いに沈んでいるときには、注意は外側の感覚レベルにとどまることができず、心と体の協調が弱くなります。もしこのとき、心情が理性の支えを得られないならば、心身の協調はさらに弱まります。この状態が進んでいくと、体がうまく機能しなくなってきます。このような理由で、アルジュナは手足が萎《な》え、口が乾き、体が震えるのを感じているのです。このような彼の体の状態をみると、アルジュナを支配した愛の力が、体のバランスを崩すことによって義務の呼びかけに対抗している、ということがわかります。次に続く詩節では、この愛の力がさらに高まった結果が述べられています。

詩節30　ガーンディーヴァ（弓）は私の手から滑り落ち、全身の皮膚は焼けるように熱い。私は立っていることもできない。私の心は渦巻いているかのようだ。

「ガーンディーヴァは私の手から滑り落ち」。アルジュナがガーンディーヴァをしっかりと握りしめていたのは、正義の声に応えていたからでした。アルジュナは、彼の理性が義務の呼びかけに完全に支配されていたので、弓を固く握っていることができたのです。しかし、主クリシュナが愛の波を創り出したあとは、愛の力が彼の心情をいっぱいに満たし、その満ち足りた状態において、理性の力と釣り合うほどになりました。両者が互いに均衡を保つようになったために、もはや理性の力は支配的ではありません。その結果、アルジュナの手から力が抜けて、ガーンディーヴァは滑り落ちてしまいます。アルジュナの手から弓が滑り落ちたなどということはこれまで一度たりともなかったことです。今それが起きたのは、愛の波が原因といえます。

「皮膚は焼けるように熱い」。アルジュナは、愛の波で圧倒されています。愛の温かさは、穏やかで心地よいものです。では、いったい何がアルジュナの皮膚を焼いているのでしょうか。私たちはすでに、ダルマの力が実存と進化を支えているということを見てきました。ダルマに従っている、つまり正義の道にあるかぎり、愛は進化を助け、人生を支えて、穏やかで心地よいものとなります。しかし、愛の純真な力が正義の道を支えていないときには、それは否定的な力の影響を受けて、破壊や不幸や苦しみをもたらすものとなります。戦いを避けられるのではないかと考えたとき、アルジュナは正義を見捨てようとしています。そのために、アルジュナは愛の温かさの中で、皮膚が焼けるように感じるのです。

「立っていることもできない」。正義の力を伴う愛は人を強くします。しかし、正義の力を伴わない愛は人を弱くします。アルジュナはすっかり愛に征服されてしまいました。この愛は、今や正義をも覆そうとしています。ですから、アルジュナの力がすっかり抜けてしまい、「立っていることもできない」というのも驚くべきことではありません。

「心は渦巻いているかのようだ」。アルジュナの心情は、愛情に圧倒されています。しかし、理性もまた強力です。アルジュナの理性は勇士たる者の特質を備えています。たとえ心情が愛の力に圧倒されていても、理性は活発で鋭敏です。鋭敏な理性は大きな力を出して、心情の進む方向を変えようとします。それは例えてみると、アルジュナの人生という車が愛の道を猛スピードで突っ走っているところへ、理性の大きな力が現れて、その方向を転じようとしているかのようです。このように、理性が人生の流れの方向を変えようとしているために、心が渦巻いているような印象が生じているのです。

詩節31　おお、ケーシャヴァ（主クリシュナ）よ、私には不吉な前兆が見える。また、戦って親族を殺すことに善を見いだすこともできない。

この詩節は、戦争という危急の事態の本質全体を、アルジュナがどのように感じ取ったかを表しています。「親族を殺す」という言葉には、アルジュナの心情と理性の両方の叫びが込められています。「殺す」という言葉は理性から来たものです。なぜなら、アルジュナの理性は「真理」や正義、そして悪の破壊に捧げられているからです。「親族」は心情の叫び声です。アルジュナの心情は愛で満たされていますから、対立する人たちも「親族」であると見え、侵略者や敵であるとは見えません。相手がこのように見えるので、「戦って親族を殺ことに善を見いだすこともできない」というのはもっともなことなのです。

アルジュナは今、深い憐れみの状態の中で、目の前に立ち並ぶ親族たちへの愛を感じると同時に、戦いで滅ぼさなければならないことに対する悲しみを感じています。アルジュナの心情はこの二つの感情によって引き裂かれているのです。アルジュナは、自分の心の深みにおいて事態の成り行きを探ろうとし、「不吉な前兆」を見ます。戦いによる破壊の後にやってくる苦痛の叫びや恐ろしい不幸が、アルジュナの心の中に次々と浮かんできます。アルジュナが前兆を見たということは、心情の純粋性と理性の深い集中状態を明らかにしています。

未来は、純粋な心情という聖域に、そのイメージを映し出すものです。

この詩節の「善」という言葉は、「精神の安らぎ」を意味しています。サンスクリット語の原文では「シュレーヤス」という言葉が用いられています。「シュレーヤス」は、「進化」や「成就」、すなわち、自由な精神の中にある「安らぎ」や「達成」を意味しています。親族を殺すことに精神の安らぎはない、とアルジュナは見ます。ところが、これがまさに期待されている行為なのです。このような状況においてアルジュナは、欲求が求めるものをことごとく拒絶するしかない、と考えます。

詩節32　**おお、クリシュナよ、私は勝利を望まない。王国も、快楽も欲しくない。**
私たちにとって、王国が何の役に立つというのか。
喜びが、いや、命でさえも何になるというのか、おお、ゴーヴィンダよ。

欲求は、それが自由に流れることができるときには、何の問題も起こしません。問題は、欲求が抑えられたり、妨害されたりしたときに生じます。アルジュナの言葉は、この事実を表しています。勝利や快楽や王国、さらには欲求が満たされる見込みがないのなら、命でさえもそこに何の価値があろうか、と疑問を投げかけています。偉大な人物の欲求というものは、人々を支援するために生じ、その支援によって人々が幸福になることに喜びを見いだします。

もし戦えば、肉体（詩節29参照）や心（詩節30参照）や環境（詩節31参照）を傷つけることになる、ということにアルジュナは気づきました。アルジュナは今、人生における自分の目的に照らしてみて、この状況は無益なものであると見ています。外側の世界のどんなものも自分にとっては重要ではない、ということにも気づいています。なぜなら、生きる目的は人々のために尽くすことにある、というのがアルジュナの人生観であるからです。したがって、このような観点からも、戦う理由を見いだすことができないのです。

アルジュナは、王国や快楽や権力がもつ、人を堕落させる力をきっぱりと拒否しています。そういったものがどのように人の見識を曇らせ、文明全体の崩壊を引き起こすかを、アルジュナはドゥルヨーダナの実例を通して見てきたのです。

アルジュナは、前の詩節では「親族を殺すことに善を見いだすこともできない」と言いました。この詩節では、戦争から得られそうなものを挙げて、人生における価値という観点からそれらを検討しています。このことから、アルジュナが冷静な心と偏見のない目で状況を分析している、ということがわかります。勝利も王国も快楽も、それが利己的な目的のためのものであれば、アルジュナにとっては無益なものでしかありません。アルジュナは、そういったものに対する無関心だけでなく、はっきりと嫌悪を表明しています。「命」でさえも意味がないときっぱり言い切っているのです。

アルジュナは「私たちに」という言葉を使っています。これは次のどちらかを意味しています。すなわち、アルジュナが自分の考えの正しさを主クリシュナに確認したいと思っているか、それとも、主クリシュナの考えも自分の考えと同じだと確信しているか、そのどちらかです。

「ゴーヴィンダ」とは「五感の支配者」という意味です。アルジュナはこの言葉を使用することによって、主クリシュナは五感の支配者であるから、主もまた当然、五感の対象やそこから得られる快楽に価値を見いだすことはないだろう、と暗に示唆しているのです。

このような深い思索の状態で、アルジュナが意義あることと考えるのは、奉仕に生きる人生です。次の詩節でアルジュナは、自分の全人生は他の人々に奉仕するためにある、と言明します。

詩節33　**これらの人々のためにこそ、私たちは王国、喜び、安楽を望むのだ。それなのに、その彼らが命も財産も打ち捨てて、今この戦場に立っている。**

この詩節は、アルジュナの心情と理性の偉大さを明らかにしています。アルジュナの視野に曇りはありません。深い洞察力をもって、冷静に状況を見ています。論理は深遠であり、想念はバランスがとれていて高潔です。感情は人々のことを思いやっています。アルジュナが考えるときには、人々のためにという観点から考えます。もし戦って王国を得ようとするなら、それは人々のためを思ってのことです。もし喜びや楽しみを増そうとするなら、それも人々のためです。もし生きたいと望むなら、それもやはり人々のためです。アルジュナの進化した意識とはそのようなものであり、利己的な考えはつゆほどもありません。本当に偉大な人物というのはこのようなものです。生きるも人々のため、死ぬのも人々のためなのです。

ここで一つ疑問が生じるかもしれません。もし、アルジュナがそのように偉大な心情と理性を備えているとしたら、どうして戦おうとして戦場に来たのでしょうか。アルジュナの言葉を綿密に調べてみると、断固として悪に立ち向かおうとはしていても、人々を殺したいと思っているわけではない、ということがわかります。アルジュナが望んでいるのは、悪を行う人を破壊せずに、悪そのものだけを破壊するということです。これは崇高な理想です。アルジュナの目的は地上の悪を滅ぼすことです。もし可能であれば、戦争の大きな苦しみや破壊を社会が被ることなしに、それを成し遂げたいのです。次の二つの詩節でアルジュナが述べる言葉は、そういった理想的な人格をもっている人だけが語ることのできる言葉です。

詩節34　師、叔父、息子、祖父、母方の叔父、義父、孫、義兄弟、その他の親族たち。

これは、アルジュナの心情の状態を表わしています。それは愛に満ち、生命にあふれています。あらゆる方向から、愛のさまざまな経路を通して生命が心情に注ぎ込まれ、心情を満たしていることにアルジュナは気づきます。愛が満ちているとき、生命もまた大海のようにあふれています。アルジュナの心情は、静かな大海のように満ちています。なぜなら、あらゆる方向への流れが止まって、ただそこにあるのみという状態になっているからです。それはいかなる欲求からも解放されています。このような理由のために、さまざまな愛を描写し、自分の心情の状態を表現するにあたって、アルジュナはただ人々との関係を表す言葉を挙げることしかできなかったのです。

この詩節は、数多くの問題を提起している詩節のまっただ中にあって、愛の中にある極めて広大な人生の領域を示すとともに、この領域に問題などあるはずがないということを、暗黙のうちに物語っています。愛の領域は、人生の純真な領域です。問題は、執着（詩節33参照）や無執着（詩節35参照）が、純粋な愛を曇らせてしまうときに生じるのです。

詩節35

おお、マドゥスーダナ（主クリシュナ）よ、
たとえ自分が殺されようと、私はこれらの人々を殺したくはない、
たとえ三界の王権のためであろうとも、ましてやこの世界のためであるならば。

「マドゥスーダナ」というのは、「悪魔マドゥの殺戮者」という意味です。この言葉を使ってアルジュナが主クリシュナに暗に伝えようとしているのは、もし、主クリシュナがカウラヴァ軍を悪魔と見なせば、主は悪魔の殺戮者として、彼らを殺そうと立ち上がるかもしれない、ということです。しかし、アルジュナ自身にとっては、彼らは愛すべき親族や尊敬すべき長老たちであり、どんなことをしても守りたい人たちです。どんな犠牲を払っても彼らを生かしたいのであって、殺すことなどとても考えられません。アルジュナの言葉は、良心的で、思慮深く、勇敢な人だけが語る言葉です。これがアルジュナの人格であるのです。アルジュナは原則を守ります。何ものもアルジュナをそそのかして、人生の高い理想を捨てさせることはできません。だからこそ、アルジュナの考えは少しも妥協を許さないのです。

「たとえ三界の王権のためであろうとも」という表現は、アルジュナの視野が地上の人生の場に限定されていないということを示しています。三界の王権の価値にさえも異議を唱えるということは、アルジュナのような人間だけにできることです。アルジュナの意識はこのような高みにあり、それがこの難局にあっても彼を支えているのです。

詩節36

ドリタラーシュトラの息子たちを殺したところで、私たちに何の喜びがあるだろう、
ジャナールダナ（主クリシュナ）よ。
この侵略者たちを殺しても、私たちが得るのは罪だけだ。

この詩節では、アルジュナの視野に次の変化が起きたことがわかります。アルジュナはこれまでずっと、敵軍の中にただ自分の親族だけを見てきました。しかし今度は、彼らは「ドリタラーシュトラの息子たち」であり、「侵略者」です。これまで、アルジュナは状況を愛の観点から見てきましたが、問題の解決には至りませんでした。そこで今度は、理性の観点から、すなわち弁別や直観によって、状況を分析することにします。しかし、心情の中に満ちあふれている愛を即座に捨て去ることはできません。心情をあふれたままに保ちながら、理性をさらに活用し始めます。

こうして理性に身をゆだね始めると、今度は義務の呼び声が優勢になってきます。それとともに、アルジュナの視野も変化します。自分の親族が「侵略者」として見えてきます。現実が見えてくるのです。彼らをこのように見て、アルジュナは疑問を発します。「ドリタラーシュトラの息子たちを殺したところで、私たちに何の喜びがあるだろう」。そして、このような観点から考え始めたとき、殺すことは罪であるということに気づきます。

殺すという行為は、いかなる時、いかなる人に対しても、人生を支える影響を生み出すものではありません。殺すことは常に罪であるのです。だれを殺すのであろうと、殺すことは罪です。殺すという行為から生じる痛みや苦しみは、創造世界に否定的な影響を生み出します。そして、その反作用は殺人者にはね返ってきます。ですから、「私たちが得るのは罪だけだ」とアルジュナは言っているのです。

侵略者を殺すことは、正しい行為であるように思われます。侵略者の命を絶つことによって、自分にとっても他の人たちにとっても、それ以上否定的な影響が生じないようにすることができるからです。しかし、このような殺人の正当化は、殺人の行為そのものではなく、まったく別の問題を考察することから生じたものです。殺人の行為そのものはやはり罪である、と言わねばなりません。アルジュナが問題にしているのは、まさにこの点なのです。

アルジュナは、自分が戦場にいるときでさえも、殺人は罪であると見ています。これは、理性が明晰《めいせき》であり、心情によっても義務感によっても、視野が妨げられていないということを示しています。アルジュナは深く思いを巡らせ、あらゆる面から状況を分析しています。今やアルジュナは、知的にも情緒的にも活動の極みにいます。鋭敏な理性と満たされた心情の両方が、真理を表す純真な言葉に現れています。「この侵略者たちを殺しても、私たちが得るのは罪だけだ」という言葉がそれです。

「私たちに何の喜びがあるだろう」と「私たちが得るのは罪だけだ」という表現から、罪と徳だけでなく、喜びと苦しみについても考察がなされていることがわかります。なぜなら、苦しみは罪から生じるものであり、喜びは徳から生じるものであるからです。

詩節37

だから、親族であるドリタラーシュトラの息子たちを殺すのは、
私たちにとって正しいことではない。
自分の一族を殺して、どうして幸福になれようか、マーダヴァよ。

アルジュナの議論はさらに進展しました。これまでは、できることならば殺したくないという「望み」にすぎなかったのですが、ここでは、殺すという行為をなすことは「正しいことではない」と気づいています（詩節31注釈参照）。

アルジュナはこの詩節で、親族を殺すということについて、そこから得られる幸福という観点から考察しているようです。つまり、彼らを殺した後に、いったい幸福があるのだろうか、と考えているのです。これは、幸福がアルジュナの行動の基準であるということではありません。ただ、そのような行動を正当化するいかなる幸福も見いだすことはできない、と強く訴えようとしているだけです。

確かに、どんな行動でも、それを実際に行うときには、幸福のことを考慮に入れるべきです。なぜなら、どんな行動も、その目的は幸福の増大にあるからです。創造と進化の目的は幸福の拡大にほかなりません。ですから、もし行動から幸福が生じないのであれば、その行動は行動の目的そのものに反するものであり、それを正当化することはできない、ということになります。このような理由から、殺すことは「私たちにとって正しいことではない」とアルジュナは言っているのです。

詩節38

たとえ、彼らの心が貪欲《どんよく》のために曇らされ、
一族を滅ぼすことの悪を見ず、友を欺くことの罪を見ないとしても、

詩節39

一族を滅ぼすことの悪を、はっきりと見ている私たちが、
この罪を回避するすべを知らずにいてよいはずはない、おお、ジャナールダナよ。

「知る」という言葉が、この時点におけるアルジュナの最大の関心を表しています。アルジュナは状況を正しく把握しています。それればかりか、何が正しいかということも知っています。それなのにどうして自分は正しい行動をとることができないのか、それをアルジュナは理解しようとしているのです。

アルジュナは、親族の目を曇らせ「悪」を見えなくしている貪欲の影響について述べています。このことから再び、アルジュナの視野が明るく澄んでいることがわかります。

この詩節の調子から、アルジュナが重きを置いているのは、「滅亡」そのものというよりも、それによって生じる「悪」のほうであるということがうかがえます。しかし、視野がこれほど純粋に澄んでいるのにもかかわらず、アルジュナは、自分を待ち受けている殺戮という罪から逃れる正しい道を見いだすことができません。アルジュナは主に教えを求めて、光明を受けようとします。

人生がこのようなとき、すなわち、目を開いているのに見えない、動きたいのに動けないといったとき、人は神の足元にひざまずきます。

自然界の目に見えない仕組みを調べてみると、宇宙に存在するすべてのものが、互いに直接関係し合っているということがわかります。あらゆるものが、それ以外のあらゆるものの影響を常に受けています。大海の波は、どれ一つとっても、他の波から独立しているものはありません。確かに、それぞれの波には個別性があるのですが、どの波も他の波の影響を受けずに孤立しているわけではありません。どの波にも、それぞれの進んでいく方向がありますが、それは他のすべての波の方向に依存しています。個々の生命は宇宙生命という大海の中の波です。そこでは、すべての波が常に、他のすべての波の進路に影響を与えているのです。

確かに、人間は自らの運命を思いのままに導くことができます。人間には、神が人間に与えた最大の贈り物ともいうべき自由意志がありますから、それによって、まったく自由に行動することができます。しかし、何かをなせば、その結果を受け取らなくてはなりません。なぜなら、反作用は常に作用と等しいからです。

人々が正しく行動しているときは、それに応じたよい雰囲気が自然に生み出されます。そのような影響が優勢になると、今度は個人がその影響を受けるようになります。もし、そのような恵みと栄光に満ちた雰囲気に包まれていれば、ある人が誤った道に足を踏み入れそうになったとしても、その人を取り囲んでいる目に見えない正義の影響力が、その人を守ってくれます。同様に、もしある人がいくら努力しても報われないとすれば、それは、その失敗の背後に目に見えない自然界の力が作用しているからです。その人がいくら知的に分析してみても、その失敗の原因はわかりません。一段高いレベルに昇って、自然界の働きとその背後にある力に気づく必要があります。自然界のさまざまな法則と、それらすべての奥に潜む宇宙法とを理解するまで、自らを高めなくてはならないのです。

戦闘を差し控えようという決心が、どうして何の結果も生み出さないのかを理解できないまま、アルジュナは戦いへと引かれ続けています。これは、混乱した状態にあるためではありません。そうではなく、多様な自然界の複雑な働きは、どんなに知的に明晰であったとしても、洞察することはできないからなのです。

アルジュナの意識は純粋ですが、宇宙法の場である絶対「存在」を突き止めるまでには、まだ至っていません。そのために、自分が悪の影響に満ちた雰囲気の中に生きている、ということを理解できないでいます。そのような雰囲気の中では、徳を長く存続させることは不可能です。アルジュナは、家族やカーストのダルマのためを思って、戦いを差し控えようとしています。しかし、彼はダルマの絶対状態に気づいていません。彼を戦争に導いているのは絶対状態のダルマの力です。そのために、彼は、どうして自分が自分の思いに従って行動できないのか、その理由を理解することができないのです。

次の詩節では、進化の道がどのように消滅するか、ということに関するアルジュナの意見が示され、アルジュナがいかに社会のためを思っているのかが明らかにされます。

詩節40　一族が崩壊すれば、家族に古くから受け継がれてきたさまざまなダルマが失われる。家族のダルマが失われると、アダルマが一族全体を支配する。

ダルマの複数形である「さまざまなダルマ」という言葉は、進化のさまざまな道筋を支える自然界の種々の力を意味しています。さまざまなダルマは、特定の活動様式やさまざまな正義の道として現れて、人生の流れ全体の調和を保ちます。つまり、人生のあらゆる面が他のあらゆる面と正しく調和して、進化の方向に動いていくのは、ダルマの働きによるのです。そのような特定の活動様式が世代から世代へと受け継がれていくと、いわゆる伝統というものが形成されます。ここで「家族のダルマ」といっているのは、このような伝統のことを指しているのです。

「アダルマ」とは、ダルマがない状態を意味します。アダルマが蔓延《まんえん》してくると、肯定的な力と否定的な力の均衡を保つ自然界の偉大な力が失われ、そのために、進化の過程が妨げられるようになります。

アルジュナは「古くから受け継がれてきた」という言葉を使っています。これは、時の試練を経てきたものこそが、進化の真の道、自然界においての上昇する流れ、人生の理想を表しているからです。進化にそぐわないものは、どんなものも長くは続きません。ですから、長い年月の間存続してきた伝統であれば、それは正しいものであり、「真理」すなわち「永遠の生命」に最も近いものである、ということが確かに証明されているといえます。だからこそ、アルジュナは、将来の人々のためを思い、この進化の道を破壊することを恐れているのです。

戦うという行為の性質を分析する過程には、アルジュナの偉大な洞察力と高度に発達した理性とが現れています。思考はたいへん論理的で当を得ており、意識の表面的なレベルから来ているものではない、ということがよくわかります。アルジュナの思考の基盤は進化の根本的な力であるダルマにあります。アルジュナの視野は制限されていません。その洞察力は、はるか遠くの未来にまで及んでいます。

アルジュナは、その時代における偉大な人物らしく、行動を開始する前に、その行動が次の世代の人々にどんな影響を与えるかを考えています。このように高度な意識状態のみが、偉大な英知の夜明けを地上に招来できるのです。

アルジュナの最大の関心は、進化の道を保持することにあります。アルジュナはこのような観点から、ダルマと社会の人々の行為とに大きな価値を置きます。なぜなら、ダルマと人々の行為は互いに支え合っているものであるからです。

　アルジュナの議論は、さらに次の詩節へ続いていきます。

詩節41　アダルマがはびこるとき、クリシュナよ、一族の婦女たちは堕落する。
そして、婦女たちの堕落に伴い、ヴァールシュネーヤよ、カーストの混合が生じる。

　母親の人生は、自然界の創造力の表れです。そして、創造的知性が効果的に働くためには、それが純粋でなくてはなりません。純粋でないと、効果的でなくなります。効果的でなくなってくると、その結果として、崩壊を招くことになります。より有能な人々を創造するために、母親の人生の純粋性がたいへん重要なのです。

　ここでアルジュナは、「カーストの混合」ということを問題にしています。なぜなら、急流で一つの船から別の船へ乗り移ることは極めて難しく危険である、ということを理解しているからです。天地万物は、自然界の大きな力の影響の下にあって、進化の流れの中にしっかりと組み込まれています。それぞれに、それぞれの進むべき特定の進路があります。もし、ある人が自分にとっての自然な進路、すなわち自分のダルマから逸脱するとしたら、それはちょうど急流で船を乗り換えるようなものです。その人は、人生を維持するために、悪戦苦闘しなければなりません。その苦闘は、悲しみや苦しみとして経験され、さまざまな問題を引き起こし、進化の道を妨げることとなります。

　問題などどこにも存在しないということが、あらゆる問題への答えとなります。この真理を認識できれば、すべての問題が消え去ります。これが知識の力、サーンキヤの力です。これは、ただちに悟りをもたらす英知の力です。詩節28から46の中でアルジュナが提示している、人生におけるさまざまな根本問題への答えとして、主クリシュナはこのような知識を明らかにします。

詩節42　一族にとっても、その破壊者にとっても、この混合の行きつく先はまさに地獄だけである。ピンドーダカの供養がやむとき、その祖先もまた落ちていく。

血の純粋性は、家族や社会が長く存続していくための基盤です。そして、この純粋性は、古くから継承されてきた家族の伝統を保持することにかかっています。社会の秩序が崩壊するのは、国家にとって最大の損失です。アルジュナは、このような重大な問題を考え、将来の数多くの世代の人々のことをも考慮に入れて、この戦いを検討しています。その視野は完全であり、その思いやりは純粋です。人々や社会のためを思うアルジュナの洞察力や愛の深さに動かされ、主クリシュナは永遠の解放を得るための英知を彼に授けて、彼を強くしようと思っています。主クリシュナは、アルジュナの言うことに静かに耳を傾けていますが、それはこの偉大な恩恵を彼に授けるにあたって、より十分な準備を彼にさせるためです。

アルジュナの表すどんな思いも、提出するどんな疑問も、また知識の領域へと向けられたどんな質問も、主クリシュナは共感をもって受け止め、それらに答えることでアルジュナを満足させます。

「ピンドーダカ」について。カルマすなわち行動に関して解説している『ヴェーダ』のカルマ・カーンダによれば、子や孫は、亡くなった父や祖父の名において、特定の儀式を執り行うのが望ましいとされています。縁戚《えんせき》関係の定めに従って、直系の子孫がこうした儀式を行うことは、世を去った祖先たちが進化の場のどこにいようとも、彼らに好意と安らぎと満足とをもたらします。そればかりか、子供が両親からいろいろな恵みや安楽を得るのと同じように、子孫は先祖から祝福を受けます。『ヴェーダ』によるピンドーダカの儀式は、他界した両親と地上の子供たちとを結び、祝福の流れる経路となるものなのです。

この詩節では、個々人の人生を思うアルジュナの気持ちが示されました。次の詩節では、進化の道と社会全体を思う気持ちが再び表現されます。

詩節43　一族の破壊者のこのような罪悪は、カーストの混合を引き起こし、太古より受け継がれてきた、カーストのダルマと家族のダルマが消滅する。

身体全体の健康を維持している法則は、身体の各部分を維持する法則の集まりと、各部分を協調させるために加えられた他の法則とから成り立っています。同様に、身体の進化に関する法則も、各部分の進化をつかさどる法則の総計と、各部分を協調させる法則とから成り立っています。

それと同じように、個人の進化をつかさどるダルマがあり、さらに、個人を互いに結び付け協調させるダルマが存在します。後者は、主に社会やカーストの進化をつかさどるダルマといわれます。詩節40では、アルジュナは家族のダルマという観点から考えていました。この詩節では、カーストのダルマについて考察しています。カーストとは、類似したダルマを保持する家族の集まりのことです。

カーストの混合が起こると、太古からの伝統によって保たれてきた理想が破壊され、その直接の結果として、社会の均衡が覆されます。次の詩節では、古くからの伝統というよりどころを失った人たちに、何が起こるかが示されます。

詩節44

ジャナールダナ（主クリシュナ）よ、家族のダルマが消滅した人々は、必ずや地獄に住むことになる、と私たちは聞いている。

「家族のダルマ」とは、家族の構成員の間の協調を維持し、同時に、本人たちが意識しても意識しなくても、各構成員が互いに助け合って進化の道を歩めるようにしてくれる、さまざまな原理のことです。このような家族のダルマは、例えば、母と息子や娘との関係、兄と弟や妹との関係などを形成するものです。家族のダルマは、家族の伝統の中で維持されていきます。もし家族の伝統が破壊されれば、共に暮らしている人々は自分たちの生活様式を失い、お互いの進化を自然に助け合うことができなくなってしまいます。その結果、進化の道は失われ、家族の中に無秩序と混乱が増大していきます。そのような家族における人生は、地獄における人生のようであり、そのような堕落した人生のパターンに陥った人は進化の道から外れ、悲惨な運命を生み出し続けていくことになります。「必ずや地獄に住むことになる」とアルジュナが言っているのは、このようなことなのです。

ここに、何世紀もの間見失われてきた、たいへん重要で偉大な教えがあります。この教えは、どんな社会にも当てはまる一つの基準を打ち立ててくれます。

「家族のダルマ」は、ある家に生まれた人々はその家の職業に従事する、という伝統として確立されています。なぜなら、親から仕事を受け継ぐことによって、効率よく仕事が進められ、社会のために優れたものを生産することができ、仕事にも早く熟達できるからです。楽に快適に働くことができるので、仕事で疲れきってしまということはなく、精神の開発のための実践を規則的に行う余裕もできます。精神の開発は、人生におけるあらゆる成功の基盤です。家族のダルマと伝統は、このように個人と社会の両方を助けているのです。

アルジュナは、主クリシュナを「ジャナールダナ」と呼んでいます。これは、主が悪魔ジャナを退治して、法と秩序を確立したことを思い起こさせる言葉です。今や、戦闘の結果として大きな混乱が広がろうとしています。というのも、家族のダルマが失われ、世界は地獄の様相を呈さんとしているからです。

アルジュナはダルマの崩壊を心配していますが、このことから、状況全体を自然界の働きという観点から見ていることがわかります。

この詩節では、行動に関する一つの基本原則が確立されます。それは、行動は目に見えないダルマの力から外れるものであってはならない、というものです。

次の詩節では、どのようにして人の英知が曇り、その結果、誤った決断が生じるのかが示されます。

詩節45　**ああ、私たちは何と大きな罪を犯そうと決意したことか、王国の快楽をむさぼり求めて、自分たちの親族を殺そうとするとは。**

アルジュナは深い悲しみを感じています。なぜなら、小さな利益のために大きな目的を犠牲にしようとしているからです。自分の個人的なダルマのために、家族とカーストのダルマが犠牲になろうとしています。

アルジュナはそれを大きな罪と呼んでいます。なぜなら、正義を確立するためには、すなわち神の王国を地上に建設するためには、みんなが協力しなければならない、ということを知っているからです。すべての人が、それぞれの役割を果たさなければなりません。このことは、個人のダルマにしっかりと確立された人たちによって、家族とカーストのダルマが正しく維持されるときにのみ可能です。家族とカーストのダルマが失われることは、社会の秩序にとって大きな不幸であり、正義を破壊することになります。それは、神に背く罪です。このような理由から、アルジュナは「大きな罪」と言っているのです。

アルジュナは、次の詩節で、自分がとりたいと思っている行動を語ります。

詩節46　戦いになっても、武器をとらず抵抗もせずに、武器を手にしたドリタラーシュトラの息子たちに殺されるほうがましだ。

アルジュナは、自分が戦闘によって大きな罪を犯そうとしていることを知っています。ひとたび戦士として戦場に立った以上は、戦わないわけにはいきません。逃げるわけにもいきません。しかし、もし戦えば、大きな罪を犯してしまう恐れがあります。アルジュナにはこの状況から逃れる方法がわかりません。それで、戦闘で殺されたほうがましだ、と言っているのです。アルジュナが武器を持ち油断していないときには、だれも彼を殺せません。ですから、武器をとらずに無抵抗な状態になることを望んでいるのです。このようにすれば、神に背く大罪を犯さないですむだろう、というのです。これは、史上最強の弓の名手がもつ欠けることのない心、勇敢で気高い人格のありようです。アルジュナは、罪を犯すくらいなら死んだほうがよい、と考えているのです。

詩節47

サンジャヤは言った。
合戦の時に及んで、このように言い終えたアルジュナは、弓も矢も放り投げ、その心は悲しみに圧倒されて、戦車の座席に座り込んでしまった。

「このように言い終えた」について。これまでの詩節で、アルジュナは、戦闘の結果がどうなるかということを、自分の進化した心情と理性に映るままに述べてきました。まだどう行動すべきか決められない状態の中で、自分が今、弓と矢を持って戦車に立っていることに気づきます。これは、明らかに戦おうとしている姿です。アルジュナは、戦闘のために武装して立っているのでは、状況を考察するのに公平な立場をとっているとはいえない、と考えたのでしょう。それで、弓矢を投げ捨てて、つまり戦闘の姿勢を捨てて、座り込むことにしたのです。そして、問題の両面を、すなわち親愛なる人たちへの愛と義務の呼び声の両方を、満足させる解答を見いだそうと、さらに深く考えようとします。

アルジュナの理性は「悲しみに圧倒されて」います。義務を果たすべき時が来ているのに、心情のためにそれに応じることができません。アルジュナは明晰な理性を通して、戦闘がはるか将来にまで影響を及ぼす、ということを見ることができました。そのために、アルジュナの考えは悲しみで圧倒されているのです。人々の不幸に心を痛める人は幸福な人です。しかし、自分自身が乱されることなく、人々の不幸を取り除くことができるとしたら、その人はいっそう幸運な人といえます。

次の章では、アルジュナが光明を授かります。その光明によって、彼は神意識の至福に満ちた自由に確立され、少しも心を痛めることなく、世の中に影を投げかけている悪の暗雲を追い散らすことができるようになります。

ここに、栄えあるバガヴァッド・ギーターのウパニシャッド、絶対に関する科学、ヨーガの聖典、主クリシュナとアルジュナの対話は、「アルジュナの落胆のヨーガ」と題する第一章を終える。

第二章　知識のヨーガ　サーンキヤ・ヨーガ

第二章における教えの展望

詩節1……「真理」の探求者が、身動きできない状態に陥っています。それは、人生の根本的な問題に対する解決策が見いだせないからです。

詩節2・3……「神聖なるもの」の観点に立てば、問題など存在しません。人生に本来備わっている尊厳が、不純性によって覆われているだけです。

詩節4〜9……人生の本質に関するそのような話は、個人や社会の根底には問題が確かに存在していると認識している人にとっては、あまり意味がないように思われます。なぜなら、実際的な人は、問題を見て見ぬふりをすることはしたくないからです。

詩節10〜38……このような実際的な人に教えが説かれ、人生への洞察が与えられます。人生には二つの面があります。変化する肉体と、不変の自己です。自己の本質は絶対「存在」です。絶対「存在」を実現しないかぎり、人生は確固とした基盤がない状態にとどまってしまいます。たとえ全能の自然と進化の力に沿っていようとも、そのような人生は、その根底に実存における根本的な問題を抱え続けざるをえません。自己と「存在」に関する知識が心の平安をもたらすのです。

詩節39〜44……心の平安は、絶対の意識を得ることによって、永遠のものとなります。心が絶対の意識を得ることは自然で簡単なことですが、感覚的な楽しみに浸っている人はそれを見逃してしまいます。

詩節45〜48……その方法は、心を絶対の意識へと自然に導き、生命の完全性に親しませ、それから行動に従事させることです。

詩節49〜52……人生のあらゆる領域における能率の向上、より大きな成功、問題の除去、束縛からの完全な解放などがその恩恵です。

詩節53〜72……平安に確立された人生と、聖なる意識における祝福された自由の境地を守るための諸注意とが、説明されます。

この章は『バガヴァッド・ギーター』のいわば魂であり、これに続く各章はその身体に例えられます。希望と成就、それがこの栄えある章の恩恵です。ここでは、この世界における平和で活気に満ちた実りある人生と、精神的な安らぎと束縛からの自由とに至るための直接的な方法が与えられます。

この章では、絶対に関する英知「ブラフマ・ヴィディヤー」が理論と実践の両面から完全な形で説明され、『バガヴァッド・ギーター』のテーマ全体の中心的な考えが示されます。この章に含まれているいくつかの考えが種となって、これに続く各章の中で展開していくことになります。

それと同時に、この章だけでも完全なものといえます。どんなに低いレベルの心をも引き上げてくれるほど、この章自体が十分に強い力をもっているのです。ここでは、求道者の状態に始まって成就の状態に至るまでの、人生の完全な哲学が示されています。

この章の初めの部分には、第一章の考えが引き続き流れ込んできています。アルジュナの身動きできない状態の根底にある潜在的な力が、主クリシュナの永遠の英知の大海に出口を見いだします。

統合された人生に関する秘密の英知を、主クリシュナが説き明かすきっかけとなったアルジュナの状態が、この章の初めに描かれています。そして、その秘密の英知への鍵《かぎ》は詩節45で説き明かされます。

詩節1　サンジャヤは語った。

このように憐れみに覆われ、悲しみに満たされて、憂いをたたえ涙にあふれた目をした彼に、マドゥスーダナ（主クリシュナ）は次のように言った。

「マドゥスーダナ」とは「悪魔マドゥの殺戮者」という意味です。この言葉がここに使用されているのは、ある強力な力が今まさに立ち上がって、アルジュナの身動きできない状態に終止符を打とうとしているからです。

アルジュナの理性のように、とても鋭敏で知性にあふれた理性でさえも、自らを制御できない状態に陥ってしまいました。心情は理性と和解することができません。親族への愛が、悪を打ち砕こうとする義務の呼び声に応じられないのです。これは例えていうと、闇の中にとどまろうとしながら光の中へ出たいと願っている、というような状態です。アルジュナは自分に一つの課題を課しているのですが、それは、ある意識状態に達しないかぎり、とうてい解決できるものではありません。つまり、すべての行動が進化の目的を支持して正しくなり、人を殺すということさえも、愛の中で可能になるほどの意識状態に達することが、どうしても必要なのです。

アルジュナは、殺すことと愛することとを調和させることができないでいます。これは決して弱さを示すものでもなく、また偉大さを損なうものでもありません。アルジュナと同じくらい高度に進化した人ならだれでも、心情と理性の間に挟まれて、このような身動きできない状態に陥るはずです。

アルジュナは躍動的な人です。心情は愛であふれているのですが、この時点では自分の親族を愛することができません。理性は明晰かつ鋭敏に目的をしっかりと見据えているのですが、この時点ではその命令に従って行動することができません。心情と理性の双方に引っ張られているために、理性を満足させるために戦うことも、また心情を満足させるために親族を愛することもできません。このような理由で、アルジュナは「悲しみに満たされて」いるのです。

多くの注釈者たちは、アルジュナが混乱しているかのように解釈していますが、これは正しくありません。

アルジュナの心情も理性も高度に鋭敏な状態にあります。ただ、互いに矛盾するそれぞれの願望をかなえるためにはどう行動したらよいのか、ということを心情も理性も示すことができないのです。しかし、それでもアルジュナはバランスを失ってはいません。なぜなら、サンジャヤが「憂いをたたえ涙にあふれた目をした」と言っているからです。もし、バランスを失っていたとすれば、目はうつろになっていたに違いありません。しかし、アルジュナの目は生き生きとしています。そこには憂いが表れています。涙は心情の表れです。目に表れた「憂い」は偉大な思いやりの表れであり、このことから心が鋭敏であることがわかります。

この詩節で用いられている言葉の順序は、アルジュナの本当の状態を知る上でとても重要です。まず、「憐れみに覆われ」という言葉により、アルジュナの心情が憐れみだけで満たされていることがわかります。次の言葉は「悲しみに満たされて」です。もし心情が憐れみで満たされているのであれば、悲しみという異質な感情が入り込む余地はないはずです。このことから、「悲しみに満たされ」という言葉は、アルジュナの心情のことを語っているのではない、ということが明らかです。それは感情ではなく、理性の状態を述べたものです。

したがって、アルジュナの心情は憐れみであふれ、理性は悲しみであふれているということになります。アルジュナの状態は弱さや混乱を表している、という誤解をしてはいけません。この詩節はアルジュナの状態をよく表しています。アルジュナの知性、感受性、鋭敏さはその頂点にあり、しかもどう行動してよいかわからない、という状態にあるのです。

この身動きできない状態は価値あるものです。なぜなら、それは神聖なるものの英知を受け取るための真の基盤となるからです。それは一見、周囲の状況から生じたことのように思われます。しかし、実のところ、これは戦場で主クリシュナが発した最初の言葉（第一章詩節25注釈参照）によって生じたものです。アルジュナの人生の純粋性が、主クリシュナから愛の波動を受け取ることによって、身動きできない状態へと進展していき、神聖な英知が啓示される基盤が準備されたのです。

これまで人間に明かされた中で最も偉大で神聖な英知を、この世界にいながらにして授かろうとしている人の姿がここに描かれています。祝福が与えられたアルジュナの真の姿をとらえるためには、涙や憂いといった外見を越えたところまで見通さなければなりません。身動きできない状態において、涙や憂いといった外側の構造は、意識の内側にある栄光を保護するためにあります。それはちょうど、内側に甘い果汁を含んでいるオレンジの外側にある渋皮のようなものです。目に明らかな世界の現象面はそれほど魅力的なものではありませんが、しかし、その内側には神の祭壇があって、その光が私たちの人生を支えているのです。

たとえ外面だけであったとしても、アルジュナの人生が「悲しみで満たされて」いるように見えることを、主クリシュナはよしとしません。主はアルジュナの外面をも改善しようとします。そして、その目的のために、主はアルジュナに衝撃を与えるような言葉で語り始めます。

詩節2　**聖なる主は言った。**

時にふさわしくないその汚点は、いったいどこからきたのか、アルジュナよ。
そのような汚点は高貴な人と相いれず、名誉を傷つけ、天に反するものだ。

問題は、問題のあるレベルでは解決できません。問題を分析することによって解決を見いだそうとするのは、ちょうど、葉そのものに働きかけて葉を蘇生させようとするようなものです。解決は、根に水をやることにあります。

アルジュナは、これまでの二十一の詩節の中で、いかなる時代のどんな人生にも生じる問題を基本的にすべて挙げてきました。それに答え始めるとき、主はアルジュナの議論に時間を費やすことはまったくしません。主は、アルジュナの言ったことをすべて、少しも分析することなく、ただ退けてしまいます。なぜなら、一つ一つの発言を分析することによっては、状況を解決することはできないからです。

人生における問題はすべて、何らかの心の弱さから生じます。心の弱さはすべて、心がそれ自身の本質を知らないということに原因があります。心の本質は普遍的であり、無限のエネルギーと知性の源です。このような自分自身の自己についての無知が、人生のあらゆる問題や苦しみや欠点の根本原因です。人生のすべての問題を根本的に取り除くためには、ただ無知から抜け出て知識に至りさえすればよいのです。

人に知識をもたらすためには、まず、その人の心が教えに耳を傾ける状態になるようにする必要があります。アルジュナは身動きのできない状態にありました。そこで、主はアルジュナの心を揺さぶり、耳を傾け理解できる状態になるような言葉を発しました。

この詩節で、主はアルジュナの状況をいくつかの言葉で表していますが、その言葉の中にすでに解決策が示唆されています。この対話で主クリシュナが語る最初の言葉の中に、人生の哲学全体、ヴェーダーンタのすべてが表現されています。それは、無常の本質をもつ形と現象の世界と、超越的で絶対不変の真実とは、ともに完全に満ち足りている――「プールナマダ　プールナミダム」というものです。では、悲しみの原因となる無知という汚点は、いったいどこから来たのでしょうか。現在という「時」をみてみると、やはり二つの「完全に満ち足りた状態」から成り立っていますから、いかなる現在という「時」の中にも、この汚点は存在していません。したがって、いかなる「時」においても、「ふさわしくない」ものであるのです。

アルジュナは、第一章詩節28から46において自らの問題を提示しました。この詩節の表現から、主クリシュナがどのようにその状況を見ているかが明らかです。主は問題をまったく認めていません。

「どこから」は、この議論全体が根拠のないものであることを意味しています。この言葉は、アルジュナの議論の根拠が示されている詩節28に対応しています。

「汚点」は、詩節29から31の内容について述べています。

「高貴な人と相いれず」は、詩節32から35の本質を表しています。「名誉を傷つけ」は、詩節36から39について述べています。

「天に反する」は、詩節40から46について述べています。

主は声を大にしてアルジュナに言います。「その汚点は、いったいどこからきたのか」。主は驚きをもって語り、アルジュナの全体的な状態と考え方を要約して、「汚点」という言葉を使用しています。「汚点」という言葉は、「高貴な人と相いれず、名誉を傷つけ、天に反する」という言葉と「時にふさわしくない」という言葉を伴って、アルジュナの心に強い衝撃を与えます。鋭敏な理性と心情は大きなショックを受け、身動きできない状態から放り出されます。アルジュナはたちまち、それまでの自分の考え方に自信を喪失します。このようにして、アルジュナは主を仰ぐに至るのです。

次の詩節では、アルジュナに再び衝撃が与えられ、この詩節で生じた効果がいっそう強められます。主が言おうとしているのは、周囲の環境が好意的であろうとなかろうと、名誉ある貴い人は、この地上でも天界でも、常に栄光へと導かれるような方法で行動するということです。

詩節3　パールタよ。臆病になってはいけない。君らしくないではないか。
このつまらぬ気の弱さを振り落とせ。立ち上がるのだ、敵を焼き焦がす者よ。

この詩節でもまた、問題を取り扱うときの心理的な巧妙さをうかがうことができます。ここで主クリシュナは「臆病」という言葉を使用し、それと同時に、「パールタよ」すなわち「プリターの子よ」とアルジュナに呼びかけることによって、名誉ある系譜を思い起こさせています。それは、主クリシュナが「気の弱さ」と呼んでいるものを、アルジュナの中で中和し解消してしまいたいからです。

主クリシュナが最初にアルジュナに「パールタよ」と呼びかけ、戦場に集まったクル族（第一章詩節25参照）を見るように言ったとき、主は、自分がアルジュナの中に母プリターへの愛を呼び起こした、ということに気づいていました。また、心の中に注ぎ込んだ大きな愛の波のために、アルジュナが今、身動きのできない状態にある、ということも主は知っていました。ですから、アルジュナに初めの士気を取り戻させるため、「パールタよ」という言葉で生じた一方に偏った状態にある愛を、拡大して偏りのないものにすることが必要でした。それで、主クリシュナはここで再び「パールタよ」という言葉を使用して、それを「気の弱さ」に結び付けているのです。

アルジュナの心情にこのような効果を生み出した後、次は理性の流れを、身動きできない状態から行動へと導くことが必要です。そこで、主は「立ち上がるのだ」と言います。このようにして、主はアルジュナの理性の中に戦いへと向かう衝動を呼び起こし、それとともに、「敵を焼き焦がす者」としての地位を思い起こさせます。

主は、アルジュナがどんな結論にも達しないような考え方をするのを、即座にやめさせたいと思っています。

こんなやり方は君のものではない、と主はアルジュナに言います。なぜなら、アルジュナはいつも躍動的な人であったからです。「君らしくないではないか」という言葉がそれです。

この主クリシュナの言葉には、もっと深い意味もあります。「君らしくない」という言葉は、アルジュナに自分の本質を思い起こさせます。「汝はそれなり」――あなたは限界のない永遠の「存在」である――『ウパニシャッド』はこのように宣言しています。アルジュナは普遍の人生を生きるべきです。「気の弱さ」の餌食《えじき》になってはいけません。なぜなら、それは無知の領域に属するものだからです。

「気の弱さ」を振り落とせと言うとき、主はそれを「つまらない」ものと評しています。そうすることによって、主はアルジュナを励ましているのです。アルジュナが克服すべき弱さは大きなものではなく、単なる気弱さにすぎません。主クリシュナがアルジュナに伝えようとしているのは、人の心情に愛が成長するとき、その人の視野はより普遍的になり、その人はより強く、よりダイナミックになるはずなのに、アルジュナの場合にはそれが起こっていない、ということです。アルジュナはまだ普遍的な視野を得ていないのです。

ここに一つの偉大な形而上学的な真理が表されています。それは、無知はまったく実体のないものだ、ということです。無知は単なる幻影であって、簡単に振り落とすことができるものです。不幸なことに、アルジュナはこの無知のために、愛の波が当然もたらすはずの強さを奪われてしまっています。

アルジュナが偉大な戦士であり、生来の勇者であることは間違いありません。ですから、主はただアルジュナに自分本来の姿を思い起こさせているだけのようです。アルジュナの本来の姿とは、絶対性においては、無限で永遠の「存在」であり、そして相対性すなわち人間の姿としては、「敵を焼き焦がす者」なのです。

前の詩節とこの詩節が、主の最初の教えとなっています。この二つの詩節をよく研究してみると、ここに『バガヴァッド・ギーター』の教えの全体が濃縮された形で含まれていることがわかります。

詩節4

アルジュナは言った。
どうしてビーシュマやドローナに戦場で矢を射かけることができようか、
マドゥスーダナよ。彼らは尊敬に値する人々ではないか、敵の殺戮者よ。

アルジュナは、ビーシュマとドローナの名を挙げ、同時に、主クリシュナを「マドゥスーダナ」、「悪魔マドゥの殺戮者」と呼んでいます。そうすることによって、次のようなことを主にほのめかしています。「あなたは悪魔の殺戮者です。それなのにどうして、このような高貴な長老の方々を殺せと言うのですか。あなたは敵の殺戮者です。それなのにどうして、このような尊敬に値する人々を殺せと言うのですか」

このことから、この身動きできない状態においてさえも、アルジュナの理性が鋭敏に働いているということがわかります。もし、心情も理性も鋭敏に目覚めているならば、人にはどんな試練の時をも乗り越えられる希望が常にあるのです。

次の詩節では、アルジュナが論点をさらに押し進めます。

詩節5

この高潔な師たちを殺すくらいなら、この世で物ごいをして生きるほうがましだ。
たとえ師たちが利益を望んでいるとしても、
彼らを殺せば、血に汚れた快楽だけをこの世で味わうことになるだろう。

ここには、アルジュナの偉大さ、高潔な人格、将来への配慮、彼の人間としての心情の質が示されています。アルジュナは偉大な弓の射手ですから、征服という血にまみれた痛ましい記録で、歴史がつづられてきたことを知っています。アルジュナは、当時の文明が大きな痛手を被ることになるのを予見しています。戦争があらゆるところにもたらす荒廃を、心に思い描くことができます。子供たちの泣き声や女性たちの嘆き、破壊や迫害の物語を、自分の内側に聞くことができます。優しい人間的な心情をもった勇者アルジュナは、この差し迫った状況を回避するためなら、何でもする覚悟です。そして、「この高潔な師たちを殺すくらいなら、この世で物ごいをしながら生きるほうがましだ」と言い、さらに「血に汚れた快楽だけを味わうことになるだろう」とまで言っています。

アルジュナの議論は次の詩節に続きます。

詩節6

私たちが彼らを征服すべきか、彼らが私たちを征服すべきか、どちらがよいかわからない。
ドリタラーシュトラの息子たちは、私たちの面前に立ち並んでいる。
もしも、彼らを殺すのであれば、私たちも生きることを望むべきではない。

ここには、アルジュナの私心のない人生観が示されています。もし、王国を手に入れるとすれば、その喜びを親しい人々みんなと分かち合いたいと思います。もし、分かち合うことができないのであれば、王国をいっさい捨ててしまうことのほうを望みます。この詩節では、進化した意識をもっている人の考え方が明らかにされています。アルジュナは、事態の重大さを認識して、自分が負うべき責任のことを気にかけています。アルジュナは勝利の結果や敗北の結果について考えます。そして、たとえ自分の方が勝利したとしても、それによって愛する人たちを失うのであれば、その勝利には何の価値もないということに気づきます。

アルジュナはどうしようもない状況に置かれ、これは人間の思考や感情のレベルでは解決できないという結論に至ります。そこで、アルジュナは神聖なるものの導きを求めて、主を仰ぎ見ます。

次の詩節には、史上最強の弓の名手がまったくなすすべを失った状態、偉大で賢明な人の最も純真で誠実な帰依の感情が記されています。

詩節7　**私の本質は弱さで汚れてしまい、心はダルマについて混乱している。お願いだ。いったい何が私にとって善であるのか、はっきりと教えてくれ。私はあなたの弟子だ。あなたに寄る辺を求める私に教えを説いてくれ。**

アルジュナはこれまで自分の考え方を押し通してきましたが、その方向で行けるところまで行ったとき、突然、もうこれ以上は考えられない、と感じるにいたりました。彼は立ち止まり、彼の理知（intellect）も引き下がりました。そして、彼は主の足元にひれ伏したのです。

これはよくあることですが、人は自分の力で考えて行動できると感じているかぎり、他人の言うことに耳を傾ける必要はないと思います。どうしてよいかわからなくなったときに初めて、避難所を求めます。そして、避難所が見つかったときには、まったく謙虚になってそこに近づき信頼を寄せます。人は、その避難所に完全に身を任せたときに初めて、そこから十分な世話を受けることができるようになります。人が神に対するごとく、神もまた人に対する……それが神の分け隔てのない性質です。

「はっきりと教えてくれ」は、アルジュナの人格をよく表しています。アルジュナは実際的な人ですから、観念的な話のレベルにとどまっていたくはありません。目的は万人に善を施すことですから、自分にとって正しいことがはっきりしており、確信をもって従うことができるような明確な行動の指針を求めています。もし、人が他の人への奉仕に人生を捧げ、しかも自分の責任に対して良心的であろうとするならば、その人の採用する行動は、いっそう正しいものでなければなりません。

この状況は、決してアルジュナの人格を傷つけるものではありません。アルジュナは自分自身に弱さを認めていますが、それは彼の人格の高潔さがそうさせているのです。「心はダルマについて混乱している」と言っているのも、その偉大さの表れです。一方では、アルジュナは家族のダルマ（家庭人としての義務）によって、親族を愛し保護するように促されています。また他方では、カーストのダルマ（社会を守るクシャトリヤとしての義務）によって、侵略者を殺すように求められています。アルジュナはどちらのダルマに従うべきか、自分では決めることができず、それを自分の弱さであると見なしていますが、実はそれは周囲の状況のせいです。心情と理性とをもっている人であれば、だれもそれをアルジュナの弱さとは考えないでしょうが、アルジュナは自分の弱さだと言っています。主クリシュナの前で自分の状況を分析するにあたって、とても謙虚になっているのは、人格の偉大さがそうさせているのです。

英知を授かるためにアルジュナが弟子としてひれ伏すとき、主クリシュナは彼を受け入れます。主クリシュナの教えが始まるのは、まさにこの時点からです。ここが『バガヴァッド・ギーター』の本当の始まりであるのです。

作用と反作用が互いに等しいということは、動かしがたい自然界の法則です。反作用が生じるためには、まず作用が始まらなくてはなりません。同じように、教えが始まるためには、まず生徒が教師に近づかなければなりません。生徒が教師に近づくとき、生徒は真剣であると認められ、教師は教える責任を感じます。アルジュナが、主クリシュナに友人として話しかけていたときには、主クリシュナもまた同じように応じていました。しかし、真剣に「私は弟子としてあなたに帰依します。道を教えてください。光へ導いてください。自分の力ではわかりませんから」と言うとき、すなわちアルジュナが静かになり、主クリシュナに全面的に帰依したとき、主もまた真剣にアルジュナを受け入れて、実際的な人生の英知によって彼を啓発し始めます。

患者が静かにしていなければ、医師は手術を始めることができません。患者が医師にすべてをゆだねるとき、初めて手術を行うことができます。

これは、どんな人の人生においても、他の人から教えを受けることに成功するための偉大な秘訣です。そして、人生における幸福や平和を得るための英知、この世の成功と束縛からの自由を得るための英知は、人生の最も偉大な秘訣です。これは、「ブラフマ・ヴィディヤー」、「究極なるものに関する知識」です。当然のことですが、これは少なくとも、それを進んで受け入れようとする人にしか伝えられません。ある人が進んでその知識を受け入れようとしているかどうかは、それを受け取る準備ができているかどうかで判断されます。そして、受け取る準備ができているかどうかは、師を信頼して一心に献身しているかどうかで判断されます。

師への信頼によって、弟子は知識をよく吸収できるようになります。また献身によって弟子は障害から解放され、同時に師の心に影響を及ぼして、そこから英知の泉がわき上がるようにすることができます。弟子からの献身によって、師の心に愛情が生まれます。子牛が母牛に近づくときに母牛の乳房からミルクが流れ始め、子牛は楽にミルクが飲めるようになります。弟子の献身と信頼のすばらしさはそのようなものです。弟子は師の足元にひれ伏して、進化の長い道のりを短縮するのです。

アルジュナは主クリシュナに心から帰依しました。その結果はすぐに現れます。アルジュナは、理論と実践の両面からの主の教えに助けられて、身動きのできない状態から解放されます。戦場での短い教えが終わるときには、アルジュナはヨーギー（人生の統合を実現した人）となり、バクタ（神への献身者）となり、ギヤーニー（悟りを得た人）となります。完全に満ち足りた揺るぎない理知と、行動の偉大な技術と、実存における永遠の自由とに確立されるのです。

アルジュナはただ主クリシュナの足元にひれ伏しただけで、そのような状態に至ることができました。帰依するということは、無条件に何でも受け入れるということではありません。『バガヴァッド・ギーター』全体を通じて、アルジュナは質問を発し続けています。なぜなら、弟子がひとたびその誠意で師の心をとらえれば、どんなことでもまったく自由に質問できるようになるからです。師と弟子の間にこのような関係が生まれるとき、教えることと学ぶことが、ともに何の抵抗もなく楽にできるようになります。英知は一方から他方へと自動的に流れます。

次の詩節では、主に帰依したアルジュナが、自分の心の現状をはっきりと示します。帰依の道にあっては、言いたいことを言わずにおくことは許されないのです。

詩節8　この五感を枯らす悲しみをどうしたら打ち払えるのか、私にはそれがわからない。たとえ、比類のない、繁栄した地上の王国を得たとしても、また神々さえも支配する力を得たとしても。

「五感を枯らす」について。アルジュナは身動きのできない状態にあるために、心と五感の協調を失っています。草木が枯れるのは、根から養分を受け取らなかったからです。外側から養分を与える方法はありません。心との協調がなければ、五感は鋭敏さを保つことができず、地上の喜びでさえも最大限に楽しむことができません。もし、前の詩節で述べられた帰依が完全なものであったとしたら、アルジュナはその瞬間から自分の悲しみについては沈黙していたはずです。ところが、帰依すると宣言した後も、悲しみを表しています。これは、帰依の気持ちでさえもすぐにはアルジュナを解放できない、ということを示しています。海でさえも火山の噴火を鎮められないことがあるのです。外側の世界のどんなものをもってしても、アルジュナの心の悲しみを打ち払うことはできません。なぜなら、アルジュナは行動ができなくなるほど、どうしようもない状態に深く陥っているからです。

この詩節を研究すると、精神的な生活の基本原則が明らかになります。真の帰依の状態に至れば、もう苦しみ続けることはありません。人はすべての困難を投げ捨て、その安らぎのゆえに話すのをやめて沈黙します。

この詩節とその前の四つの詩節には、第一章の詩節28から46にかけてアルジュナが主クリシュナの前に提示した人生の基本問題が要約されています。

詩節9

サンジャヤは言った。
グダーケーシャ、敵を焼き焦がす者は、フリシーケーシャ、ゴーヴィンダに、「私は戦わない」と告げて沈黙した。

アルジュナは、「グダーケーシャ（眠りの征服者）」「敵を焼き焦がす者」と呼ばれています。これらの表現からわかるのですが、アルジュナは、「私は戦わない」と言っているこの時点においても、鈍くなってもいないし、強さを失ってもいません。

主クリシュナに対して「フリーシーケーシャ（五感の支配者）」「ゴーヴィンダ」といった呼び名を使用しているのは、アルジュナに対する主クリシュナの立場を表すためです。アルジュナの心はこの上ない強さと鋭敏さをもっているのですが、主クリシュナの偉大さの前では、まるで子供のようです。「私は戦わない」という言葉は、「僕はそこへは行かないよ」と言いながら、父親の顔色をうかがっている子供の言葉に似ています。ひとたび、主の足元に帰依した（詩節7参照）ならば、アルジュナも主の前にあっては子供のようになるのです。

アルジュナが自分は戦わないと言っているのには、もっともな理由があります。なぜなら、主に帰依したからです。アルジュナは戦士です。自分は帰依したと言うとき、本気でそう言っているのであり、そのように振る舞い始めます。アルジュナの心情も肉体も理性も、今ではすべて主クリシュナのものです。したがって、命令を受けないかぎりは、戦うことも何もできないのです。問題ははっきりと表現しなければならないし、また、そうすれば解決が得られやすくなる、ということをアルジュナは知っています。アルジュナは自分の言いたいことを言いました。次は主クリシュナが話す番です。

詩節10　両軍の間で悲嘆にくれる彼に向かって、バーラタ（ドリタラーシュトラ）よ、フリシーケーシャは、ほほ笑んで次の言葉を語った。

「フリシーケーシャは、ほほ笑んで」について。この表現が使われているのは、五感の支配者にとって、アルジュナを沈黙とためらいの状態から引き出し、五感の麻痺《まひ》した状態から解放するのはたいしたことではない、ということを示すためです。また、「ほほ笑んで」という言葉は、最初に励ますことによって弟子を啓発していくという技術を示している、とも理解できます。

落胆した求道者は、師が最初に見せる笑顔によって勇気づけられます。問題は自分が考えているほど深刻でもないし、克服できないほど難しいものでもない、と師の笑顔は無言のうちに教えています。ここで明らかにされている対照は極めて大切です。アルジュナは絶望に陥っていますが、主クリシュナはいつものように神々しく、快活で、至福に満ちた様子でほほ笑んでいます。実存の二つの面がここに描き出されています。一つは、主クリシュナに象徴される非具象絶対の至福意識であり、もう一つは、アルジュナに代表される最も優れた人間の意識です。暗闇が今まさに、天の神々しい光によって照らされようとしています。アルジュナの沈黙が今まさに、天の歌声によって破られ、美しいメロディーへと変わろうとしています。アルジュナの悲しみは、主のほほ笑みの中へと溶け込んでいくのです。

「ほほ笑んで」という言葉はまた、主クリシュナの不動の本質をも表しています。二つの大軍が戦闘配置について今にも戦おうとしているときに、味方の英雄が絶望に沈んでいるのですから、主以外の人であれば、だれでも動揺してしまうに違いありません。

次の詩節から、主クリシュナの栄えある教えが始まります。しかし、主がアルジュナの議論には立ち入らないということに、もう一度留意すべきです（詩節2注釈参照）。主は次に語る最初の言葉で、それらをすべて退けてしまいます。

詩節11　**聖なる主は言った。**

君は、悲しまなくてもよい人たちのために悲しみ、しかも、賢者のごとく話している。

賢者は、死者についても生者についても悲しまないものだ。

主は、アルジュナが賢者のような言葉で話していると指摘しながら、賢者ならばどのように考えるかということも教えています。賢者の第一の特徴は、何ものをも悲しまないということです。なぜなら、賢者は、あらゆるものはその本質において永遠であると知っているからです。真の実存という観点からすれば、アルジュナが気にかけているビーシュマやドローナなどすべての人々は、無限の生命をもっています。アルジュナがその人たちのために悲しむのは間違っています。賢者の心の中に生者や死者に対する悲しみがあるでしょうか。賢者は過去を悲しみません。また、現在のいかなるものも賢者を不幸にすることはありません。なぜなら、賢者は「真理」に、不変の真実に確立しているからです。

この詩節には、師の英知が明らかにされています。師は弟子に自分のいる位置を自覚させ、それと同時に、ゴールを明確に指し示します。主クリシュナはアルジュナに、実体のないものを悲しんでいる現在の心の状態を悟らせ、さらに、何ものをも悲しむことのない英知の状態をゴールとして示しています。

ここにはまた、師と弟子の関係についての原則も説明されています。師は、弟子を現在の状態からゴールへと導くことだけを考えているものです。主はここで主自身のことは述べていません。アルジュナの現在の位置と、導いていきたいゴールの状態を述べているだけです。主はゴールをほのめかしただけですが、それによってアルジュナは自分の状態をはっきりと自覚します。主の目的は、アルジュナを完全な依存状態へと引き寄せて、主の巧みな導きを最大限に受け入れることができるようにすることです。弟子に注意して聞くように言ったのではありません。教えの始めで、弟子に自分の位置を自覚させることにより、そういった効果を弟子の心の中に生み出したのです。

この詩節から、「サーンキヤ」として知られている主クリシュナの教えの最初の部分が始まります。ここから詩節38にかけて、主クリシュナはアルジュナに、完全に満ち足りた人生に関するこの英知を与えていきます。これは実存の絶対面と相対面の両方に関する英知であり、主はこれを「サーンキヤ」と呼んでいます。

詳しく検討してみると、これまでの五つの詩節（第二章詩節4〜8。これらの詩節には、第一章詩節28〜46でアルジュナが提出した質問が本質的にすべて含まれている）でアルジュナが提示した問題に対する答えが、この詩節に含まれる次の五つの表現によって与えられていることがわかります。

一．君は、悲しまなくてもよい人たちのために悲しみ。

二．しかも、賢者のごとく話している。

三．死者についても生者についても。

四．悲しまない。

五．賢者は。

詩節12　私がかつて存在しなかったときは一度もない。それは、君やこれらの王侯たちも同じだ。将来、私たちが存在しなくなることも決してありえない。

ここで、主は精神の永遠の本質、個別生命の内なる真実をアルジュナに教えています。人間におけるこの精神の本質は不滅です。肉体が過去、現在、未来と絶えず変化していくのに対して、それは常に同じ状態にとどまっていいます。生命の内面にある永遠の本質すなわち真我は抽象的な概念ですから、それをできるかぎり具体的なものにするために、主は主自身、アルジュナ、そこに居合わせている人たちを例にとって話しています。ここには、教えるということの大切な一面が明らかにされています。それは、抽象的な理論は具体的な事例によって説明する、ということです。

私たちすべてはこの肉体が滅んだ後も存在し続ける、と主は言っています。なぜなら自己は永遠であり、生命はいつまでも存在し続けるものであるからです。次の詩節では、サーンキヤの英知がわかりやすい実例によって説明されます。

詩節13　この肉体に宿るものは、それが少年期、青年期、老年期へと移っていくのと同じように、次の肉体へ移っていく。賢者はこれに惑わされはしない。

賢者は、肉体の変化に戸惑ったりはしません。肉体が滅びるのは、子供が成人になっていくときや、若者が老人になっていくときに起こる変化と同じようなものです。現象的な変化は常に起こり続けますが、生命の不変の真実、肉体に宿るものは永遠に同じ状態のままです。
このことを知っている人であれば、肉体の死について深刻に悩むということはありえません。しかし、たとえこの知識があったとしても、人はやはり暑さや寒さ、喜びや苦しみを感じます。次の詩節では、こういった状況にどのように対処すればよいのかが説明されます。
これらの詩節には、サーンキヤの英知の極めて重要なところが表されています。

詩節14　五感の対象との接触から、クンティーの子よ、寒暑や苦楽の経験が生じる。それらは、来ては去っていく無常のものだ。それらを耐え忍べ、バーラタよ。

賢者は不変のものをしっかりと理解しているために、生きている間も死後においても、肉体の変化に影響を受けることはありません。五感による対象の経験や、その結果生じる喜びや苦しみの経験は、来ては去っていく現象にすぎません。ここで主がアルジュナに示そうとしているのは、永遠ではないものを重く見るべきではない、ということです。主はあたかも次のように言っているかのようです。「気楽に受け止めよ。物事は、それがやってきたのと同じようにまた自然に去っていく。君の人生は、永続する本質をもつものを基盤とすべきだ。アルジュナよ、人生のはかない無常な面を重視してはいけない。実存の永遠なる真実は存在し続けるが、無常なものは常に変化してやむことがない、とこのように理解せよ。だから、人生をそのまま受け入れよ。それだけが、君にふさわしいことだ。なぜなら、君はバーラタと呼ばれる者、人生の真実の光の中に立脚していた偉大なバラタ王の子孫ではないか」

次の詩節では、喜びや苦しみの中で心の平静を保つことの結果が示されます。

詩節15　これらの接触に悩まされず、苦楽の中でも心が平静で揺るがない者、実に、そのような人が不死を得るにふさわしい。最上なる人よ。

主がアルジュナに強調していることは、詩節13で説明されたように、ひとたび生命の永遠の真実についての理解を確立すれば、その人の心は喜びや苦しみの影響を受けないようになる、ということです。そのような不動の人は、死の影響を越えて、生命の永遠の場を生きるようになります。つまり、永遠の生命を得るのです。相対的な場におけるすべての問題を超えた、生死にかかわるすべての問題を超えた、死そのものさえも越えた、そのような状態にアルジュナを導くことが主の目的です。

海の限りない状態は、河が流れ込もうと、海水が蒸発しようと、何の影響も受けません。同じように、絶対実存の限りない豊かさをしっかりと理解するに至った人は、相対的な場の影響から自然に解放されます。人は、このようにして不滅の生命の地位を与えられるのです。

現代ではよく見受けられることですが、苦楽や損得の中でも心の平静を装おうとする人たちがいます。そのような人たちは、自分が世間の多様な活動にかかわっているときも、それに影響されず落ち着いて振る舞うべきだと理解して、そのような気分を装おうとしています。しかし、理解を元にして気分を装うことは、単なる偽善にすぎません。そのような間違った態度に陥る求道者がたくさんいます。このことは、先に進むにつれて、いっそう明確にわかるようになります。

気分を装ったとしても理解を深めることはできません。内なる永遠の生命と外なる無常の実存との間の本当の関係を生きるためには、この詩節と前の三つの詩節の意味を一度理解すれば、それだけで十分です。自分が王であり、国が自分のものであることを　度理解した人は、すぐさま、自分と国との関係を活用して、王として振る舞い始めます。訓練や、自分の立場を常に考えることによって、王になっていくのではありません。同様に、子供は自分の母親のことを、この人が自分の母親なのだと、いつも忘れないようにする必要はありません。子供がひとたびそれを知れば、常に母子の関係を生きるようになります。束縛からの自由をもたらす理解を得るための道というのは、それくらい簡単なものなのです。

人生の不変の場を無常の場に結び付けるものは何もありません。それが人生に関する真理のすべてです。それらを結び付けた状態に保つものは何も存在しません。これら二つの場が結び付くようになるのは、それらの間には自然な自由の状態が存在していることを、単に知らないためにほかなりません。このような無知と、そこから生じた束縛が、人生を絶えず動かし続けているのです。内側は不変のまま、外側は常に変化し続けながら、人生は動き続けています。外側の無常面は、内側のおかげで、永遠に継続していきます。このように、本来は永遠の自由の状態にある人生が流転しているのですが、それは何と無知に基づいているのです。

これらの詩節に含まれている知識、すなわちサーンキヤの英知が、無知の束縛を断ち切って、人生を本来の永遠の自由の状態へと導いてくれます。続く詩節では、さらにこの英知が説明されていきます。

詩節16　実在でないものが存在することはないし、実在であるものが存在しなくなることもない。究極の真実を見る人たちは、これら二つのものの最終的な真理を、このように認識する。

ここでは、人間の本質である不滅性が説明されています。「究極の真実」は、決して変化しないものであると定義づけられています。それに対して実在ではないものがあり、それは常に変化しています。なぜなら、明らかに、常に変化するものには実体もなく、真の実存もないからです。

主はこの詩節で、創造世界の多様性の基盤にある真実を見るように、アルジュナを導いています。これは、前の詩節の段階から論理的に一歩進んだ段階になります。「真理」を見る人はここで、生命の永遠不変の絶対状態と、多様な現象的実存の常に変化する状態との違いを、はっきりと認識しています。このような認識があるからこそ、安定性と意識の高い状態を得ているのであり、また、それによって、現象世界の束縛的な影響の域を越えているのです。

アルジュナは、一歩一歩、悟りを得た人の視野へと導かれていきます。

詩節17　これら一切に浸透する「それ」は、実に破壊することができない、と知れ。
だれも、この不変の「存在」を破壊することはできない。

主はアルジュナに、内なる真実の不滅性を示しています。内なる真実とは現象的な客観世界のもとにある「存在」であって、それはすべてのものに浸透しています。

ここで明らかになるのは、普遍の「存在」と人間の内面にある精神（spirit）とは、別々のものではないということです。それらが別々のもののように見えるのは、個々人の神経系の違いのためです。同じ太陽であっても、それが水と油のような異なる媒体の表面に映るときには、異なるもののように見えます。同様に、同じ普遍の「存在」であっても、それが異なる神経系を通して輝くときには、異なるもののように見えます。それが人格の主観面、つまり精神を形成しているのです。神経系が純粋になれば、「存在」がいっそうはっきりと映し出されるようになり、精神はより強力に、心はより効果的に働くようになります。神経系が最高度に純粋になったときには、「存在」が完全に映し出されるようになり、内なる精神の個別性は限りない永遠の「存在」のレベルを獲得するに至ります。このように、精神はその本質において不滅であり遍在している、ということが明らかです。これは、個別性の普遍性を説明しています。

これまでの詩節では、一歩一歩、深遠な英知をもって、精神の永遠性がアルジュナに説かれてきました。この詩節においては、その不滅性が強調されています。以下に続く詩節の中では、現象的な人生の無常性とともに、現象世界は単に内に隠れた永遠「存在」が外に現れたものにすぎない、という原理が強調されます。そして、「存在」の永遠性という観点と人生の無常性という観点、そのどちらの観点から見た場合でも、アルジュナは何ものについても悩むことなく、立ち上がってなすべきことをなす義務がある、という結論になります。

詩節18　**これらの肉体には終わりがあると知られているが、肉体に宿るものは、永遠であり、不滅であり、無限である。それゆえ、バーラタよ、戦うのだ。**

明らかなことですが、肉体は刻一刻と変化しています。子供の肉体は青年の肉体とは異なりますし、青年の肉体は老人の肉体とは違っています。このように死は生きている間でさえも避け難く進行しているのですから、一つの肉体が滅んで次の肉体をとったときにも、何も新しいことは起こらないように思われます。したがって、肉体の死を嘆くのは無意味なことですし、それを予想して悲しむのはいっそう無意味なことです。

「肉体に宿るもの」。この詩節では、肉体とそこに宿る精神との違いが明らかにされています。ここでの目的は、内側の精神のさまざまな面を分類することではなく、単に、人生の内側の不変性と外側の肉体の滅ぶべき性質との間に、一線を引くことにあります。

しかし、内なる精神は二通りに理解できる、と説明されているともいえるでしょう。まず、心と五感を伴った自我（ego）があります。これは、行為者や経験者、喜んだり苦しんだりする人を構成するものです。次に、「肉体に宿るもの」があります。これは宇宙実存、永遠「存在」の個別的な面であり、サンスクリット語の専門用語では「ジーヴァ」として知られているものです。

ですから、ジーヴァとは個別化された宇宙実存、つまり肉体の内側の個々の精神のことです。ジーヴァは、その限界が取り除かれると、「アートマン」すなわち超越「存在」になります。

ジーヴァの個別性と超越的な真我である「アートマン」の普遍性とが統一され、それらがともに生命の一つのレベルに見いだされるとき、それが「ブラフマン」すなわち一切を包括する宇宙生命です。

個々のジーヴァは、その本質においては「アートマン」ですから（詩節17注釈参照）、ここでは「永遠であり、不滅であり、無限である」と表現されています。

詩節19　**彼を殺す者と思う者も、彼を殺される者と思う者も、**
どちらも真理を認識していない。彼は殺しも殺されもしないのだ。

これまでに明らかになったように、自己すなわち精神は、その本質においては、何の変化も変動もなく、いかなる属性ももたず、行為者でもなければ行為そのものでもありません。あらゆる属性は、人生の形に表れた領域、相対世界に属しています。ですから、精神はいかなる行為の主体とも客体とも見なすことができません。無知な人が自分自身（その人が自分自身だと思っている主観的人格）に属するものと考える行為も、その人の本当の真我に属するものではありません。なぜなら、真我は本質的に活動を越えているからです。真我は、その本質において、一切を静かに目撃しているだけです。このような理由から、「彼を殺す者と思う者も、殺される者と思う者も、どちらも真理を認識していない」と主は言っているのです。

詩節20

彼は決して生まれることも、死ぬこともない。彼はかつて生じたこともなく、また存在しなくなることもない。彼は、不生、不滅、永遠であり、太古から存在している。肉体が殺されたとしても、彼が殺されることはない。

精神すなわち自己の、永遠、非具象、絶対の本質は、相対領域での出来事に決して影響されることがありません。それは時間と空間と因果の限界を越えており、永遠に同じです。始まりも終わりもなく、誕生も死もありません。この肉体に宿ろうと、あの肉体に宿ろうと、自己は在り続けます。不変で永遠の生命は、それが宿る肉体の変化し続ける相の中に、存在し続けるのです。

詩節21　彼を、不滅、永遠、不生、不死であると知る者が、
パールタよ、どうしてだれかを殺したり、殺させたりできようか。

これらの詩節で主クリシュナは、アルジュナに達してほしいと思う状態について、すなわち永遠の真我に確立された状態について、その知的な概念を提供しています。ひとたび「それ」に確立されれば、アルジュナは実存の真実に達し、それによって、戦闘という行動の影響だけでなく、実に人生におけるすべての行動の影響を越えたところにまで高まることになります。なぜなら、行動は実存の無常の領域に属するものですが、アルジュナの意識は「存在」という不変の実存に確立されるからです。したがって、彼はまったく自然に、行動の影響を越えることになります。

その教えは極めて巧妙に示されています。主は真実に関する知的な概念をアルジュナに与えようとしているのですが、何の属性ももたないものの説明を続けるばかりではなく、問いかけによってアルジュナの注意を喚起し、知力を呼び覚まして、その説明がもっとよく理解されるようにしています。明らかに、主はアルジュナに次のように教えています。人生の真実は永遠不変の「存在」であると知る人であれば、だれも「それ」を滅びゆく次元のものに結び付けて考えることはしないし、そう考えることは不可能なのだ、と。

詩節22　人が古い衣服を脱ぎ捨てて、新しい別の衣服を着るように、
肉体に宿るものも、古い肉体を捨てて、新しい別の肉体をとる。

これは、前の詩節に含まれる考えを明確にするための具体例です。肉体に宿るもの、すなわち精神あるいはジーヴァは変わることがない、ということがここに説明されています。これは次の詩節でさらに詳しく述べられます。

詩節23

武器も彼を断てず、火も彼を焼けない。
水も彼を濡らせず、風も彼を乾かせない。

ここでの目的は、不滅性、すなわち自己の不変の本質をアルジュナに理解させ、どんなものであってもそれに影響を与えることはできない、ということをはっきりと悟らせることです。一つのことがアルジュナの心に深く根差しています。それは、自分の鋭い矢が親しい人たちの体を貫き、切断し、彼らを殺してしまうという思いです。そのために、主クリシュナはまず始めに、真の意味においては、人々の実存は武器で破壊されるようなものではない、ということを理解させます。真実は一なるものとして遍在しており、そこにはいかなる二元性も構成要素もありません。ですから、「それ」が殺されるということはありえないことです。肉体はさまざまな部分から構成されていますから、肉体が殺されるということは起こりえます。

主はこの考えをさらに明確なものとするために、アルジュナの武器よりももっと精妙で力強いものである、空気や水や火などの基本要素でさえも、自己を乱すことはできないと教えています。主は、創造世界全体を象徴するものとして、武器と火と空気と水を挙げています。自己は超越的なものであって、この相対世界のどんなものも決してそれに触れることができない、ということをアルジュナに示すのが主の狙いなのです。次に続く詩節では、アルジュナが自己の永遠の本質について疑問を残さないようにするために、この考えがさらに展開されていきます。

詩節24　**彼は、断つことも、焼くことも、濡らすことも、乾かすこともできない。**
彼は永遠であり、すべてに浸透し、安定しており、不動であり、常に同じである。

この詩節で見られるように、教師は、日常の経験を否定することから真実を説き始めるかもしれません。そして、生徒の心が現在の経験の域を越えて抽象的なところにまで高まり始めるとき、生徒は初めて真実の肯定的な属性とでもいうべきものを教えられます。絶対の真実には確かに何の属性もありませんが、しかし、「それ」がどんなものかをいくらかでも伝えるためには、何か言葉で表現しなければならないのです。

主はここで、否定と肯定という悟りを得させるための二つの手段を、一つの詩節の中でみごとに用いています。教師は自分が話す一つ一つの言葉に対する、生徒の心のどんな反応も見逃さないように、十分注意していなければなりません。正しい機会を捉えなければ、望みどおりの結果は得られないからです。

ここでの言葉の順序は大切です。真実は永遠であるからこそ、すべてに浸透しており、すべてに浸透しているからこそ、安定しており、安定しているからこそ、不動であり、不動であるからこそ、常に同じなのです。

詩節25　**彼は形に現れておらず、想像を越えたものであり、変化しないものであると言われている。**
それゆえ、君は彼をそのようなものと知り、悲しむべきではない。

主クリシュナにとって最も重要なことは、魂すなわち超越的で属性のない真我についての明確な知的概念をアルジュナに伝えることでした。しかも、アルジュナの心が「悲しみに満ちている」ときに、それを伝える必要がありました。ですから、既知の世界の属性によって未知のものの概念を示すことが、なおさら必要であったのです。

アルジュナに悟りの状態のための準備をさせるためには、まず真実の明確な知的概念を与える必要がありました。アルジュナに真実を直接見せることはできません。まず知的概念を示して、それから一歩一歩経験へと導いていくのです。そうでなければ、目に明らかな現象的な実存の背後に永遠の「存在」が潜んでいるということや、自分自身も「それ」であり、あらゆるものも「それ」であるということを、アルジュナは理解できなかったことでしょう。

詩節26

たとえ、彼は常に生まれ、常に死ぬものであると考えたとしても、それでも、武勇に優れた者よ、君はこのように悲しむべきではない。

ここまでの対話の中で、主は自己の不滅性という観点から人生について説明してきました。この詩節では、それとは違う観点からの議論が始まります。

たとえアルジュナが肉体に宿るものの不滅性に確信がもてなかったとしても、それでアルジュナの悲しみが正当化されるわけではありません。肉体に宿るものが肉体の死とともに死んで肉体の誕生とともに生まれる、ということが繰り返されているように見えたとしても、やはりアルジュナは悲しむ必要がないのです。

主の論理はとても完全なものです。一つの論点が与えられて、一つの主張が確立されます。次に、まったく正反対の論法が使われたとしても、やはり同じ結論に至ります。これは絶対に関する教えのすばらしさです。「それ」は、どんな視点から見たとしても同じである、とわかります。ただ絶対だけが、このように認識されるのです。

これは絶対のすばらしさですが、また一方では、二つのまったく別々の論法から同一の結論を引き出すことができるのは、師の教え方のすばらしさであるとも言えます。もし、一つの論法でアルジュナが確信しないようであれば、主は決してそのままにしてはおきません。別の論法で納得させようと試みます。アルジュナが主の足元に帰依したこと（詩節7参照）によって作られたアルジュナと主との間の関係は、このようなものであるのです。

詩節27　生まれた者にとって死は必定であり、死んだ者にとって生は必定である。
それゆえ、避けられないことを悲しむべきではない。

相対的実存の場にあっては変化は避けられません。変化は今この現在においても進行していますし、過去や未来においても同じことです。ですから、誕生も死も自然な出来事であり、それをあまり思い悩むべきではありません。

誕生や死という現象は、進化の永遠の過程の表れであり、また、進化の永遠の過程は、創造の目的を表しています。人生は完成された状態の実現を目指して進化しています。変化をとおして進展していくことは、このような宇宙的な過程の自然な道筋なのです。どの変化もすべてが大切です。なぜなら、それぞれが完成へのステップになっているからです。変化の起こり方も、やはり進化という宇宙的な目的に沿っています。なぜなら、変化もまた、原因と結果という永遠の法則に支配されているからです。このように、人生の計画は誕生と死を通して、その成就を見いだすのです。

人間には行動の自由があります。そのために人は、自分の人生が流れていってほしいと思う道筋を、善い道筋でも悪い道筋でも、どんな道筋でも選び取ることができます。それはその人が自由にできることです。しかし、変化を避けることはできません。このようになっているのはすべて人生のためにほかなりません。ですから、「避けられないことを悲しむべきではない」のです。それどころか、変化は歓迎されるべきものです。なぜなら、変化によって、成就へと向かう人生の新しい展望が開かれていくからです。

詩節28　万物はその始まりにおいては形に現れておらず、半ばにおいては形に現れ、終わりにおいては再び形に現れない状態となる。バーラタよ、これに何の悲しみがあろうか。

この詩節でも、もう一つ別の観点から出発して、同じ結論に達しています。現象の世界は人生の形に現れた状態です。一方、「存在」は形に現れていない超越的なものです。

現代物理学の発見によると、あらゆる物質は現象的な実存にすぎず、実際には形のないエネルギーであるといわれています。物質は、過去の状態においても、現在のはっきりした形においても、純粋なエネルギーにほかなりません。現在の形が解体してもやはり同じエネルギーのままです。同じように、眼前にある実存の現象面も、何ら永続的な意味をもつものではないと見ることができます。主クリシュナがアルジュナに力説しているのは、こういったことです。

詩節29　ある人は彼を奇異なものとして見、ある人は彼を奇異なものとして話し、ある人は彼を奇異なものとして聞く。しかし、見ても、話しても、聞いても、誰も彼を理解しない。

自己は本来形に現れておらず、また、人生は常に形に現れたものの領域にありますから、人がそれについて聞いて大いに驚いたり、あるいはまったく理解できなかったりしても、それは当然のことと言えます。この詩節の目的は、無常と永遠という人生の互いに異なる面を簡単に描くことにあります。アルジュナが永遠の真実のことをよく知っていないのは明らかですが、主の目的は、「それ」を理解することの難しさを強調することではありません。「それ」はある人たちにとっては奇異なものです。なぜなら、「それ」は遍在するものでありながら、個別の自己として見いだされ、また、永遠でありながら、死んだり生まれたりするものとして見いだされるからです。そのような理由のために、単なる知的な方法によって「それ」の本質を完全に理解することは困難です。抽象的な真実を正しく理解するためには、それを直接経験することが必要なのです。

さらに、ここにはもう一つの意味が含まれています。この詩節に至るまで、主はさまざまな方法で、アルジュナに悲しむべきでないことを理解させようとしてきました。しかし、アルジュナはまだ悲しみから解放されていません。そこで、主はアルジュナを啓発するためのさらなる一歩として、これまで聞いたことに対して、アルジュナは奇異な感じをもっているだろう、と指摘します。主はアルジュナを元気づけるために、そのように奇異に感じることに問題はない、と言っているように思われます。なぜなら、永遠の生命についての知識に関しては、そのように感じるのが自然であるからです。多くの人がそれに驚いたり、奇異に感じたりするのです。

これを別の観点から見て、真実は到達し難いものであるということを主は示そうとしている、と結論することもできるかもしれません。なぜなら、多くの人が「それ」について聞き、「それ」について話しているにもかかわらず、いまだに「それ」を理解できないでいるからです。しかし、より賢明な解釈の仕方としては、この詩節の目的は、真実に到達することの難しさをアルジュナに納得させることにあるのではなく、多くの人が難しいと思っても、アルジュナにとっては簡単だろうという希望を与えることにある、とするのがよいでしょう。

この詩節は、永遠の真実について語っています。これは多くの人にとって、いろいろな意味で奇異に見えることでしょう。なぜなら、だれでも「それ」を自分の意識のレベルから見るからです。この理由のために、「それ」を求める多くの人は、五感や理知のレベルで「それ」をとらえることは不可能だと気づきます。五感も理知も、人生のうつろいやすい現象面にだけかかわるものであるからです。

無常と不変という人生の二つの面に関する知的な説明は、次の詩節で終わりになります。

詩節30　**バーラタよ。すべての人の肉体に宿る彼は、永遠であり、傷つけられることはない。それゆえ、どんな生き物についても悲しむべきではないのだ。**

これは詩節11から主が話してきたことすべての結論です。あらゆる生物は完成への途上にあります。すべての人は、肉体の誕生と死とを通して、成就へと進化しています。だれしも他の人の死について悲しむべきではありません。アルジュナは、肉体に宿るものの永遠性と肉体の無常性を理解したのですから、今度は義務の呼び声に応じなければなりません。なぜなら、そうすることだけが、自分自身の進化と他の人たちの進化の助けになるからです。

次の詩節では、義務のレベルでの議論が始まります。これは、実存の絶対面と相対面が明確になった今、人生への理解をさらに深めるためのものです。

詩節31

また、君は、自分のダルマを考慮したとしても、ためらうべきではない。なぜなら、クシャトリヤにとって、ダルマにかなった戦いに勝るものはないからだ。

戦いという出来事は、一つの自然現象です。それは、自然界における否定的な力と肯定的な力との間の均衡を取り戻す一つの過程です。戦いの要請に応じて立ち上がり、正義を打ち立てることは、宇宙の目的、神の意思に応えることです。社会の法と秩序を維持するために生きて死に、そうして神の手の中の忠実な道具であり続けることは、クシャトリヤの家に生まれた者の特権です。

義務という観点からすれば、アルジュナがとるべき唯一価値のある道は、戦いへのためらいを払いのけて、生まれながらの目的にかなった行動に立ち向かうことです。主の目的は、アルジュナにこのように確信させることです。主は前の詩節で、生命の永遠の実存という観点からすると、生きている人のためにも死んだ人のためにも悲しむ必要はない、とアルジュナに説明しました。そしてこの詩節では、クシャトリヤとして生まれた以上、戦うことは自然なことだ、戦うことが人生におけるアルジュナの当然の義務なのだ、と理解させようとしています。「ダルマにかなった戦い」をして、人々のために正義を確立することは、クシャトリヤの人生を全うする最も栄えある正しい道です。クシャトリヤは、どんな犠牲を払ってもダルマを守るように生まれてきたのです。

ダルマ（第一章詩節1注釈参照）は人生の進化の流れを維持しています。正当な戦いを受け入れないクシャトリヤは、進化のこの自然な流れから逸脱してしまいます。

詩節32　パールタよ、幸運なのは、天界に通じる門ともいうべきそのような戦いを、求めずして見いだすクシャトリヤである。

「天界に通じる門」。クシャトリヤは、自分のダルマに従うことによって、社会の法と秩序を支え、しかも自らの進化の流れを維持します。もしクシャトリヤがこのような大義名分のために戦死したとしたら、宇宙生命の英雄となり、天界で最高の幸福を獲得します。

この詩節は、そのような戦いに加わる機会を得たクシャトリヤは幸運である、と一般的に述べています。同時に、主クリシュナは「パールタよ」すなわち「プリターの子よ」と呼ぶことによって、アルジュナに自分がクシャトリヤであることを思い起こさせています。

クシャトリヤは、戦いの機会を得たとき幸せに感じます。なぜなら、勝っても負けても得るものがあるからです（詩節37参照）。すなわち、勝てば地上での栄光を得、戦死すれば天界での栄光を得るのです。

では、もしアルジュナがこの戦いに参加しなければどうなるのでしょうか。

詩節33　したがって、君は、もしダルマにかなったこの戦いにかかわらなければ、自らのダルマと名誉とを捨てて、罪を犯すことになるのだ。

「自らのダルマを捨て」とは、進化の道から外れることであり、それ自体が明白な罪であると言えます。「罪」とは、人を進化の道から外させるもののことです。罪の結果、苦しみが生じます。

主はアルジュナに、戦いの機会を与えられたのは大きな幸運であることを思い起こさせましたが、その後すぐに、戦いを受け入れない場合の危険を印象づけています。自分のダルマを無視し戦わないのであれば、名声を失い罪を犯すことになるのは明らかです。

この詩節では、ダルマと名誉とが並べて置かれています。この二つの関係は次の詩節の注釈で明らかになります。

詩節31で、主は義務という観点から議論を始めました。進化の自然な流れを維持する自分の義務、自分のダルマについてアルジュナを啓発した今、主はさらに社会的な見地からも考察して、義務とはどういうものかを明らかにしようとしています。

どんな社会の行動の規範もダルマを基盤としている、と言えるでしょう。ダルマの無敵の力に導かれている自然界の内なる働きに、その社会の人々が気づいているかいないかは関係ありません。地上のどの社会においても、社会における行動の基本は、進化の諸法則を支配する、このダルマという原理に基づいています。したがって主は、社会に及ぼす影響という見地から、義務とはどんなものかを分析しようとしているのです。一人の人の人生を他の人たちがどのように考えるのか、一人の人の行動によって他の人たちはどんな影響を受けるのか、他の人たちがその人のことをどのように語るのか、こういったことがここでの主要な問題となっています。「名誉」という言葉がこういった点をすべて言い表しています。
次に続く三つの詩節は、このような問題の考察に捧げられています。この考察により、サーンキヤの英知は完全なものとなります。

詩節34

さらに、人々は君の不名誉を永遠に語り継ぐだろう。名声ある人にとって、悪評は死よりも耐え難いものだ。

尊敬される人というのは、自分の人生を生きながら他の人たちのために生き、死ぬときには他の人たちのために死ぬ、という人です。その人生は、人々の評価の度合に応じて正当化されます。その人生の幸福は、人々がその人に与える好意に比例します。ですから、もし、社会の好意と名声とを楽しんでいた人がそれを失ったとしたら、その人は恥ずかしい思いや惨めな思いを経験することになり、そのつらさは死にも勝るものとなるでしょう。かつて名声を博した人がその名誉を失墜させるのは、その人にとっては死以上の痛手となるものです。アルジュナは当時最も有名な弓の名手でした。だからこそ、主クリシュナは名声ある人の性質について、このような有効な教えを説いているのです。
ある人が常に善をなすとき、その人は調和的な波動の中心となります。その波動は周りの人たちに受け止められて、自然に人々の心の中に温かさや愛を生み出します。そして、みんなが熱烈な好意をもった言葉で、その人のことを話すようになります。これが社会における名声の根底にある原理です。このように、ある人の名声はその人の善を表す指標であり、悪評はその人の悪を表す指標です。善い人が悪評を得ることはありえません。人々にその人のことをよく言わせたり、悪く言わせたりしているのは、その人の行動から放たれる波動なのです。主はこの真理を、アルジュナに特に理解させようとしています。

人を高める方法というのは、第一に、その人に自分の人格の優れた点を思い起こさせ、それによって好意的な反応を得ることにあります。第二段階では、その場の状況におけるデリケートな特徴を直ちに指摘することです。主は次の詩節で、勇士たちがアルジュナを臆病だと思うことを指摘することによって、この方法を実際に使用しています。この詩節を前後の詩節と関連させてよく研究してみると、このことがはっきりとわかるはずです。

主は名誉の重要さを強調していますが、それは名誉それ自体のためではなく、アルジュナの注意を人生の原理に向けさせるためです。もし、アルジュナが悪評を得るような振る舞いをすれば、何かの不正の中心となってしまい、それはアルジュナの個人的な進化を妨げることになります。サーンキヤの観点からこのように人生を考察していくとき、主題となっているのは、主として個人の進化の原則であるのです。

詩節35　偉大な戦士たちは、君が恐れをなして戦いから逃げたと思うだろう。
そして、君を尊敬していた人たちも、君を侮蔑するようになるだろう。

ここで主クリシュナはアルジュナに、戦わない場合に受けることになる大きな屈辱について話しています。名誉と名声のある人にとって、これは大いに気になる点です。主は、アルジュナに不評にかかわるさまざまなことを思い起こさせています。主は、アルジュナの心情と理性に触れ、戦いへと促すような点を指摘することによって、身動きのできない状態から脱出できるように助けているのです。

詩節36　敵は陰で君の悪口を言いふらし、君の力をあざ笑うだろう。
これほどの苦痛がほかにあるだろうか。

主はアルジュナに、どのように世間の人たちから不名誉に思われるようになるかを、はっきりと示しています（詩節34注釈参照）。

これまでの詩節では、社会的な意味という観点から戦いの正当性が説明されてきました。この詩節では、もしアルジュナが戦わなければ、苦しみが待ち受けているということが明確にされています。そして次の詩節では、戦いがアルジュナの今生と来世の両方にもたらす報酬について説かれます。

詩節37　君は、殺されれば天界に達し、勝利すれば地上の世界を享受する。
それゆえ、クンティーの子よ、戦いの意を決して、立ち上がるのだ。

この詩節では、利益という観点から義務の遂行を考察しています。

主はアルジュナにこう言っています。「アルジュナよ、君は認識すべきだ。戦場で死のうと生き永らえようと、どちらにしても君は利益を得るのだと（詩節32参照）。なぜなら、戦うことは君の進化の自然な流れに沿っているのだから。もし、その道に立脚するならば、君は自動的に、今生においても来世においても、さらなる幸福への道を歩むことになるだろう。それゆえ、もうこれ以上時間を無駄にすべきではない。さあ、意を決して戦うのだ」

これによって、サーンキヤの教えが人生の最も実際的なレベルにおかれます。この教えを隠遁者の人生だけに結び付けて考えるのは、正しいことではありません。

詩節38　苦楽、得失、勝敗の中にも心の平静を得て、そうして戦いに臨むのだ。そうすれば、罪を犯すことはない。

前の詩節で主はアルジュナに、戦死しようと勝利しようと、どちらにしても利益を得るのだ、ということを明らかにしました。ここでは、戦いの勝敗について考えることに、これ以上時間を費やすべきではない、ということをアルジュナに納得させようとしています。結果がどうなろうと進んで戦うべきです。なぜなら、少なくとも戦うことによっては罪を犯さない、ということだけは確かだからです。反対に、もし戦いを拒否するとしたら、確実に罪に陥ることになってしまいます。

アルジュナは、戦いに勝っても負けても、親愛なる人々を殺せば実際に大きな罪を犯すことになる、と固く信じていました。ですから、主はこの詩節でアルジュナに次のように言って、教えの知的な部分を終わらせています。「私は、あれやこれやの損得という観点から君に戦えと言っているのではない。そうではなく、戦わなければ罪を犯すことになるからだ」

残念なことに、主クリシュナの教えのこの部分は、過去数世紀にわたって誤って解釈されてきました。すなわち、損得を経験しているときであっても、平静を装うことができるようにしなければならない、という意味だとされてきたのです。主が実際に言おうとしているのは、行動の正当性を決める際には、それが正義か悪か、善か罪かということが第一に考慮されるべきであるということです。損得を基に決めるべきではありません。行動の正当性を判断するときに第一に考慮すべきは、その行動の性質、つまり、それが何らかの点で罪となるものかどうか、ということです。

行動の必要性を生み出すのはその目的です。ある行動が必要だと感じたら、最初の段階として、その行動が絶対に罪にならないかを確認します。損得を考えるのは二番目の段階にすぎません。もし、その行動がその人の人生における使命の成就に必要なものであれば、あるいは、行動をなさずに放っておけば罪になるようなものであれば、その行動はなさなくてはならないものだ、ということになります。そのような場合には、一時的な損得について考えることは、なおさら重要ではなくなります。

この詩節で、主はアルジュナに次のようにはっきりと言っています。第一に、これまで（詩節11～37）に与えられた人生の英知へと高まりなさい。この英知に立脚して、それから戦いに臨みなさい。そうすれば、罪を犯すことにはなりません。

「罪を犯すことはない」。これは主が提供している保証です。「苦楽、得失、勝敗の中にも心の平静を得」たならば、人は罪に巻き込まれなくなります。このような心の平静な状態は、詩節11からここまでアルジュナに与えられてきた英知から生じます。主は次の詩節でこの英知のことを「サーンキヤ」と呼んでいます。

要約すると、サーンキヤの英知は次のことから成り立っています。

一．人生の滅と不滅の両面についての理解（詩節11～30）。

二．ダルマについての理解（詩節31～33）。

三．自分と他人との関係についての理解（詩節33～36）。

四．行動の結果についての理解（詩節36～37）。

五．行為者の本質は、行動に巻き込まれることがなく、損得に揺るがない心の平静を生み出すものであるという理解。


人生の滅と不滅の両面についての知識を得れば、視野が広がり、通常の日常生活の限られた範囲を越えたところまで、見通すことができるようになります。この知識をダルマについての知識で補えば、正しく行動する自然な傾向が内面から生じてきます。人生は自分自身にとっても、他の人たちにとっても、ますます有益なものとなってきます。さらに自分と他人との関係を理解すれば、利己的な目的を越え、人生のいっそう普遍的な面へと高まっていきます。この成長していく普遍的な視野に、行動の結果についての正しい理解が加われば、それはさらに豊かなものとなり、人生のあらゆるレベルでの成長と進歩の助けとなるでしょう。そして最後に、行為者の本質は何ものにも巻き込まれないのだという理解をもてば（詩節15参照）、心の平静を得るに至り、二元性の影響を越えた罪や苦しみのない人生を生き、永遠の自由を楽しむようになるのです。

次の詩節からはヨーガの教えが始まります。ヨーガの教えによって、心は行動の束縛的な影響を越えたところへと高まっていきます。サーンキヤの英知によってはぐくまれた理知は、人生の一元性、絶対「存在」の一元性に永遠に確立されるようになります。神聖なる意識における永遠の自由を、今ここで享受できるようになるのです。

詩節39

ここまで示してきたのは、サーンキヤの観点からの理解である。
今度はそれを、ヨーガの観点から聞くがよい。
それによって理知が確立して、パールタよ、君は行動の束縛的な影響を捨て去るだろう。

ヨーガとは合一への道であり、真実の本質を経験する直接的な方法のことです。この真実は、主がサーンキヤと呼ぶ体系によって説明され、知的に理解されます。サーンキヤの体系はこれまでの詩節ですでに示されてきました。

『バガヴァッド・ギーター』のサーンキヤは、インド哲学六体系のすべての原則を表しています。また『バガヴァッド・ギーター』のヨーガはそれらの実際的な面を明らかにしています。

この詩節には、賢明な教え方の技術が具体的に示されています。主題が紹介され、その結果がすぐさま明示されています。そのため、弟子は主題の大きさと目指すゴールを達成する可能性との両方を理解し、ぜひ実践を始めようという気持ちになります。なぜなら、理知がヨーガに確立すれば「行動の束縛的な影響を捨て去る」（詩節50注釈参照）ことができる、と主が弟子に確約しているからです。

真実を知的に理解すれば、通常の知覚できる実存のレベルを越えたところに、より崇高で恒久的な人生の場が実際にあることを確信するようになります。これがここまでの教えの目的でした。今、主クリシュナはアルジュナに、理知を真実に確立するための実践を紹介しようとしています。これは、実存に関する真理を明確に経験させることで、行動の束縛的な影響力に左右されない状態に導くためです。

超越的な至福を直接経験すると、とても大きな満足が得られます。そのために、相対世界の喜びが深い印象を残すことはなくなり、その人は行動の束縛的な影響から脱するに至ります。それはちょうど、大きな財産を築いて満足している事業家が、小さな損得には左右されないのと同じです。

「理知」という言葉を使うことによって主が明らかにしているのは、サーンキヤの英知により純粋性と落ち着きを得た心が、ヨーガの実践を通して真我に確立するようになる、ということです。

詩節15の注釈ですでに示されているように、サーンキヤによって人生の理解を得ることには、実践は含まれていません。もし、実践を望むのであれば、ヨーガに目を向けなければならないのです。「理知が確立して」という言葉が使用されていることから、ヨーガを達成するのは理知であり、さまよえる心ではない、ということがわかります。まずサーンキヤの英知によって心を理知の状態にまで高め、次に、ヨーガによってそれを真我に確立しなさい、というのです。サーンキヤとヨーガは互いに補い合うものとして示されています。この点は第五章でさらに詳しく説明されます。

興味深いことに、サーンキヤの英知の要点も四つの詩節（詩節12～15）にまとめられており、ヨーガの要点も四つの詩節（詩節45～48）にまとめられています。これら二組の四詩節に、『バガヴァッド・ギーター』の英知の要点が説かれています。他の詩節は、すべてその延長にすぎません。

次の詩節では、主がアルジュナに授けようとしている方法は、簡単でしかも効果的なものであり、この方法によって、彼は完全な満足の中に、すなわち行動の束縛を脱した永遠の自由の状態に確立するようになる、ということが伝えられます。

詩節40

これ（ヨーガ）においては、いかなる努力も無駄にはならず、いかなる障害も存在しない。たとえわずかでもこのダルマをなせば、大いなる恐怖から解放される。

「障害」について。サンスクリット語では「プラティヤヴァーヤ」ですが、この言葉には、「進歩の逆転」あるいは「逆効果」といった意味もあります。

「ダルマ」とは、進化の道という意味です。ヨーガの実践は進化するための直接的な方法です。この実践を通して、個別の心は宇宙知性の状態、すなわち進化の頂点である普遍的な「存在」の限界のない状態を獲得するに至ります。ダルマは人間にとって自然なものです。このようなヨーガの実践もまた自然なものです。なぜなら、それは心の本性そのものにかなっており、人生に成就を与えるものだからです。このような理由により、このヨーガはすべての人にとってのダルマであるのです。

この詩節における主クリシュナのすばらしい教えは、人類に大きな希望を与えます。永遠の自由への途上においては、「いかなる努力も無駄にはならない」のです。この道におけるどんな努力もゴールに結び付いていきます。その過程がひとたび始まれば、ゴールに到達するまで止まることはありません。なぜなら、第一に、この状態へと向かう心の流れは自然なものであるからです。というのは、この状態は絶対の至福であり、心は常により大きな幸福を求めているからです。したがって、水が斜面を自然に流れ落ちるように、心もまた至福の方向へと自然に流れていきます。

「いかなる努力も無駄にはならない」という第二の理由は、心が至福で満たされるために努力は必要ないからです。もし、努力が必要であったならば、それが無駄に終わるのではないかという疑問も生じてくることでしょう。ある行動が行われているときには、その行動の過程の一つの段階が次の段階へと進み、それがまた次の段階を生み出します。ですから、ある段階に到達したときには、その前の段階は過去のものとなっています。したがって、どんな行動を行うときにも、ある段階が失われ、あるエネルギーが失われ、ある努力が失われます。主がここで「いかなる努力も無駄にはならない」と言っているのは、どんな努力も必要ないからこそ、そのように言うことができるのです。これは、絶対の中に理知を確立するための主クリシュナの方法は、心の本性そのものを基盤としている、ということを意味しています（詩節45注釈参照）。ですから、心がどのようにそれ自身の本性によって動かされ、努力なしに神聖なる意識を獲得するのかを、考えてみる必要があります。

ある人が音楽を聴いているとき、別のところからもっと美しいメロディーが流れてきたとしましょう。その人の心はすっかり向きを変えて、そのメロディーを楽しむことでしょう。より魅力的なメロディーのほうに注意を切り替える際に、努力は必要ありません。その過程は自動的なものです。音楽を聴き始めるときと、それにうっとりと聴き入って楽しんでいるときとの間に、エネルギーの損失はありません。これが主の言おうとしていることです。永遠の自由の場は絶対の至福ですから、心をそれと統一させる過程がひとたび始まれば、その過程はエネルギーや努力の損失なしに最後まで進みます。その過程は、その経験が完全に満たされるまで止まりません。なぜなら、「いかなる障害も存在しない」からです。

このような観点から見ると、その過程の最初からすでに成就の状態にあるのです。なぜなら、それは至福へと向かう心の動きだからです。終わりが初めに見いだされます。その過程の最初の出発で心はゴールに至ります。なぜなら、主が言っているように、途中に抵抗はなく、克服すべき「いかなる障害も存在しない」からです。それは抵抗のない道、道のりのない道、ゴールが遍在している道です。だからこそ、「たとえわずかでもこのダルマをなせば、大いなる恐怖から解放」されるのです。

抵抗のない道を行くということは、心を絶対の中に確立させる方法を始めさえすればよいという意味です。苦しみからの解放がその時点から始まります。この方向に向かって出発しさえすれば、最初から、人生における「大いなる恐怖」が取り除かれていくのです。

心を絶対の中に確立するために、何かなすべきことがあるとしても、それはごくわずかであると主は言っています。なぜなら、心の自然な方向性さえも変える必要がないからです。心は対象から対象へとさまよっています。しかし、心がさまよっているのは、対象それ自体のためではなく、対象が提供する幸福の可能性のためです。ですから、実際のところ、心は対象から対象へとさまよっているのではなく、より小さな幸福のあるところからより大きな幸福のあるところへと移動しているのです。最大の幸福が心のゴールです。また心の流れはより大きな幸福の方向へとすでに向いているのですから、その方向を変える必要はありません。心の方向を変える必要さえもないのですから、ゴールを実現するのには何もする必要がないように思われます。

しかし、主は「たとえわずかでもこのダルマをなせば」と言っています。このことから、やはり何かをしなければならないということがわかります。といっても必要なことは、超越的で絶対の至福へと向かう途上で次第に増してくる魅力を、ただ経験し始めることだけです。水に飛び込む場合と同じで、正しい角度をとって飛び込みさえすればよいのです。そうすれば、すべての過程がまったく自動的に達成されます。これが「たとえわずかでも」という言葉によって主が言おうとしていることです。

朝の太陽の最初の光が夜の暗闇を追い払うように、この実践の最初の一歩で、無知と恐れという暗闇が追い払われます。夜の暗闇を追い払うのには朝の太陽の最初の光だけで十分ですが、太陽はさらに昇り続けます。

なぜなら、太陽の本性は、暗闇を取り除いてあたりに薄明かりを与えるだけでなく、さん然と輝いて地球全体を明るく照らすことにあるからです。太陽の栄光はその完全な真昼の光にあるのです。

主の言おうとしていることは明らかです。神性を開発する道は極めて簡単で自然なものであり、ひとたびこの過程を意識的に始めさえすれば、後は何の障害にも出合いません。すぐさま強力な効果が生み出され、心は啓発され、人は人生におけるあらゆる否定性や生死の輪廻《りんね》の恐怖から解放されます。

これは求道者を啓発するみごとな方法です。実際的な教えの最初から、結果がしっかりと約束されています。方法の本質とその実践がもたらす結果が、アルジュナに教えられます。これは、彼が、それによって何が起こるのかを前もって知ることができるようにするためです。悟りとは外からやってくるものではありません。それは、真我の中で、真我によって、真我が明らかになることなのです。

このような悟りは、自分自身を完全にゆだねていなければ起こりません。自分を完全にゆだねさえすれば、悟りは自動的に起こります。しかし、完全にゆだねることができるためには、少なくとも二つのことを知っている必要があります。第一に、その達成は自分の力の範囲内にあるということ、第二に、その達成は自分にとって有益であるということ、この二つを知らなければならないのです。主クリシュナがこの詩節の言葉を語ったのは、このような理由からなのです。主は、アルジュナが真実を直接経験するための準備を調えています。真実の直接経験によって、不確実なことがことごとく消え去り、人生に安定性が得られるからです。主は、「神聖なるもの」に近づく方法が簡単であることを示し、同時に、その結果を説明しています。

では、どうして現代の世界において、この精神的な実践が人生の背景へと消え去ってしまったのでしょうか。それは、この詩節をはじめとしていくつかの詩節が誤って解釈され、その結果、真実に対する間違った見方が広がってしまい、それが何世紀もの間続いてきたからです。
主はこの詩節で理知を「神聖なるもの」に確立する原理は簡単で効果的なものである、ということを説明しました。続く詩節の中では、それを実際に達成するための方法が紹介されます。

詩節41　クル族の喜びよ。このヨーガにおいては、確固とした理知が一点に集中している。しかし、優柔不断な者たちの理知は、多岐に分かれて限りなく多様である。

「このヨーガにおいては」とは、この至福への道においてはということです。至福へと向かって動くとき、心は一歩一歩進むにつれて次第に増大する魅力を経験します。それはちょうど、光に向かって進んでいくときに、光の強さが次第に増してくるのと同じです。心は増大する幸福を経験するときには、さまようことはありません。心は揺らぐことなく、確固として一つの方向に集中しています。至福の方向に向かう心の状態はそのようなものです。そして、心が至福を直接経験するに至ると、心は外界との接触をすべて失って、超越的な至福意識の状態の中に満足を見いだします。この状態から再び行動の領域へと出てくるときにも、心は満足を保っており、その確固とした状態を大なり小なり維持しています。このような状態が、実践を通して確立されていきます。主が「このヨーガにおいては確固とした理知が一点に集中している」と言うとき、主が意味していることはこういったことなのです。
このようなヨーガを実践していない人たちの心は、いつも感覚的な経験の領域にあります。これでは、幸福への渇望を癒やしてくれるあの大きな喜びを心に与えることはできません。そのために、そのような人たちの心は幸福を果てしなく探し求め、さまよい続けているのです。

ここで主は、詩節38の意味をさらに明確にしています。アルジュナは確固とした理知に高まるよう求められています。なぜなら、この状態に至って初めて、主が戦いの前提条件としている、苦楽や損得や勝敗に揺らぐことのない心の平静を得ることができるからです。

真実に至るこの道には、何か消極的なものがあるように見えるかもしれません。というのは、目的はアルジュナの心を確固とした状態に確立することにあるのに、この詩節では決断を欠く心の特徴が強調されているからです。このことには大切な意味があります。もし、山の頂上にいる人がまだ中腹にいる人を導こうと思って、自分が立っている場所の方向ばかりを叫び続けたとしても、それは中腹にいる人が頂上に至るための助けにはなりません。その人を頂上へ導くための直接的な方法は、まずその人の位置を教え周囲の様子を説明し、その人に自分の位置を自覚させ、それから頂上へと導くことです。アルジュナは決断を欠いた状態にあります。主の狙いは、アルジュナを確固とした状態に導くことにあります。主はまず決断を欠いた心の状態についてすべてを示し、それから確固とした状態へと導くという方法で、それをなそうとしているのです。

これら二つの心の状態を指摘した後、主は次に続く三つの詩節で、心が決断を欠く状態にいつまでもとどまってしまう状況について説明します。主はその後で、アルジュナがその状態から確固とした状態へと高まり、彼の心が真実に確立されるように導いていきます。

詩節42　パールタよ、ヴェーダの文字に夢中になっており、
ほかには何もないと断言する愚かな者たちは、華やかな言葉を語る。

『ヴェーダ』とは、進化の道を正しく解説したものです。それは人生を統合する段階的な過程を一歩一歩明らかにし、知識を教えて、人が進化のあらゆるレベルを通して速やかに成長し、最終的な解放に達することができるようにします。

人生のこの偉大な英知から人が恩恵を受けられるようにするために、『ヴェーダ』では行動と想念に関する規律の道を提唱しています。行動の規律は『カルマ・カーンダ』と総称される章において扱われています。「カルマ・カーンダ」とは行動に関する章という意味です。一方、心の規律は「ウパーサナー・カーンダ」と呼ばれる章で説明されています。「ウパーサナー・カーンダ」とは、心と真実との関係についての章という意味です。

至高の真実と人生の成就についての本質は、「ギヤーナ・カーンダ」と総称される章の主題となっています。「ギヤーナ・カーンダ」とは知識に関する章という意味です。

『ヴェーダ』の「カルマ・カーンダ」の目的は、今世と来世において成功と繁栄をもたらすような、行動の規範を確立することにあります。そこでは、個人の人生のさまざまな面に協調を生み出すのに必要な、祭礼や儀式のことが取り扱われています。個人の人生のさまざまな面における協調とは、人間と他の生き物との協調、人間と自然界のさまざまな力との協調、人間と天使との協調、人間と天界の「神」との協調などのことです。

それはとても偉大で実際的な英知です。そこには数え切れないほど多くの種類の行動と、それらの計り知れない影響について記されています。この分野に精通した人たちが他の人々を啓発し始めるとき、その教えは魅力的でしかも実際的です。祭礼や儀式の理論と実際に関する彼らの解説は、それ自体がとても完全であり、本質として確定的で正確なものであるので、完全に信頼することができます。

『ヴェーダ』の「カルマ・カーンダ」には、特定の結果を得るための特定の条件が述べられています。そこには、創造世界における原因と結果を支配する、自然界の諸法則が明確かつ実際的に解説されています。

人間の願望は無数にあり、達成すべき対象も無数にあります。これらの目的を達成するための、行動の仕方や手段もまた無数にあります。「カルマ・カーンダ」の目的は、心を肉体や自然界の諸力と協調させ、その結果、より高いレベルへの進歩や人生の質の向上が得られるようにすることにあります。

「ウパーサナー・カーンダ」の目的は、心を自然界の内なる諸力や究極の超越的「存在」に協調させて、人生の統合をもたらすことにあります。

主はこの詩節と以下の二つの詩節で「カルマ・カーンダ」について述べ、続いて詩節45で「ウパーサナー・カーンダ」の栄えある実際面、すなわち散漫な心を確固とした状態に導く、実践的な方法を明らかにします。心は真実の中に確立され、「それ」を生きることができるようになり、それによって、『ヴェーダ』の「ギヤーナ・カーンダ」の目的が成就されます。これこそ、『バガヴァッド・ギーター』が『ヴェーダ』の神髄であり、『ヴェーダ』に則して人生を成就へと導くための大道である、と言われているゆえんです。

詩節43　（彼らの言葉は）欲望に満ち、天界を目指し、行為の果報としての誕生を宣言し、享楽や権力を得るための多くの特別な儀式を規定する。

この詩節では、よりよい生活やより大きな世俗的な喜びのために、『ヴェーダ』の儀式に頼りがちになる人間の傾向が語られています。世俗的な欲望に夢中になると、生死の輪廻にとどまるという結果になります。なぜなら、五感の喜びは決して飽くことがないからです。それは人をますます巻き込んでいき、束縛の状態にとどめてしまいます。そこには永続的な満足が得られる機会はまったくなく、生死の輪廻が続いていくのです。

次の詩節では、物質的な利益だけで人生を豊かにしようとする五感の喜びに、心が巻き込まれてしまったとき、どんな損失を被ることになるかが明らかにされます。

詩節44　享楽や権力に深く執着している者たちや、これら（華やかな言葉）に思いがとらわれている者たちの心には、理知の確固とした状態が生じることはない。

相対世界に関する偉大な知識をもっている人たちの中にも、絶対に関する英知を兼ね備えている人はいます。文字を読めない人でさえも、自らの「存在」である絶対の至福を楽しむことができるのですから、ましてや学識ある人にできないはずはありません。この詩節で述べられているのは、世俗的な享楽や権力に対する異議でもありませんし、また、それらを獲得するための方法である、行動に関する『ヴェーダ』の英知に対する異議でもありません。栄えある『ヴェーダ』の儀式は華やかな言葉で表されていますが、それを聞くことによって心が享楽や権力に夢中になってしまう、ということに対する異議がここで述べられているのです。

常に行動の領域にかかわっている人が、行動、特に行動に関する『ヴェーダ』の方法によれば、どんなことも達成可能であると宣言したとしても、それは驚くべきことではありません。行動に関する『ヴェーダ』の方法は、疑いなく、どんなことをも達成するための直接的な道を提供するからです。しかし、こういった意見は、確かに人生の相対領域においては正しいのですが、絶対の「存在」とは明らかに関係のないものです。真実の全体は、人生の形に現れた面と形に現れていない面との両方から成り立っています。ところが、『ヴェーダ』の

「カルマ・カーンダ」の英知しかもっていない人たちは、形に現れた領域の中だけで願望を抱いています。行動に関する英知は、形に現れていない真実に関する英知を、直接的に与えるものではありません。

絶対という形に現れない領域に関する知識が欠けているために、そのような人たちは、『ヴェーダ』で述べられている行動の領域を越えたところには何もない、と華やかな言葉で宣言します（詩節42）。

詩節43では、行動の魅力にすっかりとらわれている心が描かれました。心は行動のすばらしさを宣言する華やかな言葉に魅せられ、活発で多様な活動の中に巻き込まれていきます。そのような常に活動的な心は、当然のことながら、確固とした理知の領域の外にとどまってしまいます。

世俗的な喜びと、努力と行動によって進歩しているという感じのために、心は引き続き外側の活動にかかわり続けます。そのような心が、自分から確固とした状態へと収束していくのは容易なことではありません。なぜなら、活動している心は多様性の場にかかわっているのであり、それは確固たる状態へ収束していく過程とは明らかに反対のことであるからです。意図をもち、導きが受けられる場合にのみ、たとえ「享楽や権力」のただ中にあったとしても、心は一点集中の状態を得ることができるのです。

次の詩節では、そのような拡散した心を確固とした状態に導く方法の原理が示されます。

詩節45　**ヴェーダの対象は三つのグナにある。アルジュナよ、三つのグナを離れよ。二元性を脱し、常に純粋性にとどまり、所有にとらわれず、真我を保て。**

これは、即座に悟りに達するための方法です。主はアルジュナに、多岐に分かれた心を確固とした理知の集中状態へと収束させる実際的な方法を示しています。あらゆる相違が解消する状態へと心を導き、個人を成就の状態に到達させる効果的な方法がここにあります。

これまで主クリシュナが説いてきたことはすべて、心を多様性の場から連れ出し、永遠の統一の場へと導くこの実践的な方法を、アルジュナに理解させるための準備であったのです。この方法は、アルジュナの心を生命、エネルギー、英知、平和、幸福の無限の源である超越意識へと導いて、人生のすべての面を輝かしいものにするための方法です。この方法は、人生において対立する力すべてを調和させる宇宙的な地位へと、アルジュナを高めていくための方法です。

現代心理学の理論では、結果に影響を与えるために原因を調査します。それは、暗闇を取り除くために、その原因を見つけようと、暗闇の中を手探りしているようなものです。それに対して、暗闇を取り除くために、光を持ってくるという考え方もあります。これは「第二の要素の原理」です。ある効果を第一の要素に生み出したい場合には、その要素を無視してしまいます。その原因を探ることはせずに、第二の要素を導入し、直接第一の要素に影響を及ぼすのです。光を持ってくれば、暗闇は取り除かれます。苦しみを取り除くためには、心を幸福の場に導けばよいのです。

しかし、原因を調査すれば簡単に結果を左右できるようになる、という考え方を受け入れたとしても、やはりこの詩節は私たちの目的に役立つものであるとわかります。なぜなら、この詩節は、あらゆる人生の究極の原因が調査できる方法を提供しているからです。もし、原因についての知識が結果に影響を与えることの助けになるのであれば、人生の究極の原因についての知識は、あらゆる苦しみに終止符を打つのに効果的であるに違いありません。

主クリシュナの教えの偉大さは、それが直接的で実際的なものであり、どんな視点から見ても完全な形で説かれているという点にあります。第二の要素を導入するという考え方と、原因を調べて結果に影響を及ぼすという考え方は、明らかに相反する原理を表しているのですが、どちらの考え方も一つの方法によって達成することができます。『バガヴァッド・ギーター』が不滅であるのは、この英知が実際的で完全であるためなのです。

主クリシュナは「三つのグナを離れよ」とアルジュナに命じています。活動から離れ、自らの真我としてあれ、というのです。これは確固とした意識、すなわち絶対「存在」の状態であり、すべての原因のさらに究極の原因です。この意識状態は原因と結果の全領域に調和をもたらし、すべての人生を栄光あるものにします。

アルジュナの主要な問題は、親族への愛と悪を根絶する必要性とを調和させることにあります。アルジュナは正義と悪とを妥協させる方法を必死になって探し求めてきました。しかし、これらは人生の相対的な次元で調和できるものではありません。そのために、アルジュナは自分の理性と心情のあらゆる方面を探ってみたのですが、何一つ実際的な解決策を見いだせず、行動の方向性を定めることができなかったのです。そこで、主クリシュナは、正義と愛とが溶け合って永遠の調和を保っている領域である、絶対「存在」における永遠の生命をアルジュナに示しています。

主はアルジュナに、自分自身の外にいる限り、つまり相対世界の領域にとどまってその影響の下にいる限り、外界のあらゆる影響とその結果につきまとわれ左右される、ということを明確にしています。しかし、一度その領域から離れれば、自らの真我の中に成就を見いだすはずです。

いつも細かいことばかりに没頭している人が、仕事全体の改善をするのは容易なことではありません。もしその人がしばらくの間細かいことから離れるならば、仕事を全体として見ることができるようになり、何が必要なのかも簡単に判断できるようになるでしょう。アルジュナはダルマの重要性をよく理解しており、彼の理性は善悪を明瞭に考察しています。しかし、主はアルジュナに、善悪の領域をすべて捨てて「超越」の場に行きなさい、と説いています。そこに至れば、あらゆる二元性を越え、善悪の影響をも越えた状態に確立され、相対世界のすべての知識がわき出てくる源、すなわち人生における絶対的な英知を享受するであろうというのです。そして、主はアルジュナに次のように教えます。「その絶対の英知の領域は君の外側にあるのではない。それを手に入れるためにどこかへ出かけていく必要はない。それは君の内側にある。君はただ自分自身の内にとどまり、『真我を保ち』さえすればよいのだ。ただ君の『存在』の純粋性に常に安定していればよいのだ」

これはまさに、暗闇を除くために光を持ってくるという技術です。アルジュナはどこかへ行ったり来たりすることを求められているのではありません。ただ「三つのグナを離れよ」と言われているだけです。この教えが、人を意識の絶対状態へと導く直接の方法となっています。「アルジュナよ、三つのグナを離れよ。二元性を脱し」というだけで十分なのです。

創造世界のすべては、プラクリティすなわち自然から生じるサットワ、ラジャス、タマスの三つのグナの相互作用から成り立っています。進化の過程はこれら三つのグナによって進んでいきます。進化とは創造とその進歩的な展開のことであり、その基盤には活動があります。活動には、その推進力を生み出すためにラジョー・グナが必要です。また、運動の方向を支えるためにサト・グナとタモー・グナとが必要です。

タモー・グナの性質は阻むこと、遅らせることです。しかし、動きが上向きのときにはタモー・グナが存在していない、とは考えるべきではありません。なぜなら、どのような過程であっても、それが継続していくためには、その過程の中にいくつかの段階がなければならないのであり、その各段階には、それがたとえ時間的、空間的にどんなに小さい段階であったとしても、それを維持する力やそれを新しい段階へと進展させる別の力が必要であるからです。ある段階を新しい段階へと進展させる力はサト・グナです。一方、タモー・グナは、すでに作り出された段階を維持し、それが次の段階の基盤となるようにするために、その過程を阻んで遅らせようと働きます。

これで、なぜ三つのグナが常に一緒になくてはならないか、ということがわかるでしょう。どの一つも、他の二つなしに単独で存在することはできません。そのために、主はアルジュナに、三つのグナすべてを離れなさい、人生の相対領域を形成するこれらの力の影響を完全に脱しなさい、と説いているのです。

主はサーンキヤの英知をアルジュナに授けていく中で、人生には滅と不滅の二面があることを話しました。滅の面は相対的な実存であり、不滅の面は絶対の「存在」です。相対領域におけるあらゆる人生はグナの影響下にあります。したがって、アルジュナに人生の絶対状態を直接経験させるために、「三つのグナを離れよ」と主は求めたのです。

創造世界には粗大な次元と精妙な次元とがあります。「三つのグナを離れよ」と言うとき、主の意味するところは、注意を、粗大な経験の次元から精妙な次元を経て、最も精妙な次元へと導いていくべきだ、ということです。そしてその最も精妙な次元をも超越すれば、人生の相対領域から、すなわち三つのグナから完全に解放されることになります。ですから、「三つのグナを離れよ」という主の言葉は、純粋意識の状態に到達するための秘訣を明らかにしているのです（追録「超越瞑想、その主要な原理」参照）。

だれかに向かって「こちらに来なさい」と言うとき、あなたがこの言葉で相手に伝えようとしているのは、立ち上がって、片方の足をもう一方の足の前に出して歩き始め、そのようにして両足で歩いてあなたのところに来なさい、ということです。主が「三つのグナを離れよ」と言うとき、そこで主が言おうとしていることは明らかです。すなわち、今いるところが二つのグナのどの領域であろうと、まずそこからグナのより精妙な次元へと動き始めよ、そして最も精妙な次元に至り、さらにそれさえも脱し、超越して自分自身だけになれ、「真我を保て」、ということです。「二元性を脱し」、「常に純粋性にとどまり」、「所有にとらわれず」にあれということです。

この詩節で、主クリシュナは真我を実現する方法を実際に授けています。アルジュナは心情と理性の命令の間で身動きできない状態にありました。王がアルジュナに提案しているのは、その対立から離れるべきだ、そうすれば自分の道をはっきりと見極めることができる、ということです。主が「三つのグナを離れよ」と言った後すぐに、「二元性を脱し」、対立の領域から解放されて、と付け加えているのはそのためです。人生の相対領域は対立する要素に満ちあふれています。暑さと寒さ、喜びと苦しみ、利益と損失といった具合に、さまざまな対立するものの組み合わせで人生は構成されています。人生はそれらの影響の下にあって、荒波にもまれる船のように、波から波へともてあそばれ、振り回されるばかりです。二元性を脱するということは、非二元性の領域、すなわち「存在」の絶対状態に入るということです。そうすることによって、相対領域にある人生も滑らかで安全なものになります。それはちょうど三つのグナの大海に浮かぶ、人生という船の錨《いかり》のようなものです。安定性と快適さがそれによって得られるようになるのです。

アルジュナは、善悪にとても敏感になっています。そのために、主は「二元性を脱して」と言ったすぐ後に、「常に純粋性にとどまり」と付け加えています。この状態はダルマにかなっていて、常に善い結果を生み出し、すべての人のために進化の過程を促していくものであるということを、主はアルジュナに保証したいのです。そこから悪いことが生じる可能性はまったくありません。なぜなら、それは成就の状態だからです。

この成就という概念を伝えるために、主は「所有にとらわれず」と言っています。原文で使われているサンスクリット語は「ニルヨーガクシェーマ」です。この言葉には、この状態にあれば、持っていないものの獲得も、持っているものの保存も、どちらも考える必要がない、という意味が含まれています。この戦闘の原因となったのは、財産を獲得したい、保存したいというドゥルヨーダナの欲望です。通常の生活においても、人をそそのかして誤った道に進ませるのは、このような所有欲にほかなりません。ですから、人生におけるこの罪の原因を超越しなさい、と主はアルジュナに教えているのです。また、それによって主はアルジュナに、ドゥルヨーダナが悪の道に進んでしまった原因をも思い起こさせています。その原因とは、ドゥルヨーダナが王国や快楽や権力を得たのに、「所有にとらわれ」ないでいるための英知は得なかった、ということです。そのために、所有にとらわれてしまい、正しいバランス感覚を失ってしまったのです。

主は「所有にとらわれず」という表現を用いることによって、第一章詩節32の「クリシュナよ、私は勝利を望まない、王国も、快楽も欲しくない」というアルジュナの言葉への答えを与えています。アルジュナは、人が快楽や権力に目がくらんで正義という大義を見失い、人生を台無しにしてしまう様を見てきました。ここで主クリシュナは、富に取り囲まれていてもそれにとらわれない方法をアルジュナに教えています。なぜなら、戦いが終われば、アルジュナは大きな富や権力を所有する地位につくことになるからです。

主は「二元性を脱し、常に純粋性にとどまり、所有にとらわれず」と言ってから、「真我を保て」と付け加えています。これは、この祝福すべき人生の状態が遠くにあるものではない、ということをアルジュナに示すためです。それは自分自身の内側にあるものであり、したがって、常に手の届くところにあるものです。そればかりか、それはアルジュナ自身の真我なのであり、それ以外の何ものでもありません。

このような教えの説き方に、主の偉大な配慮と、無知な人たちを啓発する偉大な技術、そして教えの完全さの極みを見ることができます。だれかが私たちに「人生の偉大な英知と豊かさの場へ連れていってあげましょう」と言ったとしても、その場がどこにあるのかが示されなかったとしたらどうでしょう。おそらく私たちは、そこまでの距離や、途中の困難や、そこに到達するための自分の能力など、いろいろなことに思い悩んでしまうでしょう。このような理由から、主は「真我を保て」という言葉を用いています。自分の真我に自分自身が確立するようにするのです。ひとたび自分の真我に確立したならば、あらゆる英知の目的が達成されます。『ヴェーダ』はそこで終わります。それは人生の旅の終着点であり、それが成就の状態です。「真我を保て」という言葉がこの詩節の終わりに置かれているのには、このような理由があるのです。

あらゆる人が自分自身の内にある偉大な宝庫へと導かれて、人生のあらゆる悲しみや不確実性を乗り越えることができる方法がここにあります。この詩節から先の『バガヴァッド・ギーター』の教えはすべて、「超越」の状態を達成することのすばらしさを説いています。

人をカルマ・ヨーギーにするのは、この「存在」の超越状態にほかなりません。カルマ・ヨーギーとは、行動の道において成功を収める人のことです。また、この超越状態こそが人をバクタにします。バクタとは、献身の道において成功を収める人のことです。そしてまた、この超越状態こそが人をギヤーニーにします。ギヤーニーとは、知識の道において成功を収める人のことです。これは人生の目的を成就させる大道なのです。

もし、人が神に対する本当の献身者でありたいと思うならば、その人は自分自身の純粋な真我になるべきです。自分に属するものではないものから、自分を解放しなければなりません。そうして初めて、一心不乱の献身が可能となるのです。もし、人が本来の自分でないものに包まれているならば、その人の献身もその異質な要素で覆われていることになります。そのような人の献身は神に届かず、また神の愛と祝福もその人には届きません。献身が神に届くためには、最初に、何ものにも覆われていない純粋な自分自身になることが必要です。そうすれば、献身の中で直接神と結び付くことができ、それによって献身者の地位を得ることができます。自分自身になったときに初めて、主の「偉大なる真我」に正しく帰依することができるのです。もし、三つのグナの領域の中に、数多くの粗大なあるいは精妙な覆いの中にとどまっているならば、これらの覆いのために主と直接に接することはできません。

したがって、献身によって合一へと向かうための最初のステップは、自分自身になるということです。同じように、このことは知識によって合一に至るギャーナ・ヨーガの道においても、また、行動を通して合一に至るカルマ・ヨーガの道においても、最初のステップとなります。なぜなら、超越意識の状態こそがギャーナすなわち知識の状態であり、超越意識の状態こそがカルマの束縛を解き放つからです。また、この状態は人生のどのような領域においても成功の基盤となります。三つのグナの領域は、グナを越えた絶対「存在」の光によって活性化されるのです。

次の詩節では、すべての活動の目的はこの「存在」の状態において成就する、ということが示されます。

詩節46

あらゆるところに水があふれていれば、小さな井戸は無用となる。
それと同様に、悟りを得たバラモンにとって、ヴェーダはすべて無用となる。

「悟りを得たバラモン」とは、『ヴェーダ』のカルマ・カーンダ、ウパーサナー・カーンダ、ギヤーナ・カーンダの学習と実践とを修了した人、すなわち行動、献身、知識の秘訣を会得した人のことです。

どんな行動にも幸福という目的がありますが、『ヴェーダ』に規定されている行動は、幸福を目指すと同時に、人が現在のレベルを越えて進化するのを助けるものです。しかし、「ジーヴァン・ムクタ」すなわち宇宙意識の人は、定められた義務のすべてを完全に成就してしまっています。そのような人は真実を完全に会得しており、「それ」すなわち絶対の至福意識の状態の中に確立しています。このように『ヴェーダ』に則した生き方すべてに関して、最終的な目標を達成しているために、その人は善悪について『ヴェーダ』が指示する領域を越えており、また『ヴェーダ』の儀式の必要性をも越えています。そのような人には『ヴェーダ』という道案内はもはや必要ないのです。

悟りの状態というのは、水をいっぱいにたたえた貯水池のようです。人々はまったく自然にそこから水を引いて、あらゆる必要を満たすことができます。あちこちの小さな池から水を集めてくることはありません。ですから、主は「三つのグナを離れよ」とアルジュナに言っているのです。常に三つのグナが変化する領域にあって、小さなことを計画したり達成したりすることで、自分の人生を無駄にするべきではありません。ここそこで小さなことを成し遂げようとするのではなく、自足的な全体性となるべきです。

人間はより大きな幸福を切望していますが、悟りの状態は、この願いの目的全体を成就させるばかりではなく、その心を発達の最高段階にまで自然に導いていきます。悟りを得た人は、高度に進化した強い心と自然法則との調和のおかげで、さほど努力をしなくても、自分の想念が自然に達成されることに気づきます。このような状態にある人は、たいへん自然な生き方をしていますから、人生において全能なる自然の完全な支持を享受することになります。そのような人は、あらゆる自然法則の基盤となっている宇宙法（追録「宇宙法、創造世界の基本法則」参照）、すなわち「存在」の場と直接的に調和しています。

詩節47　行動のみを制御すべきであって、決してその結果を制御すべきではない。行動の結果のために生きるべきではなく、また、無活動にとらわれるべきでもない。

ここでは実にすばらしい順序で教えが説かれています。主クリシュナの目覚めた意識と、主がアルジュナの心を深く明確に見抜いているということが、この詩節で再び示されています。

アルジュナは詩節45で「三つのグナを離れよ」と教えられ、その次の詩節では、そうすれば相対領域でのあらゆる願望がかなえられる、と言われました。ですから、おそらくそれ以上は何もする必要がないのだ、と判断してしまうかもしれません。そこで主はこの詩節で、アルジュナの中に行動を嫌悪する気持ちが大きくなってしまわないように、「君は行動のみを制御すべきだ」と説いているのです。アルジュナはこの言葉によって、自分は行動のみにかかわるべきなのだと思うようになります。アルジュナは行動そのものに完全に没頭し、他のことはすべて、その成果さえも忘れてしまうべきです。主が「決してその結果を制御すべきではない」と付け加えているのは、このような理由からです。

これは、戦いに勝つために戦ってはいけない、行動は結果を考えずになされるべきだ、という意味ではありません。それでは欺瞞《ぎまん》になってしまいます。

人が行動しようという気になるのは、その行動の成果を期待するからです。その結果に対する欲求があるからこそ、人は行動を起こし、その行動の過程を持続していくことができるのです。もし行為者が注意とエネルギーのすべてを行動そのものに注ぎ込むならば、もし行為者の注意とエネルギーが結果を考えることに分散されなければ、その行動の成果はもっと大きいものになるでしょう。こういったことを主は示そうとしているのです。結果は行動に見合ったものになる、これは疑う余地のないことです。

もし、学生が、試験に合格することばかり四六時中考えていたとすれば、勉強ははかどらず、結果までも危うくなってしまいます。行動している間は結果にかかわってはならない、と行為者が求められているのは、行動のより大きな成功を確実にしたいからです。しかしこれは、行為者は結果に無関心であるべきだ、ということではありません。もし、意識的に結果を無視しようとすれば、行動の過程が弱くなるのは確実であり、ひいては、結果も弱いものになってしまいます。

この詩節から、人は自分の行動の成果に何の権利も持っていない、と考えるのは間違っています。ここには、行動から最大限の結果を引き出す方法が与えられているだけです。行為者は、当然自分の行動の成果を楽しむ権利をもっています。行動の成果を制御するのではないと主が言っているのは、成果は避け難く行動に見合ったものとなるからです。目標を定めて行動を開始したならば、その過程にすっかり専念すべきです。行動の成果さえも忘れてしまうくらい完全に身を捧げ、注意を凝らし、行動を達成すべきなのです。このようにして初めて、自分のしたことから最大の結果を引き出すことができます。

行動の成果には期待しないという教えには、もっと深い宇宙的な意義が秘められています。それは、その行動が進化の過程そのものによって支えられるということです。もし、行動の成果に人がとらわれているならば、その人の関心は人生の水平面だけに集まってしまうでしょう。行動とその成果以上のものには少しも目を向けていませんから、その人は「神聖なるもの」を見失ってしまいます。「神聖なるもの」は行動の中に浸透しており、行動の根源にある全能の力であり、行動を究極の成就へと導きます。こうして人は、進化の過程にとっての基盤となる、人生の垂直面との直接的な接触を失ってしまうのです。

これで明らかなように、主の教えは一方では活動を支持し、また一方では、進化と自由を支えるものです。次の詩節では、だれでもこの世界で「神聖なるもの」の価値を生きることができる、ということが示されます。

詩節48

執着を捨て、成功や失敗の中にも平静を保ち、ヨーガに立脚して行動せよ、富の征服者よ。なぜなら、心の平静がヨーガと言われるから。

「ヨーガに立脚して」とは、宇宙意識（詩節51注釈参照）に立脚してという意味です。

ヨーガ、すなわち心と神聖な知性との合一は、心が超越意識を得るときに始まります。そして、この超越的な至福意識、神聖なる「存在」が心にしっかりと根を下ろし、心がどんな状態にあるときにも、目覚めていても眠っていても、「存在」の状態に確立したままであるときに完成します。主はこの詩節の初めに「ヨーガに立脚して」と言っていますが、それはこのような完全な悟りの状態を指しています。この詩節の後半では、「ヨーガ」は「心の平静」であるとして、行動との関連において定義づけています。この平静のとれた心の状態は、至福意識とともにもたらされる永遠の満足の結果生じるものです。たいていの注釈者たちは誤解してきたのですが、損得の中で心の平静を保つような気分を装ったとしても、この状態は決して得られません。

ヨーガは統合された人生の基盤です。それは、内面における創造的な静寂と外側における人生の活動とを調和させる手段であり、成功へと結び付く行動を正しく行う方法です。ヨーガに立脚すれば、アルジュナは永遠の英知と力と創造性の源である、人生の究極的な真実に立脚することになります。

上手に泳げるようになりたい人のための練習の一つとして、素潜りの技術があります。深いところにうまくとどまっていることができるようになれは、水面での泳ぎはもっと楽になるはずです。あらゆる行動は心の意識的な活動から生じます。もし心が強ければ、行動もまた力強くなり成功を収めるはずです。超越瞑想（追録参照）の過程において、心の海のより深いレベルが活性化されるとき、意識的な心がいっそう強力になります。超越瞑想は、意識的な心の表面から「存在」の超越的領域へと注意を導いていきます。この内面へと潜っていく過程が、ヨーガに立脚するための方法であるのです。

主はアルジュナに、この過程が終わったらそこから出てきて行動するべきだ、と言っています。これは、成功を収めるための行動の仕組みを教えているのです。矢を上手に射るためには、まず弓を十分に後ろに引いて、大きな潜在エネルギーを矢に与えることが必要です。弓を可能な限り最大に引き絞れば、矢は最大限の躍動力を持つことになります。

不幸なことに、この詩節で主クリシュナがアルジュナに説いている行動の技術は、今日の実生活からは失われてしまっているようです。どうしてそうなったかというと、何世紀もの間、これらの詩節が正しく解釈されなかったために、心を真我に導いてヨーガに立脚することは難しいことである、と考えられるようになってしまったからです。しかし実際には、注意を「存在」の場に導くことは極めて簡単なことです。ただ、経験の粗大な領域から思考過程の精妙な領域を経て、実存の究極的で超越的な真実へと、心が自発的に動いていくのを許してやればよいのです。この方向へと動いていくとき、心は一歩一歩進むごとに増してくる魅力を経験して、ついには、超越的な至福意識の状態に到達します。

心をこの状態へと導くことによって、小さな個別の心は宇宙的な心にまで成長し、その個別的な欠点や限界などをすべて越えてしまいます。これはちょうど、規模の小さな事業家が裕福になり、億万長者の地位に到達するようなものです。以前は影響を受けた市場での損得にも左右されなくなり、まったく自然にその影響を越えたところへと高まります。

主はアルジュナが行動することを望んでいますが、行動を起こす前に、まず宇宙的な心を得てほしいと思っています。これは主の思いやりです。裕福な人が自分の息子に事業を始めさせようとするときには、小さな事業を望んだりはしないものです。そんなことをすれば、愛する息子が小さな損得に左右されてしまい、些細《ささい》なことで惨めになったり喜んだりする羽目になることを知っているからです。したがって、まず息子を裕福にし、それから事業を始めさせるでしょう。主クリシュナはアルジュナに対し、親切で有能な父親のように助言を与えています。それは、まず宇宙的な知性の状態に達し、それからその高度に自由な人生の状態から行動するように、ということです。

人は永続する満足の状態にないかぎり、損得の中で平静を保つことはできません。ここで主がアルジュナに求めているのは、超越的で永遠の至福を直接経験することによって、永続する満足の状態を獲得せよ、ということです。心の平静を装うようにと勧めているのではありません。

永遠「存在」における超越的至福の状態は、まったく自足的であり、その構造において絶対的です。それは生命の完全性であり、実存の完成された状態です。ですから、それは相対領域のどんなものからも完全に離れており、行動の影響からも完全に自由であるのです。主が「執着を捨て」と言っているのは、活動から完全に離れているこの永遠「存在」の状態を得なさい、という意味です。また、主が「成功や失敗の中に平静を得て」と言っているのは、永遠「存在」のこのような状態の安定性に達しなさい、という意味です。

超越瞑想の規則的な実践は、超越的な「存在」の状態へと高まり、それを心の本性の中に定着させていくための直接的な方法です。そうすれば、人生の多様性につきもののさまざまな対立に心がかかわっていようとも、永遠の自由における統一が自然に維持されるようになり、人生が人生自体の中に見失われるということはなくなります。

ここではヨーガの定義が与えられています。詩節45の「三つのグナを離れよ」という言葉ですでにそれは準備されていました。ヨーガとは、永遠に平静であり不変である超越意識の状態のことです。それは、心の本性に染み込んでもその超越性を失わず、心が活動に巻き込まれることなく自由に活動にかかわることができるようにします。

次の詩節では、このヨーガ、心の平静の得られた状態のすばらしさが賞賛されます。また、それが行動の尊厳を高め、行為者に永遠の自由をもたらすのに有効なものであることが明確にされます。

詩節49　偉大さを欠いた行動は、実に、安定した理知からは程遠い、富の征服者よ。
理知をよりどころとせよ。憐れむべきは（行動の）成果のために生きる者である。

「安定した理知（ブッディ・ヨーガ）」とは、前の詩節で説明したように、平静を得た心の状態のことです。

ここで主は、理知が行動に巻き込まれてしまっている場合の行動と、理知が行動に巻き込まれない場合の行動との違いを明らかにしています。心の平静、ヨーガを得ることなく行われた行動は、本質的に劣っていると主は言います。そのような行動は、効果的でない弱い行動であり、「偉大さを欠いた行動」であるというのです。主はアルジュナに、理知が行動に巻き込まれない状態に高まるように求めています。そうすれば、その行動は偉大さを備えるようになり、同時に、自由の状態を獲得することができるからです。

主は、このような執着を離れた行動の状態に高まることができない人たちの運命を憐れんでいます。人生の外側の領域を楽しむことばかり求めている人たちは「憐れむべき」である、と主は言います。そのような人たちは、前の詩節で説かれたような、心の平静状態を開発することによって、人生の内側と外側の完全性の栄光を生きることがないからです。

「理知をよりどころとせよ」と主は言っています。この言葉によって主がアルジュナに求めているのは、最初に、内側に向かって「三つのグナを離れ」（「ニストゥライグニョー　バヴァ　アルジュナ」詩節45）、それからヨーガの状態、真我に立脚して行動せよ（「ヨーガスタ　クル　カルマーニ」詩節48）ということです。

主がアルジュナに望んでいるのは、行動を開始する前にまず自分自身をヨーガに確立させることです。主はヨーガとは「心の平静」であると定義しました。それは満ち足りた状態であり、心が自然に平静になっている状態です。この状態にある人は成功や失敗に左右されることがありません。損失と利益とを意識的に同じものとして取り扱うのではなく、まったく自然にそれらの影響を受けないようになるのです。これは、詩節45で述べられた超越瞑想の実践を通して到達できる、本当にすばらしく望ましい状態です。この状態を得ることなく、ただ単にすべてのものを同じように見なそうと努めることによって、心の平静を保とうと努力するとしたら、それは偽善あるいは自己欺瞞《ぎまん》と呼ばれることになるでしょう。

主がアルジュナに説いているのは、心を訓練して行動の最中にも平静を装うことができるようにする、あるいは、結果に対し意識的に無関心な態度を維持する、ということでは決してありません。思考のレベルで平静を保とうとするそういった試みはすべて、心の緊張や鈍さを生み出すだけです。この詩節の要点は、前の詩節と同じく、純粋な知性すなわち「存在」を獲得するということにあります。心を養って一点に集中できるようにし、行動の最中における心の有効性を向上させるのは、ほかならぬこの「存在」の状態であるのです。

主クリシュナが行動のヨーガについて語ったこの詩節や他の同様の詩節が、過去何世紀にもわたって誤って解釈されてきたことは、不幸なことです。なぜなら、誤った解釈のために、人々は無執着という名の下に、行動における活力や忍耐を失ってしまったからです。その結果、個人と社会の両方の構造そのものが、怠惰で無気力な弱いものとなってしまいました。

ここにあるのは、落胆した人を元気づけ、通常の心を強化するための躍動的な哲学です。しかし、誤った解釈が広まってしまったために、この哲学は、活動のすべての領域において人を無能にする手段となり、また、人間の努力を妨害するような影響をもつものとなったのです。

ここには、アルジュナが統合された躍動的な人間となることができるように、カルマすなわち行動に関する哲学のすべてが明瞭に説明されています。

主は「憐れむべきは、（行動の）成果のために生きる者である」と言っています。自分の行動の結果を期待するような人は憐れな人であるというのです。特にこの表現は、注釈者たちに大きく誤解されてきました。彼らは、「働きなさい。しかし、その結果をあてにしてはいけません」と、人々に助言してきました。しかし、行動は必ず何らかの結果を得るためになされるのであり、はっきりした結果を何も望まないで行動するということはありえないことです。主がここでアルジュナに示そうとしているのは、心のレベルを高める、すなわち、永遠の自由における枠のない意識状態へと心のレベルが高まるようにすることで、行動の価値をも高めるという一つの原則です。

矢を放とうとするときは、最初に弓をいっぱいに引き絞ります。もし、あわてていたために十分に弓を引かずに矢を放ったとしたら、目的は達成できないでしょう。矢は的まで届きません。行動は力のないものとなって、行為者も満足できないままにとどまってしまいます。

主が言おうとしているのは、行動の成果を得ようと焦るあまり、行動を強力にするための十分な準備をせずに行動し始める人たちは憐れむべきだ、ということです。多くの注釈者が間違って解釈したように、行動の成果を得ようとしたから憐れむべきなのだ、というのではありません。そうではなく、そのような行動では十分な成果が得られないから憐れむべきなのです。かわいそうなのは、行動から最大限の結果を生み出して願望を成就させる方法を知らないからです。

彼らがかわいそうなのは、原因に気を配ることなく、結果にばかりに気を取られているからです。こうして彼らは、向上の機会とより多くの利益を得る機会を逃してしまいます。理知は行動の源であり原因です。だからこそ、主は「理知をよりどころとせよ」、「偉大さを欠いた行動は、実に、安定した理知からは程遠い」と言っているのです。

心を内側に退かせて理知の絶対状態に引き戻すことがなければ、その人の外側の世界における行動は弱いものとなり、したがって、その人は憐れむべき人と呼ばれることになります。『ブリハッド・アーラニヤカ・ウパニシャッド』にも、憐れむべきは内なる神聖な意識と親しく交わることのない人である、と記されています。

そのような人を憐れむべきなのは、行動の完全な結果を楽しむこともできず、また、その束縛力を克服することもできないからです。

行動は五感のレベルでなされますが、その源は思考の過程の始まりにあります。想念が心の最も深いレベルから出発します。そして、欲求という形をとることになる思考のレベルで、想念は認識されます。その欲求はさらに、行動という形で外に現れてきます。主はこのような理由から、「安定した理知」と行動の領域とは遠く離れていると言っているのです。一方は絶対的な生命エネルギーのレベルであり、他方はエネルギーが分散し弱まってしまったレベルです。なぜなら、想念の具体化する過程が行動へと進展していくとき、エネルギーの集中度はだんだん弱まっていくからです。このような理由から、最初に理知の確固とした状態へ向かって進みそれから行動するのではなく、初めから行動のみに向かってしまう人は憐れむべきである、と主は言明しているのです。

超越瞑想を実践し内なる神聖な意識と親密になった人は、世間において、行動の最大の成果を真に楽しむことができます。それと同時に、このような人は次第に束縛から自由になり、ついには人生の統合を達成します。これが、「理知をよりどころとせよ」という主クリシュナの教えの目的です。この教えは、人生の統合のための理想的な原理を紹介し、それを達成するための簡単な方法を提供しています。

主がアルジュナに望んでいることは、ヨーガの状態と行動との関係、また、ヨーガと行為者との関係について、深い確信と明確な理解をもってほしいということです。

詩節50　**理知が（真我と）結合した者は、この世においてさえ、善と悪とをともに捨て去る。それゆえ、ヨーガに専念せよ。ヨーガは行動の技術なのだ。**

主はここで、ヨーガとカルマ（行動）の対立する特徴を対比させています。ヨーガは弓を後ろに引き絞ることであり、カルマは矢を前方に放つことにあたります。最初に弓を後ろに引くことをせずに矢を放とうとする人は、行動のセンスが乏しい人と言われるでしょう。その人の矢は、前方へ飛んでいく勢いがないために、遠くまでは達しません。行動の技術にたけた人は、矢を前方に放つ前にまず弓を後ろに引き絞ります。

心が超越意識の中に確立されると、「存在」の状態が心の本性そのものの中に浸透していき、心は宇宙知性の地位を得るようになります。そして、意識の超越的な状態から外に出てくると、人は再び個別性を取り戻し、それによって、人生の相対的領域で活動することが可能となります。しかし今度は、心に「存在」が浸透した状態で行動します。このような人は、ちょうど裕福な事業家が損得を越えているのと同じように、自然に善悪の影響を越えています。

主がこの詩節で強調しているのは、ヨーガの効果は、神聖な意識における永遠の自由という本来の状態にまで人を高めるものであり、そこにおいて人は善悪どちらの行動の影響にも動かされず、その状態に永遠にとどまっていることができるようになる、ということです。このようになるのは、行動から生じる善悪の結果をその人から取り上げてしまうからではありません。そうではなく、行動の成果を楽しみながら、同時に永遠の自由の状態もまた楽しむということが、行為者にとって当然のこととなるからです。

人を束縛するのは行動でも行動の結果でもありません。自由を維持することができないということ、それが人を束縛しているのです。ヨーガはそのような無能さを取り除きます。ヨーガのすばらしさは、行動の力と行為者の力をどちらも増強させて、人生のあらゆる面に尊厳をもたらすことにあります。

束縛は確かに行動の領域にあるのですが、それは行動から生じるものではありません。それは行為者の弱さから生じるものです。規模の小さな事業家が損失を被ったとすると、その人の心はそれによって大きく揺らいでしまいます。これが印象として深く刻まれ、状況が有利になったときに、この印象が利益を得たいという欲求となって、再び表面に表れてきます。心に刻まれた印象が、行動へと成長していく欲求の種であるのです。そして、行動がまた心に印象を刻みます。このようにして、印象、欲求、行動のサイクルが続いていき、人は因果のサイクルや生死のサイクルに束縛され続けます。これが一般に、行動のもつ拘束力、あるいはカルマの束縛と呼ばれているものです。

主はアルジュナに、善悪の拘束力を越えることができると教えた後すぐに、これは無活動の結果ではなく、「行動の技術」によるものであることを明確にしています。

「行動の技術」とは何でしょうか。それは、すべての過程が容易になるように行動を行う技術です。行動を最小限の努力で成し遂げます。行為者は、疲れることなく元気な状態を保ち、十分に行動の成果を楽しむと同時に、行動の拘束力に左右されることもありません。そればかりか、行動がすばやく達成されますから、その成果をすぐに楽しみ始めることができます。「行動の技術」は、行動を妨げるような否定的な影響が外側から入ってくることを、いっさい許しません。また、行為者に対しても、どこのだれに対しても、どんな否定的な影響も生み出しません。それどころか、この技術が創り出す影響はまったく肯定的なものです。

ここで言われている「行動の技術」を用いて行動の過程が実行されるならば、あらゆる方向に好ましい結果が生み出され、行為者はそこから最大限の利益を引き出すことができるようになるでしょう。それと同時に、そのような行動の過程から、行為者を束縛する影響は生じなくなります。なぜなら、行為者は真我すなわち永遠「存在」の中に確立して、活動の領域にはまったくとらわれなくなるからです。そのため、行動が行為者に与える影響も変化して、行動の成果が、将来の行動の種が形成されるほどの深い印象を心に刻まなくなるのです。

詩節51　理知が真我にしっかりと結合した賢者たちは、行動から生じる成果を放棄し、誕生の束縛から解放されて、苦しみのない状態に到達する。

「誕生の束縛から解放されて」について。誕生は、進化の長い道のりにおけるひとつのステップです。誕生は次から次へと、進化のゴールが達成されるまで続いていきます。個別生命は、それが宇宙生命のレベル、限りない永遠「存在」のレベルに確立されたとき、進化の最高状態に到達します。

この詩節で主がアルジュナに気づかせているのは、心を超越「存在」の中に確立すれば、行動の領域から離れて、それにとらわれることのない状態にまで高まることができる、ということです。主はアルジュナに、本質的に活動から離れている「存在」に賢者たちは立脚しているので、永遠の自由の中に生き、行動の成果に縛られることがないのだ、と説いています。賢者たちは神聖な知性に完全に立脚しており、束縛という手かせ足かせを打ち壊して、行動の領域にあるときでさえも自由を失いません。なぜなら、絶対「存在」という永遠不変の実存の状態に常にあるからです。

これはすばらしい啓発の仕方です。主はアルジュナに、行動の領域から完全に離れるように求めています。「アルジュナよ、三つのグナを離れよ」（詩節45）。それから、全力で行動するようにと命じ（詩節47）、さらにこれら二つの指示を合わせて、真我意識に立脚して行動せよと教えます（詩節48～50）。そしてこの詩節では、このような行動が宇宙意識へと通じるのだ、ということを説明しています。宇宙意識に至るということは、この地上に生きている間に、あらゆる苦しみや束縛から解放される、ということです。アルジュナは、人間の進化の最高状態に至るための、体系的で直接的な方法を与えられているのです。

第一段階は、心を「超越」に導くことです。超越瞑想（追録参照）によって、注意は粗大な経験から、経験の精妙な領域へと導かれ、最後には最も精妙な経験をも超越して、超越意識の状態を獲得します。この方向に進む心の動きは自動的といえるほどとても簡単なものです。心がより精妙な経験へと入っていくとき、心は次第に大きな喜びを感じるようになります。なぜなら、心は絶対の至福へと向かって進んでいるからです。そして、超越意識に達すると、心はもはや意識的な心ではなくなり、絶対「存在」の地位を得ます。「真我意識」、「真我の自覚」、「サマーディ」としても知られているこの超越的な純粋意識の状態は、宇宙的な「存在」が、個別の心の中に完全に注入されたことを表しています。

この注入の後、心は再び相対領域に出てきます。そのときには再び個別の心となりますが、今度は「存在」に立脚して行動するようになります。そのような行動がカルマ・ヨーガと呼ばれます。超越的な「存在」が活動の場において生きられるのは、カルマ・ヨーガのためにほかなりません。そして、「存在」の完全性が人生の相対領域である活動の場において生きられるようになるとき、人は絶対の自由の中ですべてを包含する永遠の人生を獲得します。それが宇宙意識、ジーヴァン・ムクティです。これこそが、「理知が真我にしっかりと結合した」と主が述べている状態であるのです。

この宇宙意識への道にはたった一つのステップしかないと言うことができます。つまり、行動の領域を離れて「超越領域」へ入り、再び行動に戻ってくる、というステップがあるだけです。ですから、人は自分がすでにいるところで最高の進化に達することができる、ということがわかります。自分自身を行動の外側にある領域に連れ出して、再び通常の活動の場に戻ってくればそれでよいのです。海に飛び込んで底に達して、真珠を集め、そして海から出てきてその価値を楽しみます。一回の潜水でそれらの行為がすべてなされます。潜水の技術は、正しい角度をとってただ飛び込む、ということにあります。そうすれば、自動的に海底に達し、真珠を持って上ってくることができます。

「真理」の探求者は、内側に潜るための正しい角度のとり方を覚えさえすればよいのです。そうすれば、まったく自然に真我意識を得ることができ、さらにそれが極めて自然に宇宙意識へと進展していきます。すべての過程が自動的に進行していくのです。

宇宙意識の状態には、相対的な意識だけでなく超越意識も含まれています。つまり、この状態になると、個人生命が宇宙的な地位をもつようになります。個別の意識が宇宙的実存の地位を獲得するとき、個別性には明らかに限界があるにもかかわらず、人は永遠に自由になります。時間、空間、因果のどんな面にも束縛されません。この永遠に自由な状態は、この詩節でその原理が説明されているように、心を超越意識の状態に確立することから得られる結果であるのです。

主はアルジュナに、神聖な知性における永遠の自由に立脚すれば、自然に人生が意義あるものになると教えています。そうなると、将来聞くかもしれない英知の言葉も、あるいはすでに聞いたかもしれない英知の言葉も、その意味を探求する必要がまったくなくなります。次の詩節では、そのことが明らかにされます。

詩節52　理知が迷いの泥沼を渡り終えるとき、君は、すでに聞いたことにも、これから聞くことにも、無関心になるだろう。

アルジュナは、善悪について自分が学んできたことにとらわれています。聖典から学んだどの知識も、身動きのとれない状態に陥るのを防いではくれませんでした。また、動きのとれない状態から救い出してもくれませんでした。アルジュナはまだ身動きできない状態にあります。この状態は、理知が二元性を越えて、純粋な超越意識に到達したときに、初めて克服できます。

悟りの状態は、想念や言葉や行動の限界を越えたところにあります。そこに到達すれば、人は真の意味で疑いや迷妄を越えることができます。

主はここで、これまでアルジュナに話してきたことすべてを要約しています。主は、真のヨーガの状態をアルジュナに説明しています。それは、理知と心情の両方を満足させる状態です。なぜなら、理知と心情の両方に成就がもたらされるので、どちらの領域においても、疑いや不満の入り込む余地がまったくなってしまうからです。この詩節における要点は、超越意識に到達して理知の純粋性を得るという実践にあります。これは、過去に聞いたことの、将来聞くに値することの、人生に関するあらゆる英知の、成就を意味します。「すでに聞いたこと」も、「これから聞くこと」も、真実の経験によって取って代わられます。なぜなら、「真理」について聞くことはすべて、「それ」の直接経験において成就が得られるからです。

この詩節は、人を問題のない人生のレベルへと導いてくれます。ここでは、人が「無関心になる」状態が明らかにされ、それによって、詩節48で求められた「執着を捨てる」道が示されているのです。

詩節53　ヴェーダの言葉に惑わされた君の理知が、真我の中で、揺らぐことのない不動のものとなるとき、君は、ヨーガに到達する。

「ヴェーダの言葉」。これは詩節42から詩節44に関連して述べたものです。

『ヴェーダ』には、進化のさまざまなレベルにおける善悪についての英知が説明されています。そこには人生の全領域が明らかにされており、人が進化の道をどのように歩んでいきたいか、それを選択できるようになっています。ですから、心が『ヴェーダ』の知識に影響されて、つまり、とても広範囲な知識が自分の自由になるということを知って、かえってそれに惑わされてしまう、というのも当然考えられることです。しかし、ひとたび心がそれ自身の本性をよりどころとし始めると、それは「揺らぐことのない不動のものとなる」となります。この確固とした状態に至るとき、すなわち、相対的な人生の領域をすべて超越するとき、心は真我意識、純粋な自覚を獲得します。そして、このような意識の純粋状態が、どんな影響の下にあっても決して失われないようになったとき、ヨーガすなわち行動の技術が達成されたことになるのです。

『ヴェーダ』の英知は、真実についてのさまざまな説明から成り立っています。真実はさまざまな観点から洞察され、さまざまな学派によって教えられてきたからです。これら多種多様な理論は、人間の多様な理解レベルを満たしてくれます。『ヴェーダ』の目的は、あらゆる種類の人々を啓発することにあります。

ヴェーダ文献の中に互いに異なる見解があることを知った人は、悟りの道についての意見の違いに戸惑ってしまうかもしれません。しかし、心がサマーディすなわち超越意識に至れば、あらゆる道のゴールが達せられます。このような確固とした心の状態は完全に澄みきったものであり、そこに至る道に関する戸惑いもまったくなくなります。

真実という中心点に立てば、人生という円の円周は完全に調和して見えます。なぜなら、中心が見つかれば、円周から無数の半径がすべてそこに収束していることも、明らかになるからです。もし、中心が見つからなければ、さまざまな半径は共通の出合いの場を持たない、別々のものと見なされることでしょう。主が、サマーディすなわち純粋意識を直接経験することの重要性を強調しているのは、このような理由によります。純粋意識を直接経験することによって初めて、心の中から不確実性を追い払うことができるのです。

この詩節の目的は、詩節45で与えられた主の教えをさらに強化することにあります。ヴェーダ文献に記された知識の有効性に、異議を唱えるためでは決してありません。この知識がなかったならば、知的な満足は得られないでしょう。聖典の知識は、真実を直接経験するようになって初めて、意義のあるものになります。

ここでのヨーガは、詩節50に定義されているように、「行動の技術」を意味しています。主はアルジュナに極めて明快に説いていますが、ヨーガすなわち行動の技術を得るためには、まず心が超越意識に至らなければなりません。そして、理知が純粋意識のこの状態の中に、揺るぎなく確立されなければなりません。つまり、ヨーガを達成するためには、まず宇宙意識を得なければならないのです。

超越意識がどのように行動と共存して「行動の技術」を生み出すのか、それをさらに徹底的に理解するために、アルジュナは次の詩節で極めて実際的な質問を投げかけます。

詩節54

アルジュナは言った。

ケーシャヴァよ、理知が安定し、真我に浸っている人には、どんな特徴があるのか。

安定した理知をもつ人は、いかに話し、いかに座り、いかに歩くのか。

ここでの質問から、アルジュナがここまでの教えを明確に理解しており、彼の理性が主クリシュナの考えに沿ったものとなっている、ということがわかります。

「ケーシャヴァ」とは、「長い髪の人」という意味で、主クリシュナのことを指しています。アルジュナは、揺るぎない理知をもつ人の外見的な「特徴」を尋ねるにあたって、主の外見を表す名前を使って主に呼びかけています。確固たる理知の人は、活動を離れて深く自らの内面にあるときに、あるいはまた活動しているときに、どんな特徴をもっているのでしょうか。アルジュナはそれをはっきりと知りたいと思っているのです。

人生には二つの道があります。在家者の道と出家者の道です。カルマ・ヨーガは在家者の道であり、一方、サーンキヤすなわち知識の道は出家者のためのものです。どちらのタイプの人たちも、不動の理知の状態に到達して、人生と社会の限界を越えることができます。その人生は、個別的な実存と宇宙的な実存との統合を表現します。彼らが生きる自由の境地と、彼らがもっている普遍的な考え方は、彼らが帰属する社会の励みとなります。その人生は、いつの時代にも社会の価値の基盤となる、究極的な価値を表現します。市場で忙しく働いていようと、あるいは、ヒマラヤの洞窟《どうくつ》で静寂を保っていようと、どこにいようと、人類を導く光となります。アルジュナは、そのような人たちが、何かはっきりとした特徴をもっているかどうかを尋ねています。アルジュナは実際的な人ですから、内面の成就を得た人が、外側ではどんな特徴を示すのかを知りたいと思うのです。

この質問から、この章の初めのころのようにはっきりと考えられなかったときに比べて、アルジュナの理性がこの時点でより明瞭になってきている、ということがわかります。また、この質問は、人の理性を浄化し意識を高める、サーンキヤとヨーガの教えの力をも示しています。

アルジュナは、静かに主クリシュナの教えに耳を傾けてきました。アルジュナは、この四十三の詩節（詩節11～53）の教えによって、麻痺したような状態から具体的に考えられる状態に変わってきています。アルジュナの理性は、もはや悲しい思いに占領されることもなく、今では、人生の統合された状態についての実際的な様子を尋ねるまでに高まりました。そして、この変化は、これらの詩節を話すのに要する五分か十分のうちに起こったのです。

以下に続く十八の詩節では、アルジュナの質問に答が与えられます。これらの詩節では、サーンキヤの知識による行動の放棄により、あるいはカルマ・ヨーガの道により、不動の理知を得て悟りに到達した人たちの特徴が示されます。

詩節55　**聖なる主は言った。**

パールタよ、心に（深く）染み込んだすべての欲求を完全に捨て去るとき、
真我のみによって真我の中に満足するとき、そのような人は安定した理知をもつ者と呼ばれる。

ここで主クリシュナは、アルジュナに「パールタよ」と呼びかけています。主は、戦場で初めてアルジュナに話しかけたときに、この呼び名を用いましたが、ここでまた同じ言葉を使っているのは、そのときに創り出した愛の高まりを維持したいからです。アルジュナの理性がより実際的なレベルで考え始めたのを知った今、主はアルジュナの心情の高まりを保ち、それが理性によって圧倒されないようにしたいのです。

この詩節は、サマーディすなわち超越意識の状態における「安定した理知」と、ニッティヤ・サマーディすなわち宇宙意識の状態における「安定した理知」とを表したものです。いずれの場合にも、心は「心に（深く）染み込んだすべての欲望を完全に捨て去る」という状態を得ています。

超越瞑想の実践によって超越意識を得るとき、心は欲求の場を完全に抜け出ています。これがサマーディの状態における「安定した理知」です。

では、ニッティヤ・サマーディにおいては、すなわち、心が純粋意識に確立されたままで活動の領域にかかわるときには、「安定した理知」はどのように維持されるのでしょうか。この状態においては、心は至福意識へと変化していますから、活動から離れたものとしての「存在」が、恒久的に生きられるようになっています。ですから、人は自分の真我が、想念や欲求にかかわっている心とは別のものである、ということを悟ります。これまで欲求と同一視されてきた心が、今では主《おも》に真我と同一視されるということが、その人の経験となります。これまでは、欲求に完全に巻き込まれてしまっている自分自身を経験していたのですが、今度は、心の欲求が自分自身の外側にある、ということを経験するわけです。欲求は、確かに心の表面では続いているのですが、心の内側深くにはもはや存在していません。なぜなら、心の奥底が真我の本性に変化したからです。心の中にあった欲求はすべて、いわば放り上げられて、表面に行ってしまいました。そして、心の内側では、最も精妙な理知が揺るぎない不動の地位を獲得しています。「プラッギヤー」（理知）が「クータスタ」（不動なるもの、岩のごときもの、第六章詩節8参照）に錨《いかり》を降ろすのです。これが、ニッティヤ・サマーディすなわち宇宙意識の状態における「安定した理知」です。

このようにして、揺れ動く理知がたいへん安定した基盤を得ており、その結果、活動の領域がとても効率よく運ぶようになります。この状態を得た人は不活発な状態に落ち込んで、行動にかかわらなくなってしまう、と考えるのはまったくの誤りです。人生のこの状態においては、内側の「存在」が活動に巻き込まれないように保たれ、その自由が維持されて、同時に、すべての行動がとても効率的に上手に行われるようになります。

「……するとき」という言葉はたいへん重要です。この言葉から、超越意識すなわち活動から離れた状態を得たとき、あるいは宇宙意識を得たときに、人は初めて「安定した理知」の人と呼ばれるようになる、ということがわかります。宇宙意識とは、目覚め、夢、眠りの意識があるときでさえも、それらといっしょに真我意識が自然に維持され、真我すなわち「存在」が、どんな経験によっても覆い隠されないようになった状態です。

このような「安定した理知」の状態を獲得できるのは、世俗的な欲求をすべて放棄した出家者だけである、と決めつけるのは正しくありません。超越瞑想(追録参照)を実践すれば、だれでもそれを得ることができます。

出家者の生活をしたとしても、必ずしも「心に(深く)染み込んだすべての欲求を完全に捨て去る」という状況が得られるわけではありません。この句によって言い表された状態は、決して特定の生き方と関係しているのではありません。それは、主クリシュナが明確に説いているように、人が欲求から解き放たれて「真我の中に満足」している状態です。そしてこの状態は、瞑想をして相対世界を超越する方法を知っている人であれば、どんな人でも容易に手に入れることができます。出家者であろうと、在家者であろうと、宮殿で瞑想しようと、洞窟で瞑想しようと、それには関係ありません。

統合された人生に関する哲学の偉大な解説者であったシャンカラは、この詩節に次のような注釈をつけています。「超越的真実の至福の甘露を直接経験することにより、安定した理知は、それ自身のほかには何もない絶対的な状態にとどまる（Paramārtha-darshana-amrita-rasa-lābhena anyasmāt alam-pratyayavān sthitapragyāh）」。シャンカラはさらに、安定した理知をもつ人を定義して、「究極のものと究極でないものとの区別を悟り、それによって生ずる理知が安定している人は、安定した理知をもつ人である（Stihtā pratishthitā ātmānātma-vivekajā pragyā yasya sah sthita pragyah）」と言っています。人生の究極面と非究極面の分析や弁別によって知的な理解を得たとしても、安定した理知は生まれてきません。そのような知的な作業は、思考のレベルにとどまるものですから、せいぜい心の中にそういった気分を作り出すくらいのものです。それでは、決して「安定した理知」と呼ばれる心の状態を生み出すことはできません。安定した理知の状態は、「究極のもの」と「究極でないもの」との違いが、知的なレベルにおいても明白に認識されるようになるほど、純粋意識をはっきりと直接的に経験して初めて生まれてきます。

このようにシャンカラは、この安定した理知の状態は、詩節45で述べたように、相対性を超越する実践によって生じるものであり、単にそれについて長々と話したり、理解しようとしたりすることから生じるものではない、とはっきり述べています。経験の過程は、「真実と真実でないもの」とを知的に弁別する過程とは、まったく異なるものであるのです（詩節40注釈参照）。

これで、『バガヴァッド・ギーター』の注釈者や翻訳者たちが作り出してきた誤った解釈を、十分に取り除くことができたでしょう。出家しなければ安定した理知は得られないという誤解は、現代社会に精神的な退廃をもたらしてきました。不幸にも、シャンカラ自身の見解さえも、その哲学を広めようとした注釈者たちによって、誤って伝えられてきました。彼らは精神的な人生の核心をなす部分を、すなわち超越意識とそれを実現するための直接的な方法を、見逃していたようです。その結果、超越の過程を明らかにしようとしたものは、どれも放棄の道に属し、出家者の人生だけに関係するものと考えられるようになってしまいました。このように、基本的な原理への洞察が欠けていたために、精神的な人生は出家者たちのものであると考えられるようになりました。そのため在家者たちは精神性の恩恵から締め出され、人類全体が混乱に陥ってしまったのです。

この詩節には、理知が安定している人、真我に立脚している人の、外面的な特徴は何も記されていません。なぜなら、自らの内に深く浸っているということを示す外見的な特徴など、何もあるはずがないからです。そうした人の内側の状態は、外側の特徴からは判断できません。このように座る、あのように座る、あるいは何か特定の仕方で目を閉じる、そういったことは言えないのです。そのような外側の特徴は、この状態を知る基準にはなりません。

どんな格好で座っている人でも、自分自身の内面に深く入って至福意識に浸っている可能性があります。サマーディに入るときには、顔が穏やかになり、その輝きが増すということが言えるかもしれませんが、これも定まった基準として計測できるようなものではありません。主がそのような外見の説明に立ち入らないのは、このような理由からです。この詩節では主観的な特徴だけが述べられています。「すべての欲望を完全に捨て去る」および「真我の中に満足する」という表現で示されているように、心の内側の状況が特徴として取り上げられています。

この詩節では、安定した理知の基盤が明らかにされました。それは、超越意識において、あるいは宇宙意識において、「存在」を実現することでした。次の詩節では、安定した理知を得た人はどのような人か、ということが示されます。詩節57では、安定した理知の状態にある人の行動の仕方、すなわち無執着ということが述べられます。詩節58では、この状態における活動の性質、すなわち五感が対象から退いている、ということが説明されます。最後に、詩節59では、安定した理知に及ぼされる「見えざるもの」の影響が指摘されます（第一八章詩節14にあるように、どんな行動を達成するのにも、基盤、行為者、手段、活動、天意の五要素が必要です）。そこでは、至高者がその限りなく壮麗な姿を現したときには、つまり、至高者が実存の五感レベルで生きられるようになったときには、五感は単に対象から退くだけでなく、その対象の味わいさえも失ってしまうということが示されます。これら五つの詩節を合わせると、「安定した理知」がどんなものかが明らかになります。

詩節56

悲しみの中にあっても心が動揺せず、喜びの中にあっても渇望を抱かない人、執着と恐れと怒りを離れている人、そのような人は安定した理知をもつ賢者と呼ばれる。

この詩節では「賢者」（ムニ）という言葉が定義されています。

主は、安定した理知をもつ人についてアルジュナの質問に答え始めます。安定した理知の人とは、相対的な実存の場で行動を続けている間でも、まったく自然に心の平静を維持できる人のことです。この詩節では、安定した理知の人の客観面の特徴ではなく、その主観的な面が述べられています。

大きな富をもつ億万長者が市場の動向から影響を受けないように、超越瞑想によって至福意識の状態を得た心は、超越状態から活動の場に出てきたときにも、自然にその満足感を保ちます。この満足感は心の本性そのものに根差しているものですから、心は喜びや苦しみの中にあっても動揺することがありません。また、世間における執着や恐れにも影響されません。活発な活動中にも維持されるこのような自然な心の平静を、安定した理知の状態というのです。

理性の中に「悲しみ」が生じるのは、理解が足りないためです。人生の一部分だけを理解してそれ以上を理解せず、人生の全範囲を見ることがなければ、そのとき人は悲しみを感じます。しかし、人生の不変永遠の面と、変化しつづける生死の輪廻の終わりのない本質との両方を理解している人は、悲しみが一時的なものであることを知っていますから、それに圧倒されることがありません。

理性とは異なり、心情における悲しみの感情は、満足や愛や幸福の欠如のために生じてきます。超越瞑想を実践する人は至福を経験します。心情は至福で満たされ、永遠の満足を感じていますから、悲しみや憂鬱《ゆううつ》や恐怖といった否定的な感情が入り込む余地はまったくありません。また同様に、喜びやその他の肯定的な感情の波が入り込む余地もありません。なぜなら、心情はおのずから満たされ、満足しているからです。あるおもちゃが子供の心情に大きな感情を生み出したとしても、大人の心情は同じおもちゃに動かされずにいることができます。これはちょうどそのようなものです。

人の意識は超越意識の経験によって高まり、真我は活動から完全に離れている、とわかるレベルにまで達するようになります。それとともに、その人の価値観も自然に変わっていきます。人生の価値は、進化のレベルによって異なって見えるものです。そのために、喜びにも苦しみにも、恐れにも怒りにも動揺することがないという振る舞いは、神聖な意識レベルに確立した、安定した理知の人にとっては当たり前のことなのですが、通常の意識レベルからそれを見たときには、何か特別な普通以上のもののように思われます。

次の詩節では、このようなとらわれのない人生の状態の基盤が説明されます。

詩節57　何ものにも過度の愛着を抱かず、良いものを得ても狂喜せず、悪いものを得てもひるまない人、そのような人の理知は安定している。

心が至福意識における統一に確立している人は、経験から、自分の真我はあらゆる活動から離れているということを知っています。そのような人は、相対領域で活動しても、経験によって深い印象を刻まれることはありません。ですから、多様性の世界を経験しているときでも、考え方や他の人たちとの関係において、自然に一貫性を保つことができます。

これらの詩節について、多くの注釈者たちは、安定した理知の状態を得るためには、超然とした無執着の態度を保つように努めるべきだ、という考えを導入しました。しかし、行動や経験の領域でそのような態度を保とうと試みたり、喜びや苦しみの中で平静な気分を作り出そうと努めたりしても、その緊張のために内側の人格が不自然にゆがんでしまうばかりです。この種の実践が行われてきたために、精神の成長という名のもとに、人生に鈍さや不自然さや緊張が生じました。またそのために、過去何世紀もの間、あらゆる世代において、数多くの聡明な人たちの優れた才能が台無しにされてきました。その結果、世界中で、精神的な人生に対するある種の恐れのような感情が、社会の知的な人々の間に広がってしまったのです。そのような感情が行き渡ったために、今日の元気あふれる若者たちは、精神的な実践については議論することさえも躊躇《ちゅうちょ》する、といったありさまです。

アルジュナの質問に答えて、主が示そうとしているのは、心は超越瞑想の実践によって神聖な知性と至福に満たされるようになる、ということです。そうすれば、たとえ世間で活動していようとも、自然に心の平静が維持されるようになります。

この詩節は決して、気分を装う、あるいは、平静に生きようと心を知的にコントロールする、という観点から解釈されるべきではありません。この詩節は、安定した理知の人はもともと無執着に根差している、ということを明らかにするものです。

不幸なことに、注釈者の中にはこの詩節の真理を誤って伝え、満開の花を喜ぶことも、しおれた花を捨てることも、どちらもよくないと言うまでに至った人もいます。そして、人生を冷たく無情なものとするこのような方法が、安定した理知を得るための方法として勧められてきたのです。人生にとって何と残酷なことでしょうか。

「悟り」を得ていない人が、「悟り」を得た人の行動をまねるのは間違っています。裕福でない人がお金持ちのふりをして、裕福であるかのように振る舞おうとしても、それは緊張を生み出すだけです。裕福な人の振る舞いを表面的にまねてみたとしても、決して裕福になれるわけではありません。同じように、安定した理知の人の振る舞いは、安定していない理知の人にとっては、何の基準にもなりません。もし、無理にその方向へ行こうとしたら、その人の人生は心情や理性を奪われた冷たいものとなってしまうでしょう。しかし、それが、長い間「真理」を求める多くの誠実な人たちの運命でした。このような誤った解釈は、ほとんどすべての聖典について見られるのですが、それが原因で、幾多の世代にわたって、精神性を求める人々が苦しみ続けてきたのです。

人生には、在家の道と出家の道という二つの道があることを忘れてはなりません。どちらの道を歩む人も、瞑想して安定した理知に達したからといって、自分の道を変えることはしません。在家の人は、現象世界のあらゆる多様性を伴う活動の場に慣れていますから、世の中で行動し続けます。また、出家した人は、世俗から離れた状態を続けます。安定した理知の状態は、どちらの道を歩む人にも成就をもたらします。執着も無執着も乗り越えて、自分の人生を永遠性のレベルに見いだします。社会的な義務や束縛の枠をはるかに越え、時間、空間、因果の限界にも束縛されないようになるのです。彼らの人生は宇宙意識の人生です。昼と夜との区別をも越えています。目覚めているときも、眠っているときも、神聖な知性と至福の二元性の中に確立されています。喜びや悲しみ、人間の大きな冒険心や野心に満ちたこの世界も、このような人たちにとっては、子供たちが遊び楽しむ人形やおもちゃの世界のようなものです。おもちゃは子供たちにとっては大いに興奮を呼び起こすものですが、大人はそれに左右されません。安定した理知の人は心の平静を保ち、「良いものを得ても」「悪いものを得ても」、大喜びしたりひるんだりしません。

「過度な愛着を抱かず」というのは、感情的に執着しすぎないということです。しかしこれは、安定した理知の人は冷酷で心の温かみがない、という意味ではありません。それどころか、こういう人のみが完全な心情をもつ人であるのです。そのような人は、愛と幸福の限りない海のようです。その愛や幸福は、あらゆる人々のために等しく流れ、満ちあふれます。ですから、そのような人は「何ものにも過度の愛着を抱か」ないのです。

前の詩節で述べた、安定した理知をもつ人の超然として揺るぎない特質は、この詩節で説かれている無執着の原理に基盤を置いているといえるでしょう。そうした無執着は、真我は活動から離れているという自覚が育ってくるにつれて自然に発達してきます。この自然な無執着の状態は、次の詩節で示されるように、五感がその対象から「退いて」いるときでさえも、安定した理知の状態における活動の基盤となります。

詩節58　そのような人が、亀が手足をあらゆる方向から引き入れるように、五感をその対象から退けるとき、その人の理知は安定している。

この詩節では、亀が手足を引っ込めると、外からはまったく手足が見えないという例を挙げることによって、安定した理知をもつ人の五感がどのような状態かを描いています。また、主はこの例によって、安定した理知をもつ人の外見的な様子や、はっきりとした特徴を正確に言い表すことは不可能である、ということをも示しています。しかし、少なくとも一つのことは明らかです。すなわち、そのような人の五感は内側に引き寄せられていて、外側には向けられていないということです。

この詩節で述べられている安定した理知の人は、超越意識の状態にある人だけを指しているように思われるかもしれません。なぜなら、五感が対象から完全に退いているのは、超越意識の状態においてだけであるからです。しかし、「五感をその対象から退ける」というのは、必ずしも、超越意識の状態におけるように、五感が外側の対象を経験しなくなる、ということだけを意味するのではありません。五感が外界の経験にかかわっていたとしても、心に将来の欲求の種となるような深い印象を運んでくるほどには夢中になっていない、ということも可能であるのです。この詩節はこのように理解することがとても大切です。そうでなければ、安定した理知の人は永遠に五感の活動の場から離れていなければならない、ということになってしまいますが、それは物理的に不可能な話です。実際のところ、安定した理知は、五感の活動とも無活動ともほとんど関係ありません。その基盤は、前の詩節で説明されたように、自然な無執着の状態にあります。したがって、この詩節では超越意識のことだけでなく、宇宙意識のことも述べられている、ということが明らかになります。宇宙意識においては、活動の最中でさえも、五感が無執着の状態を保つ、ということが可能であるのです。

主がここで強調しているのは、安定した理知の状態においては、五感は対象の魅力から解放されているので、まるでそこから退いているように見える、ということです。心が主として内側の「存在」と一体化しているときには、五感が対象と一体化することがなくなります。さらに次の詩節では、五感が至高者の限りない威容に接すると、対象への興味すらなくしてしまう、ということが示されます。これで、超越的「存在」が心を満たし五感のレベルで生きられるようになれば、理知が確立される、ということが明らかになります。

これは、単に五感がその楽しみに没頭しなくなるということとは、まったく別の状態です。そういったことは、安定した理知の絶対的な目安とはなりません。ある人が何かの事情で感覚の対象を楽しんでいないとしたら、その人は手足を引っ込めた亀のように見えることでしょう。しかし、内側では心が活発に働いていて、五感の喜びに関する想念に浸っているかもしれません。そのような心の状態は、明らかに確固とした状態ではありません。それは安定した理知ではないのです。

ここに明らかにされた原理は、五感が活動しているか否かには関係ありません。安定した理知の状態における、五感のレベルの、内面の無執着の状態、それが明らかにされているのです。

詩節59　五感の対象は、それを楽しまない人から離れるが、その味わいは残存する。
しかし、至高者を見れば、その味わいすらも消え失せる。

「その味わいは残存する」とは、五感のより精妙なレベルを通して、心が対象を経験し続けるという意味です。

主がこのように、五感による知覚の粗大な領域と精妙な領域とを区別しているのは、安定した理知の状態においては、五感の精妙な機能でさえも対象から離れている、ということを伝えたいからです。

この詩節は、五感を制御するという哲学すべてに対して異議を唱えるものです。五感を五感自体のレベルで抑制することはできない、ということがここに明確に示されています。

五感の領域では、五感が優位を占めています。五感は心を対象へと、世俗的な喜びへと引き寄せようとします。しかし、五感のどんな対象も、幸福を求めてやまない心の切望を満足させることはできません。そのために、心はいつも五感の領域をさまよっているのです。安定した理知の状態が得られ、心がさまようのをやめたとき、そのとき初めて五感を制御することが可能になります。

五感を制御しなければ「真理」を悟ることはできない、と考えるのは間違っています。実際のところ、正しいのはその逆です。すなわち、この詩節で説かれているように、悟りの光明を得て初めて、つまり、超越的な真我「存在」が五感のレベルで認識されるようになって初めて、五感が完全に制御されるようになるのです。

この詩節や他の詩節が誤って解釈されたために、「真理」を求める多くの誠実な人たちが、五感を制御しようと厳格で不自然な実践を行ってきました。そうした人たちは、自分自身のためにも他の人たちのためにも何の利益も得ることができず、その人生を無駄にしてしまいました。五感の完全な制御は、安定した理知の状態を通してのみ可能になります。なぜなら、この状態においては、人は活動から離れた真我の自覚に確立していますから、その行動もごく自然に五感の影響力に左右されなくなるのです。このような状態になければ、その人は五感の影響に圧倒されてしまうことでしょう。主がこの章の終わりで結論しているように、安定した理知の状態が、五感の領域の行動によって少しもかき乱されないようになったときに、つまり、安定した理知が五感の主人として振る舞うようになったとき、人間の進化における最高の状態が達成されるのです。

「至高者を見れば」とは、理知が三つのグナの領域を越えて超越的真実を認識すれば、つまり超越意識を獲得すれば、という意味です。この超越意識の状態が、五感が活発に働いているときにも維持されるようになると、今度は、「超越」が五感の知覚レベルでも自然に生きられるようになる、という状態が創り出されます。そして、「超越」が五感のレベルで認識されるようになったときに、人は、本当の意味において、安定した理知を得たといわれるようになります。

詩節60　荒れ狂う五感は、クンティーの子よ、（それを制御しようと）努力する賢明な人の心さえも、力ずくで運び去ってしまう。

主はここで、五感の本性をアルジュナに説明しています。五感は心が創造世界の多様性の栄光を楽しめるようにする道具ですから、心を楽しみの対象のほうに引き付ける義務があります。五感の主要な目的は、心にできる限りの幸福をもたらすことです。そして五感は、心が絶対の至福の中に永遠に満足するようになるまで、そのように働き続けます。

次に続く詩節では、永遠の至福の経験に至るために、五感をどのように活用するのが一番よいのか、ということが述べられます。

詩節61　それらすべてを制御し、統一に達して座し、私を至高者と見よ。なぜなら、五感を制した人の理知は安定しているから。

前の詩節では、五感の本性と、その心を圧倒する影響力とが説明されました。これから先のいくつかの詩節では、「超越」のレベルを維持しないで、五感を好きなようにさせておくと、どんな危険があるか、ということが示されます。主はこの詩節で、五感の制御は可能であり、「五感を制した人の理知は安定している」ということを示すことによって、希望を与えています。

主は、「それらすべてを制御し、統一に達して座し、私を至高者と見よ」と言っています。これで道が開けます。なぜなら、注意が「超越」へと導かれると、五感はその活動を停止して、自動的に制御されるからです。人生のこのような状態で、「統一に達して座し、私を至高者と見よ」と、主は言っているのです。

五感の「すべて」を支配下に置く方法は、どれか一つの五感を使って、それが超越への道すがら、ますます多くの幸福感を心に与えていくようにすることです。つまり、超越瞑想を始めるのです。この過程において、心はある一つの五感を使って経験の精妙なレベルを通過し、さらに最も精妙な経験をも超越するに至ります。そのときには、その使用した五感の領域だけでなく、すべての五感の領域をも超越することになります。心はこのようにして至福意識を獲得し、すべての五感を自動的に支配下に収めるのです。

「統一に達して座し、私を至高者と見よ」。統一に達して座す人とは、行動にかかわっているときでも、自己が真我、すなわち「存在」と統一されている人のことです。そのような人は、超越瞑想を繰り返し実践することによって「存在」を完全に実現しているので、どんな活動をしても「それ」が覆い隠されなくなっています。

つまり、活動と離れたものとして「存在」を実現しているのです。このような状態を獲得し、それを維持し、その状態において、実存の相対と絶対の両面をつかさどる全創造世界の主宰者である私に帰依しなさい、と主は説いています。

ここでの教えは、人は宇宙意識を獲得し、それによって心と五感が自然に調えられる状況を創り出し、世界の善を促すような願望を成就させるためにそれらの全潜在力を活用しなさい、そして「神」に帰依し、あらゆるものの偉大な主宰者である「神」への愛の中に、その心情が流れあふれるようにすべきである、ということです。宇宙意識の人が本当に帰依することができるのは「神」のみです。なぜなら、「神」は全知全能であり、宇宙意識の人よりもさらに高い位にあるからです。人は自分の完全潜在力に到達したという高度なレベルにおいて「神」に帰依すべきである、というのがここでの教えです。そしてこの教えの目的は、人が宇宙意識の大海の中で大きな至福の波を経験できるようにすること、すなわち、人間の実存に完全な成就をもたらす永遠の生命の喜びを経験できるようにすることです。

詩節62　五感の対象に思いを巡らせば、それらへの執着が増大する。執着から欲求が起こり、欲求から怒りが生じる。

この詩節では、「神聖なるもの」の方向ではなく、五感の対象に向かっている人の姿が描かれています。このような人は次第に迷いの泥沼の中に深く沈んでいき、やがては身を滅ぼしてしまいます。主はその様子を示しています。

想念は人間の中にある一つの強い力です。想念は欲求へと進展し、欲求はさらに行動へと姿を変えて、名誉や不名誉をもたらします。「怒り」が生じるのは、欲求が成就していく途上に障害があるためだと考えられがちですが、その本当の原因は、欲求を成就する強さや能力に欠けていることにあります。ですから、欲求は怒りの直接的な原因であると言われているのです（第三章詩節37注釈参照）。

詩節63　怒りから迷いが生じ、迷いから記憶の混乱が生じる。記憶の混乱から理知が崩壊し、理知の崩壊によって人は滅びる。

怒りは心を興奮させます。そのために心のバランスや弁別力が失われます。適切な見識、洞察力、正しい価値観などもなくなります。このような「迷い」の状態に陥ると、記憶がたどれなくなり、人生の調和的なリズムから切り離されてしまったように感じます。英知は衰え、理知も働きません。人生という船は、操縦者のいないままに放り出されます。そのような船が遭難してしまうのは当然です。

理知は人の心の最も精妙な面です。理知が損なわれないかぎり、人生の進歩と成就という大きな希望があります。主はそのような理由から、理知の崩壊は人を破滅させる結果となる、と言っているのです。

詩節64　しかし、自分自身を律した人、執着や嫌悪から五感を解放し、自らが制御できる五感をもって、五感の対象の中を動く人、そのような人は「恩寵《おんちょう》」を得る。

ここでの「恩寵」という言葉は、純粋意識の状態から生じる喜びや全体性のことを指しています。

この詩節は、前の二つの詩節と対照的です。これまでの詩節では、人が五感を制することなく、欲求の赴くままに身を任せるとどんな苦しみに遭うことになるか、ということが説明されました。この詩節では、自らを律した上で世俗の生活に生きる人がどのような果報を得るか、それがアルジュナに示されています。

主はここで、統合された人の状態について説明しています。そのような人は真我に立脚しています。そのために、五感やその対象の経験の領域で行動するときでさえも、その中で自らを失うようなことはありません。「存在」において自らの状態を維持し、まったく自然に心の平静を保ちます。そのような人の価値観はバランスのとれたものです。世の中で活動しながらも、その中に自分を見失うことはありません。執着や嫌悪を越え、自分自身の中に満足し、何ものにも束縛されていません。

次に続く詩節では、このような至福に満ちた自由の状態に達した結果が述べられます。

詩節65　「恩寵」の中で、すべての悲しみが終わる。
実に、高い意識に達した人の理知は、速やかに安定する。

純粋な至福意識を経験すると、あらゆる苦しみが消滅します。心情は幸福で満たされ、理性には完全な落ち着きがもたらされます。

ここでの原理は、苦しみからの解放、永続する平安、健康、成就などを得ようと望むのであれば、至福意識を得ることが必要である、ということです。

詩節66

確立した状態にない人には、理知もなく、安定した想念もない。安定した想念のない人には平安がない。平安のない人にどうして幸福があるだろうか。

ここには、安定した理知の栄光が明らかにされています。心が真我に確立されると、心は宇宙知性と調和するようになります。心はそのとき初めて、主クリシュナが「理知」と呼んでいるもの、つまり弁別する働きを得るに至ります。人が宇宙知性と調和していなければ、本当の意味での英知、安定性、平安や幸福はありません。またこの詩節は、世俗的な心が至福意識への途上で通過するさまざまな段階を示している、と解釈することもできます。世間にあって混乱している心は、安定した想念をもつために、まず安らかにならなければなりません。安定した想念が収束して、「理知」と呼ばれる一点集中の状態となり、さらにそれが「存在」に確立されるのです。

瞑想中、想念の精妙なレベルの経験に入っていくと、心は次第に落ち着き、安定してきます。そして、そのために、心は自分が増大する魅力の領域に入ってきていると感じます。この過程は、「超越」の絶対的な幸福に至って終了します。

心がより安定してくると、それはいっそう大きな幸福を経験するのに、より都合のよい状態になります。静かな水の表面には太陽がよりはっきりと映し出されるのと同じように、静かな心には、絶対「存在」の普遍の至福がいっそうはっきりと反映されます。瞑想中、心が思考のより精妙な領域に入っていくと、同時に、新陳代謝が低下していきます。それによって、増大しつづける安らぎの状態に神経系が確立されます。そして最後に、神経系全体が完全な安らぎの状態に至れば、神経系に「存在」が反映されるようになり、至福意識が生じます。

神経系が完全に安らかになっていなければ、超越意識の状態を得ることはできません。これが、「平安のない人に、どうして幸福があるだろうか」という言葉で明らかにされている真理です。至福はすでにそこにあります。必要なのは、さまよう心を落ち着かせることだけです。

ここで疑問が生じるかもしれません。もし、心がさまようのが幸福を求めてのことであるならば、「幸福がないのに、どうして平安があるだろうか」とは言えないでしょうか。それは言えません。「幸福がないのに」という表現は完全に間違っています。真理ではないので、主クリシュナもそのようには言いませんでした。なぜなら、至福はあらゆるところに存在する永遠のものであり、そして幸福とは、遍在する至福が心に映し出されて表れたものだからです。絶対の至福は常にそこにあるのですから、幸福の経験は心がどれだけ安定性を得ているか、ということにかかっています。もし、心がより静かに落ち着き、より安らかになれば、いっそう多くの幸福を経験するようになるでしょう。

瞑想中、心は想念の精妙な領域へと入っていき、次第に落ち着き、安らぎに満ちてきます（詩節70参照）。この理由のために、心はその方向に自動的に進んでいきます。この真理は、『ウパニシャッド』の「創造世界の異なる状態、進化の異なるレベルにおいて、幸福は異なっている」という言葉の中にも表現されています。瞑想中、意識のより高いレベルへと進化していくにつれて、心は幸福の度合が増大していくのを経験します。そしてついには、純粋な超越意識という、最も高度に進化した状態における絶対の至福に到達するのです。

詩節67　心が、さまよう五感に支配されるとき、その人の理知は五感によって奪い取られてしまう。あたかも、水面の舟が風に運ばれるがごとくに。

心が大きな幸福を求めるのは、その本性によります。例えば、心が五感の一つを通して何かの経験を楽しんでいるとしましょう。心はその五感が提供してくれるものを最大限に楽しもうとしますから、その楽しみの過程にすっかり没頭してしまいます。このように一つのことだけに夢中になってしまうと、心は弁別力を失ってしまいます。弁別することは理知の主要な働きです。五感は人から理知を奪い取ってしまう、という主の言葉は、このようなことを意味しているのです。

幸福を与えてくれそうなものであればどんなものでも、心は喜んで受け入れます。どの五感の対象であっても、それが幸福を与えてくれそうなものであれば、心はそれに占領されてしまいます。これは心にとって別に不名誉なことではありません。なぜなら、心の本性は楽しむことであるからです。

同じように、五感が心を対象の喜びに引き寄せたとしても、それは五感の不名誉ではありません。五感は心が楽しむことができるように作られた仕組みであり、忠実な召し使いのように、心に仕えようと待ちかまえているのです。

舟が風で運び去られるように、心は、五感によって創造世界の外側の粗大な方向へと、すなわち五感の対象の方向へと完全に運び去られて、集中力を失ってしまいます。なぜなら、拡散する光のように、理知という集中した状態とは反対の方向に進んでいくからです。

次の詩節では、安全のために五感を制御せよという助言が与えられます。

詩節68　**したがって、武勇に優れた者よ。**
五感のすべてを、その対象より退かせた人は、その理知が安定している。

この詩節は、ほとんど詩節58の繰り返しですが、これまでの六つの詩節の結論になっています。これは人生の成就のための哲学全体の神髄であり、通常の感覚的な人生の粗大な領域から、もっと至福に満ちた経験の領域へと、心を導くものです。

「したがって」という言葉は、詩節66の言葉、「平安のない人にどうして幸福があるだろうか」を受けています。幸福を求めるのであれば、まず平安を創り出さなければならない、神経系を安らいでいてしかも機敏な状態にしなければならない、という意味です。そのようにするためには、五感の活動を停止させなくてはなりません。ですから、主は「五感のすべてを、その対象より退かせた人」と言っているのです。

この詩節では、理知が安定したものになるとき、すなわち、理知が真我に確立されたとき、五感はその対象との関係を失う、ということが明らかにされています。

五感はさまざまなレベルで機能しています。粗大なレベルでは、心に対象の外面を楽しませます。精妙なレベルで機能するときには、対象のより精妙な面を経験させてくれます。対象の精妙な状態の経験から生じる喜びは、粗大な状態からの喜びよりも大きなものです。

瞑想中、想念の精妙な面を経験し始めるとき、心は次第に増大してくる魅力を経験し、そのために、想念の最も精妙な面の経験へと自然に引き寄せられていきます。想念のこの最も精妙な状態の経験は、創造世界の最も精妙なレベルにおける経験であり、この経験は心に相対世界における最大の喜びを与えてくれます。しかし、この喜びでさえも、永遠で絶対的な性質のものではありません。

主はアルジュナに、心を相対世界の最大の喜びを越えた状態にまでもっていくように指示しています。そうすれば、人生の移ろいやすい相対的な喜びへの依存から解放され、絶対の至福に自らを確立することができるからです。この永遠の至福に達するために、主はアルジュナに、粗大な領域からも精妙な領域からも、五感による知覚のすべての領域から完全に離れるように求めています。こうして、アルジュナは安定した理知を、「超越界」に安定した理知を得ることになるのです。この原理を日常生活で生きることは簡単です。なぜなら、それに必要なのは、心を五感の領域からごく自然に外に連れ出し、安定した理知の状態へと至らせる方法を知ることだけだからです（第二章詩節45注釈参照）。

このようにこの詩節では、すでに心の見地から説明された原理が、五感による相対的な知覚、という見地から説明されています。

次の詩節では、悟りを得た人の人生と無知な人の人生の違いが述べられます。

詩節69　**万物にとっての夜においても、自己を制する者は目覚めている。**
万物が目覚めているときであっても、見ている賢者にとっては、それは夜に等しい。

「賢者」（ムニ）は、必ずしも出家者である必要はありません。「賢者」とは、落ち着いていて何でも見通す分別と英知をもった人ということです。

「見ている」とは、真理を見ているという意味です。

ここで主はアルジュナに、無知な人の状態と悟りを得た人の状態の違いを示しています。無知な人は暗闇の中に、悟りを得た人は光の中にいます。前者の夜は後者の昼であり、後者の夜は前者の昼です。というのは、悟りを得た人は真我の光の中に目覚めており、無知な人は五感の光の中で目覚めているからです。悟りを得た人は絶対的な至福の光の中に目覚めていますが、無知の人ははかない相対的な喜びの光の中で目覚めているのです。

主が述べているのは、安定した理知の人が生きている光は無知の人には知覚されず、また、無知な人が生きている光は悟りを得た人にとっては暗闇に等しい、ということです。

詩節70　川が永遠に満ちた不動の海に流れ込むように、すべての欲求がその中に流れ込む人、そのような人は平安へと至る。しかし、欲求に固執する人は平安を得られない。

人が意識におけるこの永遠の状態に達したとき、すなわち、真我が、目覚め、夢、深い眠りといった人生の相対状態から離れ、それらに覆い隠されることがないという状態にまで達すれば、その人は永遠に満ちている不動の海のようになります。この状態は絶対的な至福の状態であり、人生におけるあらゆる欲求のゴールです。

欲求は、何かが足りないことから、幸福が欠けていることから生じてきます。それは、心がより大きな幸福の場をいつも探し求めているからです。ですから、ちょうど川が海に向かって流れているように、欲求は常に永遠の至福意識を目指して流れているのです。

人が至福意識に達し、それを永遠に失うことがなくなれば、欲求はその目的が満たされたことになりますから、何かをひどく求めるということがなくなります。これが真の満足の状態、永遠の平安の状態です。

永遠の平安は、世間の物事にまだ執着している不完全な人には決して得られない、と主は述べています。しかし、これは、人生の平安に到達するためには、欲求や願望を捨てなければならない、という意味ではありません。人をより大きな幸福や成就へと導いてくれるのは、欲求にほかなりません。長い間、多くの人が説いてきたように、欲求を制御したり押し殺したりすることによって導かれるのではないのです。

この詩節もまた間違って解釈されてきました。そのために、特にインドの若者たちの間に、鈍さや能率の悪さが増大してしまいました。運命論が必要以上に強調されたために、人々の肉体的な健康が損なわれ、社会の物質的な進歩が阻害されてきました。人々は欲求や願望を抱くと平安が得られなくなると考えて、積極的な活動を控えるようになり、進歩の扉を開くのをやめてしまいました。これはただ単に、主の教えを誤って理解しているだけです。

この詩節では、悟りを得た人の真我を自覚した意識は大海のようである、ということがとてもはっきりとアルジュナに示されています。真我を自覚した意識は、どんな欲求の流れをも受け入れ、それを満足させますが、それによって影響されることはありません。

海は川の流れをそのままに受け入れます。どんな川が流れ込んでくるのも拒みません。しかし、それにもかかわらず、海の地位が揺らぐことはありません。安定した理知の状態もそのようなものです。何ものにも決して左右されません。それが永遠の平安の状態です。

次の詩節では、そのような恒久的な平安の状態を、活動のただ中においても維持する方法が説かれます。

詩節71　一切の欲求を捨て、「私が」という思いや「私のもの」という思いなしに、渇望することなく行動するとき、その人は平安へと至る。

「一切の欲求を捨て」とは、心がどんな欲求も抱かなくなる、という意味ではありません。なぜなら、それは命あるものにとっては不可能なことだからです。これは、すでに詩節55の注釈でも明らかにしたように、活動から離れた真我を実現しているということを意味しています。この状態にある人は、『私が』という思いや『私のもの』という思いなしに」行動しますから、当然のことながら、その人の安定した理知の状態が、活動によってかき乱されることはまったくありません。そのような人は人生の永遠の自由を獲得しているのであり、その「存在」の地位はどんな活動によっても揺らぐことはありません。この点は次の詩節でさらに説明されます。

「一切の欲求を捨て」とは、超越的で神聖な意識を永遠に得て、という意味です。これは瞑想によって達せられます。

瞑想後、心が超越的で神聖な本質に満たされて出てきたあと、人は再び世の中で活動します。このときの行動は、以前にその人を拘束していた小さなつまらない個別性や、視野の狭い利己的な執着といったものから、極めて自然に解放されています。すべてが宇宙的次元の計画（追録「宇宙法、創造世界の基本法則」参照）に従って進行するようになります。個人の自我はなおも機能し続けますが、その行動は、宇宙的実存を生きている人を通して働く、神聖な知性の行動となります。

そのような人の人生は、この世界において宇宙知性が極めて自然に表れたものといえます。それは、この地上に永遠の自由の状態を表します。いかなるものも、この状態を覆い隠したり、かき乱したりすることはできません。なぜなら、それは、人生の両極――絶対の超越的で神聖な本質と、相対的実存における人間的な本質――の間にあるすべてを含んでいる状態であるからです。

詩節72

パールタよ、これがブラフマンの状態である。これに至った人は迷うことがない。
そこに立脚するならば、たとえ臨終の時であろうと、
人は、神聖な意識における永遠の自由を獲得する。

主クリシュナが説いているように、前の詩節で述べられた人生の状態は宇宙意識の状態です。この状態に達するためには、活動のさなかでも真我意識が定着しているようにしなければなりません。そのためには、意識の座である神経系を養い、それが、目覚め、夢、眠りの意識状態とともに、本質的に超越的な真我意識をも維持できるようにする必要があります。神経系を純粋にしていく過程はデリケートなものです。それには、個人の人生のさまざまな要因に応じて、それなりの時間がかかります。

超越瞑想中、心が超越するとき、新陳代謝は最低限にまで下がります。呼吸の過程も最小となり、神経系は安らぎに満ちた機敏さの状態を得るに至ります。この状態は、身体レベルにおける、至福意識の状態すなわち超越的な「存在」に対応するものです。目覚めの状態にある意識とともに超越的な至福意識が維持されるためには、至福意識に対応するこの安らぎに満ちた機敏さの状態を、神経系が失わないことが必要です。それと同時に、神経系は、目覚めの状態で生じる活動に見合うだけの新陳代謝率をも維持しなければなりません。

このような状態が生じるためには、心を超越意識へと導くような瞑想を、規則的に継続して実践することが必要です。また、瞑想の後には活動が必要です。なぜなら、超越「存在」は、瞑想後の活動によって心の中に浸透し、さらには、相対世界におけるその人の人生すべての面に浸透していくからです。瞑想の規則的な実践によって、このように「存在」が浸透し続け、それが完全に行き渡ったとき、宇宙意識が達成されます。

ひとたびこの状態が達成されたならば、そこから転落することはありえません。目覚め、夢、深い眠りといったすべての相対的な状態の領域において、超越意識が損なわれることなく保たれるようになります。このように、永遠の生命の状態である「ブラフマンの状態」においては、相対的実存での活動も静寂も、絶対「存在」に属するようになります。

このような状態に至った人の人生は、実に聖なる生命の表れとなります。聖なる生命が個人の人生の中に、絶対「存在」が人間のレベルに、永遠の自由が時間や空間や因果といった個別性の限界の中に、見いだされるようになるのです。ある人が行動の場において示す振る舞いを見て、その人が宇宙意識であるかどうかを判断しようとするのは間違っています。なぜなら、この状態は、大きな活動も小さな活動も、どんな活動をも受け入れ、しかも同時に、完全な静寂を保っているというものであるからです。この状態は、原則として、その人の行いによっては判断できません。このようなブラフマンの状態に達した人の外見的な特徴は何もないのです。

放棄の人生を受け入れてきた「真理」の求道者たちは、宇宙意識に到達した後も、やはり自然に人生のすべての活動から遠ざかっていることでしょう。それは、長い年月のうちに活動に没頭しないという習慣ができあがっているからです。同じように、人生の多くの面に活発にかかわってきた世俗の人が、ヨーガによって宇宙意識の状態に至ったならば、やはり主として習慣の力により、活動を続けていくことでしょう。しかし、活動にかかわっていようと、静かな人生を生きていようと、この宇宙的な状態に進化した人が永遠に満たされていることには変わりありません。

目覚めや夢の状態において心が活動しているときでも、また深い眠りの中で心が休止しているときでも、この状態は常に同じです。それは、この地上に生きている間に得られる永遠の自由の状態です。「たとえ臨終のときであろうと」という主の言葉は、人生の目的の成就がこの章の教えを通して達成される、ということを保証するものです。これでアルジュナは、「聖なる意識における永遠の自由」へと高まっていくのに必要なことを、すべて与えられたことになります。

ここに、栄えあるバガヴァッド・ギーターのウパニシャッド、絶対に関する科学、ヨーガの聖典、主クリシュナとアルジュナの対話は、「知識のヨーガ、サーンキヤ・ヨーガ」と題する第二章を終える。

第三章　行動のヨーガ　カルマ・ヨーガ

第三章における教えの展望

詩節1〜4……人生におけるすべての成功と救済の基盤となるのは、心の平静です。これは二つの方法、すなわち知識の道と行動の道によって得られ、永遠のものとされます。

詩節5〜16……どちらの道も、心を養い、五感の機能を正しく方向づけます。超越意識を得てそれから活動にかかわるという実践によって「存在」が心の本性に浸透していきます。それによって心の平静が維持できるようになり、五感は自然で進化に有益な行動を、自発的に行うようになります。

詩節17〜20……実践を通して、超越意識が常に永続するようになったとき、あらゆる行動の目的が達成されます。この成就の状態では、正しい行動が行われるに違いありません。なぜなら、この成就の状態は人生を完成の域に高め、世界に善を広げるものだからです。

詩節21……人は自分の行動に注意を払うべきです。なぜなら、他の人たちがそのまねをするからです。

詩節22〜26……創造主は、絶え間ない活動にかかわっていながらも自らはそれに巻き込まれない状態にとどまっています。「神」の光明の中に生きる人も行動にかかわるべきです。そして自分自身はそれに巻き込まれない状態を保ち、他の人々が自分本来の義務を遂行するよう励ますべきです。

詩節27〜29……すべての行動は「自然」の力によってなされます。しかし人は無知のために、行動をなすのは自分であると考え、行動に束縛されるようになります。悟りを得た人は真理を知っていますから行動にかかわっている最中にも自由を楽しむことができます。

詩節30〜35……悟りを得た人は、無知な人たちの意識を高めるよう手を差し伸べるべきです。意識を高める方法は、すべての行動を「神」にゆだねることにあります。制御することによっては何も達成されません。なぜなら、すべては自然に従ってなされるからです。正しい行動であるかどうかの基準は、好き嫌いにあるのではなく、それが本来の義務であるかどうかにあります。

詩節36〜43……欲求や怒りから生じる興奮は、平静を得る実践とは相反するものです。欲求や怒りは、五感と心と理知のレベルにあります。意識を高めることで、これらを越え超越意識に立脚するようになれば、自由の状態の中でおのずと正しい行動がとれるようになります。超越意識が発達して目覚めの意識状態と共存するようになると、問題のまったくない内面と問題に満ちた外側の世界とが、共存するようになります。人は束縛の領域にあって活動しながらも、自由の中に生きるようになります。これが行動の道の栄光です。

第二章では、完全な人生に関する英知、絶対と相対に関する英知であるブラフマ・ヴィディヤーが、理論と実践の両面から明らかにされました。理論面はサーンキヤの英知と呼ばれ、人生の絶対領域と相対領域は互いに別々のものである、という理解をもたらします。実践面はヨーガと呼ばれ、人生のこの二つの領域の直接経験をもたらします。

第三章では、ヨーガの実践によって得られるこのような経験の性質と、その実生活への応用が説き明かされます。その目的は、絶対的な至福意識の状態を永続的なものにし、心が相対領域での活動にかかわっているときにも、それが失われないようにすることです。このようにして初めて、人生の完全な経験が得られるようになります。なぜなら、人生は相対的であると同時に、絶対的でもあるからです。

この第三章は、第二章を実際に応用したものです。実生活における「確立された理知」の役割が詳細に説かれています。世の中で忙しく働いている人々の進化を促し、永遠の自由に達するための直接的な方法を提供します。その教えは、その人の職業が何であれ、どんな人にも適用することができます。

この章では、第二章詩節48の最初の三つの言葉の中に、種子として含まれていた思想が展開されていきます。それは、「ヨーガスタ　クル　カルマーニ」、「ヨーガに立脚して行動せよ」、というものです。カルマ・ヨーガすなわち行動のヨーガにおけるこのような教えが、この章の主題であるのです。

カルマは多様性の場にあり、ヨーガは統一です。したがって、カルマ・ヨーガを理解するためには、多様性の場だけでなく、人生の統一にも精通する必要があります。この二つの場の両方に通じることによって初めて、それらの間のつながりを理解することができるのです。この章の教えは、それができるように設計されています。

しかし、カルマ・ヨーガを学ぶ人が忘れてはならない重要なことが一つあります。それは、たとえこの章の教えを知的に理解したとしても、統一の本質を自分で実際に経験することがなければ、カルマ・ヨーガの成果は決して得ることができない、ということです。それを得るためには、第二章詩節45に明らかにされている、超越的で神聖な意識に直接接触する方法を実践することが不可欠です。そのような個人的な経験という基盤があって初めて、カルマ・ヨーガによって人生の成就を得ることが可能になります。この章に示されている英知を実際に役立てるためには、超越瞑想の実践が欠かせないのです。

詩節1　アルジュナは言った。
もし、知識は行動に勝ると考えるなら、ジャナールダナよ、
どうして私をこのような恐ろしい行為に駆り立てるのか。ケーシャヴァよ。

この章はアルジュナの質問から始まります。アルジュナが混乱しており、第二章の主の教えの意味を理解していないことをこの質問は表している、と多くの注釈書は解釈していますが、それは正しくありません。そのような解釈は、注釈者たち自身が、主の話の展開についていけなかったことを示しています。アルジュナの質問は、主の教えをさらに発展させるのに役立つ適切なものなのですが、注釈者たちは明らかにそのことを理解していません。アルジュナの質問は、主の教えと教えの間にあって、それらをつなぎ、より高い教えへと展開させていくという、すばらしい役割を果たしているのです。

前後の文脈を綿密に検討してみると、アルジュナの質問が極めて自然な形で出てきていることがわかります。これには、主の教えの巧妙さとアルジュナの理解の速さだけでなく、考察されている主題の性質も関係しています。人生に関する教えでは、多くの問題が扱われ、それらの中には互いに対立するような問題さえあります。なぜなら、実存の相対面と絶対面を含む、限りない諸領域が扱われるからです。相対領域と絶対領域は互いに遠く隔たっているので、その本質からして、両者の間には何の関連もありません。しかし、心は両者の間におけるつなぎとしての役割を果たすことができます。なぜなら、心は活動の場と絶対「存在」の場に同時にとどまることができるからです。さらに心は、活動を手段として用いることで活動を終わらせ、超越意識の状態を可能にすることもできます。このように、カルマはヨーガに達する手段となるのです。

人生に関する教えの中には、このように一見自己矛盾するかのように見える面もあり、アルジュナの質問はそのような点に向けられています。ですから、アルジュナの質問は適切なのであり、これまでの教えを正しく理解しているからこそ、このような質問が生じてきたのです。生徒の質問が適切であれば、その教えが成功したことがわかります。教師は生徒が質問する機会をわざわざ作ることさえします。そうすることによって、生徒の興味を維持し、生徒が教えに正しくついてきているかを確かめることができます。このように質疑応答を繰り返しながら教えが進展していくとき、完全な英知が生徒に明かされることになるのです。

「もし、知識は行動に」。アルジュナが「知識」をどのように理解しているかということを詳しく知るためには、第二章で説かれた教えをもう一度分析する必要があります。

人生には相対と絶対という二つの面があります（第二章詩節11〜38参照）。相対面は滅びゆくものであり、絶対面は不滅です。人生を意味あるものとするためには、滅びゆく相対面を不滅の絶対面に調和させることが第一に必要です。これは、人間がそのダルマに沿った行動をすることで達成されます（第二章詩節31参照）。ダルマは、当人のみならず他人の進化をもいっそう促すように、実存を維持します。人生のすべての流れが、ダルマの上昇していく流れに沿って自然に流れていくようにするためには、確固とした理知を養うことが必要です（第二章詩節41参照）。そうすれば、人間の滅と不滅の二面、すなわち肉体と真我がごく自然にそれぞれのダルマを維持し、互いに完全に調和するようになるはずです。真我は絶対「存在」における永遠に自由な状態を維持し、心は進化の過程と自然に調和した活動を楽しむようになるでしょう。

確固とした理知を養うためには、「三つのグナから離れ」なくてはなりません（第二章詩節45参照）。活動の領域から完全に離れている「存在」の超越状態に立脚することが必要です。「三つのグナから離れ」た状態を得るための継続的な実践を通して、心が「存在」に確立されると、真我すなわち「存在」が活動から離れたものであると気づくようになります。人はこの状態において、世俗での活動を行いながら、しかも、神聖な意識における永遠の満足と自由に立脚している、というようになります。

したがって、知識は人生の滅と不滅の二面を知的に理解することから始まるのですが、その知識は、超越瞑想の実践により、活動から離れた真我を直接的に自覚するようになって初めて、生きた真実となるのです。このような自覚こそが知識の状態であり、確立された理知であるのです（第二章詩節55～58、61参照）。

アルジュナは、主が知識について説いたことはすべて正しく理解していますが、自分の理解が本当に正しいかどうかを確かめたいのです。「もし」という言葉にそのことが表れています。

「知識は行動に勝る」。アルジュナが質問しているのは、知識の状態における行動の原理（第二章詩節48参照）を理解できなかったからではありません。「一切の欲求を捨て、『私が』という思いや『私のもの』という思いなしに、渇望なく行動するとき、その人は平安へと至る」（第二章詩節71参照）ということを完璧に理解していたからこそ、このような質問を発したのです。戦えば罪を犯さないですむということは十分に理解しています（第二章詩節38参照)。しかし、アルジュナの偉大な心情にとって、ただ罪を逃れるためというだけでは、行動に踏み切る十分な理由にはなりません。アルジュナは、戦うという行為をその表面的な価値で判断し、親しい人たちを殺すことは「恐ろしい行為」であると思っています。アルジュナは一つの質問を発します。知識の力によるならば、結局この戦いという「恐ろしい行為」を回避できるのだろうか。確立された理知というこの高い状態に達したならば、行動するもしないも、その人の自由になるのだろうか。これはアルジュナの高い意識状態からの質問です。ここでアルジュナは、知識によって得られる自由についての主の教えを、暗黙のうちに引き合いに出し、自分が行いたいと思う行為を自由に選ぶことができるのかどうか、と聞いています。アルジュナは主の教えを深く探り、この点がまだ明らかにされていないことに気づいたのです。

さらに、この質問によって、アルジュナが行動と知識の関係だけでなく、行動とダルマとの関係についても理解している、ということがわかります。アルジュナは、ダルマについての主の教え(第二章詩節31~37参照)を理解しています。アルジュナは、自分自身のダルマが行動の正当性を判断する際の最良の基準である、ということを理解しています。また、クシャトリヤにとって、このような戦いはダルマにかなったことである、ということも理解しています。

しかし、主が知識のほうを強調したために、知識とダルマとの関係について質問する機会がアルジュナに与えられました。これはまだ明らかにされていない問題であり、これをはっきりさせなければ、行動に関する教えは不完全なままにとどまってしまいます。知識は特定の「行為」をしないですますことができるほど、ダルマに優先するのだろうか。人は知識によって、自分の行動を思いどおりに選択できるようになるほどの自由を、得ることができるのだろうか。そういったことをアルジュナは知りたいと思っています。もし知識がダルマに優先するならば、「このような恐ろしい行為」を差し控えることを選択したい、とほのめかしているのです。

アルジュナが発したこの質問には、主の教えの主題をさらに展開していく上で、深い意味と大きな価値が含まれています。アルジュナのこの質問があったからこそ、主の口から行動についての完全な教えが流れだしたのです。

アルジュナはとても深い理解に基づいて話し、また質問を発しているのですが、たいていの注釈者たちはそれを見逃しています。なぜなら、彼らは第一章の冒頭からすでに、アルジュナの立場を誤解しているからです。アルジュナはその高い意識レベルから、主の教えの最も微妙な点までも見極めることができ、また、実際生活に照らし合わせてそれらの点を検討することもできるのです。アルジュナの鋭敏な理性は、これまでの教えの中に多くの矛盾する言葉があることに気づきました。次の詩節の中でそれらについて言及しています。

これで、アルジュナの質問がいかに適切なものであり、また、それが、この章の主要なテーマである行動についての英知を、知識という観点から解明していくのにいかに役立っているか、ということがわかったと思います。

詩節2　**あなたはこれらの一見矛盾する言葉で、まるで私の知性を惑わしているかのようだ。**
それゆえ、ぜひとも私に教えて欲しい。それによって最高善に達することができる一つの道を。

この詩節の調子から、アルジュナが主と親しい関係にあり、しかもその教えをよく理解しているということが明らかです。さらにまた、鋭敏な理性が教えをさまざまな面から検討している、ということもわかります。

「一見矛盾する」について。第二章詩節38で、主はアルジュナに「戦いに臨め」と命じました。ところが詩節45では、「三つのグナを離れよ」と言っています。これは、活動の場より離れよという意味ですが、詩節47では再び、「あなたは行動をのみ制御」し、「無活動にとらわれ」てはならないと教えています。次に詩節48では、「ヨーガに立脚して行動せよ、富の征服者よ」という言葉で、行動と確立された理知との統合を表しています。ところが詩節49では、「偉大さを欠いた行動は、実に、安定した理知からは程遠い」と述べ、この統合の原理そのものを打ち壊しています。

「これらの一見矛盾する言葉」は、まだ表現されていない何らかの隠れた原理があることを示唆しているのでしょうか。あるいは、これらの言葉はどこか見えないところでつながっているのでしょうか。アルジュナはそういったことを確かめたいと思っています。

第二章詩節7で、アルジュナは主に帰依して、「いったい何が私にとって善なのか、はっきりと教えてくれ」と言いました。今、二つの舟が与えられましたが、それらは互いに反対方向に進むように思われます。アルジュナはこちらの舟とあちらの舟の両方に、同時に乗るよう求められています。そこで、困ってしまい、質問します。「どちらの舟に乗ったらよいか教えてくれ。二つの舟に片足ずつ乗せて進もうとしたら、きっと水の中に落ちてしまうではないか」。これはもっともな質問です。

「一見矛盾する」という言葉は、アルジュナの慎み深さを表しています。矛盾する言葉を与えているという事実に気づいてほしい、とアルジュナは思っているのですが、「一見」という言葉を加えることによってその表現を和らげているのです。また、主が自分の理知を惑わしている、ということを伝えようとするときにも、「まるで」という言葉を加えることによって、慎み深さを表しています。

アルジュナを身動きできない状態から救い出すためには、何らかの知的な揺さぶり、理知を激しく揺さぶる何らかの手立てが必要でした。この目的のために主クリシュナは、「真理」に関して一見矛盾する言葉をアルジュナに浴びせかけたのです。主はそうすることによって、実際的な考え方ができるレベルにまで、アルジュナの心を上手に導いてきました。アルジュナは、「まるで私の知性を惑わしているかのようだ」と言えるほどに実際的になりました。これから、主は教えの第二段階を始めます。これは、実際的な人生に関する英知の最も輝かしい面です。

詩節3　聖なる主は言った。
前に私が解き明かしたように、罪なき者よ、この世の中には二つの道がある。
すなわち、思索する者のための知識のヨーガと、活動する者のための行動のヨーガがある。

この詩節の「ヨーガ」という言葉は、ギヤーナ・ヨーガつまり知識のヨーガと、カルマ・ヨーガつまり行動のヨーガの両方に共通しています。超越意識の状態は、ヨーガすなわち合一の状態です。そこでは、心は神聖なる本質と完全に統一されていて、「それ」そのものになっています。この合一が目覚め、夢、眠りの状態における心の様相にかかわりなく自然に維持されるとき、その意識状態は宇宙意識と呼ばれます。

超越意識の状態すなわちヨーガが、思考と弁別の過程によって補われて宇宙意識へと発達していくとき、この道は知識のヨーガ、ギヤーナ・ヨーガと呼ばれます。一方、超越意識の状態が五感のレベルにある行動によって補われて宇宙意識へと発達していくとき、この道はカルマ・ヨーガ、行動のヨーガと呼ばれます。この二つのタイプのヨーガは、思索型であっても活動型であっても、すべての人の必要を満たします。

瞑想中の「超越」の経験は、真実の一面だけ、すなわち形に現れていない絶対の面だけに気づくことです。完全な「真理」を悟るためには、「超越」の経験が、実存の相対面である形に現れた世界の経験とともにあるようにならなければなりません。

超越的な至福意識が常に生きられるようになるためには、心が瞑想から出てきて活動にかかわるときにもこの至福意識を失わない、ということが必要です。それが可能になるためには、心が「存在」の状態と極めて親密になって、思考、弁別、決定など心のあらゆる活動を通して、また感覚レベルでのあらゆる活動を通して、いつでも常に「存在」が心に根づいているようにならなければなりません。そのためには、瞑想によって超越意識を得るという過程と、活動に従事するという過程を交互に行い、超越意識と目覚めの意識状態が互いに近づきついには一つになって、宇宙意識が生じるようにする必要があります。宇宙意識とは、人が目覚めや夢における全ての活動を通して、また深い眠りの状態の静寂を通して、至福意識、「存在」の内なる自覚を常に生きているという状態のことです。

人間には思索型の人と活動型の人の二通りがありますが、人生にも、思索型の人のための出家生活と活動型の人のための在家生活という、二通りの道があります。思索型の人は瞑想後、思索という心の活動に従事し、それによって、意識の超越状態と目覚め状態との統合を達成します。一方、活動型の人は瞑想後、活動の領域にかかわり、それによって、同じゴールに到達します。

ですから、出家者のギヤーナ・ヨーガと在家者のカルマ・ヨーガは、活動の質にその違いがあるだけです。一方の人は、思索という心の活動に専念し、世俗の世界および「神聖なるもの」の本質について、考えたり弁別したり結論を下したりします。もう一方の人は、こういった思索の過程を成就への手段とするのではなく、活動に専念します。このように、どちらのタイプの人も、超越意識を得た後、活動に従事するのです。

主はアルジュナに、悟りに至るこの二つの道は太古の昔から世代から世代へと受け継がれてきた、と言っています。二つの異なる人生の道を歩む二つの異なるタイプの人々のために、二つの異なる道があるのです。

不幸なことに、この悟りの原理、進化の大道についての理解に混乱が生じました。もし、在家者が知識のヨーガの考え方を受け入れるならば、思索の世界に没入して、実際的でなくなってしまうでしょう。同様に、出家者が行動のヨーガの考え方を受け入れるならば、その偏りのない弁別の機会や思索の継続的な流れを失うことになるでしょう。活動の領域の中に、世俗の喧騒の中に、放り出されてしまうことになります。

宇宙意識開発のためのこの二つの道は、どちらも同等に有効なものです。カルマ・ヨーガとギャーナ・ヨーガのそれぞれが、成就に至る直接的な道を提供してくれます。しかし、選択された道は、その人の生活様式や自然な傾向に適合しているべきです。在家者は、サーンキヤによって、つまりギャーナ・ヨーガによって悟りを求めるべきではありません。在家者は、カルマ・ヨーガの道を採用するべきです。そうすれば、世俗における人生の望みを成就して、自然で調和的な方法で宇宙意識を獲得できるでしょう。同様に、出家者サンニヤーシーは、カルマ・ヨーガの道を採用しようとするべきではありません。出家者は、サーンキヤの教え、ギャーナ・ヨーガに従うべきです。そうすれば、隠遁生活における願望を成就して、自然かつ調和的に宇宙意識に達することができるでしょう。

精神的な進歩に関心を持つ人々は、何世紀もの間、出家者の生活様式のみにふさわしい考え方を採用してきました。そのような考え方は、俗世間から離れて暮らすごく少数の人たちにとっては完全に有効であるのですが、在家者の生活をしている大多数の人々にとっては何の役にも立ちません。カルマ・ヨーガの道は、知識の道と違って、思索や知的な理解によって進んでいくものではありません。それは、超越瞑想によって支えられた無心な活動の道です。神聖な真我や「神」について思索することは、カルマ・ヨーガの道には関係のないことです。活動に従事しているときにも「神」のことを思い続けようとしたら、その人は超越的な「神聖なるもの」のレベルにおける神意識に心を導くことができないばかりか、活動の領域においても十分な成果を収められないでしょう。なぜなら、心が分散して一事に専念していないときには、行動が弱くなってしまうからです。これはどちらの方向にも損失となります。そのような人は、「神」の人になることも、世俗の人として成功することも、どちらもうまくいかないでしょう。

「神聖なるもの」の領域と世俗の両方において成功を収めたいと願う人々のための道は、カルマ・ヨーガの道です。これは、朝夕数分間の瞑想をして、一日の残りの時間は普通の活動に従事する、というものです。しかし、その瞑想は心を超越意識へと直接導くようなものでなければなりませんし、日中の活動も気楽に無理なくできるようなものでなければなりません。

瞑想の実践は、出家者にとっても在家者にとっても、欠かすことのできないものであるということは、心にとどめておく必要があります。また、出家者であれ在家者であれ、悟りに達するためには、瞑想の後、活動に従事しなければならないということも大切なことです。出家者の場合には理知の活動、在家者の場合には五感の活動に従事するのですが、その違いは重要ではありません。

出家者には一定の思考の規範が与えられていて、そのおかげで脱俗の道から外れることなく進んでいくことができます。同様に、在家者にも行動の規範があって、それによって行動の道から外れずに進んでいくことができます。瞑想後のこのような活動は、意識の目覚めの状態と超越の状態との統合をもたらす上で重要ですが、意識の二つの状態の統合をもたらすには、出家者の思索の内容や在家者の活動の内容が実際どんなものであってもかまいません。統合をもたらすのに役立つのは、体や心の活動そのものであるのです。確かに、思索や活動の内容も人生の二つの道においてそれなりの価値はあるのですが、それは「存在」の領域に直接触れるものではありません。

どちらの道もその目的は、人をより高い意識レベルに確立させ、その人が至福意識の永遠の自由に立脚し、意義ある人生を楽しむことができるようにすることにあります。そのような人は、より力強くなり、自分の人生の道においてより大きな成功を収めるようになるでしょう。在家者の活動も出家者の隠遁も十分な保護を受けて、成就へと導かれていきます。

詩節4　人は、活動を控えることによって無活動に達するのではない。
また、単なる放棄によって完成に至るのでもない。

「無活動」は、サンスクリット語の原語「ナイシュカルミヤム」に最も近い訳語です。これは、何ものにも執着しないという行為者の特質を表しています。行為者はこの特質によって、行動の最中にも行動に束縛されることなく自由を楽しむことができるのです。この言葉はまた、行為者の自然で永遠の状態をも表現しています。行為者は、目覚めや夢における活動に従事していても、あるいは、深い眠りの無活動にあろうとも、内面の自覚を保っています。これは、真我意識が、目覚め、夢、眠りという意識の三つの相対的な状態のどれによっても覆い隠されない、という人生の一つの状態です。この「ナイシュカルミヤム」の状態では、行為者は意識の第四状態、「トゥリーヤ」に至っています。これは、その本質において真我意識であり、至福意識の純粋で絶対的な状態であり、サット・チット・アーナンダであるのですが、それだけでなく、意識の三つの相対的な状態をも含んでいます。

主は、第二章詩節48で「無活動」を執着の放棄という観点から説き始めました。第三章のこの詩節では、執着ということにまったく言及せずに説明しています。詩節30では、主は主自身との関連において、すなわち、あらゆる活動を「神」にゆだねるという観点から、無活動を説いています。しかし、どの場合にも、「存在」を直接経験することが無活動の基盤となっています。

「人は、活動を控えれば、単に怠惰な状態や不活発な眠りに陥ってしまうだけでしょう。これは無活動の状態とはかけ離れたものです。無活動の状態においては、表面で活動が維持されているときでさえも、心はその内側深くで絶対「存在」との調和を保っています。つまり、無活動の状態においては、「存在」と活動という二つの領域が互いに別々のものとして認識されるのです。

「放棄」とは、行為者が活動の場から離れている無執着の状態、すなわち無活動の状態のことです。放棄すなわち無活動の状態がもたらす恩恵は、真我が活動の場から離れているということを、真我自身が気づくということにあります。しかし、活動から離れているという自覚だけでは、結果として自己のための活動がまったく失われることになり、「完成」に達することはありません。完成に至るためには、活動から離れることだけでなく、「神」との積極的な合一が必要です。それは、個別生命のレベルで活動にとらわれなくなった個人の自己が、活動にとらわれていない宇宙「存在」すなわち「神」と、宇宙生命のレベルで一つになる、ということです。宇宙意識すなわち真我意識が永遠に確立された状態が、神意識の状態へと高まります。つまり、無活動の状態が「神」の行動へと成長していくのです。

詩節5　一瞬といえども、だれも、行動をしないで存在することはできない。なぜなら、「自然」から生じるグナにより、いや応なく行動に駆り立てられるから。

相対的な人生を構成している、目覚め、夢、深い眠りのすべての状態において、外側および内側では物理的な活動が続いています。創造世界のあらゆるものが進化しており、その進化の過程はいつも活動を通して行われます。これが、「一瞬といえども、だれも、行動をしないで存在することはできない」という主の言葉の意味です。

「自然」。これは「プラクリティ」という原語に最も近い訳語です。創造世界の究極面は、超越的で形に現れていない絶対の「存在」です。その「自然」は三つのグナ（第二章詩節45注釈参照）から成り立っており、それらのさまざまな配列や組合せによってすべての現象的な実存が構成されています。その活動は、創造世界のあらゆる領域において、休むことなく継続しています。主が「グナによって、いや応なく行動に駆り立てられる」と言っているのは、このような理由からです。無活動を見いだすことができるのは、実存の超越的領域においてだけです。

この詩節では、活動は普遍的なものであると確認することによって、活動するのをやめても「無活動」の状態を得ることは不可能である、ということが証明されています。

詩節6　行動の器官を抑制しながら、心に五感の対象を思い抱き、自らを欺いて座す者、彼は偽善者と呼ばれる。

前の詩節では、相対領域での人生においては活動が絶対に必要である、ということが確認されました。この詩節では、思考することも活動の領域に属する、ということが明確にされています。このことから、次のような結論が導かれます。それは、もし、行動が束縛を伴うものであるならば、行動についての想念を抱いただけでも、その人はその束縛的な影響を被ることになってしまう、ということです。

心が五感の対象を思っているのに、「行動の器官を抑制しながら」座っていることは間違っている、と主は述べています。ここでは、五感を制御するという原理がきっぱりと否定されています。五感を制御する方法は、それを直接抑制することにあるのではなく、心の領域すなわち心の活動の場にある、ということを主は暗に示しているのです。この詩節の教えは、五感を直接抑制しようと試みることによって緊張を生み出してはいけない、ということです。実際の方法は次の詩節で説かれます。

「偽善者」とは、自分に対しても他人に対しても、誠実でない人のことです。そういう人は、自分の真の本質を隠しています。

詩節7　しかし、心によって五感を制御し、執着なく、行動の器官を行動のヨーガに従事させる者、彼はすぐれている。アルジュナよ。

行動のヨーガ、カルマ・ヨーガとは、知覚のための五感が経験の深い印象を残すことがないように、上手に行動するための方法です。活動している間、行動の器官（手、足、舌、生殖器官、排せつ器官）は働き続けています。知覚のための五感（視覚、聴覚、嗅覚、味覚、触覚）も経験し続けています。しかし、それらは、十分に経験しながらも、経験の深い印象は残さないというように活動します。このような経験のできる人を、ここでは「執着なく」行動する人と述べています。

カルマ・ヨーガとは、行動の器官が活動しているときにも、五感が調えられ制御されて機能している、という状態のことです。どのようにしたら五感を調え制御された状態に保つことができるのでしょうか。

主は、ある特定の心の状態によってそれがなされると説いています。心がどのようにしてこの状態に至るかは、ここでは説明されていません。なぜなら、それはすでに前章の詩節45でアルジュナにはっきりと示されたからです。超越瞑想を通して、心は神聖な意識の絶対的な至福の中に確立されなければなりません。これは極めて簡単な方法です。五感は自動的に制御され調えられるようになります。カルマ・ヨーギーになるためには、ただ心に超越意識を注入しさえすればよいのです。五感が活動しているときにも心が純粋意識の状態にあるようになれば、これがカルマ・ヨーガと呼ばれるものです。五感が対象にとどまっていても、心は「存在」に立脚しています。

心によって五感を制御する方法については、詩節42と43で詳しく述べられます。それには、理性や理知の領域を超越しなければなりません。すなわち、第二章詩節45で主が説いているように、「三つのグナを離れる」ことが必要です。

詩節8　君の割り当てられた義務をなせ。行動は実に無行動よりも優れている。行動がなければ、身体の維持さえもできなくなるだろう。

「割り当てられた義務」とは、それをするのがその人にとって当然であり、その人はそのために生まれてきたといえるような行動のことです。それは、自然界の法則に調和した自然な行動であり、その人のダルマにかなった行動であり、進化の自然な流れに沿った行動であり、真我意識と宇宙意識との間を無邪気につなぐ行動であり、人生の成就である神意識に達する道となる行動です。

自然な義務の大切なところは、それを避けて通ることはできないということです。もし、人が割り当てられた義務をなさないとしたら、自分の進化の道から外れた行動に従事していることになります。

割り当てられた義務には、その人の生存と進化を可能にするあらゆる行動が含まれます。そのような行動が正しいとされるのは、次のような理由からです。すなわち、そのような行動は少しも緊張を伴わず、人生において重荷にならず、人生を支えると同時に進化へと導いてくれるからです。

また、不自然な行動は、行為者にもその周囲の雰囲気にも、必ず緊張を生み出すものである、ということもやはり理解しておくべき大切なことです。行動の過程が緊張したものになると、主体と客体、すなわち行為者と仕事との間の調和が妨げられます。そうすると、神聖なる質が活動の領域へ浸透するのが妨げられ、宇宙意識への成長に対して障害が生まれることになります。主が「割り当てられた義務」について特に言及しているのには、このような理由があるのです。

ここで、自分の割り当てられた義務はどうしたら見つけられるのか、という疑問が出てきます。社会において本来の分業がまだ存在しているところでは、特定の家族に生まれるということで、その人の義務は明確になります。アルジュナはクシャトリヤに生まれていますので、戦うことが自然なことです。しかし、多様な文明が入り乱れ、さまざまな伝統が複雑に混ざり合った今日のような世界では、「割り当てられた義務」を見いだすのは困難なことのように思われます。

聖典の権威や伝統の失われている中で、本来の義務を見いださなくてはならない場合には、一般的な常識に基づいて判断することになるでしょう。すなわち、それが必要な行動であって、行為者にもその周囲にも過度な緊張を生み出さない行動であれば、それはその人にとっての自然な義務であると判断できます。常識だけを頼りにした判断には、確かに不備な点も多いかもしれません。しかし、瞑想を行えば、人生の流れをより滑らかにし、自然法則に調和させ、人生がより高い進化への道から外れないようにすることができます。したがって、自分の割り当てられた義務を見いだす他の方法がないときには、自然な人生の道へと自分を方向づける手段として、超越瞑想を受け入れるのが賢明であると言えます。

主クリシュナがアルジュナに、自発的に正しい行動をとる技術を説き始めたとき、相対世界の場から離れて絶対の場に立脚せよ（第二章詩節45参照）、と教えたことが思い出されるかもしれません。そうすれば、宇宙意識という人生の状態へと達するだろう、と主は言っています。宇宙意識とは、自然界の法則に完全に調和した行動がとれるようになる状態であり、したがって、自分のダルマを成就し、宇宙目的にもかなうようになる状態のことです。

主は「行動は実に無行動よりも優れている」と述べ、さらに、「身体の維持さえも……」と付け加えています。これらの言葉の中には、統合された人生に関する偉大な英知と、行動による進化についての最高の秘訣が含まれています。「さえも」という表現には深い意味があります。もし、身体の維持が行動の最小の結果であるならば、その最大の結果は何でしょうか。それは、人間の進化における最高の状態である神意識の達成です。主が言おうとしているのは、行動がなければ身体が維持できないのみか、進化の高みにも到達できないだろう、ということです。ですから、神意識を達成するためにいかに行動が必要であるか、ということが理解されなくてはなりません。

超越瞑想の実践中、心は深く内側に向かい、相対領域の最も精妙な状態を越えて、「存在」の超越的で絶対的な状態に到達します。これが純粋な自覚の状態、真我の意識です。この状態を経験してきた心が行動に従事するとき、真我の超越的で神聖な質が相対世界の領域に運び出されて、そこで生きられるようになります。まず、目覚めの状態にある世俗的な心が、瞑想の内側への歩みによって、内なる神聖な質へと導かれます。これは活動から退くことです。次に、瞑想の外側への歩みを通して活動を受け入れることによって、内側の神聖な質が外側の世界へと運び出されます。

これは注意すべきことですが、人生を維持しその目的を達成するために行動は不可欠であると強調するとき、主は慎重にその行動に制限をつけています。主は、「君の義務をなせ」とは言っていません。「君に割り当てられた義務をなせ」「君の自然の義務をなせ」と言っています。主のこの教えを人生で生かすにはどうしたらよいでしょうか。それはたった一言で表現できます。瞑想しなさい、というのがその答えです。

瞑想が、自分の割り当てられた義務を行うための鍵となります。それは人生のあらゆる面に栄光をもたらす直接的な方法です。なぜなら、瞑想は世俗の中で束縛された人生を、宇宙意識における永遠で自由な神聖なる人生へと変化させるからです。宇宙意識において、人は真我が活動から離れていることを経験します。

さらに、宇宙意識は、献身という最も高度に洗練された行動を通して、神意識へと発展していきます。献身によって、真我と活動という宇宙意識の二つの離れた面が、「神」の光の中で統一されます。これが行動の祝福です。人は行動によって、目覚めの意識状態から超越的な純粋意識へと導かれ、それから宇宙意識へと進み、ついには、人間の進化における最高の状態である神意識へと達するのです。

詩節9　ヤギャのためになされる行動を除けば、この世は行動に束縛されている。ヤギャのために、執着を離れて行動に従事せよ。

「執着を離れて行動に従事せよ」とは、至福意識の状態を定着させ、真我が活動から離れていることをはっきりと悟った上で行動に従事せよ、前詩節で説かれたように、あなたの「割り当てられた義務」をなせ、ということです。

行動の過程によって、行為者は自分自身の外側へと連れ出されます。つまり、行動は、真我を相対世界の領域へと連れ出す直接的な方法であるのです。これは無限、絶対の真我を制限するということであり、これが行動の束縛的な影響力と呼ばれているものです。主はここでアルジュナに一つの方法を教えています。それは、個人を絶対「存在」の永遠の地位に連れ戻すために、行動そのものを利用するという方法です。

「ヤギャ」とは進化の助けとなる行動のことです。世の中のどんな行動であろうと、それが絶対「存在」へと向かうものであれば、人を束縛から解き放つ助けとなります。これ以外の方向に向かう行動は束縛を招くことになります。

この章で行動の理論を説き始めるとき、解放の手段となる行動と束縛を招く行動とを区別するのは、当然のことと言えます。

「ヤギャ」という言葉は、一般的には、供物を主祭神に捧げて火で焼くといった宗教的な行為、すなわち神聖な儀式や供儀を意味します。しかし、主がここで意味しているのは、超越的な「存在」へと向かう行為、つまり、注意を外側の世界の粗雑な経験から「超越」の状態へと導く行為のことです。想念や欲求はすべて、供え物が神聖なる火で焼かれるように、「超越」へと収束していきます。

この詩節に関して言えば、ヤギャを特定の儀式といった狭い意味に限定していません。それは、進化を促す人生の道のことを指しています。

超越意識の見地からヤギャを解釈したとしても、神々を喜ばせるために行われるヴェーダの祭式の価値は少しも損なわれません。超越瞑想を実践した後、活動によってどんなことをなしたとしても、それはその人が超越意識と目覚めの意識状態とを統合する助けとなり、さらには、宇宙意識へと成長していく助けとなります。もし、そのような行動の最中に、自然界のより高度な力、すなわち神々を喜ばせる行為を大切にしたとしても、それは決してその人の進歩の妨げとはなりません。それどころか、これらの自然界の力から受ける支援によって、より偉大な達成が可能になるでしょう。

ヤギャはヴェーダの主題です。ヴェーダは種々のシャーカーと呼ばれる部門に分かれています。そして、それぞれのシャーカーがそれぞれのヤギャを詳しく説いています。これは、相対と絶対という人生の全領域を網羅し、人生の粗大と精妙と超越のあらゆる面を輝かせるためにあります。どのシャーカーにも三つの部門があります。「カルマ・カーンダ」（行動の章）と呼ばれる第一の部門は、ヤギャの粗大な面を取り扱います。ヤギャの粗大な面は、人生の粗大な面、すなわち肉体およびそれに関連するこの世界のあらゆるものを改善するように作られています。ヤギャの粗大な面には、進化のさまざまな段階に属し、さまざまな時代、さまざまな場所、さまざまな環境に生きている人々の義務が規定されており、人々が自然界の法則に違反することなく行動できるようになっています。それによって、人は人生の粗大なレベルのさまざまな行為や経験を通して進化していくことを助けられるのです。

シャーカーの第二の部門は「ウパーサナー・カーンダ」(崇拝の章)と呼ばれており、ここではヤギャのより精妙な面が扱われています。これは、自然界の高次の力、すなわちヴェーダの神々の祝福を受けるためのものです。この部分には粗大な面と精妙な面の両方があります。粗大な面では、さまざまなヴェーダの神々を喜ばせてその恩恵を授かるための祭式が取り扱われています。一方、精妙な面では、高次の力と接触し、その恩恵を人生のあらゆる達成のために受けることができるように、心を養う方法が取り扱われています。

この部分の主要な目的は、人間を創造世界のより進化した諸存在に結び付け、人生のすべての面を向上させるために、それらの存在から好意と恩恵と助力が受けられるようにすることにあります。

それぞれのシャーカーの第三の部分は、「ギャーナ・カーンダ」(知識の章)と呼ばれており、そこには、永遠の生命に関する英知が含まれています。『ウパニシャッド』はこの部分に属しています。各シャーカーはそれぞれの『ウパニシャッド』をもっており、伝統的にそのシャーカーの教えに適合するとされるすべての人々のために、究極の真実であるブラフマンと接触する方法を示しています。絶対に関する英知と、人生の相対領域を超越することによって、人間実存の全領域に神聖なる質を注ぎ込む方法とが、この部分で取り扱われています。

このように、ヴェーダの各シャーカーには、体、心、精神のすべての面があらゆるレベルで互いに完全に協調し、同時に、進化の仕組み全体とも完全に調和するように、人生の全領域を形成していくための英知が含まれています。その狙いは、あらゆる人を完成された状態へと、すなわち実存の最高に進化した状態である神意識へと導くことです。ヤギャとは、このようにとても広範囲にわたるものなのです。

詩節10　太初に、創造主は、ヤギャと共に人間を創造して次のように告げた。このヤギャによって汝らは富み栄えよ。これが汝らの願望に成就をもたらさんことを。

ヤギャとは進化を助ける行動である、とすでに定義されました。したがって、ヤギャは究極的には人間を進化の最高の状態へと、すなわち「神」を悟ることへと導く、ということになります。進化のあらゆる段階がヤギャと結び付いています。このように、ヤギャは人生をその始まりから究極のゴールに至るまで支えています。主が「ヤギャとともに人間を創造して」と言っているのには、このような意味があるのです。

「神」は創造世界すべての源です。そして、人間と「神」とは純粋な超越意識を通してつながっています。創造は「生命」のこの絶対的なレベルから始まりました。そして、創造主は、「それ」こそが人生におけるあらゆる繁栄と進歩の永遠の源である、と宣言しました。心を「それ」と調和させることによって、偉大な知性、エネルギー、幸福、調和を見いだすことができます。これらを所有すれば、願望は限りなく成就するようになります。

この詩節では、ヤギャの一つの結果は個人の繁栄であるということが指摘されました。次の詩節では、ヤギャのもう一つの恩恵が示されます。

詩節11　**ヤギャによって、神々を支えよ。そうすれば、その神々も汝らを支えるだろう。互いに支え合うことによって、汝らは最高の善に到達する。**

ヴェーダに詳しく説かれている種々のヤギャは、個人を宇宙的な進化の過程全体に結び付けます。このように、ヤギャには、創造世界の最も粗大なレベルから最も精妙なレベルに至るまで、さまざまなレベルの影響力があるのですが、それらは常に、神意識という究極のゴールに向いています。

この詩節では、個人の行動が全宇宙に生み出す、広範囲な影響の仕組みが説明されています。それは、行為者のレベルにおけるあらゆる自然法則が、一つ一つの行動に反作用を及ぼす、ということです。

ヤギャは、人生における完全な成功を収めるための手段と見なすことができます。人生における完全な成功とは、この世界での可能な限りの達成と束縛からの自由、その両方を得るということです。実際、ヤギャは人生の完成を達成するための手段です。ヤギャは、全創造世界の進化を制御し導いているさまざまな力の恵みを受け、全能なる「自然」の好意を得て、最終的には、神意識における成就をもたらします。

ヤギャは個人を進化の流れと調和させます。進化の流れと調和すれば、個別生命および宇宙生命の進化にかかわっている、あらゆる自然界の力の好意を受けることができるようになります。

ここで述べられている「神々」とは、無数の自然法則をつかさどっている神格のことで、それらは相対的な生命領域のあらゆるところに存在しています。神々とは、知性とエネルギーのさまざまなインパルス（『impulse』。ひらめき、衝撃、推進力などの意味）を支配している力であり、創造世界のすべてのものの進化を可能にしています。神々の存在は、次のような比喩《ひゆ》からも理解することができるでしょう。人体には無数の細胞があり、その一つ一つにそのレベルでの生命やエネルギーや知性があります。そして、これら無数の生命が集まって人間の生命が形成されています。人間は、これらの小さなエネルギーと知性のインパルスのすべてに対して、まるで神のようです。どのインパルスもそれ独自の形態、傾向、活動や影響の範囲をもっており、進化の目的のために働いています。

主が望んでいるのは、ヤギャすなわち「超越」に至る行為によって、人間は同時に神々の世界をも喜ばせるべきであるということです。これが可能となるのは、超越意識を獲得する方法から生み出される影響力が、進化の流れを支え、神々すなわち自然界の諸法則をつかさどっている神格の好意を受けるようなものである場合に限られます。私たちはそのような調和的な影響力を創造世界に生み出す言葉を取り上げ、その精妙な状態を経験し、さらには、心がその言葉の最も精妙な状態をも超越して、超越意識の状態を獲得するようにします。このような方法により、超越的で永遠の『神聖なるもの』と一体となる途上において、自然界の高次の力との間の調和を創造し維持することを、主は私たちに望んでいるのです。

超越瞑想の実践を通して、活動が真我から離れていると認識するようになるとき、人生のすべての活動は供物として神々に捧げられるようになる、と言うことができます。これは、活動が神々のつかさどる人生の相対領域で継続している間も、真我が絶対の自由の中にとどまっている、ということを意味しています。これが、常にあらゆる活動を通してあらゆる神々を喜ばせる方法です。あらゆる活動が自動的にヤギャとなるような状況がつくられるのです。

神々に行動を捧げるというこの方法は、神々への降伏や服従を意味するものではありません。この状態における真我は、神々をも含む人生の相対領域におけるあらゆる影響から完全に自由になっています。

「最高の善」。祭式としてのヤギャは、人生の相対領域にさまざまな効果を生み出します。その最高の達成は、人を天界に導くことです。天界は相対世界の頂点であり、そこにおける人生には苦しみがありません。一方、ヤギャの過程を通して超越するという方法は、個人を超越的な至福意識、人生における永遠の自由の状態へと導き、さらに、すべてにおける「最高の善」である神意識へと至らせます。それは、人生の相対領域にある最高のものよりもさらに高次なものです。

詩節12　神々はヤギャによって満足し、必ず汝らの望む喜びをもたらすだろう。しかし、供物を捧げることなく、神々からの贈り物を楽しむ者は、盗賊にほかならない。

「供物を捧げることなく」とは、神々のために所有を差し控えることをしないで、つまり、神々に所有権を譲り渡すということをしないで、という意味です。あらゆる行動の成果は、その行動に対する自然からの応答であり、したがって、自然界の力つまり神々からの贈り物にほかなりません。では、どうしたら人生で得られるすべてのものの所有を差し控えることができるのでしょうか。それは、第二章詩節48の教えを実行に移して、真我が活動の領域から離れている、ということを悟ることによってのみ可能となります。あらゆるものは真我から離れているという認識の状態に立脚すれば、すべてを完全に自然に、すなわち自然界の諸力である神々に、譲り渡したと同じことになります。こうして、この詩節で指摘されている盗みの罪に陥ることなく、次の詩節で示されている利益を楽しむことができるようになるのです。

捧げ物をしているという気分を装うだけでは、真の捧げ物をするという行為を模倣しているにすぎません。

これは、実際的な人生の教えです。これは、ヨーガの経典、神聖なる合一に関する科学であるヨーガ・シャーストラの教えです。その真理は、単なる空想や、気分を装うこととは、およそかけ離れたものです。残念なことですが、何世紀にもわたって続いてきた表面的な解釈のために、この対話全体の教えの本質が大きく歪められてしまいました。そのために、今日の社会は迷信に取り囲まれて、人生の正しい価値観が見失われている、という状況に陥っています。

ヤギャという手段によって、神々の祝福を得ることができ、そこから繁栄や幸福が生じてきます。しかし、喜びに夢中になって、その繁栄の源を忘れてしまってはなりません。本来は神々に属している行動の領域を自分のものにすることにより自然界の高次の力を害する者は盗賊に等しい、と主クリシュナは述べています。これは、その人が、自分の真我は活動から離れている、ということをまだ悟っていないからです。どんな人でも、「存在」にしっかりと立脚していなければ、自動的に行動に巻き込まれた状態にとどまってしまいます。そのような人は、自分こそが行動の主人公であると思い、本当は自然すなわち神々という自然界の諸力に属するものである行動の成果を、自分のものにしてしまいます。このようなわけで、その人は「盗賊」すなわち他人の所有物を横取りする者と呼ばれるのです。

一般に、盗賊は他人の富を楽しむことはしますが、自ら努力して豊かになろうとはしません。主はここで一つの警告を与えています。それは、人はただ単に人生の相対領域における物質的な繁栄や英知、創造性の増大のみに満足すべきではなく、これを越え、神意識において絶対「存在」という永遠の生命との統一を達成することを望むべきである、ということです。このようにして人は、全創造世界の根底にある生命のレベルに確立されるようになります。そして、自動的に、自然界のあらゆる力のために、さらには、創造世界の粗大から精妙に至るあらゆる階層に存在するありとあらゆるもののために、生命を支持する影響力を生み出すようになるのです。人はこのようにして、この詩節の基本的な教えを生き始めます。

詩節13　ヤギャの残りものを食べる善人は、あらゆる罪から解放される。しかし、自分のためだけに食物を調理する悪人は、まさに罪を食べることになる。

「ヤギャの残りもの」とは、ヤギャの行為が終った後に残されたものということです。

ヤギャとは、目覚めの意識状態から超越意識へ、超越意識から宇宙意識へ、宇宙意識から神意識へと、進化を促していく行動のことです。意識のこれら異なる状態は、それぞれ異なるタイプの実践を通して進展していき、それぞれの実践それ自体がヤギャの行為です。進化は神意識においてその究極的な成就を見いだしますから、神意識が達成されたとき、ヤギャのゴールも達成されたことになります。ですから、「ヤギャの残りもの」とは、その最高の意味においては、神意識の状態のことを指しています。

神意識の基盤となる宇宙意識も、「ヤギャの残りもの」と言うことができます。宇宙意識の基盤となる超越意識についても、また同様です。

超越瞑想というヤギャの行為の後に残されるものは、至福意識です。至福意識は、神意識への途上において最初に行われる基本的なヤギャの残りであり、これが宇宙意識と神意識の基盤となります。これを食べる人は「善人」である、と主は述べています。なぜなら、この状態においては、その人の人生が過ちのない人生へと、完全に正しい人生へと、変えられるからです。人があらゆる想念や言葉や行動を通して、自分自身のためにも全創造世界のためにも、生命を支える影響を生み出すようになるのは、まさにこの状態においてであるのです。なぜなら、創造世界におけるすべての生命の基盤である、永遠の「存在」に立脚するようになるからです。超越意識は超越瞑想という基本的なヤギャの残りですから、超越瞑想はヤギャの中でも最も重要なものと言えます。

至福意識に立脚している賢者は、絶対的な意識の状態において内なる満足を経験していますから、まったく邪悪な態度がありません。反対に、つまらない個別的なことばかりにかかわっていて、絶対の限りない地位に達しようとしない人たちについても、主は述べています。このような人たちは、利己的な考えに動かされ、より高く進化する機会を逃しています。利己主義に目がくらんでいるために、楽しみは五感の領域だけにとどまっています。自然界の高次の力と接触しようとしない人は、すなわち、自分自身を進化させようとしない人は、罪を犯していることになる、と主は説いています。

すべての罪の影響を越える方法がここにあります。それは、主が述べているように、「ヤギャの残りものを食べる」という方法です。これは、罪のない行動がとれるようになるためには、超越意識、宇宙意識、神意識の状態を毎日の生活に生かさなければならない、ということの例えです。もし、心がヤギャの過程を完了していないのであれば――もし、心が真我の中に飛び込んで絶対「存在」と接触していないのであれば、もし、心が真我は活動から離れていると悟っていないのであれば、もし、心が神意識に達していないのであれば、――心は宇宙的な「存在」と調和しておらず、心の活動も宇宙的な目的に合致していません。したがって、行動も進化の過程と完全には調和していません。このような状況では、人の活動が完全に正しいかどうか何の保証もありません。罪の要素を含んでいる可能性が常にあります。

神意識に達する前の宇宙意識の状態においても、すべての行動が宇宙目的を満たし、ヤギャとしての役割を果たすようになります。しかし、もし、人がまだ宇宙意識に達しておらず、活動から離れたものとして真我を生きるという状況を創り出していないならば、その人の活動は洗練されたものとは言えません。そのような活動は、個別性にとらわれており、まだ自由で普遍的なものとはなっていないのです。そのような活動は、宇宙生命の尊厳に属するものではありません。「存在」は活動から離れていると悟っていない人が行動に従事するとき、その人は行動を私物化することになります。自分に属していないものを、自己の外側にある領域つまり宇宙生命に属しているものを、着服することになります。そういう人たちは、詩節12で言うように、「盗賊」の部類に入るのであり、また、この節で言うように、「罪」を食べているのに等しいのです。

自己に活動を横取りする権利はありません。なぜなら、活動は宇宙生命に属しているからです。ここでは、もっと深い考察もなされています。このように私物化された活動は、自己の本質を覆い隠すことによって、実際に自己に損害を与えます。自己の真の本質すなわち至福意識を覆い隠すことは、あらゆる苦しみのもとになります。そして、苦しみを引き起こすものは「罪」と呼ばれます。このようなわけで、この詩節では、自己と活動を結び付けるのは「罪」である、すなわち無知は罪であるということについても説かれているのです。

絶対「存在」における永遠の自由に恒久的に確立されたとき初めて、人は「あらゆる罪から解放され」ます。そのような人だけが、「善人」すなわち常に正しい人なのです。そのような人は、あらゆる活動を通し、生命を支える影響を自然界に生み出します。なぜなら、活動からの自由を得ることによって、その行動が宇宙生命の尊厳に属するようになったからです。そのような人は進化という宇宙目的を成就させます。そのために、決して罪の領域に陥ることはありません。「善人」という言葉を用いて、主はこのようなことを言おうとしているのです。

もし、人がまだ「善人」になっていなければ、もし、人がまだ自分の生命を絶対「存在」の宇宙生命に調和させていなければ、その人は、なすことすべてにおいて罪を犯しているかもしれません。罪の領域すなわちカルマの束縛的な影響力の場から逃れる唯一の方法は、絶対「存在」における永遠の自由の影響の下に来ることです。これが、この詩節における最も精妙な教えです。表面的な教えでは、人生の粗大な領域のことが述べられ、それらを進歩させるためにヤギャを祭式として行うことが求められています。

心の質は、食物、環境、過去と現在の経験など、心に影響を与えるさまざまな要因に依存しています。食物の質は心の質に直接的に影響します。食物の素材そのもの、それを手に入れた手段が合法的であったか否か、調理の方法、その目的など、数多くの要因が心の質を左右します。ここでは、食物を調理する目的が重視されています。主が言っているように、食物を「神」に捧げるために調理し、捧げるという行為が終わった後にそれを食べるならば、その人はその食物によって「神」の祝福を受けることになります。そして、そのような食物によって生み出される心は、敬虔《けいけん》で進歩的で優雅なものとなるでしょう。そのような心は、まったく自然に、罪の領域の外にあります。しかし、もし、食物が「神」に捧げるためではなく、単にその人の空腹を満たすためにだけ調理されるとしたら、この逆もまた真なりです。

次の詩節では、創造の順序が段階的に説かれます。

詩節14　万物は食物から生じ、食物は雨から生じる。雨はヤギャから生じ、ヤギャは行動から生じる。

「万物は食物から生じ」。個別生命は食物から生まれてくると主は説いていますが、ここでは、食物は、すべてのものの真我である神聖なる「存在」とはほとんど関係ない、ということが示唆されています。個別生命は、「存在」の領域に属しているものではない食物の滋養から生じます。自我、理知、心、五感、肉体は、実存の相対領域に属しているのです。

同じように、食物は雨から生じますが、この雨もまた神聖なる「存在」とはほとんど関係のないものです。

前節では、真我が活動から離れたものとして経験されるようになる過程として、ヤギャを考察しました。このような悟りの状態においては、活動はまったく自然なものとなり、創造と進化という宇宙目的に完全に調和するようになります。活動がこのようなものとなると、創造世界のどの領域にも生命を支える影響力が生み出され、その結果、自然界全体に調和が保たれるようになります。太陽は照るべきときに照り、雨は降るべきときに降り、季節は順調に巡ります。このように考えると、食物が生じる原因は雨であって、その雨の原因はヤギャである、ということがわかります。

「ヤギャは行動から生じる」。ヤギャが行われるのは、行動を通してです。ヤギャとは、それによって人が宇宙「存在」と統一されるような、特定の性質をもつ行為あるいは活動のことです。これが、ヨーガに関する教えの、ここでの文脈におけるヤギャの本当の意味です。しかし、この解釈は、ヤギャとして知られているヴェーダ的な行為、つまり、ヴェーダの祭式の真理を損なうものとして理解されるべきではありません。ヴェーダには、一定の資格をもつ人たちが、生命を支持する影響を自然界に生み出すために執り行う祭式が規定されています。このような祭式によっても、環境に調和的な影響力を生み出し自然界のリズムを保つことによって、自然界の諸力の好意を得ることができます。そして、食物が実り、雨が降るべきときに降る、というようにすることができるのです。こういったタイプのヤギャも当然、「行動から生じる」のであり、やはり行動がその基盤となっています。

ヤギャの粗大な面、つまり、物質的な繁栄を願って自然界の高次の力を喜ばすために執り行う祭式では、それを達成するために、人生の粗大な領域での行動が必要とされます。同じように、ヤギャの精妙な面、つまり、超越的で神聖な絶対と接触する過程においても、精妙な領域における行動が必要となります。人生の精妙な面におけるこの行動が、超越瞑想の過程です。この過程において、心は実存のすべての精妙なレベルを通過していき、ついには形に現れた生命における最も精妙なレベルをも超越して、絶対「存在」の状態へと到達します。

行動のすばらしさ（詩節19注釈参照）がここで強調されている理由が、これで明らかになったでしょう。

詩節15　行動はブラフマー（ヴェーダ）から生じると知れ。ブラフマーは「不滅なるもの」より生じる。したがって、一切に遍満するブラフマーが、ヤギャの中に永遠に確立している。

前の詩節では、「ヤギャは行動から生じる」と説かれました。ここでは、行動（カルマ）と行動に関するすべての知識はヴェーダの中に含まれていて、そのヴェーダは永遠の生命の表現である、と説かれています。ヴェーダには、行動に関する理論や、行動の原因や結果など、行動に関連するすべてのことが詳しく述べられています。これが、行動はヴェーダから生じると主が説いている第一の理由です。もう一つの理由は、ヴェーダの源を、形に現れていない超越的で神聖なる「存在」に見いだしたときに理解されます。

創造の最初の具象化は、生命の自ら輝く光です。これは、確立された理知の領域であり、確立された状態における個人の自我です。この自ら輝く生命の光がヴェーダと呼ばれます。具象化の過程の第二段階は、いわゆる振動の発生です。振動から、プラクリティすなわち「自然」の属性である三つのグナが現れてきます。自我が機能し始めるのはこの時点です。ここで、経験がとても精妙な形で始まります。経験するもの、経験されるもの、経験の過程の三つが存在するようになります。これが、創造の過程における行動の始まりです。行動の始まりの直前、すなわち最も精妙な振動の始まりの直前の、実存が自ら輝いている状態の中に、無限のエネルギーの宝庫である創造の源があります。この創造の源がヴェーダです。それは、生命の創造と進化を担うあらゆる活動の根底に遍く浸透している、ほとんど絶対的な知性の領域です。これはすべての創造の源であるので、ブラフマー、創造主と呼ばれています。ブラフマーすなわちヴェーダは、当然、すべての活動の源です。主はこのような理由から、「行動はブラフマーから生じると知れ」と言っているのです。

ヤギャは進化を助けるものです。それは、人生のあらゆる達成に至る道です。ヤギャの意味を普通の生活の領域にまで広げて考えるならば、進化を促す行動であればどんな行動でも、ヤギャと呼ぶことができると言えるでしょう。ですから、どんなヤギャにも神聖な意識がいくらか浸透しており、また、どんなヤギャでも神聖な意識をいくらか生み出す、ということがわかります。ヤギャは、その高次の面においては、宇宙意識へ、さらに究極的には神意識における人生の成就へと至る道です。また、その低次の面においては、神々の好意を得るために執り行われる祭式を意味します。これが、ヤギャについての完全な概念です。

「神聖なるもの」は遍在していますから、確かに、進化と対立するようなものの中にも、「神聖なるもの」は潜在的な形で存在しています。しかし、主はここで、神聖なる意識ブラフマーはヤギャの中に存在している、と説いています。神聖なる意識はヤギャ以外の行動にも存在する、とは言っていません。

オレンジといえば、どんなオレンジにも果汁が含まれていると思いがちですが、しなびたオレンジから果汁は得られません。それで、果汁は新鮮なオレンジの中に存在している、と言われるのです。しなびたオレンジにも果汁は含まれているのですが、それをしぼり取ることはできません。ですから、ジュースが欲しいときには、しなびたオレンジのことは考えません。同じように、神聖な意識は、進化を助けるような行動を通してこそ開発できるものです。神聖な意識は、罪深く不信心な行動を通しては開発できません。そのような行動は、心を粗雑にし、不活発にします。これでは、相対世界を超越して、神聖な意識に達する心の能力が奪われてしまいます。

主はこのような理由から、ヤギャと呼ぶのにふさわしい行動が、その中に神聖な意識をもっている、と説いているのです。

詩節16　このように回転する車輪にこの人生で従うことのない人、罪深い人生を送り、五感の満足に浸る人、そのような人はむなしく生きる。パールタよ。

「このように回転する車輪」。人生は粗人と精妙のさまざまな実存の領域を通り抜け、それによって、進化の過程が進んでいきます。人生の始まりは、形に現れていない純粋意識、すなわち前詩節でいう「不滅なるもの」の中にあります。もし、人が五感の領域にいつもとどまっていて、自分の存在の源に達することがなければ、もし、心が粗大なレベルから精妙なレベルへと移動して、全創造の究極の源である「不滅なるもの」を悟ることがなければ、「そのような人はむなしく生きる」ことになります。そのような人は、五感の領域を越えたところにある、大きな幸福を楽しむ機会をまだ活用していません。そのような人は、人生の全領域をまだ通過していません。

源から出発して再び源へ帰るという旅をまだ終えていません。そのような人は、「このように回転する車輪に従うこと」がありません。そのような人は、自分自身に対しても、「神」に対しても、罪を犯していることになります。なぜなら、成就に至ろうとしていないからです。それで、主は「罪深い人生を送り」と述べているのです。粗大から精妙にわたる実存のすべての層を通して人生を悟り、あらゆる行動を通して究極の「存在」を生きている人、すなわち神意識の中に成就を生きている人は、創造の「車輪」に従っているといえます。そのような人は、自分が出発したところである「それ」に到達しているのです。

以下に続く詩節では、このような完全な人生を楽しんでいる人の状態が、詳しく説明されます。

詩節17　しかし、真我にのみ喜び、真我にのみ満足し、真我にのみ楽しむ人、このような人にとっては、なすべき行動は何もない。

「このような人」とは、真我すなわち永遠の「存在」にしっかりと立脚していて、他の何ものにも巻き込まれることのない人のことです。このような人は、「存在」は活動の領域から離れていると悟っていますから、自らの真我以外の何ものにもとらわれることがありません。人生の表面でどんな活動にかかわっていようとも、永遠に真我の自覚の中にとどまっています。目覚め、夢、眠りといった意識の相対的な状態を通して生きつつも、意識の絶対的な状態、すなわち「存在」の状態、真我の自覚の中に永遠に確立されています。

人が行うすべての行動は、何かを達成してそれを楽しみたいという欲求から始まります。そして、あらゆる欲求が成就された状態、すなわち絶対的な至福意識の領域に達すれば、その人は永遠の満足に満たされることになります。なぜなら、すべての欲求や行動の目的が達成されるからです。主が「このような人にとっては、なすべき行動は何もない」と述べているのは、このような理由からです。

では、このような人はまったく行動をやめてしまうのでしょうか。次の詩節で、主がこれに答えます。

詩節18

このような人には、すでになされた行動からも、まだなされていない行動からも、この人生で受け取るべき利益は何もない。また、いかなる目的のためにも、何者にも頼る必要がない。

自分自身にこのように満足した人も、やはり世の中で活動を続けていくのですが、しかし、その振る舞いは自然な振る舞いとなります。それは、もはや利己的な欲求に駆られた振る舞いではなくなります。また、その人の鈍さから生じる何らかの欠陥によって行動が効果的でない、ということもありません。

このような状態がやってくるのは、その人が人生で起こりうるすべての欲求や行動の目的を成就してしまっているからです。このような人は、もはや利己的な個別性に駆られてではなく、宇宙目的に促されて行動に従事します。その人を通して神聖な知性が働きます。なぜなら、この世界で神聖な計画を遂行するにふさわしい道具となったからです。このような人生こそが本来の人生です。理知が確立されると、このような結果になるのです。

この詩節の教えは、行動に対する無関心を装うことによって、無欲な行動がとれるようになる、ということであると一般に解釈されてきましたが、このような解釈は間違っています。そのような無関心を装うことは、真我意識、宇宙意識、神意識のどの意識の実現とも何の関係もありませんし、人生において有効なものであるとはいえません。それは物質面、心理面、精神面にわたる人生のすべての面を弱めてしまうだけです。

次の詩節では、統合された人生のためには行動が有効であることが強調されます。

詩節19　それゆえ、執着のない状態にとどまり、常に、なすに値する行動をせよ。まことに、執着なく行動に従事する人は、至高者に到達する。

それゆえ、あなたが本来そうであるように、行動の場に巻き込まれることなく、執着なく、永遠に行動の場から離れて、「なすに値する行動」を行いなさい、と主は説いています。

主は自由の状態での行動を求めています。そして、自由とは人間にもともと備わっているものであって、人間の生命はすでに解放されているのだ、と宣言しています。自由を得るためには何の努力も必要ありません。それはすでにそこにあるのです。

ですから、カルマ・ヨーガの教えは、人が真我意識という自然で正常な状態にあるように、人がその本来の姿にあるように求めているだけなのです。確かに、主は行動しなさいと言っていますが、これは、神意識における自由を開発するための助言であるのです。

超越瞑想中、心はもっと楽しみたいというその本性に動かされて、経験のより精妙な領域へと流れていき、そして、とても自発的に「存在」の状態に到達します。このようにして「存在」の状態が得られた後も、活動は自然界の働きによって自発的に行われます。ですから、神意識という最高の達成のための基盤となる宇宙意識を開発することは、自然で努力のいらない過程であるのです。

「至高者」とは、相対界と絶対界の両方を、その完全さのままにつかさどっている「神」のことです。この詩節は第二章詩節47を思い起こさせます。また、神意識実現の途上においては、自由で自然な行動が重要である、ということを明らかにしています。前詩節では、人は宇宙意識を得れば、自然な仕方で行動をなすことができるようになる、ということが説明されました。この詩節では、無理のない自然な仕方で行動をなすことは、「至高者」を悟るための一つの手段である、ということが示されています。宇宙意識の状態において、行動の価値が受け入れられるのは、行動が神意識開発のための手段となるからです。神意識を達成するための手段を理解するために、この詩節はとても注意深く研究されるべきです。手段を目的と混同してはいけません。宇宙意識においては、真我は活動から離れていると経験されるのですが、これは終点ではありません。宇宙意識は、進化の最終的な状態ではなく、神意識に達するための手段であるのです。

瞑想によって、心は超越的な真我意識に達し、それから、絶対「存在」の場から戻ってきます。そのときには、心が活動に従事することが必要となります。このようにして、五感を通して心が人生の相対領域を経験しているときでさえも、心に注入された超越的な「存在」の本性がそれ自体を維持する、という機会が得られます。人はこのようにして、真我意識に永遠に立脚した状態を保つようになり、宇宙意識における人生を楽しむようになります。

このようにして、行動によって超越的で神聖な質が実生活の中に注入され、人が完全に統合されるようになると、絶対「存在」に立脚していながら、実存の相対領域で行動できるようになります。この満ち足りた状態では、その人の行動は自然で正常な「なすに値する」ものとなります。

真我はすべての活動から離れていると悟っている宇宙意識の状態において、「なすに値する行動」とは「神」

への献身（第二章詩節61注釈参照）という行動です。献身という行為は、最も崇高で最も洗練された行為です。なぜなら、宇宙意識の状態で経験する、「存在」は活動から離れているという自覚が、この献身という行為によって、「神」だけを自覚する意識の統一状態へと直接高められていくからです。真我の自覚と活動の自覚という二つの自覚が、「神」の自覚すなわち神意識における一元性へと変わっていきます。真我と活動という二元性の中に、「神」があまねく満ちていることが明らかになります。「神」のみが残り、「神」のみが人生を支配するようになります。宇宙意識における真我と活動が、「神」の中において永遠に統一されるのです。「神」の光の中で「神」に浸された真我は、「神」と「神」が支配する活動の全領域とともに「統一」として存在するようになります。

これこそが、神意識の一元性における人生の状態です。この状態は、宇宙意識の状態における行動を褒めたたえているこの詩節では、「至高者に到達する」という言葉で表現されています。

「なすに値する行動」については、人生の五つの異なるレベルにおいて考えることができます。一番目は、普通の目覚めている意識状態における行動。二番目は、真我意識を得て宇宙意識へと進歩しているときの行動。三番目は、宇宙意識の状態における行動。四番目は、宇宙意識から神意識への進歩を助ける行動。そして、五番目は、神意識の状態における行動です。この詩節では、後の三つの行動のレベルについて述べられています。「なすに値する」という表現では、より高い意識状態を得るための助けとなるような行動の質が強調されています。

超越意識において真我を悟った人、宇宙意識において真我は活動から離れていると悟った人、そして神意識において真我と「神」との合一を悟ることによって成就を得た人、このような人は、あらゆる（第四章詩節23参照）活動の目的が成就された状態に達しています。このような人の自己は普遍の真我の中に安定していますから、他から得るものは何もありません。このような人の真我は何ものにも巻き込まれません。それは、活動に巻き込まれることもなければ（詩節17）、他の個別的存在の自己にも巻き込まれません（詩節18）。このような人の真我は、一切万物の真我であるのです。

詩節20　実に、行動のみによって、ジャナカたちは完成に達した。
また、世界の安寧だけを考えたとしても、君は行動すべきだ。

この詩節では、世の人々のために価値あるものとして、また、束縛からの永遠の自由を得る手段として、行動を褒めたたえています。それと同時に、カルマ・ヨーガの抽象的な原理やその効果を、具体的な例を示しながら説明しています。

「ジャナカたち」が神意識における人生の統合を達成できたのも、また、世に善をなすことができたのも、行動の栄光によるものです。

人生の統合は、心が絶対の領域と活動の領域を交互に行き来するということにかかっています。心は形に現れていない世界に向かい、また形に現れた世界に帰ってきます。心はこのようにして、絶対と相対という人生の二つの領域を両方とも経験するようになります。これが、宇宙意識における統合された人の状態です。

ジャナカ王たちは世にあって精力的に活動しながらも、真実に立脚していたのですが、その秘訣は、絶え間ない外側への活動にあったのではありません。その秘訣は、瞑想という内側への活動によって得られる「超越」の経験が、そういった外側への行動を支えていたという事実にあります。粗大な外側の行動から「超越」へと向かう心の歩みを考察してみると、心に絶対の地位を与えるのは、活動を終わらせるような方向へ向かう活動にほかならない、と言うことができます。瞑想それ自体も一つの活動です。このように考えると、完成をもたらすのは「行動（詩節19注釈参照）のみ」である、と確かに言うことができるのです。

真我は普遍で永遠です。真我が真我自体を悟るためには何も必要ありません。人が真我を見失うのは、活動の領域にとどまっているからです。したがって、真我を悟るためには、ただ活動から離れて（第二章詩節45参照）、活動のより精妙な領域を経験し、そしてついには、完全に活動から離れた場である「超越」の領域に達するようにすればよいのです。これで、行動による悟りの原理がわかったことでしょう。

瞑想のこのような内側への活動の直接的な成果として、世間における外側への活動がより完全なものとなり、ますます成功を収めるようになります。「実に、行動のみによって、ジャナカたちは完成に達した」という主の言葉には、このような意味があるのです。

どんな行動も人生の相対領域の最も精妙な層から始まります。そこは、絶対すなわち純粋な「存在」とほとんど同一のレベルです。行動は一つの想念として始まります。その想念は、精妙なレベルから粗大なレベルへと向かい、多くの段階を通過していきます。そして、ある段階で、それが想念として意識的に認識されるような心のレベルに達します。そして、さらにそこから、言葉や行動へと展開していきます。

超越瞑想の実践によって、想念はより精妙なレベルで認識されるようになります。そうすると、想念は以前よりも強力になり、行動はより大きな成功を収めるようになります。このように、瞑想中の内側への行動の歩みを通して超越的な「存在」を直接経験することにより、精神的な自由ばかりでなく、世の中でのより大きな成功をも得ることができるようになるのです。

瞑想のこのような行動を通して得られる心の満足や落ち着きによって、全世界に生命を支える調和的な影響力が生み出されます。それによって、人々の意識が高まり、人々の心は普遍的な愛で満たされますから、極めて自然に、「世界の安寧」のために働きたい、という思いがわき上がってくるようになります。

これは心にとどめておくべきですが、超越「存在」に達するために、静かな瞑想を長時間にわたって行う必要はありません。ただほんの数分間、真我に飛び込めばよいだけです。そうすれば、心に純粋意識の本性が注入され、日中のすべての活動を通して、心の豊かさが保たれるようになります。これこそが、精神的な人生を生きる方法です。精神的な人生が生きられるようになれば、それにより、世俗における人生の肉体面、物質面さえも輝かしいものとなってきます。

詩節21　何であれ偉大な人がそれを行えば、他の人々も同じことをする。
何であれ偉大な人が基準を示せば、世間の人々もそれに従う。

偉大な人とは、毎日の生活の中で「存在」を自覚しながら生きている人のことです。活動に従事し他の人々のために働いているときであっても、永遠の「存在」の高い地位を自然に維持しています。偉大な人とは、そのような状態に達している人のことです。

この詩節で主は、一般の人々というのは進化した人の例にならうものだ、と述べています。また主は、それと同時に、アルジュナの自尊心をくすぐってもいます。ここに、教えの偉大な技術があります。直接的には述べられていませんが、アルジュナは社会から尊敬されており、人々は手本として従うだろう、という考えがアルジュナに伝えられています。ですから、アルジュナは、自分だけの利害という限界を越えた広がりをもつ、大きな責任を負っていることになります。

アルジュナは、自分自身の魂の進化のために、立ち上がって活動に従事するように求められています。もし、自分の進化はどうでもよいと考えたとしても、他の人々のために活動を受け入れることが、やはりアルジュナの義務であるのです。

続く詩節では、このことがさらに詳しく説明されます。

詩節22

私にとって、三界においてなすべき行動は何もない。パールタよ。また、得るに値するもので、まだ得ていないものも何もない。それでも、私は行動に従事している。


主は、詩節20で「ジャナカたち」のことを述べましたが、ここでは主自身を例に挙げて、詩節21で確認された原則を説明しています。主は、永遠の満足の絶対的な状態から話しています。

すでに、人間の進化における行動の重要性が明らかにされ、また、行動を通して完成された人生を生きた人々の実例を引くことによって、この原則の信頼性も示されました。主はここで、相対領域における活動からまったく離れている、「神聖なるもの」の純粋な領域における行動の価値を明らかにします。これは次のように説明できます。悟りの状態を得た人は、その人生に相対と絶対の二つの面がありますから、活動と神聖な意識の両方を完全に生きることになります。それに対し、主の純粋で超越的な神聖なる領域には、まったく相対性の痕跡さえもありません。それにもかかわらず、主は「行動に従事している」と述べています。生命の相対領域と絶対領域をつかさどり、それら両方のよりどころである創造世界の至高の主宰者は、「行動に従事して」います。

それは、変化し続ける創造世界の連続性の根底にある神聖なる活動です。

主は、主自身や三界について語るとき、アルジュナに「パールタよ」と呼びかけ、主自身とアルジュナとの間の愛の精妙なつながりを維持しています。これは教えるための技術です。アルジュナは主クリシュナを身近な存在として見るべきであって、手の届かない遠い理想として見るべきではないのです。

「三界」とは、相対的実存の全領域のことを指しています。

詩節23　もし、私がたゆまず活動し続けなければ、どうなるだろう、パールタよ。人々はことごとく私の例にならうのだ。

義務から逃れようとすれば、罪深い例を示すことになり、社会全体がそれに巻き込まれることになる、という大原則の真理を、主クリシュナはアルジュナに納得させようとしています。

さらに主は、主自身の不断の行動がすべての生命の根底にあることを指摘しています。創造世界すべては、主の形に現れない非具象の「存在」が形をとって現れたものです。形に現れない非具象のレベルにとどまっていながら、主は自らを形に現します。この具象化の行動が、創造世界として現れてきます。主のたゆまぬ活動のおかげで、存在するものすべてが維持され、進化しているのです。主の活動がなかったならば、全創造世界は無に帰してしまうでしょう。

このように、主は主自身の永遠の活動を、人々の模範として説明しています。

詩節24　もし、私が行動に従事しなければ、これらの世界は滅びてしまい、
私は、人々の混乱と破滅の原因となることだろう。

先の三つの詩節で述べられた原則がここでもう一度強調され、第一章の詩節39から45までのところで、アルジュナが指摘したのと同じような論点が提出されています。それらの詩節でアルジュナは、自分が戦えば社会の破滅を引き起こすことになるだろう、と言いました。

この詩節で、主は主自身のことに言及することによって、アルジュナの主張とは逆のことを述べています。もし、アルジュナが行動に従事しなければ、社会全体を堕落させることになるでしょう。また、アルジュナが示した悪例によって社会の諸価値が破壊されるでしょう。こういったことを、主は主自身のことを例に引くことによって、アルジュナに悟らせようとしているのです。

要するに、ある人が自分の人生において成就を得たとしても、その人は他の人たちのために行動する義務がある、ということです。このことは次の詩節で、とてもはっきりと説明されます。

詩節25　愚者は行動に執着して行動するが、バーラタよ、賢者もまた、行動すべきである。
しかし、その行動は、執着のない、世界の安寧を願ってのものである。

無知な人の行動と悟りに達した人の行動との間にはまったく違いがない、ということを主はアルジュナに示しています。無知な人によってなされようと、悟りを得た人によってなされようと、行動に変わりはありません。

違いはその結果にあるだけです。

無知な人の行動の結果は、その人だけによって楽しまれ、ほとんどその人だけに関係しています。なぜなら、無知な人は行動の結果に執着しているからです。行為者が行動に執着しているときには、当然行動の結果も行為者から離れません。しかし、行為者が行動に執着していなければ、行為の結果は行為者から離れます。

無知な人は行動し、その結果から利益を得ます。無知な人はこれらの結果に執着していますから、その心に深い印象が刻まれることになります。悟りを得た人の行動の結果は広く世の中に広がり、あらゆるものがそこから利益を得ます。悟りを得た人は、真我は活動から離れていると悟っており、永遠の満足という基盤から行動していますから、行動の結果による印象はその人に何も残さず、行為者は行動の束縛からまったく自由な状態を保つことができます。その人の行動は時代の要請に応じたものであり、環境の必要を満たすものです。賢者は「神聖なるもの」の手の中の道具となって、無心に神聖な計画を実行していきます。彼らの行動は、「世界の安寧」を願う気持ちから生じてきます。

詩節26

賢者は、行動に執着している無知な人たちの心を混乱させてはならない。
賢者は「存在」に立脚し、正しく行動に従事しながら、
無知な人々があらゆる行動をするように、彼らを導くべきである。

「賢者は無知な人たちの心を混乱させてはならない」。悟りに達した人の状態は、人生の正しい価値に基づいた長年にわたる内面の進化の結果です。このような状態に立脚していれば、その人の人生は自然に正しい行動として流れていきます。その人の「存在」は善悪の領域を越えたところにありますが、その行動はまったく自然に正しいものとなります。この詩節では、悟りに達した人は無知な人が自分の義務をなすことができるようにすべきだ、という助言が与えられています。悟りの状態は善悪どちらにもとらわれておらず、相対世界の全領域は、「存在」に属するものではない三つのグナの戯れにほかなりません。しかし、悟りを得た人は、このような話を無知の人にすることは差し控えなくてはならないのです。

これはさらに重要なことと思われますが、賢者は、何ものにも巻き込まれない真我の本性について話し、無知な人を混乱させるべきではありません。まだ悟りを得ていない人の理知は、完全に活動に巻き込まれています。悟りを得た人は、そのような人の心を分裂させるべきではありません。真我は活動から離れているというような話は、無知の人にはすべきではないのです。もし、そのような話をしたとすれば、無知な人は実生活に対する興味を失ってしまうかもしれません。そんなことになれば、その人は悟りを得ることができなくなってしまいます。人が悟りを得るのは、「神聖なるもの」と活動が離れたものであると知的に理解することによってではなく、その状態を実際に経験することによるのです。人がこのような経験を得て、それに立脚するようになるためには、人生の粗大と精妙の両方の領域で、意識的な活動をすることが必要です。無知な人に超越瞑想を教えてあげなさい。これが賢者への主の呼びかけです。そうすれば、その人はより精妙な活動を経験し、さらには、超越「存在」すなわち真我の、あらゆる活動から離れた真の本性を悟ることができるでしょう。瞑想中にこのような悟りを得た後は、毎日の生活の中で活動を続けるべきです。そして、その悟りが心の本性にしっかりと確立されるようにするのです。賢者は無知な人にこのことを教え、それから、自ら「正しく行動に従事」することによって、模範を示すべきなのです。

「あらゆる行動」。この世界における人生にとっては、自我の活動、理知の活動、心の活動、肉体の活動、といったさまざまなタイプの活動が必要です。人生のすべての領域において、粗大または精妙なあらゆる活動が、その人の進化の流れの中でそれぞれの役割を担っています。

より精妙なレベルにおける活動は、想念の過程における活動です。瞑想中、経験の過程は次第に精妙になっていき、そしてついに、心は活動の最も精妙なレベルを超越します。主が言おうとしているのは、思考、会話、行動といった粗大な活動のただ中にあっても、このようなより精妙な活動をなおざりにしてはいけない、ということです。社会のだれもが、粗大なレベルから精妙なレベルのあらゆる活動を適切な割合で行えるようにすること、つまり、人々の日々の活動が朝夕の瞑想によって補われるようにすること、それが賢者の役割であるのです。

「あらゆる行動」には正しくない行動も含まれる、と解釈すべきではありません。これは詩節８、９ですでに説明した通りです。

以下の詩節で主は、無知な人が正しい活動をするためにはどうしたらよいのかを示します。

詩節27　行動は、いかなる場合にも、「自然」のグナによってなされる。

「私が」という思いによって心が惑わされている者は、「私が行為者である」と考える。

この詩節では、あらゆる行動の主体が明らかにされています。また、それとともに、超越瞑想の実践によって至福意識を生き始め、自己充足を感じ始めるときに自然に出てくる疑問に対し、見事な答えが示されています。

行動は常に何らかの欲求によって動機づけられるものであるとすれば、完全な満足の状態でも行動が可能なのはいったいどうしてでしょうか。この疑問に対する答えは、「行動はいかなる場合にもグナによってなされる」ということにあります。

サットワ、ラジャス、タマスが「自然」(プラクリティ)の三つのグナです。プラクリティは根源的な動因力ともいうべきものです。それは形に現れた創造世界の本質的な構成要素であり、あらゆる活動の根底にあるものです。創造世界のあらゆる行動や出来事は、三つのグナとそれらの配列や組合せから生じる、という主の言葉の意味は、このようなことなのです。

グナの相互作用は、例を挙げてみればよくわかるでしょう。例えば、大気中のどこかに真空の状態が生じたとします。するとすぐに、気圧の高い方から空気の流れが始まります。それが自然界の法則です。しかし、空気の流れは気圧の高い所から始まりますが、その原因は真空にあります。風が吹くという状況を作り出したのは、真空であるのです。同じように、三つのグナも互いの間のバランスを保つように流れます。その流れは、実存のある領域から他の領域へと絶え間なく流れており、そのようにして、さまざまな活動が自然な仕方で生み出され、維持されています。現象世界のすべては、三つのグナの相互作用にほかなりません。

グナは、例えば、体の代謝の過程に表れます。そして、それを基盤として、空腹感やのどの渇きといった感覚が生じてきます。食物や水に対する必要は生理的な領域にあるものなのですが、しかし、自我は「私は空腹だ」と思ったり「私はのどが乾いている」と思ったりします。同じように、あらゆる経験の原因はグナにあります。グナがすべての事象や活動の基盤であるのですが、自我がそれを自分のこととして引き受けて、「私が行動している」と思うのです。

真我を活動から離れたものとして経験しないかぎり、心は、自分自身の地位についても、また心と活動との関係についても、「惑わされ」た状態にとどまってしまいます。心は自分自身とグナの本性とを混同し、行動しているのは自分であると思ってしまいます。しかし、実際は、行動はグナに属するものです。このように、人は自分自身の真我に無知であるために、行動の束縛に陥ってしまうのです。

詩節28　しかし、武勇に優れた者よ、グナの区分とその行動についての真理を知る人は、グナに作用するのはグナであると知って、何ものにも執着しない。

この詩節では、前詩節とは対照的に、悟りを得た人の心の状態が示されています。また、それと同時に、三つのグナに関する知識による悟りの過程への洞察もなされています。

三つのグナがプラクリティを構成しており、プラクリティは八つの層（第七章詩節4参照）からなっています。したがって、グナの領域には二十四の基本的な区分があることになります。この二十四の区分とその活動についての知識によって、人は行動の束縛から解放されます。この知識は、どのようにして私たちの人生の主観と客観の両面がグナから生じるか、また、どのようにして真我が形に現れた人生の領域における何ものにも永遠に巻き込まれないか、ということを私たちに教えてくれるからです。

ここに示されている束縛からの解放の道には、次のような重要な特徴があります。

一・知識は完全で包括的でなければなりません。なぜなら、主は「真理を知る人」と言っているからです。

二．知識は、次のものに関するものでなくてはなりません。
（a）「グナ」
（b）グナの「区分」
（c）グナの「行動」
三．知識はまた、グナの相互作用に関するものでなければなりません。すなわち、グナはそれ自体が主体であり、それ自体が客体であり、それ自体が主体と客体の関係であり、現象的な実存のすべてを構成しているものである、ということを理解しなければなりません。なぜなら、主は「グナに作用するのはグナである」と説いているからです。

主は前詩節で、行動をなすのはグナであると説き、さらにこの詩節で、グナとその行動についての真理を知る人は「何ものにも執着しない」と述べています。

ここで、次のような疑問が出てくるかもしれません。グナについて知的に理解しただけで自由が得られるのでしょうか。もし、知的な理解が先に挙げた条件を満たしているならば、この詩節で説かれているように、「何ものにも執着しない」完全な自由が得られるに違いありません。しかし、三つのグナとそれらの相互作用に関する「真理」が、知的な理解のレベルだけで本当に把握できるかどうかは疑わしいと言わなければなりません。やはり、創造世界の最も精妙なレベルにおいて、グナの本質を直接的に理解することが必要となるでしょう。

そこでまた、次のような疑問が生じます。では、そのような直接的な理解を得るためにはどうしたらよいのでしょうか。答えは簡単です。グナは創造世界の最も精妙な面です。その最も精妙なレベルに注意を向けることができれば、グナがどういうもので、どんな区分があり、その行動はどんなものかなど、詳しいことがわかるはずです。実際、このような知識はすべて、超越瞑想の実践中に、心が注意の対象の最も精妙な状態を、まさに超越しようとしているときに得られるものです。ですから、主の「グナの区分とその行動についての真理を知る人」という言葉は、その範囲の中に、「三つのグナを離れる」という教えも含んでいる、と言うことができるでしょう。なぜなら、これが、創造世界の最も精妙なレベルにおいて「真理」を認識する方法であるからです。

三つのグナを離れた状態である超越意識に確立されると、真実の認識者は、行動の領域は人生の表面にあり、自分の真の実存から離れている、ということを経験によって知るようになります。ですから、「真理を知る人」とは、ただ単に「グナの区分とその行動」を知っている人だけを意味しているのではなく、真我は活動から離れていると悟っている人をも意味しているのです。超越瞑想の実践を通して得られる、この活動から離れた自然な状態こそ、「何ものにも執着しない」状態を保つための基盤です。「存在」の状態すなわち純粋意識が、心の本性にしっかりと確立されたときには、自我、理知、心、五感が活動に従事している最中でさえ、活動の領域から離れたこのような純粋実存の状態を、まったく自然に生きることができるようになります。活動の領域は三つのグナの領域にとどまっており、もはや自分の実存とは深いつながりをもたない、ということがわかります。こうして、活動のさなかにも、自然に「何ものにも執着しない」でいられるようになります。このような知識の状態は、その人の理解全体に満ちるようになります。主が「グナに作用するのはグナであると知って、何ものにも執着しない」と言っているのは、このような理由からです。

この詩節では、サーンキヤの知識による自由という観点から、行動のことが述べられています。しかし、この知識は直接的な経験を通して初めて完全になるものですから、そこにはヨーガの実践と哲学も含まれています。したがって、この詩節では、第二章で別々に述べられたサーンキヤとヨーガの二つの哲学が統合されており、カルマの束縛からの解放は二つの教えの効果を結合することによって生じる、という一つの原理が打ち立てられています。これは、カルマ・ヨーガの基盤であり、その成就のために欠かすことのできないものです。

三つのグナという観点から述べられていますが、この詩節の全目的は、絶対的な至福意識における完全に満ち足りた人生の状態、すなわちジーヴァン・ムクティに光を当てることにあります。

詩節29 **「自然」のグナに惑わされた人たちは、グナの行動に執着する。全体を知る人は、部分のみを知る無知な人たちを混乱させるべきではない。**

主は再び、悟りを得た人に対して、自分が人生について理解したことを、まだ悟りを得ていない人たちに押しつけてはならない、と警告しています。なぜなら、悟りを得た人は「存在」に立脚しており、永遠のよりどころを得ているからです。そこから、世界は三つのグナの相互作用であると見ており、サットワ、ラジャス、タマスの働きは自分には何の関係もない、ということを経験から知っているからです。ところが、もし、無知な人が、人生において悟りを得た人の状態をまねようとすれば、自分の振る舞いに混乱を招くことになるでしょう。そして、その行動は、実生活の場における善悪の区別さえも危うくするような状態に陥ってしまうかもしれません。そのようなことでは、自分に対しても他の人に対しても、役に立たない人になってしまうでしょう。無知な人は、泥棒した後で、それは三つのグナの相互作用によるものだ、私の真我はそれとは関係ないから私には責任がない、と言うかもしれません。自分は何もしていない、と言うのです。主はこのような理由から、悟りを得た人は、その心の内面の状態をそのまま無知な人に明かすべきではない、と警告しているのです。

では、悟りを得た人が無知な人に祝福を与えたいと思うときには、どうしたらよいのでしょうか。そのときは、まずその無知な人のレベル（詩節35注釈参照）で接し、超越への鍵を与えることによって、その人を引き上げるようにするべきです。そうすることによって、その人は至福意識に達し、人生の真実を経験できるようになります。悟りを得た人は、自分自身のレベルのことを無知な人に語るべきではありません。なぜなら、それは無知な人を混乱させるだけだからです。

詩節30　君の意識を真我に保ち、あらゆる行動を私にゆだねて、
渇望なく、「私のもの」という思いなく、（迷いの）熱を離れて戦え。

創造世界はすべて三つのグナの戯れにほかなりません。ですから、主はアルジュナに、三つのグナの源に触れるように教えています。注意を超越意識に向け、「存在」の領域に立脚することによって、あらゆる活動とその影響から自由になることができる、と主は述べています。その自由と満足の状態において、立ち上がって戦いなさい、というのです。

この詩節は、詩節28の補足となっています。なぜなら、相対世界に関する知識は、至高者を悟ったときに成就するからです。さらに、全創造世界の基盤をなす三つのグナについての完全な知識を得るためにも、創造主と十分に親しくなることがぜひとも必要です。

「（迷いの）熱」。主は、詩節2でアルジュナが述べた戸惑いのことを思い起こさせています。「渇望なく」。人生の成就に達しているからです（詩節17、18）。

『私のもの』という思いなく」。「存在」との合一と活動の領域からの分離を得ると（詩節27、28）、「私」は行動を自分のものと考えるのをやめますから、行動の結果にも束縛されなくなります。あらゆる行動は、自動的に、創造世界の主宰者にゆだねられることになります。

瞑想の内側への歩みで、超越「存在」のはっきりした経験が得られます。超越することを何度も繰り返していくと、活動に従事しているときでさえも、真我が活動から離れていることを経験し、真我を非行為者として認識するようになります。人はこの状態において、あらゆる活動はグナとグナの区分とグナの行動の根底に存在する「全能者」の力によるものだ、と悟ります（詩節28）。人は真我の中に不動の状態を保ち、そして、グナを媒介としてあらゆる行動を遂行している行動の主体は主である、と認識するのです。

この状態は、次のような段階を経て達成されます。まず初めに超越瞑想の実践によって、真我すなわち「存在」を経験します。そして、この経験が次第に深く明確なものとなっていくと、「存在」は活動から離れているという経験が得られるようになります。さらに、この離れているという経験がより深くはっきりとしてくると、活動の仕組みについての知識を悟るようになります（詩節23、24、27、28）。この知識によって、万物の中における自分の本当の位置、行動との関係、全創造世界の主宰者との関係などが明らかになってきます。これは、神意識における永遠の人生のための基盤となります。この詩節のすばらしさは、「神」との直接的なつながりは、行動の技術に熟達することによって永遠に確立される、というところにあります。

あらゆる行動を「神」にゆだねるということは、その人の人生における生きた真実です。それは、単なる空想や気分ではありません。それは、活動におけるその人の人生の「真理」なのです。ゆだねられるのは、人生の一面だけに限られるのではありません。肉体面、心理面、精神面といったその人の実存のあらゆる面が含まれます。したがって、そこには確かに心と理知が含まれています。しかし、「神」に行動をゆだねたこの状態を、ただ単に心の行為として、すなわち想念や感情として理解するならば、この詩節で明らかにされている原理を正しく把握したことにはなりません。

「あなたの意識を真我に保ち」とは、行動しているときにも真我意識を維持するという意味です。意識の目覚めの状態における活動とともに、超越的な真我意識も保ち続けるためには、意識の二つの状態が共存しなければなりません。人間の神経系は、意識がそれ自体を表現するための肉体的な機構です。その神経系の能力を開発して、この二つの意識状態が同時に表現されるようにしなくてはなりません。これは、意識の目覚めの状態における継続的な活動の中に、超越意識における静寂の時間を規則的に組み込んでいくことで可能となります。このような実践を通して、神経系が調えられ、この二つの意識状態をともに永遠に維持できるようになったならば、意識は常に真我にとどまっているようになります。主は、意識をこのように真我の中にとどめておくことが、「あらゆる行動を私にゆだね」る方法である、と説明しているのです。

詩節31　信頼を抱いている人たち、あら探しをせず、常に私のこの教えに従う人たち、
彼らもまた行動から解放される。

前詩節での教えは、アルジュナ自身に対して説かれたものでした。なぜなら、主クリシュナは「戦え」と言っているからです。この詩節では、その教えが、あらゆる時代のあらゆる人々に向けて広げられています。「信頼を抱いている」とは、揺るぎない永続的な信頼をもっている、ということです。人が確固とした信頼をもつようになったときには、疑いから解放されますから、あら探しなどすることもなくなります。

あら探しをせず他人の悪口を言わないということは、「神」の実現と束縛からの自由に達するための、欠くべからざる必須の条件と考えられます。ある人が他の人の悪口を言うとき、その人は相手の罪に加わっていることになります。ですから、そのような人は、悪い影響をますます自分に引き寄せ、不浄の深みへと落ちていってしまいます。ここで主が言おうとしているのは、献身的で、自ら満足している人たちは「私」や「私の教え」のあら探しなどしない、その人たちは束縛から解き放たれている、ということです。

教えの恩恵は、それを実践し始めたときに初めて得られるものです。これまでの三つの詩節で説かれた主の教えは極めて完全なものですから、それを実践すれば、人生の成就が可能となります。教えの範囲や意義を知的に把握できない人もいるかもしれません。しかし、たとえ理解できなかったとしても、その教えを信頼して実践する人たちは、「彼らもまた行動から解放され」るのです。その人たちもまた、至福意識の中の永遠の満足を実現し、それによって、活動から離れている真我が確立され、さらには、神意識における成就がもたらされるのです。

詩節32　**しかし、あら探しをし、私の教えに従わない人たち、彼らはあらゆる知識に惑う者、破滅へと運命づけられた、感覚のない者であると知れ。**

主の言葉はわかりやすく、しかも、効果的です。

「あら探し」をするのは、理解できないために誤解をし始めるからです。

「私の教えに従わない」とは、教えを理解せず、それを実行にも移さないという意味です。そのような人たちは、三つのグナの本質や、それを越えたところにある真実をつきとめようとしません。

「あらゆる知識に惑う」とは、相対世界の実存の知識についても、絶対的な真実の本質についても、混乱しているという意味です。

「あらゆる知識」。グナの区分とその行動に関する知識（詩節27、28）、真我は行動の領域から離れているという知識（詩節17、18）、真我の絶対領域すなわち「存在」とグナの相対領域とをつかさどっている、全創造世界の偉大な主宰者に関する知識（詩節30、31）、そして、主の活動についての知識（詩節22、23）です。

「破滅へと運命づけられた」。このような人たちは、人生の目的を見失っています。世俗的な成就を見いだすこともできませんし、また、「神聖なるもの」も見失っています。このような人たちは、至福意識を生きることができず、そのために、苦しみの中にとどまっています。

「感覚のない者」。人生において正しい価値を持たず、純粋意識も得ていない者、ということです。その人たちは、「存在」の状態にまだ達していません。真我は活動から離れているという経験をまだしていません。その人たちの自己は活動に巻き込まれていて、その本来の状態にありません。このようなわけで、主は「感覚のない者」と言っています。まるで生命や意識を持っていないかのようだ、というのです。

主はこの詩節で、完全な知識の状態を実現することこそが、人生における救済と成功への唯一の道であると断言しています。それ以外の道はありません。

詩節33　万物はそれ自身の本性に従う。悟りを得た人といえども、その人自身の本性に従って行動する。抑制が何を達成できるというのか。

この詩節では、束縛からの自由は自然な方法で得られる、という真理が説かれています。悟りへの道において抑制は用をなさない、と主は述べています。主は、成就を得るための自然な生き方を教えようとしているのです。活動の領域においては、内側からであろうと、外側からであろうと、抑制しようとしてストレスや無理を生み出すことは、好ましいことではありません。瞑想中に得られる超越意識の状態を日々の活動に補うことにより、だれもが自然に進歩し、確実に成就を獲得するようにすべきです。

心の自然な傾向はより大きな幸福へと向かうことですから、心は必然的に最高の幸福、超越的至福意識の中に満足を見いだし、そして、束縛の根源である「執着」（詩節34）から離れます。この詩節で、主は「抑制」を否定して、アルジュナに一つの助言を与えています。それは、ものごとを気楽に受け止めなさい（第二章詩節40参照）、教えに従うためだとしても無理はいけない（詩節29注釈参照）、というものです。抑制は不自然なものですから、そのようなやり方によっては、真我が無執着の状態の中で活動に巻き込まれずそれだけで存在するという、人生の自然な状態をもたらすことはできません。

主は前詩節で、「あらゆる知識に惑う者と知れ」と述べましたが、この詩節では、すべての知識への手がかりを与えています。「行動から解放される」（詩節31）ために、「抑制」を用いる必要はありません。「存在」を経験することによって意識を高めることだけが必要なのです。「悟り」を得ることだけが必要なのです。活動を「抑制」することでは、ゴールは「達成」されません。なぜなら、抑制によって影響を及ぼすことができるのは心や五感に限られるのですが、次の詩節で説明されるように、束縛が本来位置するところは、心や五感の範囲内ではないからです。束縛の座である執着け内側にあるのではありません。それは外側の経験の対象の領域にあります。したがって、無執着は、心や五感の抑制によっては得ることができません。活動から遠ざかっていることで、無執着を得ることはできません。無執着の状態は、無活動（詩節4）によっても、どんな種類の抑制によっても得られません。それは、真我を悟り（詩節17）、真我は活動から離れていると悟ること（詩節28）によってのみ、得ることができるのです。ほかに方法はありません。なぜなら、万物は「それ自身の本性に従」わなくてはならないからです。何ものであろうと、それぞれの意識レベルに従って活動に従事しなくてはなりません。ですから、もし悟りがだれにでも得られるものであるならば、それはその人が従事している活動の種類に関係なく可能でなくてはなりません。このようなわけで、活動の種類をより好みするような抑制を通してでは、悟りの状態や知識の状態は得られない、ということになるのです。それは絶対「存在」のレベル、真我の悟りのレベルにあるものでなければなりません。人が「その人自身の本性に従って」行う活動とは、まったく関係ないものでなければなりません。

次の詩節では、このことがさらに詳しく説明されます。

詩節34　それぞれの五感の愛着と嫌悪は、その五感の対象の中に位置している。
これらに支配されてはならない。これらは実に道を阻む敵であるから。

主が指摘しようとしているのは、すべてはうまく見事に配置されている、ということです。すべてをあるがままにしておきなさい、というのです。それぞれの五感の愛着や嫌悪は、「その五感の対象」の中に位置しています。それらをその領域にとどめておき、そして、真我の領域はそれらから自由なままにしておくのがよいのです。

この詩節は前詩節の補足です。なぜなら、抑制しようと考えただけでも、心を五感の対象にかかわらせることになるからです。心は五感の対象を忘れようとして、結局、それらのことを考え続けます。そして、五感を通して対象と触れ合うとすぐに、それに対する愛着や嫌悪に影響されてしまいます。したがって、経験の活動を控えることが、愛着や嫌悪から永遠に自由になる状態に達するための手段となる、と考えるのは間違っています。なぜなら、まったく活動をしないでいるということは物理的に不可能だからです。

ここでの教えは、「存在」をその完全性において悟りなさい、「それ」は活動から離れていると悟りなさい、ということです。そうすれば、どんな活動の最中であろうと、どんな五感の対象に取り囲まれていようと、愛着や嫌悪から離れている真我を自動的に維持できるようになります。

主は前の詩節で、「抑制」という方法には従うべきではない、とアルジュナに教えました。主はこの詩節で、愛着と嫌悪とを同一のレベルに置いています。これらはどちらも、「道を阻む敵」であるのです。

次の詩節では、このことから注目すべき結論が導かれています。

詩節35

自分自身のダルマは、それをなすことができるがゆえに、
（たとえ）利点が劣っているようでも、他人のダルマよりは優れている。
自分のダルマにおいて死ぬほうが優れている。他人のダルマは危険をもたらす。

人生にはさまざまな進化の段階があります。進化の過程が進行していくためには、一つの段階から次の段階が生じるというようでなくてはなりません。この過程においては、連続するそれぞれの段階がとても重要です。主はこのような真理を説明するために、進化のどのレベルにあっても重要な意味を持つ、一つの原理を述べています。それは、「自分自身のダルマは、それをなすことができるがゆえに、(たとえ)利点が劣っているようでも、他人のダルマよりは優れている」ということです。

進化のレベルは人によってさまざまです。そして、進化のどのレベルにも、そのレベルでの指導原理、基準というものがあります。高いレベルでの指導原理すなわちダルマは、そのレベルにおいては適切で実際的なものですが、もっと低い進化レベルの人にとってはそうではありません。主が強調しているのは、その人自身の意識レベルに従って行動せよ、ということです。なぜなら、その人自身の意識レベルに従うことによってのみ、進化の次の段階へ進むことが確実になるからです。人生の進化の過程に関する限り、他人のダルマと比較して、たとえ「利点が劣っている」ように思えたとしても、その人自身のダルマが結局一番ふさわしいのです。ダルマの真の価値は、それが最も効果的に進化を促進するのに役立つものである、という点にあります。

ある段階の人生は、そのレベルのダルマに促されてより高い段階へ進み、次に、そのより高い段階のダルマの支配を受けるようになります。このようにして、人生は進化のさまざまな段階のダルマを通し、一つの段階から次の段階へと、徐々に進化していくのです。現段階のダルマは、より高い段階のダルマと比較すると、その相対的な価値においては劣っているかもしれません。しかし、それ自体の価値としてははるかに優れています。学校の生徒が最初に手にする英語の読み物は、ミルトンの『失楽園』より劣っているかもしれません。しかし、一年生にとっては、その読み物のほうがよりふさわしく、したがって、より有益であるのです。

もし、ある人が自分より進化した人にふさわしいダルマに従おうとしても、それを上手に実行することはできないでしょう。時間と労力の無駄になるだけです。そればかりか、自分の進化の道を見失うことにもなりかねません。自分自身のダルマに従うならば、たとえそのために死んだとしても、人生のより高い状態へと自然に高まります。しかし、他人のダルマを行おうとして死んだとしたら、その人は自分の進化のレベルから逸脱して、進化の道においてまったく混乱した状態で死ぬことになるでしょう。

主は、「自分のダルマにおいて死ぬほうが優れている」と説き、その理由として、「他人のダルマは危険をもたらす」からと述べています。このことから、人生には死という現象よりもさらに大きな危険がある、ということが明らかになります。

死はそれ自体としては、進化の過程において一時的な休止を引き起こすだけです。このような一時的な休止は、人生にとって本当に危険なものではありません。なぜなら、休止後、また新しい肉体を得れば、前にもまして速い人生の進化を遂げることが可能となるからです。それよりもっと危険なのは、進化の過程を実際に遅らせてしまうことです。

確かに、他人のダルマに従うことによっても、人生に何らかの効果を生み出すことはできます。しかし、それはその人の現在の進化レベルには何の関係もないことです。なぜなら、現在の進化レベルに関係するのは、その人自身のダルマだけだからです。他人のダルマは、その人自身の進化レベルとは異なる進化レベルに属するものです。人間は自由に行動することができますから、別の進化レベルに属する行動をしようとすることも不可能ではありません。つまり、他人のダルマにふさわしい行動を試みることもできるのです。しかし、もし、そのような行動をとったとしたら、進歩の連続性が失われ、現在のレベルからの進化ができなくなってしまいます。これこそが、人生にとって最も危険なことなのです。進化の道において何の前進もなく、むなしく人生を生き、時が過ぎていくばかりです。

すべての人はその人自身のダルマのレベルに従って生きるべきである、と主は教えています。なぜなら、そうすれば進化の道で着実な前進が約束されるからです。進歩を促進する方法はいろいろあります。しかし、どの方法も、現在のレベルを高めることから始まります。いきなり現在のレベルを捨ててしまうようなことはしません。

この教えはヨーガ・シャーストラに関する教えです。ですから、相対領域における人生のレベル、すなわち三つのグナとその活動のレベルに関するダルマだけなく、活動のない「存在」のレベルのダルマについても考察する必要があります。相対世界におけるダルマは、さまざまな活動のレベルでさまざまな価値を持っていますが、真我のダルマは永遠です。人生には、これら二つのタイプのダルマがあります。不変の真我における永遠のダルマと、相対世界において人生のさまざまなレベルに応じて変化したダルマの状態です。

この詩節の教えを最高のレベルで考えてみると、次のようになります。三つのグナのダルマに従って愛着や嫌悪に支配されるよりも、絶対的な至福意識である真我のダルマに立脚しているほうが優れています。なぜなら、人がその本来のダルマすなわち真我のダルマに立脚するとき、その人の活動は全能なる「自然」の直接的な影響の下に進められ、「自然」の完全な支援を受けるからです。これに対し、もし別のダルマすなわち三つのグナのダルマに従うならば、その人は宇宙生命の全能なる「自然」の支援や保護を失い、その活動は個別生命の限界の中に制限されてしまうでしょう。

この原理は、真我のダルマに当てはまるとの同じように、三つのグナのダルマにも当てはまります。活動の領域が真我の領域を侵さないようにしなければいけません。そのようにして初めて、人は進化のどのレベルにおいても、真我のダルマと活動の領域のダルマの両方を、自然に生きることができるのです。真我の領域と活動の領域は、ともにその完全な状態で永遠に維持されるようになるでしょう。人は、個人的および社会的な人生のさまざまな活動領域におけるあらゆる成功のただ中で、永遠の自由を生きるようになるでしょう。

悟りを得た人の肉体が死を迎えて、その神経系が機能しなくなったとしても、真我はそれ自身のダルマ、すなわち「存在」の永遠のダルマに確立されたまま変わりません。一方、三つのグナの領域も、絶え間ない変化のダルマの中にあり続け、その死んだ肉体をさまざまな構成要素へと分解していきます。そのような場合、死は単なる個人的な活動の停止を意味するだけで、真我は永遠の自由という限りない状態の中にとどまります。このような死は、再び生と死のサイクルに戻って来ることはない、ということを暗黙のうちに宣言しています。「自分のダルマにおいて死ぬほうが優れている」と説くとき、主は死を賞賛しているのではありません。主はただ、死の悲惨な意味合いがなくなる、永遠「存在」の状態に達するための原理を確立しようとしているのです。

第一章の詩節40から45でアルジュナがダルマに関して示した疑問は、これですべて解答が与えられたことになります。アルジュナは、主に行動のレベル、すなわち人生の相対領域における粗大なレベルで、ダルマのことを考えていました。これに対し、主は人生の根源から、すなわち三つのグナの基盤である「存在」のレベルから、ダルマを考察しました。人生のこの根本的なレベルからダルマを考察するならば、人生の進化のどんな段階のいかなる問題に対しても、解決策を得ることができるのです。

詩節36　アルジュナは言った。

では、人はいったい何に強いられて罪を犯すのか。望みもしないのに、まるで力ずくで駆り立てられているように。ヴァールシュネーヤよ。

「ヴァールシュネーヤ」。ヤーダヴァ族に属するヴリシュニ家の一員である主クリシュナのことです。アルジュナのこの質問は、本質的でしかも現実的な質問です。ドゥルヨーダナとその一党を駆り立てているもの、また、アルジュナ自身に親族の殺害という大罪を犯させようとしているもの、それはいったいどういう力なのか、それを知りたいのです。

泥棒は、自分が罪を犯していることも、罰を受けることになることも知っています。にもかかわらず、自分を抑えることができません。これはどうしてでしょうか。

アルジュナは、内面の神聖な真我は活動の領域から離れている、という深遠な哲学を聞きました。また、真我がその永遠の実存のダルマから離れ、絶え間なく変化している三つのグナのダルマの領域に陥ることは危険だ、ということも前詩節ではっきり理解しました。アルジュナは今、真我は活動から離れているということの真理が、人生の自然な状態であるにもかかわらず、人々の日々の生活の中に現れていない、ということを知って驚いています。それで、この詩節のような質問を発しているわけです。人からその実存の真実を奪い取ってしまう力はいったい何なのか、アルジュナはそれを理解したいのです。

詩節37　**聖なる主は言った。**
それは欲求である。それは怒りである。ラジョーグナより生じるそれは、すべてを食い尽くす最も邪悪なものである。それをこの地上における敵と知れ。

「ラジョーグナ」とは、「自然」の三つのグナの一つであるラジャスのことです。これは、運動とエネルギーをつかさどっているグナです。

欲求は五感と対象を結び付け、それによって、愛着や嫌悪（詩節34）を通して真我に影響を与えます。そして、愛着や嫌悪は、自己を巻き込んで、それを活動へと駆り立てる力を生み出します。

真我意識すなわち形に現れない非具象の純粋意識は、振動として具象化します。意識は振動して意識的な心となり、そして、想念が生じてきます。具象化の過程は続き、想念は欲求へと発展します。欲求とは、振動する意識が動き始めて特定の方向に導かれたものです。欲求とは、永遠で不動の純粋意識の上に重ねられた動きにほかなりません。これは、ラジョーグナによって生じるものです。

ある欲求の流れが他の流れによって妨げられると、その衝突の地点にエネルギーが発生し、怒りが燃え上がります。この怒りは、調和的で滑らかな欲求の流れを妨げ、混乱させ、破壊します。このようにして、形に現れた真実の具象領域に混乱が生じ、幸福の拡大という具象化の目的が損なわれます。創造の目的そのものがくじかれてしまうのです。

だからこそ、怒りは「敵」である、と主が述べているわけです。それはちょうど、川に生じた渦が、滑らかに通り過ぎようとするすべてのものを、ひっくり返そうとするのに似ています。あるいはまた、燃え広がる炎が、行く手にあるものをことごとく焼き尽くしていくのに似ています。怒りは創造の目的そのものを損なう大きな悪であるといえます。

ここでは、欲求も怒りも両方とも非難されています。怒りが創造の目的を損なうのに対して、欲求は心を五感の経験領域に漂わせます。ですから、欲求は、自己がそれ自身の本質に安定しないかぎり、心が真我を行動に巻き込んでしまう原因となります。こうして、真我の自然で永遠の自由が覆い隠されてしまいます。無知の状態における欲求は、絶対の至福意識である自己の純粋な本質を覆い隠し、人生を束縛と苦しみの中に閉じ込めてしまうのです。

「すべてを食い尽くす」という表現は、「ラジョーグナより生じる」の後に置かれています。これには次のような意味があります。ラジョーグナは、サットワとタマスが機能するのを可能にするものであり（第二章詩節45注釈参照）、自然界の建設的な力や破壊的な力すべての根底に存在しています。したがって、ラジョーグナにその源を持つ欲求もまた、三つのグナの全領域を支持する力か、あるいは、その全目的を覆す力か、いずれかの力を本質的に備えています。主はこの詩節では、欲求を支持する力としては議論していません。なぜなら、主はここでは、真我を外に連れ出すという、欲求の本質そのものを分析しているからです。欲求それ自体としては、「すべてを食い尽くす最も邪悪なもの」なのです。なぜなら、それは真我の本性を覆い隠し、永遠の人生の真の本質である、絶対の至福意識を曇らせてしまうからです。

主がここで明らかにしている欲求の本質は、まだ悟りを得ていない人にだけ当てはまることです。それは、まだ道を探し求めている人や、無知な人についてのみ言えることであって、悟りを得た人には当てはまりません。真我は活動から離れているという悟りを得たとき、欲求はもはや「この地上における敵」ではなくなります。なぜなら、そのときには、欲求は三つのグナにのみ支えられているのであり、それに対し、真我は欲求の影響をまったく受けないようになっているからです。

主はこの章の残りの部分で、怒りと欲求の本質についての考察を続け、最後に、この人生の敵を征服する方法を示します。

詩節38　**火が煙で覆われ、鏡がほこりに覆われ、胎児が羊膜に覆われているように、「これ」はそれによって覆われている。**

「『これ』はそれによって覆われている」。純粋意識が欲求によって覆われている、ということです。この詩節では三つの比喩が使われていますが、それぞれに違った意味があります。

煙は火から生じて、火を覆います。欲求は純粋意識から生じて、純粋意識を覆い隠します。

鏡はほこりで覆われますが、そのほこりは外部から来るものです。欲求の源は、「存在」の領域にあるのではなく、その外側のグナの領域にあります。この外側からの刺激が欲求を生み出し、純粋「存在」を覆ってしまうのです。ですから、ほこりが鏡を覆うように、外側から来る欲求が「存在」を覆っている、と言えるわけです。

胎児を包んでいる羊膜は、胎児を支え、その生命を守っています。同じように、「存在」を覆い隠す欲求も、万物を支え、生命を与え、滋養を与えて、生かし続けます。

したがって、何ものにも巻き込まれない真我の本性をさまざまに覆い隠して、あたかも活動に束縛されているかのごとく、真我を巻き込まれたような状態にしているのは、欲求にほかならないのです。

詩節39　**英知はこの飽くことを知らぬ欲求の炎によって覆い隠される。これは常に賢者の敵である。クンティーの子よ。**

「英知」。詩節32を参照してください。

詩節37で明確になったように、欲求は消すことのできない火のようなものです。なぜなら、特定の方向への欲求の流れは、幸福の経験や幸福の探求によって動かされて、ある地点からまた別の地点へと流れ続けるからです。けれども、相対世界の領域にあっては、より大きな幸福を求めようとする渇望を、最終的に満たしてくれるようなところはありません。

このようにして、欲求の絶え間ない活動により、自己と外界との間には、固く結び付けられた関係が維持され続けます。そして、それによって、自己は行動の領域にあたかも縛り付けられたようになっているのです。あらゆる活動は本当は三つのグナによって行われているのですが、欲求は自己が行動の領域に巻き込まれないでいることを許してくれません。

ここでの「賢者」とは、詩節28ですでに説明されたように、「グナの区分とその行動に関する真理」を知っている人、「グナに作用するのはグナである」と知っている人のことです。賢者とは、三つのグナの知識に立脚し、行動の領域に巻き込まれないでいる人のことです。この詩節で主は、欲求は「常に賢者の敵である」と言っています。それは、三つのグナのことをただ知的に理解しているだけでは、行動にもその結果にも巻き込まれない真我を確立するのに不十分だ、ということをサーンキヤを学ぶ人たちに警告しているのです。欲求の影響を越えることが必要なのです。しかし、人生が続いていく限り、人生は欲求の領域にとどまらなくてはなりません。実際的な人であれば、欲求を持たずにはいられないはずです。「英知はこの飽くことを知らぬ欲求の炎によって覆い隠される。これは常に賢者の敵である」と主は言っていますが、これは、欲求は根絶しなければならない、という原理を述べようとしているのではありません。なぜなら、それは物理的に不可能であるからです。そのような試みは、どんなものであれ、人生を鈍くするか、役に立たないものにするか、あるいは緊張したものにするだけです。

主の目的は、まずアルジュナに事実を示し、それから一つの方法を与えることにあります。この方法により、欲求の束縛的な影響を容易に乗り越え、その人生をあらゆるレベルでより輝かしい、より大きな成功を収める、満たされたものとすることができるのです。主は束縛の仕組みを明確に説明しています。これは、束縛を乗り越えて永遠の自由の人生を生きることは、難しいことではなく簡単なことだ、ということをアルジュナがもっとよく理解できるようにするためです。この詩節では、欲求は敵であるということが強調されています。これは、主がアルジュナを、欲求の影響が敵対するものから役立つものへと変換される道へと導こうとしている、ということを暗に示しています。そうなると、欲求は、「賢者の敵」ではなくなります。それは賢者を支え、あらゆる面から成就をもたらすものとなるのです。

主クリシュナは、その大きな慈悲の心から、一つの簡単な方法をアルジュナに与えようとしています。それは、欲求を生み出す仕組み全体を変える方法です。理性と心情を変換し、欲求の発生とその活動のすべてが、神意識という一元性の果てしない大海における愛と至福の波となるようにします。これには、五感、心、理知といった欲求を生み出す仕組みに一定のパターンを与え、それが欲求の領域にとどまっている間にも、欲求の影響から自由でいられるようにすることが必要となります。そうすれば、真我は何ものにも巻き込まれない状態にとどまり、欲求は三つのグナの責任に任せられて、それらの力によって発生し、発達し、その役割を果たすようになります。

次の詩節では、欲求を生み出す仕組みが分析されます。そして、この章の残りの詩節は、欲求の束縛的な影響から抜け出す方法についての、基本的でしかも最も高度に進んだ教えを明らかにすることに、捧げられています。

詩節40　五感と心と理知とは、欲求の座であると言われる。欲求はこれらによって英知を覆い、肉体に宿るものを惑わせる。

英知が失われてしまうのは、主に心が活動の領域に絶え間なくかかわっているため、すなわち欲求のためである、ということがこれまでの詩節で説明されてきました。ここで主は一つの方法を説き始めます。その方法は、一方では、欲求が「存在」を覆い隠すのを許さず、他方では、欲求に成就をもたらし、人生に成功と救済の両方をもたらすことができるものです。そして、すべての欲求と活動を生み出す、人間の主観面に影響を与えることのできる方法です。

最初に主は、欲求の抽象的な内容を具体化していく、人間の主観面の仕組みを説いています。想念という形の抽象的な欲求は、理知、心、五感を通して具体的な形をとります。その結果、真我はあたかも活動の領域に巻き込まれたかのようになります。このようにして、何ものにも巻き込まれない真我の本性は、いわば、惑わされてしまうのです。真我を何ものにも巻き込まれない状態に保ち、束縛から離れた状態に保つ英知も、五感、心、理知が欲求の影響の下で行動に赴くとき、それらによって覆い隠されることとなります。

この詩節では、五感は欲求が機能するための直接的な手段である、ということが示されました。次の詩節では、欲求の覆い隠すという性質から自由になるためには五感を調える必要がある、ということが強調されます。

詩節41　したがって、最上なるバーラタよ、第一に五感を調えて、知識と悟りの破壊者であるこの悪を振るい落とせ。

「調えて」。原文のサンスクリット語では、「ニヤミヤ」となっています。この言葉そのものの意味は、「法や秩序を導入して」または「秩序正しく機能するように組織して」ということです。「調えて」という言葉は、正確な意味を伝えるのに十分とは言えませんが、これを訳語として選んだのは、「制御」や「抑制」といった意味合いを避けるためです。多くの注釈者たちは、そのような意味に解釈してきたのですが、そのために、この教えの意味と目的すべてが損なわれてしまったのです。

この詩節では、一つの基本的な原理が明らかにされています。それは、人生を欲求という「この悪」から解き放ち、神聖な意識における英知と自由の完全性へと至らせる方法を示す原理です。

前の詩節で、五感と心と理知は欲求の「座」である、ということが明らかにされました。欲求の流れを調節し調え、それが真我の本性を覆い隠さないようにする方法をアルジュナに教えるにあたり、主は五感の領域を考察することから始めています。なぜなら、五感はあらゆる欲求の流れが湧き出てくる泉であるからです。

山には、あらゆる方向からさまざまな地下水が流れていますが、それらはどれも、泉という共通の出口にたどり着きます。これらすべての地下の流れを調える唯一の方法は、出口を調えることです。理知と心の領域における欲求は、地下水の流れに例えることができます。五感の領域は、その流れが表面に現れる出口に当たります。出口を調整すれば、わき出る水をすべて有効に利用することが可能です。この詩節によれば、出口を調えること、すなわち五感を調えることが、欲求という地下水の流れを最も上手に活用する方法であるのです。

ここでの教えは、欲求を放棄せよ、あるいは欲求を抑えつけよということではありません。欲求それ自体を制御するのではなく、五感を調えることによって、欲求の出口を制御しなさいということです。その目的は、五感の機能に一つのパターンを与え、進化の過程を導いている自然界の諸法則に、常に、当然のこととして、その活動が調和しているようにすることです。これが、「知識と悟りの破壊者であるこの悪を振るい落と」するための簡潔でしかも効果的な方法なのです。

五感を調えることは、人生におけるあらゆる真の達成の根本となります。次の二つの詩節で、その方法が説明されます。

詩節42　五感は精妙であると人は言う。五感よりさらに精妙なのは心であり、心よりさらに精妙なのは理知である。しかし、理知さえも越えているのが彼である。

前の詩節では、五感を調えることの必要性が強調されました。ここでは、五感を越えたところにある、主観的な人生のさらに精妙な面の順序が示されています。これは、五感を調えるための鍵を見つけるためです。もし、ある社員と交渉して話が進まなければ、その上司に当たるべきです。人生の内側の領域では、理知を越えたものこそ最高の権威者である、と主は述べています。

次の詩節では、彼に接触することによって五感を自然に征服することができる、ということが明らかにされます。

詩節43　このように、理知を越えた彼を知り、真我によって自己を静めて、武勇すぐれた者よ、欲求という形をとった征服しがたい敵を打ち倒せ。

「彼を知り」とは、肉体の内側に宿っているのは、肉体、五感、心、理知の活動の全領域から離れている「存在」であると知って（第二章詩節18～26、29、30参照）、ということです。この表現には、このように知ることが「欲求という形をとった敵を打ち倒」す方法である、という意味が含まれています。

「征服しがたい」。欲求を直接征服しようとしても、なかなか征服できるものではありません。欲求は心のインパルスです。心が「存在」の方に向かなければ、心は自然に欲求とかかわっていることになります。心と欲求の自然な関係はこのようなものであり、また、心は欲求が存在するための基盤ですから、欲求を征服する唯一の方法は、心を「存在」の方に向かせることです。

これは人生の偉大な英知です。これが、カルマ・ヨーガの教えの神髄です。主は、原因と結果に関する基本的な教えを説いています。結果を変えるためには、その原因に影響を与えなくてはなりません。理知、心、五感の本性を変えるためには、「存在」の領域に行かなくてはなりません。絶対究極の真実に行きなさい、そうすれば、相対世界のあらゆるレベルが重荷ではなくなるでしょう。光明を得なさい。そうすれば、人生は無知の暗闇から離れて、永遠の自由と完全性の中にあるようになるでしょう。

主は次のように説いています。「究極なるもの」の悟りは容易にあなたの手の届くところにあります。あなたは至高者を悟る力を持っています。その力を損なわないようにしさえすればよいのです。悟りとは、本来のあなた自身になることにほかなりません。あなたがあなた自身になりさえすれば、実存の全領域が永遠の調和の中に置かれるようになります。理知、心、五感のすべてが調和的に機能して、どれかが他を支配するというようなことはなくなります。人生のどの面も損なわれることなく、人生は完全性の中に生きられるようになります。

これは、第二章詩節45、46の主の言葉を再確認するものです。これは、難行苦行によって五感を抑制する必要のない自然な方法です。この方法によれば、悟りの状態を養うために無執着や放棄を含む実践をする、というような必要はなくなります。

知識の道、ギャーナ・ヨーガの道を行く人にとっても、行動の道、カルマ・ヨーガの道を行く人にとっても、悟りに達するためのとても実際的な方法がここに提供されています。これは、在家者であろうと出家者であろうと、その生活様式に関係なく、直接的に成就に至ることができる方法です。

悟りを得るためには欲求を抑制しなければならない、と一般的に考えられているのは残念なことです。このような考え方は、完全に間違っています。過去数百年の間にこの誤解は次第に大きくなり、その結果、「真理」を求める人たちの課題は、以前にも増して困難なものとなってしまいました。ここで主は次のように説いています。カルマの束縛から抜け出すために、悟りの状態を得なさい。闇を取り除くために、光をもたらしなさい。これこそが、この詩節の根底にある原理です。光の中に入ってくるために、闇を取り除こうと努めなければならない、というのではありません。

カルマの束縛から解放されるために、主は、アルジュナがカルマの全領域から離れることを望んでいます。主がアルジュナに望んでいるのは、超越的な真実を知り、それにより、欲求と行動の束縛的な影響を越える程度にまで心を確立することです。これが、この地上での生涯のうちに、統合と永遠の自由の状態を実現する、直接的な方法であるのです。

この章の最後の詩節であるこの詩節では、詩節1、2、36のアルジュナの質問に対する主の答えが要約されています。

行動の科学を説明しているこの章では、欲求を征服する方法として、また、欲求に成就をもたらす方法として、欲求を超越することが勧められています。無益な欲求は抑制され、有益な欲求は成就を見いだします。木の生命を維持する原理は、木を超越するということです。もし、根を取り囲んでいる領域、すなわち木の超越的領域に注意を向けるならば、木のあらゆる部分に滋養をもたらすことが容易になります。もし、「超越」の領域に注意を向けるならば、生命という木全体を健康で実り多いものにすることができます。

この章の祝福は、行動に成就をもたらすために行動の領域を超越する、という原理です。この原理は、在家者の人生と出家者の人生の両方を支援してくれるものです。

ここに、栄えあるバガヴァッド・ギーターのウパニシャッド、絶対に関する科学、ヨーガの聖典、主クリシュナとアルジュナの対話は、「行動のヨーガ、カルマ・ヨーガ」と題する第三章を終える。

第四章　行動の放棄に関する知識のヨーガ

第四章における教えの展望

詩節1～8……この行動の道は、この世界での成功と神聖な意識における自由を得るためにあります。この行動の道には長い伝統があり、その内容において永遠です。たとえ、時とともにその純粋性が失われ人々に忘れられようとも、そのたびに、「神」からやってくる復活の波によって世の中に戻ってきます。

詩節9・10……「神聖なるもの」は活動から離れているという知識、また、「主」の誕生と行動は神聖であるという知識は、人の意識を高め、浄化します。そして、その純粋性によって、人は神聖なレベルに置かれるようになります。

詩節11・12……人に対する「神聖なるもの」からの応答は、人が「神聖なるもの」にどのように働きかけるかにかかっています。成功は人間の世界における行動から生まれるのです。

詩節13～15……解放を求める人は、「神聖なるもの」は創造主であり、しかも活動から離れていると知り、その例にならって活動に従事します。

詩節16～22……行動の道筋は計り知れないものですから、正しい行動は、神聖な性質についての知識を得たときに初めて可能になります。この知識は、神聖な意識において完全に得ることができます。この神聖な意識においては、内面の自由と外側の活動が同時に維持されています。

詩節23〜33……人は神聖な意識を得て人生の一元性へと高まります。この状態においては、すべての活動が「神」の光の中にあります。すべての活動は、「神」についての知識の中で、その頂点に達します。

詩節34〜38……この知識に立脚すれば、万物は自分自身の中にあり、自分自身は「神」の中にある、ということがわかります。神意識におけるこのような最高に純粋な状態により、無知が消え去り、行動のあらゆる束縛がなくなります。

詩節39〜42……この知識の光は、十分な信頼を持ち目的に専念し、五感を征服した人に灯されます。そして、ただちに永続的な平安をもたらします。疑いからの自由と無執着の状態とを得なさい。真我に立脚しなさい。そうすれば、行動に束縛されることはなくなります。

この章は、第三章を生み出したのと同じ主の息吹から生まれました。第三章と第四章は、第二章の詩節48に種の形で含まれていた教えから生まれてきたものです。「ヨーガに立脚して行動せよ」という教えからは第三章が、「執着を捨て、成功や失敗の中に平静を保ち」という教えからは第四章が生まれてきました。ですから、求道者に悟りをもたらすには、この二つの章だけでも十分です。この二つの章は、言葉の表現の及ぶかぎり、求道者が求める経験とその完全な理解を与えてくれます。

第二章では、解放についての教えが説かれました。人生の相対面と絶対面が分析され、それらの知識を通して解放が得られるということが約束されました。

完全な知識というものは、理解と経験の両方から成り立つものです。したがって、成就を得るためには、その人の道が在家の道であろうと出家の道であろうと、どちらの場合にも、相対と絶対に関する理解と経験の両方を得ることが必要となります。こうして、サーンキヤの英知とヨーガの実践とは、どちらも悟りに至るための道であるということになります。サーンキヤの英知は、相対と絶対の理解を通して解放をもたらします。ヨーガの実践により、実存のこの二つの面を直接的に「経験する」ことで解放がもたらされます。第二章には、このような教えのすべてが含まれていました。

第三章では、行動についての教えが示されました。これは、第二章詩節45で最初に述べられた絶対の経験を、永続的なものにするために説かれたものです。

絶対の経験が永続的になったときには、目覚め、夢、深い眠りのすべての意識状態を通して、真我の自覚が自然に維持されるようになります。人は、自分は活動から離れているという経験をします。このような、何ものにも巻き込まれない無執着の人生を自然に生きるとき、その人の理知は問い始めます。「これが人生の真理なのだろうか。このような分離や無執着の感覚は、真の人生と関係あるものなのだろうか。それとも人生からの逃避なのだろうか。人生の真実は、『存在』と活動の二元性なのだろうか」

これらの疑問は、第四章で示される知識によって取り除かれます。

放棄に関する知識に捧げられたこの章では、個人レベルと宇宙レベル、すなわち人間のレベルと「神」のレベルの両方において、行動の本質と行為者の本質が分析されています。そして、この体系的で合理的な分析の結果、次のことが宣言されます。行動と行為者は互いに独立している。この二つの間には本来、あらゆるレベルで分離の状態が存在している。この無執着または放棄の状態は、一方では、行為者のために永遠の自由という堅固な基礎を提供し、また一方では、行動においてたいへん輝かしい成果を伴う、可能なかぎり最大の成功を与えてくれます。「神聖なるもの」、そして人間のために、永遠に戯れる場を提供してくれるのは、このような放棄の状態にほかなりません。本来これが人生の基盤である、ということに対する無知は、束縛や苦しみの原因となります。この知識を得れば、永遠の自由がもたらされます。この知識を明らかにすることが、第四章の狙いです。

この章の最大の魅力は、行動の放棄に関する知識が明らかにされるとともに、行動の全領域が説明されているという点にあります。人生の流れは、どのようにして実存のより高い領域に向かって（詩節10）、あるいは、自然界の高次の力に向かって（詩節12）前進し、そしてついには、神意識における永遠の自由という大海へと流れ込む（詩節9）のか、そういったことが示されています。

知識に関するこの章は、求道者にとって最も重要な章です。なぜなら、悟りへの途上における最も貴重な経験である、真我と活動との分離に関する経験が説明されているからです。求道者ならだれでも、その実践が進んでいくと、必ずこのような経験を得るに違いありません。そして、もし、疑いに妨げられることなく、滑らかに自分の道を進んでいこうとするならば、この知識を持っていなくてはなりません。

この章では、真我と活動との分離に関する完全な知識、すなわち放棄の状態に関する完全な知識を明らかにするために、相対と絶対という人生の二面が説明されています。そして、その説明とともに、『ウパニシャッド』に見いだされる二つの完全性に関する哲学が宣言されています。それは、「プールナマダ　プールナミダム――これも満ちており、『それ』も満ちている」、つまり、超越的、形に現れていない非具象、絶対、永遠の「存在」も満ちており、この形に現れた、相対、無常の現象界も満ちている、というものです。絶対はその不変の本性において永遠であり、また、相対世界は常に変化する本性において永遠であるのです。

二つの完全性があるという、宇宙意識における生きた真実は、神意識の大いなる統一においてその完成に達します。この章では、この二つの完全性の統一に関する哲学が説明され、その中で、このヨーガの教典に含まれる英知の核心が示されます。このような理由から主は、このヨーガの伝統についてアルジュナに説明することから始めます。

詩節1　　聖なる主は言った。
私はこの不滅のヨーガをヴィヴァスヴァットに説いた。
ヴィヴァスヴァットはそれをマヌに伝え、マヌはそれをイクシュヴァークに話した。

「この不滅のヨーガ」。これまでの章はヨーガに捧げられていました。サーンキヤ・ヨーガとカルマ・ヨーガです。

「この……ヨーガ」という言葉からわかるように、主はここで、二つのヨーガを一つのものとして話しています。これは、この二つのヨーガは、これまで別々のものとして説明されてきたが、実は同じ基盤を持ち、同じ結果を生み出すものだ、ということをアルジュナに理解させるためです。その基盤とは、「三つのグナを離れよ」ということです。サーンキヤの英知も、カルマ・ヨーガの実践も（第三章詩節28注釈参照）、これによって成就に至ります。このように、この詩節の「ヨーガ」という言葉は、サーンキヤ・ヨーガとカルマ・ヨーガの両方を意味しています。

主クリシュナが教えるヨーガは不滅です。なぜなら、絶対に関する英知と相対に関する英知をともに明らかにしているからです。相対と絶対はどちらも永遠であり、その両者の真理、すなわち人生の真理を完全な形で説くヨーガもまた永遠です。ヨーガは永遠です。なぜなら、それは宇宙目的のために役立ち、しかも人間の心にとって自然なものであるからです。

クシャトリヤに強さを与え（興味深いことに、太古において英知はクシャトリヤ、つまり武士階級に伝えられました）、彼らが法と秩序を維持し、社会の幸福のために正義の道を保つことができるよう、創造の始まりにこの永遠のヨーガをヴィヴァスヴァットに教えた、と主は言っています。ヴィヴァスヴァットは、それを世界の立法者であるマヌ（七番目のマヌは、ヴィヴァスヴァットの息子であり、ヴァイヴァスヴァット・マヌと呼ばれ、このマヌが、現人類の祖であると言われています）に明かしました。そして、マヌは、それを息子のイクシュヴァークに伝えました。イクシュヴァークは、アヨーディヤの都に君臨した太陽王朝初代の王です。

『バガヴァド・ギーター』は、人間が理解できる神聖な知性に関しての最高の表現です。人生の目に見えない面を扱いながらも、私たちの日常生活の世界における過去や現在にも触れています。さらに、『バガヴァッド・ギーター』は、普遍的な「真理」を説き明かしていると同時に、それ自体が一つの歴史書であり、五千年前に起こった出来事を語っています。

『バガヴァッド・ギーター』の歴史的な意義を理解するためには、歴史や時間に対するインド人たちの考え方を知っていなくてはなりません。

歴史の研究は、個人の人生において明確な目的と役割を持っています。その目的は、過去からの情報によって現代に生きる人々の心を教育し、現在と未来がより良いものとなるようにすることです。このようにして、どの時代の人たちも過去の達成を活用し、人生のより偉大な英知へと前進していくのです。

しかし、歴史を学ぶ人を教育するのは、出来事がどのような順序で起こったかという、年代学的な知識ではありません。重要なのは、その出来事の価値です。インドの歴史家たちが最も注意を注いできたのは、歴史のこのような面でした。彼らは、悠久の時の流れの中から、人生の統合に役立つような出来事だけを取り出し、あらゆる時代の人たちが読むことができるように、それらを記録しました。その目的は、人々を個人として、また社会の構成員として励ますことにあったのです。

悟りの視野を備えた賢者ヴェーダ・ヴィヤーサは、インド・アーリア文化の中で最大の歴史家と考えられています。ヴィヤーサの眼前には、考慮すべき膨大な時の流れがありました。ヴィヤーサは誠実で完全に統合された人であったので、この計り知れない時の流れの歴史を、年月の順番に書き留めるようなことはしませんでした。進化の途上にあるすべての時代の人々を励まし導いて、人生の統合へと至らせることができるように、特定の事件だけを選んで記録したのです。このような理由のために、インドの歴史においては、まったく年代的な順序を見いだすことができません。出来事のつながりをはっきりさせるためだけに、長い時の流れの中の個々の出来事を年代順に記録していくことは愚かしいことだ、とヴィヤーサは考えたのです。

それに、何百万年もの歴史を年代順に書こうとしても、それは物理的に不可能です。数千年の文明しか持たない小さな国の場合であれば、歴史家たちがその小さな領域と短い期間だけを見渡して、年代順に記録するということも、確かにできないことではありません。しかし、ヴィヤーサの場合は、創造の日から始まる、時の全範囲をはっきりと見渡していました。そのような人であれば、年代順の歴史には何の価値も認めないでしょうし、また認めることもできないでしょう。

次に述べるインドにおける時の概念は、ヴィヤーサをはじめとするインドの歴史家たちが直面した状況を、はっきりと示しています。

時は永遠を計る概念です。インドの歴史家たちは、時の概念を永遠の「存在」の上に設定しました。永遠は時の基盤となる場であるのです。

永遠がどんなものかをいくらかでも理解するためには、創造世界の相対領域で、最も長い寿命を持つものを基準にするのが一番よいでしょう。悟りの状態から物事を見渡すことのできたヴィヤーサによれば、「神聖なる母」、「普遍なる母」の寿命が最も長い寿命です。「神聖なる母」は、全宇宙の現在、過去、未来に存在するすべてについて、究極的な責任を負っています。

絶対「存在」の永遠の生命がもつ永遠性は、「神聖なる母」の無数の生涯と同じであると考えられています。「神聖なる母」の一回の生涯は、シヴァ神の寿命の千回分に相当します。シヴァ神の一回の寿命は、ヴィシュヌ神の寿命の千回分です。ヴィシュヌ神の一回の寿命は、創造主ブラフマーの千回分の寿命と同じです。ブラフマーの一回の生涯は、ブラフマーの百年とされています。ブラフマーの一年は、ブラフマーの十二箇月から、ブラフマーの一箇月は、ブラフマーの三十日から成っています。ブラフマーの一日は、カルパといいます。一カルパは、十四人のマヌの時間に相当します。一人のマヌの時間は、マンヴァンタラと呼ばれています。一マンヴァンタラは、七十一回のチャトゥルユギーに当たります。一チャトゥルユギーは、サトユガ、トレーターユガ、ドゥヴァーパラユガ、カリユガの四つのユガを合わせた時間に相当します。それぞれのユガの長さは、サトユガの長さを基準にして考えられています。トレーターユガの長さは、サトユガの長さの四分の三に等しく、ドゥヴァーパラユガの長さは、サトユガの長さの半分、カリユガの長さは、四分の一に当たります。カリユガの長さは、人間の四三万二千年に相当します。（この時間の概念の説明は、第八章詩節17＝未訳＝の注釈としても役立ちます）

さて、創造世界の年齢を考えてみてください。この世界は、実に何億兆年もの年月を経てきているのです。たとえ、一年間の説明を一ページで、いや、ただの一行ですましたとしても、一体だれがそのような歴史書を読んで、その教訓を実生活に役立てることができるでしょうか。このようなわけで、インドの歴史家たちは歴史を年代順に記録することはしませんでした。それは実際にできることではありませんし、もし仮にできたとしても、必要のない無益なことであり、かえって歴史の目的そのものを損なうことになると考えたのです。

これは、現代の歴史家にも心に留めておいてほしいことです。今日の歴史家は、年代順に正しく位置づけることができないような出来事は歴史ではない、と退けてしまう傾向があります。古代インドの史料の中に見いだされる、人間として最高レベルの人生についての貴重な記述が、神話と見なされてきたことはまことに嘆かわしいかぎりです。これらは神話としてではなく、かつてこの地上に存在した最も高度な文明についての、たいへん有益な歴史として認識されるべきなのです。

『バガヴァッド・ギーター』は、インドでもっとも信頼できる歴史書『マハーバーラタ』の核心を成すものです。

これを単なる神話として片づけてしまうことはできません。現代の歴史家たちは、厳密な年代尊重主義にとらわれて視野が狭くなっているために、これを歴史的な記録と理解することができず、空想文学のたぐいにしてしまったのです。

残念なことですが、現代における『バガヴァッド・ギーター』の注釈者たちの中にも、現代の歴史家たちの例にならい、『バガヴァッド・ギーター』の歴史書としての信頼性を認めない人たちがいます。光が差し込んで、真理が真理として認められるようになることが望まれます。

このカルパの初めに、『バガヴァッド・ギーター』の偉大な英知をヴィヴァスヴァットに授けたということを、主クリシュナがアルジュナのために想い起こすとき、主はこの至高の知識の継承者をすべて詳しく数え上げることはしていません。この教えの起源についてアルジュナを満足させるためには、この永遠の英知が世代から世代へと受け継がれてきたということを示せば、それで十分であったのです。

詩節2　このように受け継がれてきたそれを、王族の賢者たちは知っていた。しかし、長い時の経過とともにこのヨーガは世界から失われた。敵を焼き焦がす者よ。

人生を統合するこの方法は、この世界にあって活動的な人生を生き、大きな責任を担っていた哲学者であり王である人たちに伝えられた、と主は説いています。当時の統治者たちは、体、心、精神といったあらゆる面で人々の進歩の責任を負っていると考えられていました。彼らは一般の人々にこのヨーガの英知を与えました。現代の民主的な世界においては、個人は自分で自分の面倒を見なければなりません。したがって、個人の進歩についてはその人自身が責任を持つべきだというのが、今の時代には合っています。

精神面の進歩は他のあらゆる面の進歩の基盤ですから、この偉大な知識と人生を成功へと導く技術は、今や世界中のあらゆるところのあらゆる人々に伝えられなくてはなりません。

主は「受け継がれてきた」と言っています。主はこの言葉によって、このヨーガの体系に疑う余地のない信頼性を与えています。それは、歴史が始まって以来、ずっと存在してきたのです。さらに主は、「それを王族の賢者たちは知っていた」と述べて、それは大きな責任のある立場の人々に信奉される貴重な教えである、ということを示しています。

主は、それが失われた理由は「長い時の経過」である、と説いています。しかし、主は詩節1で、このヨーガは「不滅」であると言っています。これは、その原理は不滅であるけれども、その実践は、時代から時代へと移り変わる生活条件に応じて、周期的に復活させる必要がある、ということを意味しています。このヨーガの体系は、人間の意識を最高の純粋性に目覚めさせるものですから、あらゆる時代の人々に等しく適しています。しかし、時として、それが純粋な形で行われないということも起こります。そのようなときには、人々は望みどおりの結果を得ることができず、ついには、その実践に無関心になってしまいます。こうして、人生のこの偉大な原理は時々失われてしまいます。しかし、それが永遠に失われてしまうことはありえません。なぜなら、それは実存の「真理」として、何度も明らかにされなければならないものであるからです。自然がその復活を助けてくれます。時々、偉大な教師たちが現れて、人々を適切に感化し、再び道を明らかにします。そして教えを維持する伝統を再び開始します。この復活された伝統は、それが人々を感化し続けている間は、その勢いを保っています。しかし、それがやがて時の要請にそぐわなくなったときには、また新しい教師たちが現れます。

このサイクルが何度も繰り返されます。

伝統を復活させるために現れる教師たちの中には、古代からの教師の伝統に敬意を表す人たちもいれば、伝統的な教えをその時代の要請に関係づけることができずに、古い伝統から離れていく人たちもいます。こういった人々の教えは、古い幹から新しい枝を生じさせることになります。

古代から続くヴェーダの英知の伝統を守り伝える人たちは、木の中心となる幹を守るという役割を果たしています。この幹からさまざまな枝がこれまでに生じており、それが世界各地のさまざまな宗教、信仰、哲学、文化となっています。

今日、ヴェーダの英知の伝統の中で、最も大切にされているのはシャンカラーチャーリヤの伝統です。それは、現在と同じ形で、約二千五百年前（これは、シャンカラーチャーリヤの伝統のマタ（僧院）に保存されている記録によります。現代の学者の中には、シャンカラの生存年代を紀元後九世紀とする人もいますが、それはたぶん、ある傑出した後継者をシャンカラ自身と混同したためと思われます。なぜなら、シャンカラの後継者はすべてシャンカラーチャーリヤという名前で知られているからです。シャンカラーチャーリヤという名前が一つの称号となったのです）に初代シャンカラーチャーリヤの教えをもって始まりました。忘れ去られていた「真理」を復活させたのです。ヴェーダ文献の神髄を忠実に解釈することにより、人生の多様性のただ中に、すべてに浸透する「存在」という統一がある、という原理を再び確立しました。ヴェーダーンタの中心的な教えとして、二つの完全性の統一哲学を打ち立てたのです。『ブラフマ・スートラ』、『ウパニシャッド』、『バガヴァッド・ギーター』に対するシャンカラの注釈は、その英知の深遠さと、人生の真実に関する荘厳な解説のゆえに、大いに称賛されています。

教えの真理が時の経過とともに歪められるとは、何と奇妙なことでしょう。シャンカラの教えの真理はその解説者たちによってたいへん間違って伝えられたため、シャンカラの思想に関する現代の書物には、その精神がほとんど残されていません。シャンカラの伝統に属するサンニヤーシーすなわち隠遁者たちは、シャンカラのヴェーダーンタの教えはサンニヤーシーだけに開かれたものであって、社会の大多数を占める在家の人々にはまったく閉ざされたものである、と解釈してきたのです。このために、インドの社会の精神的な堕落とモラルの低下を招く結果となりました。

このような衰退は、何も新しいことではありません。「長い時の経過とともに」それは起こる、と主クリシュナは説いています。「真理」は雲に覆われ、ゆがんだ解釈がはびこるようになります。しかし、それがあまりにも「真理」からかけ離れ、その原理自体が消滅の危機にさらされるほどになると、それを救うために復活が起こります。

教えが失われるたびに、それを復活させてきた偉大な師たちの聖なる伝統（追録参照）は、あらゆる時代を通じて、「真理」を愛する人々の理性と心情をとらえてきました。それは大いに尊敬されているだけでなく、「真理」を求める人たちや真実を知る人たちに実際に崇拝されるまでにもなっています。最も偉大で最大の尊敬を受けている師たちの名前を記録した詩（追録参照）は、求道者たちの励みとなってきただけでなく、長い時の回廊を通過して悟りを得た人たちの満たされた心にさえも、喜びを与えてきました。

「敵を焼き焦がす者」。この表現を使うことによって、主はアルジュナに次のようなことを示そうとしています。それは、このヨーガは弱者の手に落ちたために失われてしまったが、今や、アルジュナという強者の手の中にたどり着いて、その真価を示し、世の人々が正義の道を復活し維持するのを助けようとしている、ということです。

また、この主の言葉は、アルジュナはこの偉大な祝福を受けるに値している、ということをも示しています。

次の詩節では、この英知がアルジュナに授けられる理由がさらに述べられます。

詩節3　私は、この同じ太古からのヨーガを、実に最高の秘密を、今日、君に説いた。
なぜなら、君は私の帰依者であり、友人であるから。

「太古からのヨーガ」という言葉は、この教えは時の試練に耐えてきたもので、必ず役立つものである、ということを示しています。主は新しい方法を提供しようとしているのではありません。ただ、古くからの伝統を甦《よみがえ》らせようとしているだけです。太古から、偉大な師たちはみなこのように述べてきました。その教えが新しいものであるとは決して主張しませんでした。ただ忘れられていた人生の英知を明らかにしているだけだ、と述べたのです。彼らは復活について話しただけです。なぜなら、有益な原理についての真理はすべて、時を越えて存在し続けるからです。

ここで主は、「友人」と「帰依者」というアルジュナの二つの質に言及しています。この二つの質によって、アルジュナはこの偉大な秘密の英知を受けるに値するというのです。また主は、ヨーガの体系についても、「最高の」と「秘密」という二つの質を挙げています。秘密は友人に打ち明けることができますが、最高のものは帰依した人にしか伝えられません。帰依した人は決して自分の師に質問などしないものです。主クリシュナは、アルジュナに質問する自由を与えるために、友人と呼んでいるのです。

次の詩節で、アルジュナはこの自由を活用します。

詩節4

アルジュナは言った。
あなたの誕生が後であり、ヴィヴァスヴァットの誕生が先である。
あなたはそれを初めに説いたというが、私はこの言葉をどう理解したらよいのか。

この質問からわかるように、アルジュナは主が語りかける一つ一つの言葉に十分な注意をはらっています。教えの要点を油断なく聞き取って、それを慎重に吟味しています。「真理」の優れた求道者は、このような心を持っているものです。優れた師は、このような質問によってのみ励まされるものです。

前の詩節で、主クリシュナは、自分自身を引き合いに出して、遠く離れた過去と現在とを結び付けました。ここでは、アルジュナは時の流れの中で主を一時的な存在と見なしており、主における時の永遠性は理解しがたい、と言っているわけです。

主クリシュナの回答は、わかりやすく簡単です。

詩節5

聖なる主は言った。
私は多くの誕生を経てきた。君もまたそうである、アルジュナよ。
私はそれをすべて知っているが、君は知らない。敵を焼き焦がす者よ。

この詩節は、第二章の詩節12と詩節22で述べられた原則を具体的に示したものといえます。そこでは次のようなことが述べられました。肉体は時の中で変化しており、時は、過去、現在、未来を問わず存在し続けている真我、すなわち「存在」の中で変化している。ちょうど、肉体が少年期、青年期、老年期と変化していく状態を通過していくときにも、それに宿っている自己は変化しないように（第二章詩節13参照）、真我は時の永遠性の中でまったく変化しない。

主は、「私はそれをすべて知っているが、君は知らない」と説いています。これは、人間と「神」の化身との違いを表しています。人間は、過去の善悪の行動の結果としてこの世に生まれてきます。ですから、人間の視野はその影響によって色づけされたり、妨げられたりしています。「神」の化身の本性は、常に純粋な、永遠で無限の知性です。「神」の視野は絶対的に澄みきっています。このような理由で、「神」の場合には、知識の永遠性が維持されており、時という要因もそれを妨げることはできないのです。

主の「存在」は、時が戯れる場であり、時も主が創造したものです。時はやってきてはまた去っていきます。しかし、「彼」は、その永遠「存在」の中にしっかりと安定しており、永遠に在り続けます。「彼」は人生の大海のようであり、一方、時は大海の表面で上下している波のようです。たとえ、波が海の深みから水を引き寄せたとしても、大海の計り知れない深みにまで届くことはありません。

人間の人生は、周囲を見ようとして高くうねった一つの波のようです。あるところまでは見えますが、それ以上は見えません。しかし、主クリシュナの大きさは、空の全域を映している大海のようです。このようなわけで、主は「それをすべて知って」いますが、アルジュナは「それを知らない」のです。

アルジュナは、主クリシュナの言葉に挑みました。そして、「君はそれを知らない」という表現は、主がその権威を余すところなく行使していることを示しています。しかし、それと同時に、主はアルジュナに「敵を焼き焦がす者よ」と呼びかけて、アルジュナの士気が下がらないようにしています。主クリシュナは、その権威を愛とともに行使しているのです。

次の詩節では、主の本性がさらに説明されます。

詩節6　私は不生であり不滅の本性を持つが、私は万物の主宰者であるが、私は私自身の本性にとどまりながら、自らの創造の力によって誕生する。

ここには、ある大切な心理的技術の実例を見ることができます。主はすでに、このヨーガの体系は古代からのものであり、偉大な伝統を持っているということを述べ、それが信頼に足るものであることを断言しました。ですから、次に主は、この永遠の英知を説き明かしている主自身も偉大なのであり、信頼できるものとして受けとることができるのは主の言葉だけである、ということをアルジュナにはっきりと示さなくてはなりません。

教えの進んでいく方向を見てみると、主が次に話そうとするまさにそのポイントをアルジュナに質問させている、というようになっています。もし、主がこの詩節や前の詩節の言葉を、アルジュナの質問（詩節4）への答えとしてではなく、別の文脈の中で話したとしたら、それはこれほど効果的で説得力あるものとはならなかったでしょう。生徒から正しい質問を引き出すのは、教師の偉大さです。教師はその質問に答えながら、話題を自由に展開していき、またそれと同時に、教師だけが一方的に話す場合よりもずっと積極的にかかわるように、生徒の興味を保っていくのです。

人間と他の生物を含むこの形ある創造世界は、形のないものから生じていますが、その具象化はプラクリティの働きによります。しかし、人生についての失われた英知を再建するために、形に現れていない非具象の「存在」が具象化するという神聖な出来事は、リーラー・シャクティの働きによります。リーラー・シャクティとは、絶対の力そのものであり、絶対の超越的で神聖な本性の不可欠な部分です。

手術を行う能力は、外科医から切り離せない力です。しかし、その力は、外科医が手術台に向かっているときのように、活動していることもありますし、また、自宅で休んでいるときのように、隠れていることもあります。リーラー・シャクティ（ブラフマンの戯れの力）もこれと同じように機能しています。この力の働きによって、形に現れていない非具象なるものが、常に絶対の状態にとどまりながら、創造世界へと具象化してきます。永遠の「存在」における全能の本性は、このようにして、その絶対と相対の両面における真実を維持しているのです。

主は、「私は私自身の本性にとどまりながら誕生する」と述べています。ちょうど、木の樹液がその樹液としての本性を失うことなく、葉や花びらとして現れるのと同じように、形に現れていない非具象の「存在」も、非具象で不滅で永遠のままに誕生します。絶対には何も起こりません。しかし、「絶対の化身」は、絶対自体の本質の働きによって現れてきます。

主はここで次のように説いています。「私自身の本性にとどまっていながら、私は自らの創造の力によって誕生し、そして、それによって機能する。このようにして、私は無拘束のままにとどまりながら、同時に、創造世界の法と秩序とを回復することができるのだ」

この原理は、次の詩節でさらに展開されます。

詩節7　ダルマが衰えアダルマが栄える時はいつでも、バーラタよ、私は私自身を創造する。

「アダルマ」とは、ダルマと反対のものです。

「ダルマ」は、「ドゥリ」という語根から派生した言葉で、「支えるもの」という意味です。ダルマは、存在するものすべてを支えているものです。この創造世界を支えているものは、いったい何でしょうか。

古代インドにおいて、健康に関する教えであるアーユル・ヴェーダを説いたチャラカとスシュルタによれば、あらゆるものを支えているのは、サットワ、ラジャス、タマスの三つのグナの均衡です。創造世界は、サットワの増大とともにその完全さが増し、タマスの増大とともに崩壊していきます。三つのグナの均衡は自動的に維持されています。それはちょうど、法や秩序が政府によって自動的に維持されているのに似ています。しかし、いつでも危機が訪れたときには、国家の指導者はその特別な力を行使しなければなりません。ダルマが衰えるときには、きまって三つのグナのバランスが乱れ、自然界の均衡が失われます。進化の道は歪められ、無秩序が蔓延《まんえん》するようになります。主が人間として現れるのは、まさにこのようなときです。主クリシュナが現れたのは、永遠で不変の「存在」、ブラフマンのそうした特別な具象化であるのです。

人生には、相対と絶対の二つの面があります。その両方が完全に満ちています。絶対はその永遠に変わることのない本性において完全に満ちており、相対世界はその永遠に変化し続けるという本性において完全に満ちています。この相対生命の永遠に変化してやまないという本性は、ダルマと呼ばれる自然界の巨大な力によって、創造と進化のあらゆる面で維持されています。ダルマは、三つのグナが滑らかに機能するための基盤です。それはあたかも、行く手にあるすべてのものを押し流していく強力な流れのようです。

ダルマは進化を支えています。しかし、地上の大多数の人間が間違った行いをし、その結果、ダルマの力が大いに曇らされてしまうようになると、自然界における進化の自然な力が弱められることになります。相対的実存の常に変化してやまない世界が、その自然な姿を失い始めます。こうして、人生の相対面の完全性が危機にさらされるようになると、人生の相対面の完全性とともに絶対の完全性をも保っている全能の力が働き始め、それが形をとって現れてくるのです。

ダルマが衰えると、すなわち、進化の道が歪められ社会の正義が弱まると、人生の真の原理を復活することが必要となります。「神の化身」がやって来て、自然界全体がその到来を喜びます。ダルマは復活し、悪は消滅します。したがって、正しい人たちは、邪悪な人たちに感謝してもよいくらいです。なぜなら、悪が増大して世にはびこったために、「全能なるもの」が形をとって現れる必要が生じ、正しい人たちはその恩恵を受けることができるからです。

次の詩節では、「神の化身」の全目的が明確にされます。

詩節8　善人を守り悪人を滅ぼし、ダルマを確立するため、私は時代ごとに誕生する。

主は、自分には二つの目的があると言っています。善人を守ることと悪人を滅ぼすことの二つです。善人を守るということには、悪人を滅ぼすという意味も含まれています。しかし、ここで主が「善人を守り」と言っているのは、単に道からいばらを取り除くということ以上の何かを言いたいためです。

正しい人たちはダルマを支え続けます。世の中に悪がはびこっているときでさえも、そうすることができます。

それは、日々の瞑想中に「神聖なるもの」と親しく交わるときに受ける大いなる強さのためです。心が神聖な意識の中で成長していくにつれ、人生の純粋性も増していきます。そして、「神意識の抽象的な至福は具体的に形をとる必要がある。それは五感のレベルまでやって来て、あらゆる五感の対象として楽しまれなくてはならない」と強く思うようになります。次第に心が愛に満ちあふれて、「神聖なるもの」が何らかの形をとって現れることを、ますます強く求めるようになります。そして、自然界がもはやそれを抑えきれなくなったとき、主が誕生して正しい人々の願いを成就します。このようにして、主は善人を守るのです。

「私は時代ごとに誕生する」と主は言っています。これは、いつの世でも、「神」への愛にあふれた熱心な献身者がいて、その人たちのために「神」が現れる、ということを示しています。そして、「神」がそのような人たちを満足させるために現れるときには、「神」はまた、正義に対立し環境を汚す否定的な力を滅ぼして、この地上を浄化します。

確かに、悪を滅ぼすことも主が形をとって現れる一つの理由ですが、それは主な目的ではありません。主は、正しい人たちを満足させ、彼らを守るために現れます。主は、正しい人たちに動かされて、正しい人たちを愛し、正しい人たちを満足させるために、この地上にやって来ます。そして、地上に形をとって現れ、帰依する人たちに愛を与えることが、「全能なる神」にとっての喜びであるのです。主が地上にやってきます。そして、光がやってきます。その光は、無知の暗闇を打ち払い、悪を滅ぼします。自然界の均衡が回復され、進化の力が強まります。ダルマがこの世界にしっかりと確立されます。

「神」が創った世界の中にダルマを確立することは、「神」自身の仕事です。「神」がそれを行います。何度も何度も行います。「神」自身は舞台裏にとどまって、「神」の統治力がすべてを自動的に手配することもありますし、また、「神」自身が肉体をとって現れて、この世の営みの中で活動する場合もあります。

詩節9　私の誕生と私の活動は神聖である。まさにその本質においてこれを知る人は、肉体を離れた後、再び誕生することはない。そのような人は私の元に来る。アルジュナよ。

「私の誕生」。主の誕生は、人間の誕生と同じではありません。それは、「彼」、「神聖なるもの」が、超越「存在」という宇宙的な状態に永遠にとどまったまま肉体をとって地上に現れる、という点で神聖であるのです。この神聖な誕生には、変遷の期間も、肉体的な誕生の過程も必要ありません。神聖な「存在」は、神聖でなくなることもありませんし、「存在」でなくなることもありません。「彼」は、神聖なままで、「存在」のままで、人として現れ、地上の人間を救い、正義の道を再建するのです。

「私の活動」。形のない超越的な「神聖なるもの」が人間の形をとり、その神聖な本性にとどまっていながら行動します。神聖な本性とは、生命エネルギーの無限の源でありながら永遠、不変、無為である「存在」そのもののことです。主は神聖な本性にとどまりながら行動しますから、主の行動もまた神聖であるのです。

神の誕生と神の化身の活動を理解するためには、「神聖なるもの」の状態にまで高まらなくてはなりません。この状態に達して、「絶対者」の永遠の「存在」に立脚すれば、時間や空間や因果の束縛を越えることができます。そのような人にとっては、誕生や死はもはや問題ではなくなります。時空を越えた無限の主の遍在の中に、永遠の生命を獲得します。その人の生命は主の生命の中にあるようになるのです。「そのような人は私の元に来る」と主が述べているとおりです。この世界に再び誕生することはもうありません。

詩節10　執着と恐れと怒りから離れ、私に溶け込み、私の中に安住の地を見いだし、英知の苦行で清められて、多くの人は私の「存在」に達した。

言葉の順序がたいへん重要です。「執着と恐れと怒りから離れ」ることは、「私に溶け込」むための必要条件です。「執着と恐れと怒りから離れ」。執着（第三章詩節7、28、31参照）や恐れや怒り（第三章詩節41、43参照）は、自己が真我の中に自分の意味をまだ見いだしていない、無知という土壌によく育ちます。第二章の詩節45で説明したように、超越瞑想は心を至福意識の領域へ、すなわち最高の満足と無限のエネルギーの場へと導きますから、どんな種類の弱さも入り込む余地がなくなります。超越瞑想は心を「存在」の状態に導きます。そして、その「存在」の状態が神意識の基盤となります。「私に溶け込み」と「私の中に安住の地を見いだし」という言葉でそれが表されています。

「英知の苦行で清められて」。苦行とは、五感の喜びを拒むこと、五感の活動や楽しみの場から離れることを意味します。苦行の目的は、五感の対象の影響から心を引き離し浄化することにあります。同じように、知識も真我を活動の全領域から引き離します。これが「英知の苦行」という言葉の意味です。しかし、苦行の実践がつらいものであるように、知識の道もまたつらいものであると理解してはいけません。まったく反対です。知識を得ていくことは、最初から最後まで、つまり超越意識から宇宙意識を経て神意識に至るまで、楽しいものです。心は、「超越」に向かって進むにつれて、次第に粗雑な経験の領域から離れ、純粋な状態へ近づいていきます。そして、経験の最も精妙な状態をも超越すると、心は心だけになり、絶対的な純粋性の状態に到達します。

超越意識にあるときに得られるこの絶対的な純粋性の状態は、宇宙意識で永遠のものとなります。そしてさらに、神意識において、人生の一元性に関する究極の知識から生まれる純粋な状態を得ることで、その目的と完成を見いだします（詩節38参照）。知識のこのような状態において、人は「神」との合一を見いだします。主が「多くの人は私の『存在』に達した」と言っているのは、このことです。

主は「多くの」という言葉を使うことによって、「神」との合一の希望をあらゆる人に差し伸べています。

ここでは、神意識における究極的な知識に達するための、直接的な方法が説かれました。次の詩節では、求道者が採用する主への接近の方法に、主がどのように応じるのかが話されます。

詩節11　人々が私の元にやってくれれば、私はその人々に恩寵を与える。いずれの道を通っても、パールタよ、人々は私の道をたどる。

「人々が私の元にやってくれれば、私はその人々に恩寵を与える」。作用と反作用は互いに等しいというのが、変わることのない自然の法則です。「神聖なるもの」の完全性の中で「神」は永遠に満ちています。大きな湖の水のように、この完全性は変わることがありません。水には、流れ去ろうとする傾向も、流れまいとする傾向もありません。水はただそこにあるだけです。もし、農夫が自分の畑に水を引きたければ、パイプを水のあるところまで持ってきます。ひとたび、パイプがつながれば、水は流れることを拒みはしません。

さらに、主は「いずれの道を通っても、パールタよ、人々は私の道をたどる」と述べています。この意味は、レベルの違いによって異なってきます。第一に、人は自分に対する相手の振る舞いに応じて相手に対しても振る舞う、という点で人間の性質は「神」の性質と似ています。

第二に、自分のほうからは働きかけず、ただ応えるだけ、というのが主の性質であると知った人々は、神意識への直接的な方法である瞑想を通して「神」に完全に身を任せ、そこから最大の利益を得ようとします。このような状態に達した人は、限られた個別性を確かに失って、神意識における無限で永遠の「存在」の地位を獲得するに至ります。主が自分の性質のこのような重要な特徴を明かしているのは、あらゆる人が神聖な実存のこのような状態に達するべきだ、ということを言いたいためです。人間の限られた個別性を、神意識における永遠の実存という無限の地位にまで高める方法が、ここに示されています。それはあらゆる人に開かれている方法です。

第三に、あらゆる人の自然な傾向はより大きな幸福へと向かうことであり、したがって、神意識における永遠の幸福へと進むことです。これも、「いずれの道を通っても、パールタよ、人々は私の道をたどる」と主が言っている一つの理由です。

最後に、「いずれの道を通っても、パールタよ、人々は私の道をたどる」という言葉は、「神」自身の意識が人間の意識を導く唯一の要因である、ということをも意味しています。それは、宇宙のあらゆる生命の根底にあって、万物の動きを生み出している根源的な知性です。宇宙的な知性が人間の知性を支えているのです。

詩節12　地上において行動の成就を望む人たちは、神々に供物を捧げる。
なぜなら、人間界では、行動から生じる成功は直ちに訪れるから。

確かに、成功は努力によっても得られますが、ヴェーダの神々と接触する方法を知っている人たちは、特別な捧げ物の儀式を通して成功を得ます。彼らは、自然界のこのような高次の力と接触し、それらの好意を受け、人生でより大きな成功を達成するのです。主はここで、「なぜなら、人間界では、行動から生じる成功は直ちに訪れるから」と説いています。これは、次のことをアルジュナに納得させたいためです。つまり、進化の程度が低い生物においては、その魂の進化は自然界にある進化の上向きの流れにゆだねられているが、人間の場合は魂が行動の自由を持っており、それゆえに、その進化はその人がいかに行動し、何をなすかということにかかっている、ということです。

この詩節では、この世の成功のためには行動が必要だということが明確にされました。またそれと同時に、活動はどの方向に進まなければならないか、ということも示されました。

詩節13　グナと行動の区分に従って、私は四層の秩序を創造した。
私はその創造者であるが、君は私を非行為者、不変なるものと知れ。

創造世界すべては、三つのグナの相互作用によって創りだされます。サットワ、ラジャス、タマスの最初の均衡が乱されるとき、それらは相互に作用し始め、創造が始まります。これら三つは、創造のあらゆる面に存在していなければなりません。なぜなら、進化の過程が始まると、それには互いに対立する二つの力と、この二つの力を補足するもう一つの力が必要となるからです。

サットワとタマスは互いに対立する力です。一方、ラジャスはこれら両方を補足する力です。タマスは創造された状態を破壊します。サットワは、もとの状態が破壊されている間に、次の新しい状態を創造します。このように、創造と破壊が同時に進行する中で、進化の過程が進められていきます。ラジャスの力は、創造と破壊のどちらにおいても必要ですが、その働きは中立的です。つまり、サットワの力とタマスの力との間のつながりを維持するのです。このように、形に現れた生命のどんな状態にとっても、三つのグナのすべてが必要であるのです。

「四層の秩序」。この三つのグナは、数学的に考えると、次の六通りの組み合わせが可能です。

一．サットワが最も優勢で、ラジャスが二番目。
二．サットワが最も優勢で、タマスが二番目。
三．ラジャスが最も優勢で、サットワが二番目。
四．ラジャスが最も優勢で、タマスが二番目。
五．タマスが最も優勢で、サットワが二番目。
六．タマスが最も優勢で、ラジャスが二番目。

サットワとタマスは本質的に対立するものですから、二と五の組み合わせは不可能です。したがって、三つのグナの可能な組み合わせは四通りになります。

これが創造世界における四層の秩序です。すべての生物は、植物であろうと動物であろうと人間であろうと、グナの配分によって、四つのカテゴリーに分類できます。グナの配分によって、それぞれのカテゴリーにとって自然な活動様式が決定されます。

「非行為者」。人生のあらゆる領域における活動は、三つのグナによって引き起こされます（第三章詩節27参照）。そして、究極的な普遍の「存在」がグナの基盤にあります。それゆえに、形に現れていない非具象、遍在、不変の「存在」である「私」が「創造者」であると言われているのです。「私」は創造者であり、またそれと同時に、「私」自身の「存在」に立脚した状態を永遠に維持している、何ものにも巻き込まれない「非行為者」でもあります（詩節6参照）。

このことは、例を挙げれば、もっとはっきりするでしょう。酸素と水素は、結合すると、水の性質を示すようになります。水は、凍ると、氷の性質を示すようになります。これらの気体、液体、個体の異なる状態において、その基本要素である酸素と水素は同じままにとどまっています。酸素と水素は、気体、水、氷を形成している基本的な物質ですから、それらがこれらの異なる状態を創り出したということができるでしょう。しかし、酸素と水素は、これらのさまざまな段階を通して、酸素と水素であることには変わりありませんから、それらは何もしていないということもできます。究極の「存在」の状態も、これに似ています。それは、あらゆる創造の基盤にあるゆえに「創造者」であり、しかも、変わることがないゆえに「非行為者」であり「不変なるもの」であるのです。

主は「私を非行為者と知れ」と言っていますが、これは、三つのグナの領域を越えた超越意識の状態へと心を導き、創造の源の直接的な知識を得なさい、とアルジュナに求めているのです。絶対の静寂とは、永遠「存在」における創造的なエネルギーと英知であり、相対世界におけるすべての創造的なエネルギーと英知の源である、ということを自分自身で確認しなさい、というのです。

主はこの詩節で、主自身が創造者であることを表明すると同時に、主の本性が絶対不変のものであることをも宣言しています。主は全能であるがゆえに、創造世界を生み出しているときでさえも、何ものにも巻き込まれることのない地位を維持することができるのです。次の詩節では、このことがさらに明確にされます。

詩節14　行動は私を巻き込まない。また、私には行動の成果に対する切望はない。私をこのように真に知る人は、行動に束縛されない。

神意識を得た人、すなわち、創造の源を常に自覚している人ならだれでも、その人自身の経験から、それが超越的な性質のものであることを知っています。主はこのような理由から、「私をこのように真に知る人は、行動に束縛されない」と説いているのです。『私をこのように真に知る」とは、「私」を完全に知るという意味です。完全に知るとは、理解と経験に基づいて知るという意味です（詩節38注釈参照）。

「行動は私を巻き込まない」。第三章詩節28に、「グナに作用するのはグナで」あり、「存在」はそれらには巻き込まれない、と説かれていたのを思い出してください。また、この章の詩節9にも、主の活動は世俗的なものではなく、グナの領域にはない、それは神聖なものであって、主の永遠の自由の中でなされる、ということが説かれています。主の本性が絶対的なものであることも、詩節6で明らかにされました。したがって、主の本性が何ものにも巻き込まれないものであるということが、完全に明確になりました。

「また、私には行動の成果に対する切望はない」。すでに第三章の詩節22で、主の永遠に満ち足りた状態が説き明かされています。

「私をこのように真に知る人」とは、主の本性は行動にもその成果にもまったく巻き込まれることがない、と知っている人のことです。「真に」という言葉はたいへん重要です。「真に知る」とは、直接かかわることによって知るという意味であり、その人が神意識に達していることを示しています。

「また、私には行動の成果に対する切望はない」という表現は、人生の形に現れた領域と形に現れていない領域どちらにも共通する特質を、暗に示しています。全能にして至高の主の永遠の本質のおかげで、そのどちらもが永遠に存続し続けているのです。至高者は、限りない創造世界の膨大な活動のただ中にありながら何ものにも巻き込まれていない、という知識は、真我は活動の領域から離れているということを自分自身で経験したときに、初めて正確な知識となります。

ここには、主の真の本性を悟る順序が示されています。最初に、自分の真我は活動から離れていると悟り、それによって、自分の真我の真の本性についての知識を得、あらゆる活動を主にゆだね、主の中に憩います（詩節10）。次に、主との統一の中で、活動に巻き込まれず行動の成果をも望まないという、主の真の本性を知るに至ります。「神」の真の本性に関するこのような知識によって、行動の束縛的影響力からの永遠の自由が得られることになります。主が「私を真に知る人は、行動に束縛されない」と言っているのは、このような理由からです。

この詩節は、サーンキヤの最も重要な教えの一つを示しています。主の何ものにも巻き込まれない本性を明らかにし、ただこの事実を知るだけで束縛から解放される、と約束しています。これは、知識の道を通して自由を提供するサーンキヤの力です。

これと似たような教えは、第三章詩節28にも含まれていました。しかし、そこでの論点は、三つのグナに関する知識、活動の相対領域に関する知識、という観点からのものでした。それに対して、この詩節での教えは、主クリシュナとして現れた、神聖な「存在」の本性に関する知識から生じてきています。主は、相対も絶対も、

「存在」における統一も創造世界の多様性も越えているにもかかわらず、主自身の中にその両方の完全性を保っているのです。

詩節15　これを知って、解放を求めた古代の求道者たちでさえ行動した。それゆえ、古代の先人たちと同じように、君も行動せよ。

「これを知って」は、前の二つの詩節の教えを指しています。

どんなに活発な活動によっても絶対「存在」の永遠の地位が妨げられない、という人生の状態があります。それをアルジュナに納得させるために、主は前の二つの詩節で、主自身の例に言及することによって、その状態の一つの模範を示しました。アルジュナは、自分に授けられている教えの具現者をこのように目の前に見て、自分自身の人生においてもまたこのような状態に達することができる、という確信を得たことでしょう。

「解放を求めた古代の求道者たち」。この表現は、「ジャナカたち」（第三章詩節20）を指しています。「解放を求めた求道者たち」という言い方が用いられていることから明らかなように、「真理」の探求に人生のすべてを捧げ、解放以外のことには何も関心がないというような人たちにとっても、行動は必要であるのです。しかし、「これを知って」という表現からわかるように、まず主の真の本性を知ることが、「解放を求める求道者たち」の活動の前提条件となります。

解放を求める求道者が宇宙意識を得て、自分は活動から離れていると悟るとき、その人は自分の目的を達成したことになります。求道者は行動の束縛から解放されます。もし、その人がそれ以上の理想を掲げることがなかったとすれば、十分満足できるはずです。しかし、宇宙意識の状態で満足してしまって、神意識を求めようとしないのであれば、「神」との合一という至高の達成を得るチャンスを逸してしまうことになります。このような理由から、主の真の本質に関する知識は、解放を求める求道者たちにとっても、絶対に必要なものです。「神」を求める求道者であれば、その必要性はなおさら疑う余地がありません。

この詩節で、主が明らかにしようとしているのは、解放の状態に成就をもたらすためには、三つのグナとその相互作用（第三章詩節28、第四章詩節13参照）についての知識を、至高の主の本性（詩節14参照）についての知識で補わなくてはならない、ということです。

「古代の先人たち」。このように言うことによって、主は自分の言葉に権威を与えています。時の試練に耐えてきた進化の道を疑うべきではない、と教えているのです。なぜなら、進化の法則にかなったものだけが長く存続できるからです。進化の法則にそぐわないものは、どんなものも自然から見捨てられてしまいます。

続く詩節では、話が行動の詳しい分析へと向かいます。

詩節16　何が行動であり、何が無行動なのか。賢者といえども、ここに戸惑う。私は君に行動について説き明かそう。それを知れば、君は悪から解放されるだろう。

主は前の詩節で、行動することの理由をアルジュナに示しました。ですから、この詩節で、行動の重大さと遠くにまで及ぶ行動の影響力とについて主が説いているのは、当然のことと言えます。これは、アルジュナにとって有益となる行動、すべての「悪」から解放してくれるような行動について、その詳細を理解できるようにアルジュナの心を準備させるためなのです。

自分の至福に満ちた神聖な本性は、何ものにも巻き込まれず活動から離れている、ということを知らなければ、人はいつまでも行動の束縛的な影響から逃れられず、人生のさまざまな問題や苦しみが生じてきます。

主は、行動と無行動の問題については、「賢者といえども、ここに戸惑う」と述べています。賢者とは、行動は三つのグナの働きによるものであり、また、自分の真の本性は超越的であるから、自分は何ものにも巻き込まれない、ということを理解している人のことです。しかし、それくらいの理解ではまだ十分ではない、と主は言います。なぜなら、賢者でさえもまだ戸惑い続けているからです。

「賢者」は、真我が活動から離れているということを知り、それによって自由を得ています。しかし、そのような賢者でさえも行動と無行動について戸惑う、と主は言っています。行動からの自由を得るということと、行動と無行動についての完全な知識を得るということとは、まったく別のことであるのです。主は次の詩節で、「行動の道のりは計り知れない」と述べています。行動の全範囲を知的な理解のレベルで知ることはできません。ですから、主は「賢者といえども戸惑う」と説いているのです。

第二章詩節38で、主はサーンキヤの英知でアルジュナを啓発しながら、「心の平静を得て、……君は罪を犯さない」と説きました。この詩節では、「私は君に行動について説き明かそう。それを知れば、君は悪から解き放たれるだろう」と説いています。これらの表現を注意深く研究してみると、主の教えが順を追って高まってきているということがわかります。理解する能力が増すにつれて、教えは、より精妙でしかもより単純な形で伝えられるようになります。前の詩節には、罪からの解放につながる心の平静を得るためには、何かをしなければならない、という意味が含まれていました。ところが、この詩節では、何もする必要はない、ただ活動について知るだけで、アルジュナは罪から解放されるだろう、と説かれています。教えが、行動するというレベルから、知るというレベルに移行してきたのです。教えがさらに進んでいけば、知るということさえも、見たり聞いたりという普通の五感レベルの、もっと単純な過程に取って代わられるということが十分考えられます。これは、サーンキヤを教えるときの技術です。一連の議論は結局、ある単純な言葉に行き着きます。その言葉により、人生に関する理解がすべて一変し、束縛から永遠に解放された状態に達することになります。

また、次のようなことに注意してみるのも興味深いことです。前の二つの詩節では、超越的な主の何ものにも巻き込まれない本質を知れば、束縛からの自由が得られる、と宣言されました。それに対して、この詩節では、相対世界に関して知るだけでも、すなわち、活動と無活動とについて知るだけでも、自由が得られる、と約束されています。以下に続く五つの詩節では、この活動と無活動に関する知識が与えられます。

詩節17　実に、行動について理解すべきである。誤った行動についても理解すべきである。また、無行動についても理解すべきである。行動の道のりは計り知れない。

「行動」。行動を理解するためには、行動する人の意識のさまざまな状態を知る必要があります。なぜなら、行動の価値は、主に行為者の意識レベルによって決まるからです。意識の状態としては、目覚め、夢、眠りの各意識と、超越意識、宇宙意識、そして神意識があります。

ここで用いられている「行動」という言葉は、正しい行動を意味しています。正しい行動とは、行為者にとっても、創造世界全体にとっても、生命を支援する効果を生み出すような行動、個人の進化を助けると同時に、宇宙目的のためにも役立つような行動のことです。創造世界全体の根底にあり、すべての生命とすべての自然法則の基盤となっている超越「存在」と、心が完全に調和するようになったとき、初めてそのような行動が可能になります。これは宇宙意識における場合です。そのような行動が自動的に行われる状態がもう一つあります。神意識です。宇宙意識においては、宇宙生命に確立された人が個人として行動しますが、神意識の状態に達すると、個人の活動は、「神」の光の中にその位置を占め、宇宙的な活動に相当するレベルにまで高まります。そのような人は、すべての活動を通して人生の永遠の統一を生きることになります。

「行動の道のりは計り知れない」。目覚め、夢、眠りという意識の三つの相対的な状態における自然な活動は、その人の進化レベルのダルマに支配されています。ダルマはさまざまな進化レベルで、それぞれ異なっています。さらに、同じレベルであっても、その人の環境や人生の領域によっても違ってきます。これらすべての違いに加え、ダルマにはもう一つ複雑なことがあります。それは、どんな場合でも、ダルマは、活動が個人に与える影響だけでなく、家庭や社会や国家や世界に与える影響にも関係しているということです。あらゆる想念、あらゆる言葉、あらゆる行動から、その影響の波が環境の中に放出されます。これらの波は、空間を移動していき、創造世界のあらゆるものにぶつかります。どこにぶつかろうと、そこに何らかの影響を与えます。創造世界はあまりにも多様で広大ですから、ある特定の想念が特定の対象に与える影響を、知ることはできません。その複雑さは、人間が理解できる範囲を越えています。「行動の道のりは計り知れない」と主が言っているのは、このような理由によります。

「誤った行動」にもいろいろ種類があります。現在か未来に行為者に害を及ぼす行動、成功しない行動、進化を妨げる行動、破滅につながる行動、行為者を誕生と死の輪廻に縛り付ける行動、生命を損なうような影響を周囲や他の人々に与える行動、自然法則に反している行動などです。このように、間違った行動の領域さえも「計り知れない」ものだとわかります。

行為者が自分のダルマについて無知な状態にあるかぎり、行為者が自己の本性と活動の本性と「神」の本性に気づかないかぎり、行為者の意識の目覚めの状態が超越的な純粋意識によって支えられていないかぎり、そのような間違った行動が起こる可能性があります。

「無行動」とは、活動がないということです。深い眠りは無行動の状態ですが、無行動はそのような状態だけではありません。無行動の状態は超越意識においても見いだされます。さらに、無行動は、宇宙意識の、また、人間の進化の最高状態である神意識の本質的な構成要素でもあります。無行動は、一方では、眠りの不活発さであり、同時にもう一方では、宇宙全体の生きた真実の基盤となります。これが、「また、無行動についても理解すべきである」という主の言葉の意味するところです。このことから、行動だけでなく無行動もまた計り知れないものだ、ということがわかります。

「実に」。主はこの言葉によって、行動に関する知識の必要性を強調しています。人生とは行動するということです。だれしも活動から逃れることはできません。それが現実なのですから、自分が何をしようとしているのかということだけでなく、その結果自分はどうなるのか、ということも知っているのが賢明です。

主は、行動の道のりは計り知れないということを認めながら、それについて理解しなくてはならない、ということも強調しています。この対立する事実の間の微妙な道を、主がどのようにうまく切り抜けていくか、それをじっくり見ていくのは興味深いことです。「計り知れない」という言葉を尊重するのであれば、主は行動の道のりについての詳細な議論を始めないほうが賢明だ、ということになります。しかし、「実に」という言葉がありますから、詳細に立ち入るか立ち入らないか、どういう方法を採用するとしても、とにかく主は行動に関する知識を伝えなければならないのです。そこで主は一つの教え方を採用します。それは、行動の領域全体の知識がなくても、そのような知識がもたらすあらゆる恩恵を得られるという方法です。主は行動の秘訣を明らかにします。それによれば、行動に関する知識を学ばなくても、そのような知識がもたらす祝福を受けることができます。この行動の秘訣は、園芸家のそれに似ています。園芸家は、根に水をやることによって、木のあらゆる部分に樹液を行き渡らせます。樹液がどのような仕組みで上がっていくのかを知っている必要は、まったくありません。

このように、主の教え方は驚くほど完璧です。主は行動の知識が必要だと説きましたが、しかし、行動の道のりは計り知れないのですから、その知識はどうしても不完全なままにとどまってしまいます。そこで主は、一つの方法を明らかにします。それは、知識を得なくても、知識の効果が得られるという方法です。なぜなら、主の教えは、知識そのもののための教えではなく、実生活の中で具体的な効果を生み出すための教えであるからです。大切なのは効果です。知識ではありません。これが、ヨーガ・シャーストラの教え、神聖なる合一を説く最も実践的な哲学なのです。その目的は、万人が活動を通して自然に最高の善に達することができるよう、実践的な英知を授けることにあります。

この教えは、次に続く詩節の中で明らかにされます。

詩節18　**行動の中に無行動を見、無行動の中に行動を見る人は、人間の中の賢者である。そのような人は統一されており、一切の行動を成し遂げている。**

「行動の中に無行動を見」るとは、心が五感とかかわり、五感を通して行動の過程に従事しているときにも、内なる「存在」の静寂の中にしっかりと錨《いかり》を下ろしている、ということを意味しています。心がこのように安定していれば、活動のただ中にあっても静寂を経験することができます。

「行動の中に無行動を見」る人にとっては、永遠に静かな無為の「存在」が行動の全領域に浸透していることが、生きた現実となっています。そのような人の行動は、行動の根底にある無行動の状態、すなわち「存在」を覆い隠すことがありません。そのような人は、五感や心や肉体の活動すべてに浸透している、永遠に静かな「存在」を生きています。活動の中に静寂を見、静寂の中に活動を見ているのです。

ここに示されている教えにより、「グナに作用するのはグナである」（第三章詩節28参照）という知識によって得られた解放を、豊かにすることができます。この教えによれば、三つのグナの活動の領域と「存在」の静寂とを結び付け、静寂のレベルに、無常なるものと永遠なるものの共存を確立することができます。この教えによって、「プールナマダ　プールナミダム――この形に現れた活動の世界も完全に満ちており（プールナ）、あの絶対『存在』の生命も完全に満ちている」という『ウパニシャッド』の究極の教えを確認することができるのです。

このような真理の悟りは、宇宙意識の状態でやってくるのですが、この詩節の教えは、神意識にまでも及んでいます。

完全な真実の悟りにより、絶対における統一と相対の多様性との、両方を越えた人生の状態が確立され、これと「あれ」の両方が、ともに「神」の光すなわち神意識の中に保たれる、という全体的な視野が生じてきます。「人間の中の賢者」とは、このような状態に達した人のことです。ここでの言葉の使い方によれば、「人間」とは活動の真理（第三章詩節28参照）と静寂の真理（第二章詩節45参照）のどちらかを悟っている人たちであり、「賢者」

とは、宇宙意識における活動と静寂の分離の状態において、あるいは、神意識におけるそれらの合一の状態において、その両方の真理を悟っている人のことです。

この詩節に与えられている人間の定義に従うならば、活動の真理と静寂の真理のいずれかを悟っていない人は、人間と呼ぶには値しないという結論になります。したがって、知識の道と行動の道のどちらかにしっかりと立脚しているということが、人間の本質的な特徴であるということになります。そして、「賢者」になりたいのであれば、人間はさらに成長し、両方の道のゴールに達しなくてはならないのです。

「一切の行動を成し遂げ」たとは、その人が個人生命のレベルにおいて、粗雑から精妙に至るまで、活動の全範囲を成し遂げたということです。さらに、その人は宇宙生命のレベルにおいても活動を成し遂げています。個人レベルの活動には、通常の心や肉体の活動だけでなく、超越して神聖なる「存在」との合一を得るという最も精妙な活動も含まれています。宇宙的なレベルの活動には、二つのタイプがあります。一つは、進化の過程に完全に調和した活動、すなわち宇宙意識における活動です。もう一つは、人生の究極的な統一のレベルにおける活動、すなわち神意識における活動です。

「一切の行動を成し遂げ」たとは、完成に達しているということをも意味しています。行動は欲求を満たすための手段です。「一切の行動を成し遂げ」たとは、欲求がすべて満たされたという意味であり、これは、成就に達したということを示しています。留意すべきことですが、行動の達成は、その行動の成果の獲得だけにあるのではありません。行動の成果とともに、行動とその結果の束縛的な影響からの自由をも獲得しなければなりません。行動の中に無行動を、無行動の中に行動を認識できるのは、絶対的な至福を直接経験することから得られる満足と、宇宙意識において束縛から永遠に自由になった結果なのです。そして、宇宙意識においては、真我は活動から離れていると経験されます。

この詩節においては、言葉の順序がたいへん重要です。「行動の中に無行動を見、無行動の中に行動を見る人」は精神が混乱しているわけではない、ということを伝えるために、主は、そのような人は他の人たちよりも優れた理解力を持っている、「人間の中の賢者である」と付け加えています。さらに、このような賢者は、単なる観念的な思索にふける理論家ではないということを示すために、主は、「そのような人は統一されている」と述べています。この言葉には、このような賢者は実際的な人であり、人生の成就に達しているという意味が含まれています。

この詩節には次のような四つの表現があり、それぞれが互いに異なる独立した意味を持っています。

一．行動の中に無行動を見る
二．無行動の中に行動を見る
三．そのような人は人間の中の賢者であり、統一されている
四．そのような人は一切の行動を成し遂げている

以下に続く五つの詩節の中で、この四つの考えがそれぞれどのように展開していくのか、それを見ていくのは興味深いことです。この詩節の一番目の考え方は、後続の各詩節の最初の考えの中で展開していきます。同じように、この詩節の二番目、三番目、四番目の考え方も、後続の五つの詩節のそれぞれ二番目、三番目、四番目の考えの中に展開しています。

行動の科学を説き明かしたこれら五つの詩節の比較研究は、詩節23の注釈の終わりで要約して述べることにします。

詩節13と詩節14で、主が一つの模範として自分自身のことに言及したとき、主はすでに、無行動の中の行動と行動の中の無行動の展望をアルジュナに与えています。ですから、この詩節では、詳細に立ち入ったり説明を加えたりしなくても、事実を述べればそれで十分でした。

しかし、続く詩節では、実生活をより具体的に考察しながら、この問題を検討しています。

詩節19　あらゆる企てが、欲求とその誘因から自由になっている人、行動が知識の火で焼き尽くされた人、そのような人を、真実を知る人たちは賢者と呼ぶ。

この詩節は、前の詩節の考えをさらに発展させた形で述べています。行動の中に無行動を見るためには、行動を起こすときにも、自分の内面において欲求から自由なままでいる必要があります。「欲求から自由に」なった人の内面は、「無行動」の領域となっています。「あらゆる企てが、欲求から自由になっている人」は、このようにして、「行動の中に無行動を見る（詩節18）」のです。

主は、悟りを得ている人の行動の特徴について述べています。確かに、行動には強力で効果的なスタートが必要です。しかし、賢者は、行動の始めにおいても、その途中においても、その終わりにおいても、個人的な執着によって動かされるのではありません。また、行動の成果を期待しているのでもありません。このように、行動の全範囲を通じて、賢者は行動にかかわっていながら、行動に巻き込まれていないのです。主は、このような理由から、「行動が知識の火で焼き尽くされた人、そのような人を、真実を知る人たちは賢者と呼ぶ」と説いています。

悟りを得た人も活動を起こすのですが、真我は活動から離れているという知識のおかげで、行動の束縛的な影響から自由なままでいられるのです。ここでは、行動や行動の成果の束縛的な影響から、行動が完全に解放されているという意味で、この知識をすべての行動を焼き尽くす炎に例えています。

「企てが欲求から自由になっている」。一般的に、人は行動したいという欲求を自覚して初めて、行動を始めるものです。心の中のどのレベルでその欲求に気づくかは、その人の心の意識的なレベルによって違います。純粋な心を持った人であれば、思考のプロセスのかなり微妙なレベルで、想念や欲求に気がつきます（追録「超越瞑想、その主要な原理」参照）。想念は意識の最も深いレベルから生じ、発達していき、心の意識的なレベルに達したときに欲求となる、ということを理解すべきです。超越意識が心の意識的なレベルになっている人は、想念が実際に欲求へと発展する以前に、まさにその出発点において、想念を認識することができます。そのような人の想念は、欲求として表れることなしに、行動へと変換されます（第三章詩節7参照）。心をうまく超越意識に調和させれば、「あらゆる企てが欲求から自由に」なるということが、これでわかるでしょう。

このような無執着の状態は、前の詩節で説かれた、行動の中に無行動を見、無行動の中に行動を見るという状態よりも、さらに一歩進んだものです。超越瞑想を実践していくと、「存在」が心の本性に定着してきますから、自分は活動から離れていると感じ始めます。そのとき活動は、内なる自覚の静かなレベルで、とらえられるようになります。このようにして、自然に、静けさと行動とを同時に認識するようになるのです。

瞑想の実践がさらに進んでいくと、活動の出発点においてさえも、「存在」の静けさが感じられるようになってきます。そのために、すべての行動が「欲求とその誘因から自由に」なるという自然な状態が生じるのです。注意すべきですが、行動の出発点は、進行中の行動よりも心をより深く関係させます。ですから、初めのうちは、行動の進行中に、真我が巻き込まれていないと経験されます。そして、瞑想の実践がかなり進んでいったときに初めて、行動の出発点においても真我が巻き込まれていない、と認識されるようになります。このように、「存在」が心の本性の中に成長していくにつれて、「あらゆる企て」が「存在」の静寂のレベルにあるという、自然な状態が生じてきます。「存在」はその本質において至福意識です。この至福意識から永遠の満足のレベルが得られ、それを基盤として、「あらゆる企てが、欲求とその誘因から自由に」なるのです。

心の本性の中に「存在」が成長しつつあるこの段階で、人は行動の出発点と行動の進行中の両方において、行動に対する無執着を感じています。しかし、どんな行動も何らかの目的を達成するために始められるのですから、行動の目的は、行動の出発点や行動の途中よりもいっそう深く心をかかわらせます。ですから、行動の成果に対する無執着も感じるようになるためには、「存在」がもっと完全に心の本性に浸透しなくてはなりません。人が宇宙意識に達したとき、完全に『行動の成果に対する執着を捨て去る（詩節20）』ことができます。無執着の最も進んだこの状態（この点については、次の詩節の注釈で取り上げます）は、神意識においてその究極の成就に達します。そのとき、「君は万物を君の真我の中に、そしてまた私の中に見るであろう」（詩節35）ということになるのです。

あらゆる行動は、行為者の意識の状態に依存しています。ですから、ある特定の質をすべての行動に持たせたいと望むならば、そのような行動の質が生じてくるような意識状態を生み出すことが必要です。

「あらゆる」という言葉は、この文脈においてたいへん重要です。そこには、五感や心の活動の全範囲が含まれています。この言葉が示唆しているのは、人はいつどんな行動を始めるにしても、その行動が欲求とその誘因から自然に自由になっているような意識状態になければならない、ということです。そのような意識状態は、宇宙意識と神意識に見いだすことができます。

超越意識が心の意識的なレベルになっている人は、宇宙意識に達しています。この状態にある人は、「存在」は行動から離れているという経験をしています。この経験から、表面には行動があり、内側には無行動の状態があるという自然な状況がつくられてきます。欲求は、行為者と行動の間をつなぐものです。しかし、行為者と行動との間に本来の分離した状態が確立されたときには、両者の間をつなぐものもなくなります。行為者とその行動との間のそのような状況においては、欲求はその立場を失ってしまいます。こうして、「あらゆる」企てが欲求から自由になるのです。

「その誘因から自由になっている」。欲求の誘因を理解するためには、欲求の形成の過程を分析する必要があります。経験は、五感が対象と接触して、心に印象が残されるときに生じます。この新しい印象の刺激は、すでに心の中にある同じような過去の印象と共鳴し、その印象と結び付きます。その二つが一緒になると、すべての経験の印象が蓄えられている意識の最も深いレベルに、一つのインパルスが生じます。このインパルスが成長して、心の意識的なレベルにまで上ってくると、そこで一つの想念として認識されます。この想念が五感の共感を得て、欲求を生み出し、五感を行動へと駆り立てるのです。原則として、欲求の誘因は何かが欠けているという感情にあります。宇宙意識の状態にある人は、自分の内面に永遠の満足を見いだしており、また、活動の領域はその人自身から自然に離れています。宇宙意識の状態では、真我は自足的な状態にあります。真我が何か欠けていると感じることはありえません。ですから、このような状態では、あらゆる企てが欲求の誘因から自由となるのです。

そうすると、次のような疑問が生じるかもしれません。そのような人においては、いったい何が行動を引き起こすのだろうか。

その答えは、創造世界の膨大で絶え間ない活動と、全宇宙の進化の原因となっている「自然」（第三章詩節27、28参照）の全能の力です。

「存在」は自然界の基盤です。心が「存在」と完全に調和するようになると、心は「存在」の地位そのものを得て、心自体が自然界におけるすべての活動の基盤となります。自然界の諸法則がそのような心のインパルスを支援し始めます。心は、あたかもすべての自然法則と一つになったかのようになります。そのとき、そのような心の欲求は、自然界の要求となります。言い換えると、自然界の要求がそのような活動の動機となります。真我は「欲求とその誘因」とは何の関係もありません。このようにして、「あらゆる企て」が「欲求とその誘因」から自然に「自由になっている」ことが可能になるのです。

意識のこのような状態の発達は、心の意識的なレベル、すなわち心の表面に「存在」がやってくるようになることで起きるのだ、ということを忘れてはなりません。思考や理解のどんな過程によっても、それを発達させることはできません。この詩節の目的は、このような状態を説明することにあります。ここには、それを達成する方法は述べられておりません。次のように考えるのは完全な誤りです。「欲求を取り除こうと努めることによって、また、欲求の誘因を弱めるために不満を減らそうと努めることによって、このように自然な無執着の状態が得られるだろう。そうすれば、真実を知る人たちの目から見ても賢者といえるような人間になれるはずだ」

「知識の火」とは、「存在」は行動の領域から離れている、という自覚のことです。

したがって、悟りを得たそのような人の行動は、その人の行動ではありません。それは三つのグナの行動です（第三章詩節28）。そのような人は、執着から離れており、常に満足しています（第四章詩節20）。その心情と理性は調えられており（詩節21）、対立するものを越え（詩節22）、解放されています（詩節23）。

詩節20　行動の成果への執着を捨て、常に満足しており、何ものにも依存しない人は、たとえ行動に完全に従事していようとも、まったく行動していない。

前の詩節の注釈では、宇宙意識の成長に伴って、無執着が深まり、「行動の成果への執着」さえも捨てるようになる、ということが説明されました。

この詩節は、別の角度から考察することができます。純粋な蜂蜜が舌に触れるとき、その強い甘味の度合は、それまで経験したすべての甘味を越えています。もし、舌が蜂蜜の甘味を味わい続けたとしたら、以前の甘味をもう一度味わいたいとは思わなくなるでしょう。心が宇宙意識の状態に達し、超越的な至福の経験の中に永遠に生きるようになったときも、同じことが起こります。過去の経験の印象が心をとらえることはまったくなくなります。悟りを得た人は、このようにして、過去になされた「行動の成果への執着を捨て」たのです。

強い甘味を舌で味わった後に、別の甘味を味わったとしても、それはたいした印象を残しません。人が絶対「存在」の至福に立脚して、生命の相対領域で行動するときには、将来の欲求を生み出すような深い印象を、その経験が心に残すことはありません。このようにして、行動―印象―欲求―行動というサイクルが断ち切られます。悟りを得た人の場合は、この世界で活動したり経験したりしても、それが将来の行動の種をまくことにはならないというのは、このような理由によるのです。このことは、次の詩節でさらに明らかにされます。「たとえ行動に完全に従事していようとも」。行動の器官（第三章詩節7参照）は、自然界によって動機づけられ、その義務を果たし続けます。経験のための五感も、同様にして働き続けます。このように行動し続けます。「まったく行動していない」。心は「存在」の完全性に立脚していて、活動には巻き込まれません。これが、悟りを得た人の人生の状態です。外側では活動に従事していますが、内面では永遠の静寂に立脚しています（第三章詩節7、27、第四章詩節14参照）。

詩節21　何も期待せず、心情と理性を調え、あらゆる所有を放棄して、肉体のみによって行動をなすとき、その人は罪を犯さない。

「何も期待せず」。不安や期待の原因は欲求にあります。悟りを得た人の行動は、「欲求とその誘因から自由になっている」（詩節19）と、すでに説かれました。ですから、「何も期待せず」に行動します。

「心情と理性を調え」。第三章詩節43を参照してください。

「あらゆる所有を放棄して」。この表現は、「何ものにも依存しない」（詩節20）と同じような意味で使われています。「所有」という言葉は、自分の周囲に集めたすべてのもの、自分の真我を除くすべてのものを意味しています。自分の真我の外側にあるすべてのものを放棄するということは、相対実存の全領域を捨てること、すなわち「三つのグナから離れる」（第二章詩節45参照）ことを意味しています。

「肉体のみによって行動をなす」。詩節19の注釈で説明したように、悟りを得た人の心は、その人が五感のレベルで行動しているときでさえも、無執着の状態を保っています（第三章詩節7参照）。それで、「あらゆる企てが、欲求とその誘因から自由になっている」のです。悟りを得た人の心は、肉体が五感のレベルでどんな行動をなそうと、その印象を深く刻みつけることはありません。その心は、あらゆる活動を通して、常に「存在」に安定しています。「存在」の絶対的な純粋性に立脚しており、無知の領域から、「罪」の領域から抜け出しているのです。

詩節22　**何であれ求めずして来るものに満足し、相対するものを越え、ねたみから自由になり、成功にも失敗にも平静を保つ人は、行動しても束縛されることはない。**

この詩節は、解放の状態を得た人の様子を描いています。

「何であれ求めずして来るものに満足し」。悟りを得た人は、成就した人生を生きています。その行動は、欲求から離れており、ただ時の要請のみに応えます。個人的な利益を得ようとすることはありません。その人は宇宙目的を成就することに従事しているのであり、したがって、その行動は自然界によって導かれています。ですから、自分が必要なものについて心配することはありません。その人の必要は自然界の必要であり（詩節19注釈参照）、自然界がそれを満たすように働いてくれます。その人は、「神聖なるもの」の道具となっているのです。

「相対するものを越え」。三つのグナを越えるということです（第二章詩節45、50、56、57参照）。この表現は、超越意識、宇宙意識、神意識のいずれにも等しく当てはまります。超越意識は本質的に絶対であり、二元性の形跡さえもありません。宇宙意識では「相対するもの」を受け入れますが、真我から完全に離れたものとして受け入れます。神意識でも「相対するもの」を受け入れますが、真我と切り離せないものとして受け入れます。その真我は、「神」と切り離せないものとなっています。

「ねたみから自由になり」。ねたみは、人の心の平静を乱し、自分のものではない、異なる意識レベルのダルマの侵入を許してしまうものです（第三章詩節35注釈参照）。これはたいへん危険なことです。なぜなら、自分の進化の道から放り出されてしまうことにもなりかねないからです。ねたみから自由になった人は、このような危険にさらされることはありません。そのような人は、どんなものにも惑わされません。なぜなら、絶対的な自由に達しているからです。それ以上何を望むことができるでしょうか。宇宙意識の状態に達したならば、さらに神意識を望むことができます。ねたみの入り込む余地がそこにあるのではないか、と考えられるかもしれません。しかし、もし、宇宙意識の人が神意識の人に会ったとしたら、その人は、ねたむどころか、むしろ愛と献身の情で満たされることでしょう。

「成功にも失敗にも平静を保つ」。第二章詩節38、48、50を参照してください。

「行動しても束縛されることはない」。第三章詩節28を参照してください。

瞑想を通して、心が真我の至福の中に満足するようになったならば、不満が生じる可能性はまったくありません。そのとき、心は喜びにも苦しみにも平静を保ちます。それが解放を得た人の状態なのです（第二章詩節71、第三章詩節17、28参照）。

詩節23　**執着から自由になり、解放され、心が英知に確立し、ヤギャのために行動する人、そのような人の行動は完全に消滅する。**

この詩節では、規則的な瞑想の実践によって宇宙意識に達したとき、すなわち、純粋な超越意識が心の本性に定着したとき、その人は行動の領域から「解放」され「執着から自由に」なる、ということが示されています。この状態においては、あらゆる行動が人生を支援する影響を創造世界に生み出し、宇宙の進化を助けます。ですから、あらゆる行動は「ヤギャのため」であるというのです。

このように、超越瞑想を実践する人の行動は、ヤギャと呼ぶにふさわしいのです。

この詩節の四つの表現は、先の五つの詩節のそれぞれに含まれていた四つの表現の展開を締めくくっています（詩節18注釈参照）。この展開をわかりやすく示すと、以下のようになります。

Ⅰ

「行動の中に無行動を見」（詩節18）

「あらゆる企てが、欲求から自由になっている」（詩節19）

「行動の成果への執着を捨て」（詩節20）

「何も期待せず」（詩節21）

「何であれ求めずして来るものに満足し」（詩節22）

「執着から自由になり」（詩節23）

Ⅱ

「無行動の中に行動を見る人」（詩節18）

（あらゆる企てが）「その誘因から離れている人」（詩節19）

「常に満足しており」（詩節20）

「心情と理性を調え」（詩節21）

「相対するものを越え、ねたみから自由になり」(詩節22)
「解放され」(詩節23)

Ⅲ

「人間の中の賢者である。その人は統一されている」(詩節18)
「行動が知識の火で焼き尽くされた人」(詩節19)
「何ものにも依存しない人」(詩節20)
「あらゆる所有を放棄して」(詩節21)
「成功にも失敗にも平静を保つ人」(詩節22)
「心が英知に確立し」(詩節23)

Ⅳ

「彼は一切の行動を成し遂げている」(詩節18)
「そのような人を、真実を知る人たちは賢者と呼ぶ」(詩節19)
「たとえ行動に完全に従事していようとも、まったく行動していない」(詩節20)
「肉体のみによって行動をなすとき、その人は罪を犯さない」(詩節21)
「行動しても束縛されることはない」(詩節22)
「ヤギャのために行動する人、そのような人の行動は完全に消滅する」(詩節23)

これら六つの詩節に含まれている教えのゆえに、この第四章は英知の章と呼ばれています。その英知とは、カルマ・ヨーガの英知であり同時にサーンキヤの英知でもあります。ここには、行動や振る舞いにおける、悟りを得た人の状態が明らかにされています。また、そうすることで、進化の途上にある人が直面する、抽象的で形而上学的な問題の具体的な面が示されています。

詩節24

ブラフマンは捧げる行為である。ブラフマンは供物である。
それは、ブラフマンによってブラフマンである火の中にくべられる。
行動を通してブラフマンに確立された人は、まさにブラフマンのみに赴く。

この詩節は、祭式としてのヤギャを行うときにも、あるいは他のどんな種類の行動を行うときにも、すべてはブラフマンであるという考えを心に思うべきである、と教えているのではありません。この詩節の教えは、思考や気分を装うというような表面的なレベルにではなく、人生のもっと深いレベルに関係しているのです。

前の詩節では、「ヤギャのために行動する人、そのような人の行動は完全に消滅する」と説かれました。この詩節では、これらの言葉がさらに説明されています。ここでは、悟りを得た人たちによってなされる、行動のさまざまな面が考察されています。ここには、行動のあらゆる多様性の中に実存の一元性を悟る意識状態のことが述べられています。

ここから先のいくつかの詩節の中で、主はヤギャという行動のさまざまな面を列挙し、すべてはブラフマンであると言います。確かに、捧げる行為は捧げる行為であり、供物は供物であり、火は火であり、行為者は行為者です。このように、相対生命のレベルにおいては、二元性が行き渡っています。すべてがブラフマンとなるのは、宇宙意識に確立された行為者の意識のレベルにおいてのみです（第二章詩節71、72参照）。詩節19から23まで説かれてきたことから、次のような結論が導かれるでしょう。悟りを得た人は、常に至福意識に確立されており、心や五感が行動に従事しているかどうかには関係なく、ブラフマンから離れることがありません。また、それと同時に、行動に伴うすべてのものは　グナの働きによって（第三章詩節28参照）、五感のレベルで自然に進行していきます（第三章詩節7参照）。

「存在」が心の中に浸透すると、どんな想念、言葉、行為も、心を「存在」の外に連れ出すことができなくなります。これが宇宙意識の状態です（第二章詩節72参照）。この詩節の目的は、行動と宇宙意識との関係を明確に述べることにあります。宇宙意識では、あらゆる行動はその意識にとって欠くことのできない部分となり、それゆえに、それはその意識そのもの、ブラフマンそのものとして認識されるようになります。

またこの詩節には、ブラフマンに確立されることは行動を支配することであり、同時に、行動を成就することでもある、という意味も含まれています。

主はヤギャについて話していますが、これは、行動にはさまざまな部分があり、さまざまなやり方があるが、それらは、悟りを得た人には何の束縛も残さない、ということを説明するためです。悟りを得た人は、純粋意識の状態すなわち永遠の「存在」に常に立脚し、自分を通して起こっていることを、ただ無心に静かに目撃しているだけです。その人は、自然界が進化の目的を成就するための手段となっています。その行動は、時の要請に対する応答です。極めて自然に行動し、そこから、あらゆる種類の善が生まれてきます。

「まさにブラフマンのみに赴く」。ブラフマンとは、生命の相対領域と絶対領域を包括している真実です。人はブラフマンの状態を得て、実存の究極的な真実に至ります。この悟りを得た状態において、人は永遠の解放を達成したことになります。ひとたびこの状態に至ったならば、そこから転落することはありえません。ですから、主は「行動を通してブラフマンに確立された人は、まさにブラフマンのみに赴く」と言っているのです。

「赴く」という表現は、肉体を去ったときにどこか別のところへ行く、という意味ではありません。ここでの「赴く」という言葉の意味は、次のような事実の中に見いだすことができます。すなわち、肉体が滅ぶとき、悟りを得た人は、もはや一人の個人ではなくなります。ある人がどこにも見つからないとき、その人は行ってしまったと言われます。では、その人はどこへ行ったのでしょうか。行くという観点からその人の位置を説明しようとするなら、その人はブラフマンに行ったといわなければなりません。しかし、実際には、すでに「ブラフマンに確立され」、遍在する真実に達した人が、どこかへ行くなどということはありません。その人は、それまでの自分に、すなわちブラフマンにとどまります。ただ、個別の肉体がなくなっただけです。

「行動を通してブラフマンに確立された人」。人は、宇宙意識においてブラフマンの状態に達します。宇宙意識においては、どんなに活発に活動したとしても、それによって、「存在」の外へ連れ出されることはありません。ブラフマンに確立されたこの状態は、瞑想という活動を通して「存在」の状態を得た後、活動することによって到達されます。瞑想という内側への活動の後に、日々の生活という外側への活動をするのです。これで、人は「行動を通してブラフマンに確立」されるということがはっきりしました。したがって、この詩節では、ブラフマンの状態が述べられているだけでなく、それを実現する直接的な方法も示されている、ということになります。

詩節25　あるヨーギーたちは、ただ神々を崇拝することによってのみヤギャを行う。他のヨーギーたちは、ブラフマンである火の中に、ヤギャそのものを捧げることによってヤギャを行う。

「神々を崇拝すること」はヤギャを行うことである、と述べられています。主が説いているのは、この神々への崇拝がブラフマンに捧げられるとき、そのような捧げ物もまたヤギャの行為となる、ということです。

このことを明らかにするには、神々への崇拝はどのようにしてブラフマンに捧げられるのか、また、そのブラフマンへの捧げ物がどうしてヤギャの行為となるのか、といったことを分析する必要があります。

宇宙意識はブラフマンの状態です（第二章詩節72参照）。宇宙意識へと成長していくのは、超越的な真我意識ですから、崇拝を通して宇宙意識を得るためには、崇拝を通して超越しなければなりません。そのためには、崇拝という行為の精妙な局面へと入っていく必要があります。そして、このことは、神の名前または姿を取り上げて、それをより精妙な状態で経験していき、ついには、心が最も精妙な状態を越えて超越意識に達する、という系統的なやり方で、最もうまく行うことができます。しかし、感情がたいへん豊かな人であれば、捧げ物をする過程の中で、神への愛の気持ちが高まり、それだけで超越するかもしれません。

崇拝という行為を超越することが、ブラフマンに崇拝を捧げることだと言えます。そのようにすれば、その神の祝福を受けられるという利点と同時に、宇宙意識への進化の助けになるという利点もあります。

超越することによって、崇拝者はヤギャの究極的な成就に達し、それによって、宇宙意識へと成長していきます。宇宙意識の状態では、あらゆる行動がヤギャとなります。関係するものは、すべて進化の助けとなります。その人は「存在」に立脚して、人生の目的を成就するでしょう。このような理由から、ヤギャの領域を超越しブラフマンの状態に達することも、またヤギャであると言えるのです。宇宙意識を得れば、その人の行動はすべてヤギャと呼ぶにふさわしいものとなります。そのような行動はブラフマンの状態で行われるのですから、それはすでにブラフマンのレベルにあります。これが、ブラフマンという火の中にヤギャそのものを捧げるということです。

ています。

詩節26

ある人たちは、聴覚などの五感を制御の火に捧げる。
またある人たちは、音などの五感の対象を五感の火に捧げる。

「火」。原語で複数形になっているのは、それぞれの五感を制御する方法がいろいろある、ということを示しています。

人間には二通りのタイプがあります。五感を活発に保ちこの世界における五感の対象を楽しむタイプと、さまざまな制御の方法を実践するタイプの二つです。主は「五感を制御の火に捧げる」と言っていますが、これは後者のタイプを指しています。

ほとんどの注釈者は、「制御」という言葉を「抑制」という意味に解釈してきました。そして、その結果、五感を力ずくで服従させるべきだ、ということが主張されてきました。しかし、五感に楽しみを与えないようにし、その活動を止めるなどということは、とてもできることではありません。このことは、すでに第二章の詩節59で主によって明らかにされています。ですから、「制御」という言葉は、何か「抑制」以外のことを意味しているに違いありません。それは、実際に五感を静めるような力を持っている何かであるはずです。これは二通りに説明できます。一つは、この詩節に説かれているように、五感を正しく使うということです。もう一つは、すべての五感を自然に一点に収束させ、そこに満足してとどまっているようにすることです。後者のやり方（第三章詩節43参照）については、次の詩節で説かれます。

「またある人たちは、音などの五感の対象を五感の火に捧げる」。ある人は、外側の世界で五感を活動させます。これは、五感を正しく使うということです。なぜなら、禁じられているものは別として、対象を経験するということも、ヤギャの行為と考えることができるからです。

これで、この詩節の意味するところがはっきりしたことでしょう。ある人たちは、超越瞑想を実践することによって五感を内側に向け、自動的に五感が「存在」へと収束していくような状況をつくり出します。そのようにして、制御の目的そのものを自然に成就するのです。またある人たちは、瞑想はしませんが、正しい行動をすることによって、五感を制御しています。禁じられているものを五感に経験させないことによって、彼らもまたヤギャの道に従い、進化し、至高者に達するのです。ただし、これは進み方の遅い、しかも困難なやり方です。なぜ困難かというと、正しい行動の基盤は純粋意識であるからです。適切な基盤なしに正しく行動するのは、不可能ではないとしても、極めて困難なことです。しかし、超越瞑想によるならば、容易に純粋意識を得ることができ（第二章詩節40参照）、それによって、自動的に正しい行動をとることができるようになります。

詩節27　他の人たちは、五感と生命の息とのすべての活動を、
悟りによって灯された、自己制御というヨーガの火の中に捧げる。

悟りを得るためには自己制御の実践が必要である、というのが一般の理解です。しかし、これは主の教えとは明らかに反対のことです。主の教えには、「自己制御」は悟りの状態の結果である、とはっきり説かれています（第二章詩節59参照）。

超越瞑想の過程で、心が経験のより精妙なレベルへと入っていくとき、あらゆる五感の活動は減少して、ついには停止するに至ります。また、呼吸も次第に精妙になって、ついには停止するに至ります。これが、「五感と生命の息とのすべての活動をヨーガの火の中に捧げる」ということです。

「悟りによって灯された自己制御」。自己制御とは、自己が外側の世界に逸脱することなく、それ自身の内側にとどまる、ということを意味しています。心が完全な状態に制御されているということは、心が外側の世界へ逸脱することなく、完全に心自身の中にとどまっている、ということを意味しています。心が十分に制御されていないと、心は外界へと逸脱して、勝手な方向へ進んでいってしまいます。同じように、五感が完全な状態に制御されているということは、五感が外界に逸脱することなく、五感自体の中にとどまっている、ということを意味しています。五感が十分に制御されていないと、五感は外界へと逸脱して、好きな方向に行ってしまいます。

「悟りによって灯された自己制御」とは、自己と心と五感の制御の完全な状態を意味しています。すなわち、悟りの状態、純粋意識の状態、「存在」の状態においては、心や五感は、外側に逸脱することなく、それ自身の中にとどまっている、という意味です。これは、活動がまったくない超越状態において起こります。しかし、この意識の超越状態が恒久的になって、宇宙意識へと変わったときには、心は「存在」の状態に錨《いかり》を下ろして安定し、外界で好きなように活動を楽しむことができるようになります。

このようにして、心は、活動していても、自己制御の状態にとどまっているようになります。五感はいつも心の動き方に従うものです。ですから、心がこのような自己制御の状態にあるときには、五感の活動もまったく自発的に、自己制御の状態にとどまっています。これは、五感が自動的に正しい方向に機能する、ということを意味しています。

このようにして、悟りの状態を得ることによって、「五感と生命の息とのすべての活動」が「ヨーガの火の中に」捧げられます。したがって、最初に「ヨーガの火」が灯されなくてはならないということが明らかになります。

「ヨーガの火」が灯されたとき初めて、自己制御が可能となるのです。

注意しておくべきですが、宇宙的レベルでのこのような自己制御状態のおかげで、宇宙生命における創造と進化の活動は、三つのグナの本性によって自動的に遂行され、宇宙「存在」すなわち「神」は活動に巻き込まれることがありません。宇宙生命は内面でこのように機能しているのです。宇宙生命の活動は、自己制御に基づき、自発的にしかも正確に行われているということが、これでよくわかったことでしょう。

ここでは、「ヨーガ」は次のように定義されています。つまり、悟りにより、すなわち、超越意識および宇宙意識の状態において真我を悟ることにより、自発的に生み出される自己制御の状態である、ということです。

神意識は悟りの最高の状態です。この状態を得たときには、個人生命のレベルにおける自己制御は、宇宙生命のレベルにおける自己制御にまで高まります。

詩節28　同様に、ある人たちは、財物によって、苦行によって、ヨーガの実践によってヤギャを行う。また、厳しい誓いを立てた求道者たちは、聖典の学習と知識をヤギャとして捧げる。

ここで主は、進化のため、すなわち、宇宙意識において自由を獲得し、神意識においてその自由を成就させるために、物質的、肉体的、心理的な浄化法を説いています。

「財物によってヤギャを行う」とは、富をそれにふさわしい人たちに施すという意味です。それはまた、供物の火を捧げることによってヴェーダの祭式を執り行う、という意味でもあります（第三章詩節12、13と第四章詩節25参照）。

「苦行によってヤギャを行う」とは、浄化のために肉体を熱や寒さなどの苦痛にさらすという意味です。「ヨーガの実践によって」。第二章の詩節45、50と、第三章の詩節7を参照してください。「聖典の学習と知識をヤギャとして捧げる」。座って瞑想して、学習の領域を超越し、すべての学習のゴールである超越「存在」を経験することです（第二章詩節52、53参照）。

詩節29　また、呼吸の訓練に専念する人たちは、呼気と吸気の道を抑制して、入息を出息に注ぎ、出息を入息に注ぐ。

主はここでアルジュナに、呼吸の訓練によって「真理」を得ようとする求道者たちもいる、ということを説明しています。彼らは、「入息を出息に注ぎ、出息を入息に注ぐ」ことで、「呼気と吸気の道を抑制」します。このような訓練によって、呼吸が一時的に停止して、心は至福意識の静寂の中に静止するようになります。それと同時に、神経系が養われて（詩節38注釈参照）、このような意識状態を維持できるようになります。このような理由から、呼吸の訓練もここではヤギャに含められているのです。

超越瞑想もまた、この詩節の要件を満たしています。なぜなら、瞑想の実践中には、呼気と吸気がごく自然にかすかになっていくからです。吐く息の流れも、吸う息の流れも次第に少なくなっていきます。呼気と吸気が同時に減少していくというこの現象は、一方を他方に注ぐという表現で説かれています。このように、超越瞑想の実践によって、「入息を出息に注ぎ、出息を入息に注ぐ」ということが極めて簡単にできるのです。

詩節30　また他の人たちは、食事を制限して、呼吸を呼吸に捧げる。このような人は確かに、ヤギャを知る人たちである。ヤギャによって、彼らの罪は投げ捨てられる。

食事を制限すれば、体の代謝に必要な酸素が少なくなり、したがって、呼吸も静かになります。「食事を制限」するとは、五感に対象を楽しませない、行動はもちろん想念の活動にさえも従事しない、という意味です。このように活動に従事しないためには、代謝を減少させる必要があります。そして、代謝を減少させるためには、呼吸の活動を減少させる必要があります。前の詩節でも説明したように、これが、「呼吸を呼吸に捧げる」という主の言葉の意味するところです。

これらはすべて、自分自身を浄化するためのさまざまな方法（詩節38注釈参照）であり、そのために、ヤギャと呼ばれています。それらを実践すれば、「罪は投げ捨てられる」のです。『ディヤーナビンドゥ・ウパニシャッド』にも、何マイルにも広がる巨大な罪の山も、超越的な瞑想がもたらす合一によって破壊される、それ以外に出口はない、とはっきり記されています（Yɛdi shaila samam pāpam Vistīrnam bahu yojanam Bhidyate dhyāna yogena Nānyo bhedaḥ kadāchana）。

詩節31　ヤギャの残りものである甘露を食す人たちは、永遠のブラフマンに達する。ヤギャを行わない人にこの世はない、まして来世は。クル族の最上者よ。

主は、これまでの詩節（24～30）でさまざまなヤギャを説いてきましたが、この詩節では、その結果を説明しています。ヤギャは浄化の過程です。そのような過程はどんなものも、心をより精妙にし、そして、より超越しやすくします。ヤギャが終わったときには（詩節33参照）、心は浄化され、以前よりも高い意識レベルを得ます。このようにして、ついには、主が「甘露」と呼んでいる至福意識に達することになります。至福は、いわば、ヤギャが終わったときの残りものであるのです（第三章詩節13注釈参照）。この至福を楽しむ人たちは「永遠のブラフマンに達する」、と主は説いています。なぜなら、規則的な実践によって宇宙意識へと発展し、ついには神意識にまで至るのは、この超越的な至福意識にほかならないからです。

主はさらに、ヤギャを行わない人は現世でも来世でも成功しない、と述べています。もし、弓をいっぱいに引き絞ることをしなければ、矢は十分なエネルギーを得られず、前方に力強く飛んで行くことができません。もし、心を内側へと向かわせ、その内側への歩みの究極点にまで導くことをしなければ、心は躍動力を得ることができません。心が活発で力強くならなければ、この世界で成功を収めることはできません。浄化の過程であるヤギャは、現世で成功するためにも、来世での成功のための力を得るためにも、欠くことのできないものだ、と主は教えています。

あらゆるヤギャの中でも、超越瞑想（追録参照）というヤギャが最も効果的（詩節33参照）です。なぜなら、超越瞑想は、心を絶対的な純粋性に導き、無限の生命力と知性の源に触れさせるための、直接的な方法であるからです。

詩節32　このように、多くの種類のヤギャが、ヴェーダの言葉の中に述べられている。それらすべては行動から生じると知れ。このように知れば、君は自由を見いだすであろう。

『ヴェーダ』には、人生のさまざまなレベルで人間の進化の過程を助ける、いろいろな種類のヤギャが語られています。主が述べようとしているのは、『ヴェーダ』に記されているさまざまなヤギャに関する知識は、それ自体完全なものであり、ただそのまま採用すればよい、ということです。このことを伝えるために、「それらすべては行動から生じると知れ」と主は言っています。ヤギャをするためには行動が必要です。ヤギャは実際になされなければ、何の結果も生まれません。ヤギャについての理論的な知識もそれなりの価値はあるのですが、しかし、それだけでヤギャの成果が生じるのではありません。ここでは、行動の重要性が強調されています。「それらすべては行動から生じると知れ」という言葉には、もう一つ大切な意味が含まれています。主がアルジュナにはっきりと示そうとしているのは、これまでの詩節で主が説いてきた『ヴェーダ』に基づくヤギャの知識は、現世および来世で成功を収めるために不可欠なものである、ということです。しかし、主はそれと同時に、これは人間を束縛から解き放つ最終的な知識ではない、ということも示しています。もっと知るべきことがあるのです。ヤギャの活動を続けている間も、それはすべて行動の領域におけることであって、真実はそれを超越している、ということをアルジュナは忘れてはなりません。ですから、人はヤギャの活動の領域にいつまでもとどまっていてはいけないのです。ヤギャは活動であり、真実は超越的なものであるという知識こそが、確実に人を解放するものであるのです。

超越瞑想を実践する上で大切なことがここにあります。注意の媒体となるものは、それによって心が「超越」に達し、「存在」の絶対的な状態を悟ることができるようなものでなくてはなりません。もし、求道者がこの事実を知らなければ、瞑想（ヤギャ）の実践中、その注意の媒体が消滅したことに気づいたとき、混乱に陥ってしまうでしょう。主は、求道者をそのような混乱から救うために、こう説いています。悟りをもたらすすべての実践（ヤギャ）は活動の領域にある。ゴールは、その領域を越えること、超越意識に達すること、宇宙意識を得ること、そして、究極的には、神意識の統一の状態においてすべての行動の成就に高まることである、と。

次の詩節では、この点がさらに詳しく説かれます。

詩節33　知識のヤギャは、財物によるヤギャよりも優れている。敵を焼き焦がす者よ。すべての行動は例外なく、パールタよ、知識において完結する。

「財物によるヤギャ」。詩節28を参照してください。

「知識のヤギャ」とは、知識に至る行動という意味です（詩節38注釈参照）。「財物」のヤギャは物質的な供物によって行われますが、知識のヤギャは心の活動――超越意識に至る心の活動と、「超越」を理解するという心の活動――を通して行われます。知識（詩節38参照）とは、その本質的な意味において神意識のことです。神意識は宇宙意識の状態から発達してくるものであり、また、その宇宙意識は超越意識に関する知識（理解と経験）から発達してきます。

行動は進化の手段です。そして、人が「神」との統一すなわち神意識を得たときに、進化はその頂点に達します。この成就の状態においては、なすべきことはもうありません（第三章詩節17参照）。すべての行動のゴールに達したのです。

当然のことですが、どんな方法も、その目的が達せられたとき、終わりとなります。どんな形式のヤギャも、ある程度の浄化を目的としています。純粋意識を恒久的に獲得したとき、真我は活動から離れていると悟ったとき、そして、神意識を得たとき、そのとき、浄化の極限が達成されます。それを達成すれば、人は自然に永遠の自由の中で成就を感じるようになります。この成就の状態こそ、すべての行動のゴール、すべてのヤギャのゴールです。主はこのような理由から、知識とはあらゆる行動がそこに向かって収束し、ついにはその中に溶け込んでいく領域である、と説いています。「すべての行動は例外なく、パールタよ、知識において完結する」とは、こういうことなのです。

主の話の進め方は、たいへんすばらしい心理的技術の一つの実例となっています。主は、段階的に（詩節23から、この詩節に至るまで）、悟りへの道であるヤギャの重要性を説いてきました。そして、ヤギャの重大さを確立したとき、突然、これはすべて行動の領域にある（詩節32参照）と述べ、それによって、第一に、それがだれの手にも届くところにあり、第二に、だれしも行動の領域すなわちヤギャにとどまっているべきではない、ということを伝えています。なぜなら、それは人生の最終的なゴールではないからです。主は、このことを指摘したあと、この詩節で即座に、知識はすべての行動のゴールであると述べて、話を締めくくっています。財物によるヤギャは、せいぜい、人生の相対領域での意識レベルを向上させるにすぎません。しかし、知識のヤギャは、人間の仕組み全体を変えて、それを「神聖なるもの」がこの世界に現れるための一つの手段とします（詩節38注釈参照）。これ以上の進化の状態はありませんから、人をこのような状態へと導く「知識のヤギャ」は、「財物によるヤギャ」よりも優れているのです。

行動に対するものとして知識を強調するとき、主はアルジュナに、「敵を焼き焦がす者よ」、精力的な活動に従事している者よ、と呼びかけています。これは、人生を最も躍動的にするのは知識である、ということを示すためです。次の詩節では、この「知識」を求める直接的な方法が示されます。

詩節34　このように知れ。敬意、問い続けること、そして奉仕によって、真実を経験した知識の人は、君に知識を授けると。

悟りを得た人から啓発を受ける過程が、ここに示されています。「敬意」という言葉で意味されているのは、服従すること、帰依することです。これは、受け入れの状態をつくるのに役立ちます。服従の状態にあっては、心情も理性もそれ自身の感じ方や考え方を捨て去ります。心情も理性も、その潜在力を覆い隠すすべてのものから自由になり、悟りを得た人、知識の具現者を十分に受け入れるようになります。

服従は、求道者が自分の限られた個別性をごく自然に取り払い、宇宙「存在」に自分自身が開かれるのを阻む障害を、克服するための一つの手段です。この詩節は、「真理」を求める求道者に、ただ単に宇宙「存在」に服従する気持ちを持つというだけでなく、悟りを得た人に服従するようにと助言しています。これは、遍在する「存在」への服従では、はっきりした焦点がなく、抽象的であいまいなままにとどまってしまい、具体的な結果を生じることがないからです。個別的理知の宇宙的知性への直接的な服従は、超越の状態において初めて起こります。相対世界の領域においては、思考や理解のレベルでの服従が有効で実りあるものとなるために、何かはっきりした焦点が必要です。

悟りを得る過程で次に大切な点は、理知が十分に目覚めていて、弁別力、すなわち、「真実」のさまざまな面を理解する能力が鋭敏であるということです。これがどうして必要かというと、完全な悟りの状態は、「真実」の明確な理解を伴うものであり、それは、目覚めていて鋭敏な理知、弁別力と決断力に富む理知によって初めて達成できるものだからです。知的に鋭敏な状態は、服従の状態とは相反するものです。この矛盾は、主が「奉仕」と呼ぶものによって解決されます。

「奉仕」とは、師の願いにかなった行動という意味です。奉仕の気持ちは、仕事そのものがどんなものであるかにはほとんど関係ありません。それは、主に、師の願いを満たすことに関係しています。つまり、師が満足すれば、奉仕は成功したことになるのです。もし、師がその仕事の完成を喜ぶのであれば、奉仕もなされ、その仕事も目的を達成したことになります。しかし、もし、仕事の途中で、師がその仕事をやめるように望めば、奉仕の成功のために師に従わなくてはなりません。このような奉仕の秘訣には、悟りのために必要な、服従の状態と鋭敏な理知の状態とが含まれているのです。

正しい奉仕の気持ちを持つことで、求道者の心は訓練され、悟りを得た人の統合された心の状態に、調和するようになります。奉仕の秘訣において成功するためには、自分の心、自分の好き嫌いを調節して、師の心に調和させなければなりません。何かをします。それから、よく注意して、師が喜ぶのかどうかを確かめます。そして、それによって、自分の行動を修正していきます。このことには、単に、服従と鋭敏な理知を一緒に保つということ以上の効果があります。無知な人の心は、自分の好き嫌いを、師の悟りを得た宇宙的な心に合わせることで、次第にそれと同じ状態を得るようになるのです。このように、服従、質問、奉仕の三つは、そのすべてが互いに補い合って、悟りに好ましい状況をつくっていきます。

シャンカラは、この詩節に次のような注釈を加えています。「いかなる手段でそれが達成されるかを知りなさい。師の元に謙虚に近づき、師の前にひざまずきひれ伏して、十分な敬意を表しなさい。師に尋ねなさい。束縛とは何か、自由とは何か、また、英知とは何か、無知とは何かと。師のために奉仕しなさい。聖典から真理を知り、また、自らの直接経験によってそれを悟った師たちは、このような尊敬のしるしを喜んで、あなたにこの知識を説き明かすでしょう」

次の詩節では、この知識の結果が示されます。

詩節35　これを知れば、パーンドゥの子よ、君は再びそのような迷いに陥ることはないだろう。なぜなら、これにより、君は万物を君の真我の中に、そしてまた、私の中に見るであろうから。

「これを知れば」。これまでの詩節で説かれた知識を得れば、という意味です。

「君は再びそのような迷いに陥ることはないだろう」。ここで主はアルジュナに、迷いの可能性を越える方法を与えています。迷いが生じる可能性があるのは、人生の二元性の領域だけです。宇宙意識の状態において、真我は活動から離れていると悟るとき、そして、この状態が発展して神意識の永遠の統一に至るとき、「万物を君の真我の中に、そしてまた、私の中に見る」ことになります。この人生の一元性、神意識の一元性の状態においては、二元性はまったく消え去り、したがって、迷いに陥る可能性もまったくなくなります。ここでの教えは、神意識における統一の状態を養いなさい、知識のこの状態を養いさえすれば、もはやそのような迷いに陥ることはなくなる、ということです。

「そのような」という言葉はたいへん重要です。それは、特別の状態における迷い、特にアルジュナの迷い、サットワの状態での迷いを意味しています。それによって、主は暗黙の内に、迷いの哲学をアルジュナに教えているのです。タマスの状態で経験される迷いは、ラジャスを増大させることによって克服できます。同じように、ラジャスの状態で経験される迷いは、サットワの増大によって克服できます。ところが、アルジュナの場合のように、サットワの状態における迷いは、サットワの領域を超越し、超越意識に達しないかぎり、克服することはできません。心情と理性は、ここに共通のゴールを見いだし、それによって、分離した実存という二元性を解消し、迷いの可能性から離れます。

しかし、常に「超越」の中にとどまっていることは、肉体的に不可能です。ですから、この超越意識を恒久的なものにして、宇宙意識の状態に高まることが必要です。この宇宙意識の状態においては、真我は活動から離れているものとして経験されます。この状態では、「存在」と活動という二元性を生きているように思われるかもしれません。しかし、この二元性、すなわち、真我があらゆるものから離れているという二元性には、迷いの可能性はありません。ところが、主はアルジュナに、このような二元性さえも越えてほしいと望んでいます。それができるようにするために、主は、宇宙意識の状態における献身から生じる、神意識における統一の知識を得ることが重要であると説いています。

前の詩節の教えを実践することによって、求道者の心情と理性は自動的に洗練され、献身ができるようになります。そして、この献身が神意識へと発展していきます。そのとき、統一は人生の生きた現実となり、どんな種類の二元性の可能性も完全になくなってしまいます。

「君は万物を君の真我の中に、そしてまた、私の中に見るであろう」。緑の眼鏡をかけて外を見れば、あらゆるものが緑に見えます。知識によって、真我は活動から離れていると悟り、宇宙意識の状態において真我意識を恒久化するとき、あらゆるものが自然に真我の自覚の中に経験されるようになります。そして、この恒久的な真我意識の状態すなわち宇宙意識が、献身を通じて神意識へと変わっていくとき、あらあゆるものが自然に「神」の自覚の中に経験されるようになります。あらゆる経験が神意識による経験となります。あらゆるものが、

「神」の光の中で、「神」の観点から、「神」の中で経験され、理解されるようになります。
「万物」を見るということには、三つのグナによって構成される宇宙の全領域に関する知識が含まれています。そして、「私」を見るということは、絶対と相対の両方をつかさどっている主を見る、ということを意味しています。ですから、「万物を君の真我の中に、そしてまた、私の中に見る」ということは、絶対と相対の二つの領域、その相互の関係、そしてそれら両方をつかさどっている「神」についての完全な知識を得る、ということを意味しています。

真我の中に万物を見るということは、宇宙意識から神意識への変化の始まりです。そして、この変化は、万物を「神」の中に見るとき完成に至ります。はじめに、万物を真我の中に見て、それから、真我を「神」の中に見ます。主は、このような理由から、「君は万物を君の真我の中に、そしてまた、私の中に見るであろう」と説いているのです。この言葉の中の二つの考えは、単に二つの状態を述べているだけでなく、それが発展していく順序をも示しています。

宇宙意識の状態では、真我が活動から離れているものとして経験されます。完全な無執着にある人生のこの状態は、至福意識を基盤としています。至福意識のおかげで、心情は最も完全な発達を遂げています。そのとき、普遍的な愛が心を満たすようになり、神への愛となって流れ始めます。至福の静かな海が、愛の静かな海が、献身の波となってうねり始めます。永遠の満足の状態にある心が動きだし、あらゆるものを引き寄せて一緒にし、真我と活動との間にあった分離の溝をもなくしてしまいます。すべての多様性の合一が、真我の中で育ち始めます。この合一の強さによって、人の意識が養われていき、そして、あらゆるものは真我から切り離せないと気づくようになります。宇宙意識の状態では、真我がすべての活動と離れていると認識されていたわけですが、このようにして、まったく自然に、あらゆるものは自分自身の中にあるということに、真我が気づくようになるのです。このようなことが、神意識への途上で起きます。神意識の完全さの中に、真我さえも吸収され、すべてのものがそこに含まれているようになります。

万物は、プラクリティ（自然）によって、至高の「存在」から離れています。しかし、人生が知識の光、神意識における人生の統一の光で明るく照らされるとき、このヴェールは取り除かれ、無常の世界に永遠性が確立されます。

このように、「神」の中にあらゆるものを見ることは、視覚の範囲内に制限されることではありません。それは人生全体で可能となることです。それは、「神」自身の生命に相当するほどの高いレベルにあります。人間は神の生命にまで達することができるのです。これは何と幸運なことでしょう。

詩節36　たとえ、君がすべての罪人の中で最も罪深い者であったとしても、知識の舟さえあれば、君はあらゆる悪の河を渡ることができるだろう。

主は前の詩節で、迷いを打ち払うのに効果的であるという理由で、知識を称賛しました。この詩節では、知識は罪を破壊するのにも効果的であるということが説かれています。この知識の特別な価値は、この知識を得れば、誤った行動についての知識は得る必要（詩節17参照）がない、という事実にあります。ここで暗黙の内に語られている教えは、必要なのは「神聖なるもの」に関する知識であって、詩節17で述べられたような、行動や間違った行動や無行動に関する知識ではない、ということです。このことは、すべての行動は知識の火によって灰になる、と説明されている次の詩節に照らしてみれば、いっそう明らかになるでしょう。

「知識の舟さえあれば、君はあらゆる悪の河を渡ることができるだろう」。「さえ」という言葉は、「あらゆる悪の河を渡る」ためには知識以外に何も必要ない、ということを意味しています。悟りの状態で、人は悪をどのように乗り越えているのでしょうか。それを正しく理解しなければなりません。

詩節35で説かれたように、知識によって、人は迷いを越えて、神意識の一元性の中に人生を形成することができます。この状態において、人生は実存の至高のレベルにあり、万物の主宰者と統一されています。そのような人生に対しては、あらゆる自然法則が好意的に応答してくれます。なぜなら、その人生は、創造世界のあらゆるものの進化を押し進めている「自然」の全能で無敵の力と調和しているからです。そのような状態では、あらゆる想念、言葉、行動が、自分自身にとっても、また全宇宙にとっても、生命を支援する影響を生み出します。これは、間違った行動の可能性がまったくなくなった人生の状態です。これは、知識のいかだであらゆる悪を乗り越えてしまった状態であるのです。

「知識」は逆らいがたいものです。なぜなら、だれしも自分自身には抵抗できないからです。自分自身の真我の状態、すなわち超越意識の状態は、知識の一つのレベルです。もう一つのレベルは、活動のただ中の真我の状態、すなわち宇宙意識です。さらにもう一つのレベルは、神意識の状態です。悟りは、相対領域のいかなるものとも関係ありません。いかなるものも悟りの障害（第二章詩節40参照）にはなりません。暗闇がどんなに深く、どんなに長く続いてきたものであったとしても、真昼の太陽の輝きに至るまでは時間がかかるかもしれませんが、それを取り除くのには、朝日の一筋の光だけで十分です。知識の舟であらゆる悪を乗り越え、神意識における完全な悟りに至るまでには時間がかかるかもしれませんが、無知の迷いを打ち払うには、たとえ一瞬の超越意らします。

識の閃光《せんこう》であったとしても、それで十分です。これは、人生で過ちばかり犯しているような人にも希望をもた

罪は、神経系を粗雑にし、その正常な機能を妨げ、純粋意識を生み出す能力を阻みます。そのような神経系の損なわれた状態では、「存在」の直接的な影響を活動の領域に及ぼすことはできません。

このように、罪は、神経系の物質的な構造を損ない、日々の生活で純粋意識が生きられるのを妨げ、それによって、悲しみや苦しみを引き起こします。知識は、このような可能性を取り除き、同時に、悲しみや苦しみの可能性をすべて根絶します。この詩節は、人生におけるどんな罪の可能性も乗り越えるために、知識の中に逃れなさいと勧めています。そして、世界で最も罪深い人でさえも救われると約束しています。

この詩節では、知識によれば、どんな間違った行動の束縛からも解放される、ということが約束されました。次の詩節では、すべての行動は、知識の火の中でことごとく焼き尽くされる、ということが約束されます。

詩節37　燃え立つ火が薪を灰にするように、知識の火はすべての行動を灰にする。

「知識」とは、それによってあらゆる「罪は捨て去られる」（詩節30）ものであり、また、それによって「君は万物を君の真我の中に、そしてまた、私の中に見る」（詩節35）ものです。知識とは意識のことであり、それは、その本質において、純粋意識です。知識のこの状態には、活動はまったくありません。主が「知識の火はすべての行動を灰にする」と述べているのは、このような理由からです。この状態（詩節36注釈参照）が心の本性に恒久的に確立されると、真我が活動からも活動の成果からも離れたものとして経験されるようになります（詩節

19）。このようにして、知識の火、宇宙意識の火は、「すべての行動を灰にする」のです。この意識の状態、知識の状態が、神意識においてその頂点に達するとき、真我と活動との分離は、真我と活動の一元性に溶け込んでいきます。ですから、知識の至高の状態においても、知識の火は「すべての行動を灰にする」のです。

主は詩節33で、「すべての行動は、知識において完結する」と説いて、知識が得られたとき、活動は終結する――活動は最終的な目標を成就する――ということを説明しました。このような状況において、人は活動の範囲を越えた意識状態にまで高まっています。心の活動も肉体の活動も、すべての活動は、行為者の意識とは関係のない、自然界の力の直接的な影響の下で行われています。行為者は、行動の領域とはまったく共通するものがない人生のレベルに、自分が立脚していることに気づきます。このような状態で行われる行動は、もはや行為者の意識を巻き込むことがありません。主が「知識の火はすべての行動を灰にする」と述べているのは、このようなことを意味しているのです。

「すべての行動」。この表現には、質的な意味と量的な意味があり、さらに、過去、現在、未来という時間の範囲も含まれています。過去の行動の印象は、未来の行動の種子として働くのですが、それが、まるで焼かれた種子のように、その力を失ってしまいます。このようにして、過去の行動は「知識の火で」焼かれるのです。現在なされている行動は、心と五感のレベルにとどまります。「存在」に錨《いかり》を下ろした心の深みにまで影響することはありません。したがって、将来の行動の種子となるような深い印象が、創られ蓄えられることはありません。このようにして、現在なされている行動も「知識の火で」焼かれ、将来の行動の基盤が完全に取り除かれます。こうして、行動の領域における原因と結果のサイクルが終結し、それによって、誕生と死のサイクルにも終止符が打たれ、人生に永遠の自由が訪れるのです。

詩節38

実に、この世には知識ほど浄化力のあるものはない。ヨーガを完成した人は、やがて自ら、自己の中にこれを見いだす。

「知識ほど浄化力のあるものはない」。浄化するものの仕事は、まず、さまざまな構成部分をきれいにすることです。部分から汚れを取り除いて、それから全体を純粋な状態にします。

知識は人生を浄化します。知識は、実存のさまざまな面を分析し、永遠の面を無常の面から区別し分離するという意味において、人生を浄化します。それはちょうど、泥水から泥をこしとるフィルターのような働きをします。人生の真の本質は絶対的な至福の意識です。この人生の透き通った水が、三つのグナの活動と混ぜられて汚されているのです。そのために、人生の永遠性が、はかない無常の面の背後に隠されてしまいました。

「存在」の純粋な状態は、相対と絶対という人生の構成部分を知ること（knowing）によって実現されます。この知るということは、知る者（knower）か「存在」と完全な親交を結んで、人生の基本的な活動、すなわち、「存在」から離れている三つのグナの活動を、完全に意識するようになるときに完成に達します。「存在」との完全な親交は、心が意識の超越状態に達したときに得られます。これは知識（knowledge）の絶対的な状態であり、「知(knowingness)の状態」と呼ぶことができます。知識が完全になるとき、知識は知の状態に至り、人生に完全な純粋性をもたらします。このように、知識は人生の最大の汚れである無知を取り除き、誕生と死と苦しみのサイクルから人生を解放します。

知識の表面的な側面は、知ることや理解することです。知識の真の本質は、知そのものの状態、純粋意識の状態、すなわち「存在」です。このように知識を考察してみると、超越意識こそ知識の真の本質であるとわかります。

知識のもう一つの状態は、超越意識が意識の目覚めの状態における活動と共存するようになったときです。超越意識が心の本性そのものに恒久的に確立されているこの状態においては、人生の絶対と相対の両面が同時に認識されます。真我が活動から離れたものとして経験されるのです。さらにもう一つの知識の状態があります。この状態では、真我と活動の分離が、神意識における統一に溶け込みます。神意識は、人生の最も浄化された状態であり、そこには一点の汚れもありません。そのような絶対的に純粋な人生は、知識の至高の状態を表しています。「ヨーガを完成した人は、やがて自ら、自己の中にこれを見いだす」と主が説いているのは、このような状態のことであるのです。

超越瞑想は、純粋意識に達し、そしてついには神意識へと成長していくための直接的な方法ですが、日々の生活の中で絶対的な純粋性を生きるためには、この超越瞑想によるしかない、ということをここで付け加えるべきでしょう。

ヨーガの状態、すなわち超越意識の状態が恒久化し、すべての活動を通じて、その状態が維持されるようになれば、宇宙意識の状態を得たことになります。絶対が相対世界の中に完全に浸透しているそのような状態は、「超越領域」へ行き、そしてまた日々の生活における行動の場に戻ってくる、という規則的な実践によって、徐々に完成されていきます。瞑想と活動とをバランスよく交互に行うことによって、完全な悟りが得られるのです。このことは、次のような例えで、はっきりするでしょう。私たちは白い布を黄色い染料に浸し、数分間漬けておいて、色を染み込ませます。それから、布を取り出して、色があせ始めるまで、太陽にさらします。それから、また布を染料に浸し、取り出して太陽にさらす、という同じ過程を繰り返します。これと同じように、私たちは三十分ばかり瞑想に浸り、それから、実生活の中に出てきて、十時間ほど活動します。そのころには、もう朝の瞑想の影響も薄れてきていることを感じるでしょう。私たちはもう一度瞑想をし、また実生活に出てきます。そしてまた、その影響が薄れていくままにまかせます。このように、瞑想中の超越状態（サマーディ）で普遍的な「存在」の状態に達し、相対実存の領域に出てきて再び個別性を取り戻す、という過程を繰り返していきます。こうすることによって、心が五感を通じて活動に従事しているときでさえも、「存在」が心の本性の中にますます浸透していくのです。

「存在」の完全な浸透が成し遂げられたとき、宇宙意識の状態が得られます。

この宇宙意識の状態は、神意識における完成されたヨーガの状態へと成長していくための基盤となります。宇宙意識から神意識へと成長していくためには、真我と活動との間に分離が見いだされていた状態から、これら二つの分離していたものが融合するような状態に変換され、神意識における永遠の統一とならなくてはなりません。

分離していた状態のこのような変化は、すべての活動の中でも最も純化された活動である、「神」への献身という活動によって起こります。

献身という行為が、どのようにこの変化を引き起こし、どのように神意識における永遠の統一状態をもたらすのか、それを分析するためには、宇宙意識の状態においては、どのようにして真我が活動から離れたものとして経験されるのか、ということを詳しく調べる必要があります。超越的な真我意識における永遠の静寂は、どのようにして、意識の目覚めの状態における絶え間ない活動と共存するようになるのでしょうか。超越瞑想を実践している人たちは、瞑想の内側への動きの最中に、体の代謝が低下していくのを経験します。瞑想者は、心が想念を超越して、超越意識に達したときには、神経系が安らぎに満ちた機敏さの状態を得ている、ということを経験します。また、想念や行動といった活動に従事するときには、神経系が活発になるということも経験します。

意識のどんな状態も、それに対応する神経系の状態の表れです。超越意識は、ある特定の神経系の状態に対応しています。その神経系の状態は、すべての活動を超越しており、したがって、意識の目覚めの状態に対応する神経系の状態とは、まったく異なっています。

さて、超越意識が恒久化し、意識の目覚めの状態と共存するようになるためには、この二つの意識状態に対応する、二つの神経系の状態が共存しなければなりません。これは、心が超越意識と意識の目覚めの状態とを、一方から他方へと交互に得ていくことによって達せられます。物質的な神経系を、このように徐々に系統的に養っていくことによって、二つの意識状態が同時に共存する生理状態がつくられます。神経系には数多くの自律的な機能レベルがあり、それらの間を相互に調整するシステムがあることも、よく知られています。宇宙意識の状態においては、神経系の異なる二つの機能レベルが、それぞれ別々の機能を保ちながら、同時に働いています。この機能の自律的な分離のおかげで、超越意識が、目覚め、夢、眠りのそれぞれの意識と共存することが可能となっているのです。

超越瞑想の実践の初期の段階では、神経系のこのような二つの機能レベルが、同時に働くということはまだ可能ではありません。一方の機能が他方の機能を妨げてしまうからです。そのために、この段階では、超越意識かあるいは意識の目覚めの状態か、そのどちらかを経験することになります。この生理的な制限は、心を一方から他方へと繰り返し移行させるという実践によって、次第に克服されていきます。そして、二つのレベルは、互いに妨げ合うことなく、しかも異なるそれぞれの機能を保ちつつ、完全な形で同時に働き始めます。それぞれの機能は互いに独立していますから、この神経系の状態は、真我の自覚が活動から離れたものとして存在する宇宙意識に対応しています。静寂が活動とともに、しかも活動とは離れたものとして経験されるのです。

宇宙意識が神意識へと成長していくためには、神経系はさらに洗練され、この二つの独立した機能レベルが統合されて働くようになることが必要です。こうして、真我と活動との間の分離の感覚が解消する、という意識状態が生じ、宇宙意識を形成していた二元性は、神意識における統一の中に包み込まれていきます。

このような生理的なレベルでの機能の統合は、究極にまで洗練された心の活動によって達せられます。そのような質を持つ活動を明らかにするためには、活動の全範囲を分析しなくてはなりません。行動の諸器官による活動は、最も粗雑なものです。知覚のための五感の活動は、より洗練された活動です。心の中の想念の活動は、いっそう洗練されています。そして、感情や情緒の活動は、最も洗練されています。感情の活動は、怒り、恐怖、失望、幸福、尊敬、奉仕、愛という具合に、さらに分類することができるでしょう。

献身という活動は、感情の中でも最も洗練されたものである、奉仕と尊敬と愛から成り立っています。宇宙意識が神意識へと成長していくのは、実にこの献身の活動を通してであるのです。

神経系を、この献身という最も洗練された活動に絶えずさらしていくと、先に述べたような生理機能の統合が起こります。そして、この神経系の状態が恒久的なものになると、日々の生活の中で神意識を生きることができるようになります。そのような人は、さまざまな環境のただ中で行動し、宇宙生命の目的を成就しながら、実存の全体性を自分自身の中に持ち、「神」の統一の中を動いていきます。

このことから、知識の至高の状態である神意識へと成長するためには、物質的な神経系を純粋にする必要がある、ということが明らかです。そのためには、規則的で持続的な実践が欠かせません。それには、当然、時間がかかります。主は、このような理由から、「やがて見いだす」と述べているのです。

「自己の中に」。この表現で、主がはっきり理解してほしいと望んでいるのは、知識の至高の状態は外側から得られるものではない、ということです。神意識におけるヨーガの完成された状態をしばらく生きたとき、それは、自分自身の内側で得られたものなのです。時間という要素がここで示しているのは、神意識の初期の段階では、人生は多様性の中の統一という圧倒的な経験で満たされるので、その人はその中にすっかり没頭してしまう、ということです。しかし時が経過するにつれて、次第に、この統一は、この世界の他の物事や活動の観点からも認識されるようになってきます。そのとき、人は「神」を悟り、「神」の知識を手に入れるのです。至高の知識を得るためには時間が必要だと主が述べた理由が、これではっきりしたことでしょう。

詩節39　信頼を抱き、目的に専念し、五感を制する人は、知識を得る。知識を得て、その人は速やかに最高の平安に達する。

「知識」。人生の多様性のただ中で統一を意識することです。この自覚が完全になると、それは神意識と呼ばれます。

意識の目覚めの状態から神意識まで成長していくためには、超越意識と宇宙意識の二つの状態を通過しなければなりません。成長の順序として、目覚めの意識、超越意識、宇宙意識、神意識という順番で、一つの状態から次の状態へと進んでいきます。同じ景色でも違う色の眼鏡をかけると違って見えるのと同じように、これらの意識は互いに異なっています。同じ対象でも、意識の異なる状態から見ると、その価値は異なって認識されます。人生は、それぞれの意識レベルに応じて異なって認識されるのです。

このようなさまざまな状態を通過していくとき、心はいろいろな新しい経験をしていきます。もし、信頼していなかったとしたら、どの段階でも簡単に誤解が生じてしまいます。主は、このような理由から、信頼は知識の前提条件であると述べているのです。

信頼には、三つの領域があります。自分に対する信頼、師に対する信頼、「神」に対する信頼の三つです。自分に対する信頼は、自分の経験を疑い始めないようにするために必要です。師に対する信頼があれば、教えの基本的な事柄を受け入れることができます。もし、信頼せずに、教えの基本的な原理を拒むならば、教えから何の恩恵も受けられませんし、その正しさを確かめることもできません。なぜなら、教えの正しさは、師が与える実践から生じる、個人的な経験によってのみ確かめられるからです。「神」に対する信頼は、心情と理性とを守り、求道者の人生においてたいへん重要で着実な進歩を約束します。

信頼は、「真理」を求める人だけでなく、どんな人にとっても、人生を安定させる錨《いかり》を提供してくれます。これは、人生のどんな達成のためにも必要なものです。より大きな達成のためには、より大きな信頼が必要です。神意識という究極的な成就を達成するためには、最も大きな信頼が必要です。

瞑想は、「超越」への途上で、一歩進むごとに増大する魅力が得られる過程です。このような魅力を経験することにより、信頼が大きくなってきます。その上、瞑想を規則的に実践していけば、調和と喜びという大きな恵みが人生に与えられるようになります。このこともまた、心情と理性が大きな信念を持つ助けとなり、それにより、人は悟りへの途上において「目的に専念」することができます。このようにして、途上において安定性が得られます。また、五感の活動もバランスのとれた自然なものとなります。このように、超越瞑想の実践を始める人は、悟りのために必要な諸条件を満たすことができるのです。

夜の暗闇を打ち払うには、朝日の最初の光だけでも十分ですが、太陽が昇りきるまでにはいくらか時間がかかります。瞑想によって、心は超越意識に速やかに達し、「神聖なるもの」の最初の光で啓発されます。しかし、この超越的で神聖な意識が、目覚め、夢、夢のない眠りを通じて、すべての状況において輝き渡るようになるためには、瞑想の規則的な実践が絶対に必要です。

瞑想が、心を超越的な真我意識へと導き、そして、自然でバランスのとれた活動が、心に超越的で神聖な本質を浸透させます。そうして、心が活動の領域にかかわっているときでさえも、その神聖な本質が失われなくなります。このようにして、真我意識が宇宙意識へと成長します。アートマーナンダがブラフマーナンダへ、サヴィカルパ・サマーディからニルヴィカルパ・サマーディへと成長します。そして、このヨーガの状態、宇宙意識は、最終的には、神意識においてその成就に達します。悟りの最初の光が、その完全な輝きに達するのです。

この詩節では、「目的に専念」すること、そして、信頼に加えて、五感と心の活動を自然でバランスのとれたものにすることが強調されています。これらすべてが調和的に組み合わさって、献身が生まれてきます。献身は求道者の最高の質であり、献身によって、進化の最終段階が達成されます。これらが一緒になって、そこから、すべてを包括する至高の真実が開花する状況がつくられます。個人の限界ある地位は、宇宙意識の枠のない地位に高まり、ついには、心情と理性とを永遠に満足させる、神意識における人生の統一へと達します。この状態に達した人は、やがて知識（詩節38参照）を得て、それによって、どんな疑いや迷い（詩節35参照）からも解放されます。これは、心情が永遠の満足の中に安らぎ、理性が人生の統一に満たされる「最高の平安」です。

そこには、もはや二元性はその痕跡すらなく、永遠の平安があるのみです。

詩節40　しかし、知識なく、信頼を持たず、疑い深い性質の人は滅びる。疑い深い人にとっては、この世界も他の世界も、また、いかなる幸福もない。

この教えへの洞察を得る上で、言葉の順序がたいへん重要です。知識の欠如は信頼の欠如の元であり、信頼の欠如は「疑い深い性質」の元になります。ですから、物質的な達成や精神的な成長におけるすべての失敗の根源は、知識の欠如、無知の状態にほかなりません。無知は人生におけるすべての弱さや苦しみの源です。ここでの教えは、現世と来世のあらゆる幸福と進歩を勝ち得るためには、無知を捨て去り、知識の状態に高まらなくてはいけない、ということです。

前の詩節で説明されたことから考えてみると、この詩節の重要性がよくわかります。しかし、悟りを得るに至るのは無知な人であるということを忘れてはなりません。なぜなら、瞑想は無知な人に真実を明らかにしていく過程にほかならないからです。ここで一つ付け加えておきたいことがあります。それは、信頼を少しも持たず、完全に疑いだけに満ちているという人はいない、真実についてまったく無知な人はいない、ということです。その上、超越瞑想の実践は、人がどのレベルの信頼を持っていたとしても、そのレベルから始めることができるものです。なぜなら、超越瞑想は、真実の直接経験を提供することによって、信頼を持たない人に信頼を与え、疑い深い人の心から疑いを打ち払うからです。

前の詩節では、知識を得るためには信頼が必要である、ということが説かれました。この詩節では、信頼の欠如は無知から生じる、ということが述べられています。この一見矛盾するような教えから、次のような原理が確立されます。それは、信頼と知識とは、最も初歩の段階から最も進んだ段階に至るまで、相互に依存し合っている、ということです。信頼と知識とは、互いに相手から励ましを得ながら、同時に、互いの成長を助け合っているのです。

詩節41　ヨーガによって行動を放棄し、知識によって疑いを打ち砕いて、真我を所有している人、そのような人は行動に束縛されることはない。富の征服者よ。

「ヨーガによって行動を放棄」した人とは、「行動の中に無行動を見」（詩節18）、「あらゆる企てが、欲求から自由になった人」（詩節19）、「行動の成果への執着を捨て」（詩節20）、「何も期待せず」（詩節21）、「何であれ求めずして来るものに満足し」（詩節22）、「執着から自由になり、解放され、……行動は完全に消滅する」（詩節23）人ということです。

ここでヨーガといっているのは、カルマ・ヨーガのことです。カルマ・ヨーガの実践によって、すなわち、活動によって補われた瞑想（第二章詩節45参照）の実践によって、「存在」が活動とともに生きられるようになるとき、「存在」は活動から離れていると経験されるようになります。そして、このような、自分の真我は活動から離れているという経験が、放棄と呼ばれます。放棄とは、このように、ヨーガの実践を通して自動的に得られるものです。この放棄の状態は、思考という心のレベルや、理解という理知のレベルに限られるものではない、ということに注意してください。放棄の状態は、「存在」のレベル、人生それ自体のレベルにあります。それは、宇宙意識において悟りを得た人の生きた現実であるのです。

「知識によって疑いを打ち砕いた」人とは、「人間の中の賢者」であり、「統一されて」おり（詩節18）、「行動が知識の火で焼き尽くされた人」（詩節19）、「常に満足しており」（詩節20）、「心情と理性を調え」（詩節21）、「成功にも失敗にも平静を保つ人」（詩節22）。「心が英知に確立し」（詩節23）、「知識の火はすべての行動を灰にする」（詩節37）人ということです。

主は、放棄はカルマ・ヨーガの実践によって達成されると述べたあと、ここで、悟りへの途上で生じる、たいへん実際的な問題点を明らかにしています。カルマ・ヨーガの実践が進んでいくと、自分の真我は活動から離れていると感じ始めます。この経験は、それとともに、何か混乱した感じをもたらします。自分が活動しているのはわかっているのですが、内側ではいくらか活動から離れているように感じるのです。心の中に疑問が生じ始め、理知がこの状況の説明を求めます。究極の真実についての正しい理解は、これまでの四十の詩節の教えによって与えられてきました。宇宙意識を得たとき、「存在」は独立したものであり、活動から離れているという知識があれば、自分の経験の正しさを確認できます。真実の本質についてのすべての疑問を取り除くのは、この知識にほかなりません。適切な理解がなかったならば、永遠の自由の直接経験でさえも、混乱や恐れを生じるものと考えられてしまうかもしれません。知識の栄光がここで称賛されているのは、そのためです。

「真我を所有している人」。これは、「ヨーガによって活動を放棄し」、「知識によって疑いを打ち砕いた人」のことです。自分は活動に巻き込まれていないということを経験していても、この経験について明確に理解していない人は、いつまでも混乱したままにとどまります。このような状態では、「存在」を完全に生きることはできません。真我をその完全な栄光と恵みのままに所有することはできません。「真我を所有している」ということは、真我の中に常に安定していること、すなわち宇宙意識の状態を指しています。そのような人について、主は、「活動に束縛されない」と述べています。そのような人は、もう行動に巻き込まれていませんから、自分を行動と同一視することはなくなり、永遠の「存在」と同一視します。そのような人が、「真我を所有している」のです。

「真我を所有している」という言葉に含まれるさまざまな意味については、この章のこれまでの詩節で説明されてきました。「彼は一切の行動を成し遂げている」（詩節18）。「そのような人を、真実を知る人は賢者と呼ぶ」（詩節19）。「何ものにも頼らない人」（詩節20）。「肉体のみによって行動をなす」（詩節21）。「成功にも失敗にも平静を保つ人」（詩節22）。「ヤギャのために行動する人」（詩節23）。

詩節42　それゆえ、無知から生じて心情に根を下ろした君のこの疑いを、知識の剣で断ち切って、ヨーガをよりどころとせよ。立ち上がれ、バーラタよ。

合一の状態は超越意識においても完全です。しかし、超越意識が宇宙意識の状態で永遠なものとなるまでは、その合一の状態は熟した状態とはいえません。超越意識で得られた合一は、宇宙意識で成熟し、さらに、神意識で成就するのです。

「ヨーガ」。ここでもやはりカルマ・ヨーガのことを意味しています。超越意識を得て、それから活動に従事しなさいということです。サマーディ、すなわちヨーガの状態を経験し始めたならば、完全な悟り、すなわち宇宙意識、ジーヴァン・ムクティに至るためには、そのサマーディの規則的な実践と実生活における普通の活動とを、交互に行うことのほかには何も必要ありません。主は、このような理由から、「ヨーガをよりどころとせよ」、超越意識を得て活動に従事せよ、とアルジュナに促しているのです。そうすれば、すべての疑いから解放される、と主は述べています。主はアルジュナに、あらゆる不幸は、「存在」と活動の分離の状態を知らないことから生じる、ということを教えているのです。

「知識の剣」。剣の鋭い刃が何でも切ってしまうように、知識ある状態、すなわち、「存在」は活動から離れているという意識は、人生と活動の真の本質にかかわるすべての疑いを断ち切ってしまいます。この知識が明らかになってこないかぎり、必ず疑いが残ります。すべての疑いの原因は、この真実に対する「無知」にある、と主は説いています。

「無知から生じて心情に根を下ろした」。無知から生じた疑いは理性に属すべきものですが、主は「心情に根を下ろした」と述べています。心情は経験と関連し、理性は理解と関連するものです。「心情に根を下ろした疑い」と主は述べていますが、これは、疑いは確かに理性の中にあるのだが、疑いの根は、「存在」を経験していない心情にあるのだ、すなわち、「存在」は活動から離れているということを経験していない心情にあるのだ、ということを意味しています。

ここでの教えは、「存在」を経験し、そして、「存在」は活動から離れているとはっきり理解することが必要だ、ということです。人は、このように悟りを得て、自らの義務をなすべきです。

ここで強調しておきたいことがあります。それは、放棄の状態はカルマ・ヨーガかサーンキヤのどちらか一方に属するものではない、ということです。放棄の状態は、どちらの道を歩んでも成長していきます。カルマ・ヨーガでは、超越瞑想の実践のあとに肉体的な活動を補い、サーンキヤでは、超越瞑想の実践のあとに思索という心の活動を補います。このどちらの道を歩もうとも、必ず、放棄の状態の経験に至るのです。

ここにこの章の教えの神髄があります。それは、サーンキヤの知識によって真実に関するすべての疑いを取り除き、カルマ・ヨーガの実践に従事しなさい、ということです。

ここに、栄えあるバガヴァッド・ギーターのウパニシャッド、絶対に関する科学、ヨーガの聖典、主クリシュナとアルジュナの対話は、「行動の放棄に関する知識のヨーガ」と題する第四章を終える。

第五章　行動と行動の放棄のヨーガ　カルマ・サーンニヤーサ・ヨーガ

第五章における教えの展望

詩節1～3……解放は、行動と放棄のどちらによっても得られます。しかし、たとえ放棄によって容易に束縛からの解放が得られるにしても、行動の道のほうが優れています。

詩節4～10……賢者は二つの道を別々のものとは考えません。「真理」を見る人は、それを一つのものと見なします。なぜなら、放棄は「神聖なるもの」との合一なくしては達成しがたく、その合一は行動の束縛からの自由をもたらすからです。

詩節11～13……「神聖なる合一」に確立された人は、魂を浄化するために、五感、心、理知のレベルで活動します。そのような人は、自分の内面の至福にとどまり、行動とその成果に巻き込まれません。

詩節14～16……実際のところ、行動をなすのは行為者ではありません。すべての行動は自然界の力によってなされます。無知にとらわれているために、行為者は自分が行動しているものと錯覚し、その成果に束縛されるようになります。知識は「真理」の光をもたらし、無知の暗闇を打ち払います。

詩節17〜21……その知識に立脚し、完全に浄化され、深い平静の状態を得た人は、「神聖なる合一」における永続的な至福の中で永遠の自由を生きます。

詩節22・23……五感の喜びは悲しみの源です。悟りを得た人は、五感の喜びを楽しむことはしません。欲求と怒りの興奮に耐えうるかどうかが、その人が合一にあるかどうかの基準となります。

詩節24……真我の中に楽しみ、欲求と怒りから自由になった人は、宇宙意識における永遠の自由を見いだし、さらに神意識における永遠の平安へと高まっていきます。

詩節25〜29……放棄の原理には、行動の道によって達成されるのと同じ、人間完成の極みが含まれています。

第二章で主クリシュナは、サーンキヤとヨーガの理解に関してアルジュナを啓発しました。これは、アルジュナが人生の滅と不滅の両面をはっきりと理解し、人生の本質とその行動の領域との関係に対する無知を投げ捨て、永遠の自由における真の神聖な本質を悟ることができるようにするためでした。

主の励ましの言葉は、アルジュナの心の中に、主の言葉に従おうとする強い気持ちを生み出しました。第三章では、カルマ・ヨーガの実践、すなわち、「神聖なるもの」との合一の状態における行動、この「神聖なる合一」を永遠のものとするための行動が明らかにされ、それによって、行為者と行動の両方の尊厳が高められました。

主クリシュナはこの教えを第四章へと続けます。主はそこで、自己と行動の領域との関係についてのいっそう深い理解をアルジュナに与え、内なる「存在」と活動という人生の外面との間には、本来分離の状態が存在していることを明らかにしました。これによりアルジュナは、人生と活動の真実についての洞察を得て、内なる「存在」は行動から完全に独立している、ということに気づきます。そのとき、活動とは、人生の本質的な状態、すなわち永遠の自由の状態にある「存在」に属するものではない、と知るのです。

第四章は、「行動の放棄に関する知識のヨーガ」と呼ばれています。この題名は重要です。この題名が私たちに教えてくれているのは、「ヨーガ」すなわち合一は、放棄に関する知識、すなわち、真我は活動から完全に離れているという知識を通して得られる、ということです。この題名は、宇宙生命と個別生命のどちらのレベルにおいても、放棄が自然なものであることを明確にしています。宇宙的なレベルにおいては、「神」は創造や進化の活動に巻き込まれていません。個別生命のレベルにおいては、真我は活動に巻き込まれていません。放棄という自然な状態は、すべての人生の真の基盤であり、放棄についての正しい知識が束縛からの自由をもたらします。これが第四章の核心となる教えです。

第四章は、第三章のカルマ・ヨーガの教えと矛盾しているように思われるかもしれませんが、実際はそうではありません。もし、第四章で、行動の放棄によって悟りが得られると宣言されたのであれば、それはカルマ・ヨーガの教えと矛盾することになります。しかし、実際には、行動の放棄に関する知識によって悟りが得られると宣言されています。このことから、放棄の原理は理解するだけでよいということがはっきりします。放棄の状態は実践すべきものではなく、カルマ・ヨーガを通して生じてくるものです（第四章詩節41）。放棄を実践することなどできません。ここでは、放棄の実践ではなく、放棄に関する知識が称賛されているのです。

放棄は実践するものではないと言うとき、出家者の生き方のことが思い起こされます。しかし、出家者の放棄は外的なものの放棄であり、その特殊な生活様式においてのみ有効なものです。それ自体が「神」への道となるものではありません。「神」に至る道で助けとなるのは、放棄の実践ではなく、放棄に関する知識であるのです。

第四章で説かれた放棄に関する知識は、サーンキヤの道を進む人ばかりでなく、カルマ・ヨーガの道を進む人にとっても必要です。放棄の状態は、どちらの道においても経験されるものです。もし、理知がこの経験の意義をはっきりととらえることができなければ、疑いが残り、それがさらなる進歩の障害となってしまいます。

カルマ・ヨーガとサーンキヤは、どちらも超越瞑想という共通の場から出発します。超越瞑想によって、直接、超越的な真我意識へと至ります。この意識においては、想念の最も精妙な領域さえも放棄され、ただ真我のみが「存在」の純粋な状態の中に残ります（詩節2）。これは完全な放棄の状態ですが、瞑想中にだけ到達できるものです。それはまだ恒久的なものではありません。活動――サーンキヤの道においては心の活動、カルマ・ヨーガの道においては身体の活動――と規則的な瞑想とを交互に実践し継続していくと、超越的な真我意識は宇宙意識へと成長していきます。そして宇宙意識を得た人は、真我は活動から離れていることを経験し、日々の生活で自然に放棄の状態を生きるようになります。放棄の状態が恒久的なものとなるのです。この宇宙意識の状態はさらに発展していき、すでに完全な放棄の状態を生み出していた真我と活動との分離が、「神」意識における究極的な統一の中に溶け込んでいきます。分離が解消したこの状態は、放棄の範囲を超えているように思われるかもしれませんが、実は、これが完全な状態における放棄です。もはや純粋な人生以外の何ものも残っていません。第四章では、超越意識、宇宙意識、神意識のそれぞれの状態における放棄の原理が、明らかにされているのです。

第四章で説かれた知識は、第二章と第三章で説かれたサーンキヤとカルマ・ヨーガの道についての教えをさらに充実させています。その知識は、放棄の状態が二つの道の共通の出発点、共通の道しるべ、共通のゴールであることを暗黙のうちに明確化しているのです。第五章は、第四章の知識を活用して、サーンキヤとカルマ・ヨーガとをはっきりと同等に位置づけ、あらゆる活動のただ中において永遠の解放をもたらすという点で、この二つの道が等しく有益であることを示しています。

第五章では、行動の放棄によるヨーガ、すなわち「神聖なる合一」の哲学が確立されます。これは一見、行動を通してのヨーガであるカルマ・ヨーガの哲学と矛盾するように思われるかもしれません。しかし、主の教え方は実にすばらしいものです。カルマ・ヨーガとの矛盾を感じさせるどころか、カルマ・ヨーガとサーンキヤをうまく結び付けるのに成功しています。その両方を放棄という同じレベルで見事に位置づけ、そして、二つの道の原理がたいへんよく似ていることを示すことにより、その両方を一緒に活用したヨーガの新しい哲学、放棄のヨーガを展開しています。

明らかに、放棄それ自体は損失の状態です。したがって、放棄のヨーガとは、損失のヨーガ、損失を通しての合一という意味です。失うことが完成に至る手段となる――放棄が人生を救うために自ら進み出て、人生に成就をもたらすというのです。これが主の教えのすばらしさです。

放棄の哲学がなかったならば、行動の哲学はいつも不完全なままにとどまってしまいます。なぜなら、行動の放棄は、行動の遂行の対極に位置しているからです。ちょうど、分離が合一と対照を成しているように、行動の放棄は行動のヨーガと対照を成しています。合一と放棄というこの二つの対極を考慮に入れなければ、行動の哲学は不完全なものになってしまいます。

放棄の哲学は、行動の哲学の単なる補足でもなく、また、その重要な一部でもありません。実に、放棄の哲学は、それ自体が行動に関する完全な哲学であると考えることができるものです。放棄の哲学はたいへん完璧なものですから、放棄の範囲内に完全にとどまったまま、行動の領域をまったく考慮しなくても、行動の哲学を支えることができます。カルマ・ヨーガの全哲学は、この放棄の哲学を通して説明することができます。なぜなら、カルマ・ヨーガの基盤は超越意識にあるからです。そして、超越意識に至る道は心が外側の経験から退くことによるのですから、超越意識を獲得する過程は、「超越」へと向かう活動という観点、あるいは、外側の経験の場から退く活動という観点、どちらの観点から考えてもかまわないわけです。前者はカルマ・ヨーガの観点からの原理、後者は放棄の観点からの原理を表すことになります。しかし、放棄はどんな実践をも提供しない、という事実を見失ってはなりません。放棄の哲学の実際面は、サーンキヤとカルマ・ヨーガの技法の中に見いだされます。放棄の原理は、それ独自の実践を提供するものではありません。したがって、放棄それ自体は道ではなく、他の道の実践に基づく理論を提供するものなのです。

第三章では行動の原理が、第四章では放棄に関する知識が明らかにされました。そして第五章では、この二つが両立するものであることが説明されます。行動という具体的な観点からではなく、放棄という抽象的な観点から説明されているのは、実に驚嘆に値します。行動と放棄という二つの対極が結び付けられ、ヨーガとサーンキヤという二つの異なる道が結び付けられて、人生統合の完全な哲学が表されています。ここに、「どちらの道を通ってきてもかまいません。解放はあなたのものとなるでしょう」という、すべての人への呼びかけがあります。

これが、『バガヴァッド・ギーター』が「神聖なる合一に関する聖典」と呼ばれているゆえんです。そこには、行動のヨーガと行動の放棄のヨーガの両方が、やすやすと宣言されています。ヨーギーシュワラ、すべての時代のヨーギーたちの主であるクリシュナの唇から流れ出た教えは、このように完全なものです。

この章では、最も対照的な二つのものに調和がもたらされ、統一されます。神聖な意識における永遠に自由な状態が、放棄に基づく行動のレベルで示されます。さらに、日々の生活の中で実りある活動を行うためには、神聖な意識を得なければならないと説かれ、それと同時に、神聖な意識を得るためには、活動が必要であるということも強調されます。この章では、人生の物質面と精神面を調和させることにより、在家者にも出家者にも、あらゆる時代のあらゆる人々のために、成功と救済の両方に至る道が開かれます。それにより、どんな人であっても、「神聖なるもの」の光によって自分の世界を栄光化することができます。そしてまた、人生における日々の活動を通して、たいへん自然な形で、神聖な自由に達することができます。

この章の二十九の詩節には、尽きることのない英知が含まれています。この英知は、悲しみや混乱の中にいる人たちだけでなく、求道者にとっても、また、すでに道をかなり先まで進んでいる人たちにとっても、導きの光として輝いています。

詩節1

アルジュナは言った。

クリシュナよ、あなたは行動の放棄をたたえ、また同時に、(行動の)ヨーガをたたえる。
これら二つのどちらが優れているのか、それをはっきりと私に教えてくれ。

主は、行動と無行動の問題に関しては「賢者でさえも戸惑う」(第四章詩節16参照)と説きましたが、ここにその証拠があります。これまでのすべての発言から、アルジュナが賢者であることは明らかです。アルジュナは、偉大な洞察力とダルマに関する知識(第一章詩節23、31、36、39〜45参照)を持っています。アルジュナは、自分の行動のあらゆる意味に確信が持てるまでは、決して行動を起こしません。

この質問は、アルジュナの同じ姿勢から発せられた三つ目の質問(第二章詩節7、第三章詩節2参照)です。自分のためと他の人たちのために、どうするのが最善の行動の道であるかを尋ねています。このような質問を繰り返しているのは、アルジュナが「真理」を知りたいと心から願っているからにほかなりません。これらの質問は、汚れのない人格にふさわしいものであり、「真理」を求め師(第二章詩節7参照)に帰依した状態(第四章詩節34参照)から自然に生じてきたものです。

もし、アルジュナのこれらの質問がなかったならば、この章や次の章の偉大な英知は明らかにはされず、主の教えは完全なものとはならなかったことでしょう。この理由から、「真理」を求める人たちは、将来にわたっていつもアルジュナに恩義を感じることになることでしょう。アルジュナは混乱状態にあると説明した注釈者たちは、アルジュナの理解の深さを見逃しています。アルジュナは、深遠な質問を何度も繰り返しています。アルジュナは、偉大な知性を備えた現実的な人でしたから、よく考えずに何でもそのまま受け入れることはしたくなかったのです。アルジュナは、細かい点もすべて主が教えてくれることを望んでいます。なぜなら、自分の側のどんなに小さな間違いも、将来の数多くの世代の運命を損なうことになると知っているからです。

「行動の道のりは計り知れない」（第四章詩節17参照）と主は説きました。行動の本質はそのようなものですから、行動をどのように説明したとしても、そこには無数の欠陥があるでしょうし、また、どんな状況を一つ取り上げたとしても、それに対する無限の観点があるでしょう。このような理由から、いつの時代にも問題となる行動の謎を解決するために、主はアルジュナに、「私はあなたに、それを知れば悪から解放されるような行動について説明しよう」（第四章詩節16参照）と言いました。主はそれに続けて、あらゆる世代のあらゆる人々に、行動や振る舞いにおけるすべての問題の解答を提供する、永遠の英知（第四章詩節17〜42参照）を解き明かしています。

主は、自由の状態に心が確立されている人生のレベルから行動をなすように、と勧めています。この状態を実際に生きることは簡単なのですが、それを言葉で適切に説明することは簡単ではありません。そこで、主はアルジュナに、「三つのグナを離れよ」（第二章詩節45参照）と求めました。こうしてアルジュナは、サーンキヤの教え（第二章詩節11〜38参照）によって説かれた無執着の状態を、実際に経験するに至ります。とるべき道を求道者に示すことはできますが、その状態がどんなものかを明確に示すことは容易ではありません。なぜなら、それはいっさいの言葉を超越したところにあるからです。

自由の状態における行動の本質には、行動の状態、無行動の状態、行動の放棄の状態が同時に含まれています。ですから、主はその説明において、あるときは行動の見地から、すなわち行動のヨーガの見地から、またある時は無行動の見地から、すなわち行動の放棄の見地から話さなくてはなりません。この詩節でのアルジュナの質問が生じたのは、これらの対立する説明を明確にする必要があったからです。理解が不十分だったからではありません。

この質問が生じることになった直接の原因は、第四章の最後の二つの表現に見いだすことができます。それは、「ヨーガによって行動を放棄し」（詩節41）と、「ヨーガをよりどころとして」（詩節42）という表現です。初めの表現は、ヨーガが放棄の手段であることを示しており、二番目の表現は、放棄の知識が得られた後のヨーガの実践を強調しています。一方の表現では、ヨーガが手段、放棄が目標であると述べられ、もう一方の表現では、放棄が手段、ヨーガが目標であると述べられています。アルジュナはこの一見矛盾する表現に気づいて、この章の始まりとなる質問を発しました。この質問は、主からの偉大な英知の流れを引き出し、これまで説かれてきた主の教えの核心を明らかにするだけでなく、主の教えの展開にさらなる勢いを加えます。

詩節2　**聖なる主は言った。**
行動の放棄と行動のヨーガは、ともに最高善に至る。
しかし、二つのうち、行動のヨーガは行動の放棄よりも優れている。

「行動の放棄」（サンニヤーサ）については、四通りに解釈できます。まず最も一般的な解釈によると、世俗の生活の一切の活動から身を引くということになります。第二の解釈は、超越瞑想の実践（第二章詩節45参照）をはじめ、想念の最も精妙な状態をも放棄して真我意識に至る、ということです。これこそがサンニヤーサに関係するすべてです。相対世界の領域にある一切を放棄して、粗雑面からも精妙面からも、人生のすべての面から離れます。第三の解釈は、超越意識を得た後、活動を楽しみながら宇宙意識にまで高まり、そこで、活動から完全に離れている真我を経験する、ということです。こうして、完全な放棄の中の人生の状態に達します。第四の解釈は、献身という最も精妙な活動を楽しみながら、神意識へと高まる、ということです。宇宙意識において真我と活動との分離として経験された放棄の状態は、神意識においては、真我と活動とを統一する生きとした結合の状態に変わっていきます。真我と活動の二つが、神意識の統一の中に溶け込んでいくのです(第四章詩節38参照)。

「行動のヨーガ」については、第三章で明らかにされました(第三章詩節3、7注釈参照)。心は、活動の領域から退いて、超越的な真我意識の状態に達し、それからまた活動の領域に戻ってきます。心が戻ってくるとき、心の本性に真我意識が浸透し、それによって、超越的な絶対「存在」と活動の領域とが調和するようになります。このように「神聖なるもの」を相対世界にもたらすことが、カルマ・ヨーガの目的です。それは、宇宙意識の状態で成熟し、神意識においてその成就に至ります。

宇宙意識の状態に達した人は、真我は活動から離れていると悟ります。これによって、放棄が日々の生活の中で生きた現実となり、永遠の自由の祝福を受けることができるようになります。このように、サンニヤーサとカルマ・ヨーガとは並行して進んでいくことがわかります。主は、「二つのうち、行動のヨーガは放棄のヨーガよりも優れている」と説いています。なぜなら、放棄の過程は失う過程であり、ヨーガ、合一の過程は獲得する過程であるからです。得ることは失うことより、心にとっては受け入れやすいものです。合一の過程において、心が次第に増大してくる魅力を経験するときにはなおさらです。ですから、「神聖なる合一」を得る過程に従事することのほうが、この世界を放棄する過程に従事することよりも、心にとって容易であることが明らかです。このようなわけで、カルマ・ヨーガはサンニヤーサよりも優れているのです。さらに、カルマ・ヨーガの過程は、自動的に放棄の状態を生み出します。「超越」という「神聖なる合一」の状態に向かって進むとき、心は自動的にこの世界から退き、それとともに放棄の状態が生み出されます。このような観点から考えると、カルマ・ヨーガは放棄を生み出す元であることがわかります。このことだけでも、主が「行動のヨーガは行動の放棄よりも優れている」と言う十分な理由となるでしょう。たとえ、行動のヨーガと放棄のヨーガは並行して同時に進み、どちらも「最高善に至る」としてもです。

次の詩節では、真のサンニヤーシー、すなわち放棄の状態に確立された人のことが考察されます。

詩節3　厭《いと》うことも欲することもない人、彼をこそ永遠なる放棄の人と知れ。相対するものを離れ、彼は容易に束縛から解放される。武勇優れるものよ。

主はこの詩節で、「放棄の人」、サンニヤーシーの本質を明らかにしています。サンニヤーシーは、欲求から自由になっていますが、同時に何ものをも拒みません。人生を来るがままに気楽に受け入れますから、まったく緊張が生じません。その人生は、「宇宙法」（追録参照）によって統治されている自然界の諸法則と調和して自由に流れていきます。

自由の中でのそうした気楽な人生の状態は、満足を得ているときに初めて可能になります。そして、心が至福意識すなわち超越的な絶対の状態に確立されているときに、初めてこの満足は得られます。なぜなら、相対世界の領域には、喜びを求める心の渇きを、最終的に癒やしてくれるほど強い幸福はないからです。

この超越意識を恒久的に獲得したとき、人は束縛から解放され、宇宙意識の永遠の自由の中に人生を生きるようになります。この状態においては、活動の領域から完全に離れている永遠の「存在」を生きるのです。これが、「相対するものを離れた」自由、と土が述べている完全な無執着の状態、サンニヤーサです。そのような自由は、超越意識にも、宇宙意識にも、神意識にも行き渡っています。

「容易に」という言葉はたいへん重要です。束縛からの自由は、「相対」を越えて「存在」の状態に達することによって、すなわち、「存在」と活動との間に本来存在している分離の状態である、サンニヤーサの状態に達することによって、「容易に」得られるのです。

束縛からの自由の状態は、次の詩節で示されるように、サーンキヤの英知によっても、またヨーガの実践によっても到達することができます。

詩節4　無知な人は、知識の道（サーンキヤ）と行動の道（ヨーガ）は異なると語るが、賢者はそうは語らない。一方にでも正しく立脚した人は、その両方の成果を得る。

サーンキヤの教えは、人生の滅と不滅の両面の間、活動と「存在」との間にある分離を明らかにします。ヨーガの実践もまた、「存在」を直接経験することによって、「存在」と活動との間にある分離を明らかにします。このように、サーンキヤとヨーガはどちらも束縛からの自由に至ります。

「正しく立脚した」という表現は、この詩節の教えを正しく理解するために重要です。サーンキヤの教えも、ヨーガの教えも、それに「正しく立脚」するためには、理解と経験の両方がたいへん重要です。サーンキヤもヨーガも、一方だけで十分に解放をもたらすことができます。それゆえ、どちらがより重要かということは、問題ではありません。

「賢者」とは、自由の状態を得た人たちのことです。賢者は、サーンキヤとヨーガを異なるものとは見なしません。なぜなら、どちらも同じゴールに通じるのですし、どちらもその中心となるのは同じ超越瞑想の実践であるからです。唯一の違いは、カルマ・ヨーガの道では、超越瞑想と五感レベルの活動を交互に行うが、サーンキヤの道では、超越瞑想と心の活動を交互に行うという点にあります。この小さな違いを除けば、サーンキヤとヨーガは同じです。このような理由から、賢者はこれらを異なるものとは見なさないのです（詩節5、第六章詩節2参照）。

この詩節と次の詩節で、第五章の全目的が示されています。それは、結果に関するかぎり、ヨーガとサーンキヤを同じ基盤の上に置くということです。

詩節5　知識の道を歩む人によって到達される状態は、行動の道を歩む人によっても到達される。サーンキヤとヨーガを一つと見る人は、真に見る人である。

この詩節は、在家と出家、両方の生き方に解放を約束し、サーンキヤとヨーガの基本的な統一を確立しています。永遠の解放がこの二つの道の共通のゴールであり、「真理」を見る人はそのように見るのです。

在家者の生活には、サーンキヤの道ではなく、カルマ・ヨーガが適しているということは明らかです。しかし、ここで主クリシュナは、二つの道の違いはそのゴールに到達すれば解消すると教えています。未発達の理知だけがその違いにこだわります。賢者はどちらか一方の道を進み、ゴールに至ります。その違いを詮索《せんさく》して時間と労力を無駄にすることはしません。

この詩節から、サーンキヤとヨーガは、それぞれ異なる種類の人々を満足させるために用意されている、ということがわかります。しかし、そのゴールに関するかぎりでは、二つは同じものです。

このような理解は、ヨーガとサーンキヤによる永遠の自由の達成をそれぞれ説いている詩節24と25、二つの道両方による計り知れない幸福の達成を説いている詩節21、これらの詩節で、その正しさがいっそうはっきりします。

さらに、知識の道と行動の道の詳細について学べば、これらの道そのものも基本的には同じであることがわかるでしょう。超越瞑想という一つの過程が、両方の道に成就をもたらします（第三章詩節28注釈参照）。このような理由から、「サーンキヤとヨーガを一つと見る人は、真に見る人である」のです。

この二つの道は、超越瞑想という共通の基盤から始まって、進んでいきます。そして、どちらの道も進むにつれて、宇宙意識における放棄という同じ経験をもたらします。しかし、「存在」と活動との分離をこのように直接的に悟り、共通の道しるべに達したとしても、これで最終的なゴールが達成されたのではありません。完全な成就に至るためには、さらに先に進み、神意識における偉大な統一という一つのゴールの中に溶け込まなくてはなりません。

第五章では、主に、二つの道に共通する放棄の経験が説明されます。第六章では、二つの道に共通する超越瞑想の実践について詳しく説かれます。そして、第七章から第一二章（未訳）では、究極のゴールである神意識の本質と、そこに至る道が明らかにされます。

詩節6　放棄はヨーガなくしては実に達成しがたい。武勇優れるものよ。ヨーガに専念する賢者は遠からずしてブラフマンに至る。

心が「存在」にしっかりと確立されなければ、放棄の状態は「実に達成しがたい」、「存在」と活動との分離は悟りがたい、ということがこの詩節からとてもはっきりとわかります。

ここでの「ヨーガ」という言葉は、カルマ・ヨーガを意味するのでも、超越意識を得る実践（第二章詩節40、45参照）を意味するのでもありません。それは、合一の状態そのもの、すなわち超越意識を意味しています。

相対世界の完全性と絶対の完全性の両方が一緒になった状態であるブラフマンの状態は、合一すなわち超越意識が恒久的になったレベルで、最もよくその真価を味わうことができます。この宇宙意識の状態で、サンニヤーサの経験、すなわち真我と活動との分離の経験を得ることができます。相対と絶対の分離は、ここで生きた現実となるのです。

主が「遠からずして」と言っているのは、合一を恒久化するこの過程に言及しているのです。合一の状態すなわち超越意識は、本質的に至福であるために、常に心にとって魅力的なものです。心は、常にもっと楽しみたいというそれ自体の本性に引かれて至福に達します。このように、合一に達するのは、何の抵抗もなく（第二章詩節40参照）、簡単なことです。

この状態を恒久的なものとするためには、この状態に達する自然な過程と日々の生活の自然な活動とを、交互に行うだけで十分です。これで明らかなように、この過程全体が自然なものです。長い時間はかからないというのは、このような理由によるのです。

宇宙意識を得た人は、活動に従事しているときであっても、常に真我に立脚しています。このような意識状態が、サンニヤーサの成熟した状態です。人生の相対領域で活動が続いているときも、真我は活動から完全に離れた状態にあります。このような完全な無執着は、心が永遠の満足に確立されたときに初めて可能となります。ヨーガ、すなわち神聖な意識との合一を得る実践を規則的に行うことで、心に永遠の満足を与える状態がもたらされ、それによって、サンニヤーサの自然な状態、放棄の自然な状態が確立されます。

宇宙意識への成長に伴って、満足が増大します。そして、内面の満足が増大するにつれて、「存在」と活動との分離の認識が深まっていき、やがて心が「存在」の本性にしっかりと根を下ろすようになります。心はそうして宇宙意識を得ます。主は、ヨーガなしに放棄を達成することの困難さを示すことにより、ヨーガとサンニヤーサが人生の日々の習慣となる状態に高まるのは容易である、ということを示しているのです。

この詩節は合一の栄光をたたえています。合一は真の放棄の基盤であり、人間の日々の生活の中にブラフマンの状態を生み出すものです。

次の詩節では、この合一によって、人がどのように行動の束縛的な影響を越え、永遠の自由における人生を生きるようになるかが示されます。

詩節7

ヨーガに専念し、精神が純粋で、自己を完全に支配し、五感を征服した人、
自己が万物の真我となった人、
そのような人は、行動の最中にあっても、それに巻き込まれることはない。

前の詩節と同様、ここでも「ヨーガ」という言葉は、カルマ・ヨーガを意味するものでも、超越の実践を意味するものでもありません。それは、心と「存在」の統一という意味で使われています。

「ヨーガに専念」する人とは、目覚めているときも、夢を見ているときも、深い眠りにあるときも、決して真我を失わない人のことです。このような人は自分自身に確立されており、相対世界のどんな経験もその絶対「存在」の地位を覆い隠すことはできません。

「精神が純粋で」。その永遠の純粋性において変わることのない「存在」の状態、すなわち絶対的な意識に達して、その状態を心の本性に確立した人ということです。行動は、このような真我の本質を覆い隠すベールのようなものです。瞑想は、飛び込みの過程のようであり、活動の精妙なレベルをすべて通過していきます。心は、最も精妙なレベルを超越すると、純粋な「存在」の状態を得ます。心が「それ」になり、それから、活動の領域に出てきたとき、真我が純粋なままに光り輝くと言えるのです。規則的な実践を通して真我と心の完全な統合が達成されると、心が得た「存在」の純粋な地位は、たとえ心が相対領域で活動に従事していようとも、なんら影響を被ることはありません。これは、真我が活動の場から完全に離れた宇宙意識の状態です。絶対「存在」と活動の行われる相対世界とが、同時に生きられるこの状態においては、自己はすべての汚《けが》れから永遠に解放されると言えます。つまり、自己は絶対的な純粋性を達成するのです。

「自己を完全に支配し」。「自己」という言葉には二つの意味があります。低次の自己と高次の自己（真我）です。低次の自己とは、人格のうち、実存の相対面のみにかかわる側面のことです。これには、考える心、決断する理知、経験する自我などが含まれます。この低次の自己は、目覚め、夢、深い眠りといった実存の相対状態でのみ機能します。それは常に相対世界の領域にとどまっているために、絶対「存在」の真の自由を経験する機会がありません。そのために、それは束縛の領域にあります。高次の自己（真我）とは、人格のうちの決して変わることのない側面、絶対「存在」のことです。これは、低次の自己も含む相対世界の全領域のまさに基盤そのものです。

自分自身を支配したいと思う人は、まず低次の自己を支配し、それから高次の自己（真我）を支配しなければなりません。低次の自己を支配するとは、心（理性、理知、自我）を実存の粗雑な領域からより精妙な領域へと向かわせて、相対実存の最も精妙な領域を超越し、神聖な意識における超越的、絶対、形に現れていない非具象の「存在」に達するという意味です。これにより、低次の自己は、時間と空間と因果によって束縛されている個別性から解放され、普遍的な実存における自由の状態を得ます。

このようにして、低次の自己が高次の自己（真我）に支配され、高次の自己（真我）が低次の自己を完全に受け入れるようになるとき、この二つは一つになります。そのとき、それぞれが互いの領域の中で親密かつ完全に結合して実存する、という状態が生じてきます。超越的な絶対「存在」の神聖な意識が、相対実存の中で、すなわち時間、空間、因果の領域の中で、心と共存するようになったとき、そのとき、高次の自己（真我）による支配が達成されたことになります。いわば、絶対が、実存の超越的な領域から連れ出され、相対世界の領域に仕え、それを支えるようになるのです。不変なるものが、常に変化してやまない人生にもたらされます。目覚め、夢、眠りといった実存の相対状態の中に、「存在」の絶対状態が注がれます。永遠の自由が、束縛の領域の中に注がれるようになります。神聖な性質の統一を、多様化した複雑な創造世界において生きられるようになります。こうして、人は、はかない実存の世界にありながら、永遠に自由な人生を生きることができるようになります。このように、真我を支配している人は、相対世界の全領域を楽しみながら、神聖な意識の中で絶対「存在」の人生を生きるのです。

超越瞑想の過程が、どのようにして自己と真我の両方の征服に成功するのかを知るのは、興味深いことです。瞑想の内側への歩みによって、心は個別性から解放され、高次の自己（真我）にすべてをゆだねるという状態に到達します。これが、低次の自己を征服するということです。瞑想の外側への歩みによって、「存在」に満たされた心は外に連れ出されます。規則的な実践の結果、心は、相対的生命のすべての領域で絶対「存在」を生きるようになります。これが、高次の自己（真我）を征服するということです。

このように、超越瞑想という一つの方法で得られる内側への歩みと外側への歩みにより、自己と真我の支配が達成されます。

「五感を征服し」。五感を支配してということです。実際のところ、五感はいつも心に命令され支配されています。だれでも知っているように、目がものを見るのは、その人が見たいと思っているときだけです。見たいと思わなければ、目が開いていたとしても、その人は何も見ることがないでしょう。ですから、五感を征服するということには、表面的な意味は何もないように思えます。この表現の深い意味は次のようです。「存在」が最初に心の本性に注がれ始めるとき、心は自足の感情でいわば酔ったようになります。このような状態にある心が五感を通して活動するときには、ほとんど無関心に近いと考えられるような、ごく気楽な態度で活動します。

悟りのもっと進んだ状態では、この一風変わった無関心の感覚も消えて、心の振る舞いはもっと自然なものとなります。人生の外側の活動が、内側の静寂の自然な状態と調和するようになります。活動が継続するのは、心が活動の器官と協調している結果です。また同時に、五感が経験を記録できるのは、心が知覚のための五感と協調しているからです。「存在」が心の中に浸透してくると、知覚のための五感は、それが経験の過程に従事していても、経験の深い印象を記録しなくなります。五感が受ける印象は、五感が経験するには十分ですが、将来の欲求の種子が形成されるほど深いものではなくなります。このことは、心が「存在」にもっとしっかり確立されるようになるにつれ、ますます効果的に起こるようになります。これが、五感を支配するということの内側の仕組みです。

真の征服とは、敵が敵ではなくなるということです。敵は、好きなように行動する自由を与えられるのですが、もはや攻撃したり、害を及ぼしたりするような立場にはありません。真我の征服を通して五感の征服が完全に達成されると、五感は好きなように機能する自由を与えられ、相対領域をさまざまに経験するのですが、それにもかかわらず、生命は神聖な意識における永遠の自由の中にしっかりと確立されています。

真我が五感とその活動から離れていると経験されるとき、すなわち、宇宙意識の状態においては、人は自分自身の内側に、一方には無限の「存在」を、もう一方には、形態と現象の世界とのかかわりを見ます。人は、自分の真我である「存在」によってあらゆる生物が支えられているのを見ます。

このように、自分の真我が万物の真我であることを自然に経験します。しかも、この状態では、「行動の最中にあっても、それに巻き込まれることはない」のです。

この巻き込まれることのない状態は、別の観点から理解することもできます。ランプの光は、太陽の光の中ではその輝きを失います。一滴の雫《しずく》の栄光は、大海の栄光には何の影響も及ぼしません。行動の喜びは、宇宙意識の至福の上には、永続的な印象を残しません。ですから、一度この状態に確立された人は、「存在」のたいへん大きな完全性を自然に楽しむようになるため、「それ」から外れるように感じることは決してありません。そのような人は、行動することによって真我から出てくる、ということがありません。実際、そのような人が真我から出てくるなどということは、決してありえないことです。主はこのような理由から、「行動の最中にあっても、それに巻き込まれることはない」と言っているのです。すべての活動の基盤でありながら活動のない宇宙実存の中に、しっかりと守られています。そのような人にとっては、あらゆることがひとりでに進行していくかのようです。続く二つの詩節では、このような状態のことがさらに詳しく説明されます。

詩節8、9　神聖なるものと合一し、真理を知る人は、「私は何もしていない」と言う。見、聞き、触れ、嗅《か》ぎ、食べ、歩き、眠り、呼吸し、話し、排泄《はいせつ》し、つかむとき、また、目を開き、目を閉じるときでさえも、彼は、ただ五感が五感の対象の中で活動しているにすぎないと考える。

「神聖なるものとの合一した人」。神聖なる本質は、活動の領域からは完全に離れています。このことを悟れば、真我は活動から独立していると経験されるようになります。そのとき、この詩節の教えは、日々の生活の生きた現実となります。

「真理を知る人」とは、人生には相対と絶対の二面があるということ、相対的人生の領域は三つのグナによって支配されている（第三章詩節28参照）、ということを知っている人のことです。このような人は、理解と経験を通して、真我は活動の領域から離れていると知っています。

真我と活動の本質に関するこの基本的な知識は、悟りを得た人の心の中に、「私は何もしていない」という言葉によって言い表された真理に、自分は自動的に確立されている、と言えるような状況を生み出します。このような想念にわざわざしがみつこうとするのではなく、心の構造そのものが、この自然な無執着に基盤を置くようになるのです。悟りを得た人はこの状態を生きます。無執着が日々の生活の生きた現実となります。そのような人は、五感を使って活動し経験しますが、自分の内側ではしっかりと「存在」に安定しています。五感の領域にすっかり浸っているときでさえも、「存在」の完全性を生きています。二つの人生の層を生きています。不変の「存在」の安定性が、その人の人生の内面における核を形成しており、外側においては五感レベルの活動が見いだされます。つまり、五感はその対象の経験に従事しているのです（第三章詩節7参照）。これが、「五感が五感の対象の中で活動している」と説くときに主が意味していることです。

この二つの詩節では、前の詩節で示された考えがさらに展開されています。超越瞑想の実践によって宇宙意識が得られ、個別の自我が宇宙的な地位にまで拡大すると、心は自動的にその全潜在力のレベルから機能し始めます。また、五感もその最大限の発達を遂げて、最高の能力で働くようになります。しかし、五感の対象は以前と同じ状態にとどまっています。したがって、より高いレベルから働く五感が、対象をより完全に経験するようになり、その結果、対象のいっそう大きな価値が評価され、五感のレベルに、より大きな幸福の経験が提供されることとなります。このようにして、五感の対象が、以前よりもさらに完全に楽しまれるような状況が生まれます。しかし、心の本性には「存在」がいっそう完全に確立されていますから、五感の経験の印象は心をとらえることができません。このように、悟りを得た人は、五感が対象を経験し続けている間も自分は自由な状態のままである、という状態に自然にとどまっています。

これは、単に比較という観点で述べているだけです。対象を経験することができなくなる、というような意味では決してありません。悟りを得る前は、この世界の経験がその人の「存在」を覆い隠していたのですが、今は、「存在」がすべての経験を通して輝いている、という意味です。悟りを得る以前は、もし花を見れば、花が心をすっかり圧倒してしまい、花だけが残り、経験者自身はその経験の中で失われてしまいました。あたかも、主体が客体にすっかり滅ぼされてしまったかのようです。

対象によって支配されてしまった人生、精神や魂の価値が覆い隠され、物質だけが見いだされる人生は、物質的な人生と呼ばれます。悟りを得た後もやはり花を見るのですが、花の経験が「存在」を覆い隠すことはなくなります。なぜなら、「存在」は活動の領域から離れていると悟られており、したがって、主体と客体の両方が別々に保たれているからです。いわば、両方がそれぞれ完全さを保って生き生きとしているのです。花は「存在」を覆い隠すことなく、また同時に、「存在」の光も花の価値を損ないません。「存在」の光を通して、花はその真価をこの上なく認められることになり、このことが精神と物質の統合をもたらします。これが超越瞑想のすばらしさです。超越瞑想は、生命のすべての物質的価値を「神聖なるもの」と統合する悟りをもたらすのです。

詩節10　すべての行動を普遍の存在にゆだね、執着を捨てて行動する人は、
罪に汚れることがない。あたかも、蓮《はす》の葉が水に濡れることがないように。

「普遍の存在」とは、ブラフマン、究極的な真実、絶対と相対とが同時に共存している状態のことです。

瞑想の内側への歩みは、心を真我意識へと導き、心の本性に真我意識すなわち「存在」を注ぎ込みます。瞑想の外側への歩みは、その心を行動の領域へと連れ出します。心はそこである程度の「存在」を保ちながら行動に従事します。このような瞑想の実践とそれに続く活動によって、つまり朝夕の瞑想と日中の活動とによって、心の本性が「存在」の状態に変化し、しかも、実生活のすべての領域で行動する能力が完全に維持されている、という状態が発達してきます。このように、心が真我に確立されて、その普遍の「存在」の状態から行動をするとき初めて、「すべての行動を普遍の存在にゆだね」て行動することが可能となります。その状態にある人は、「普遍の存在」のレベルである宇宙意識に到達しています。

これらの言葉は、心に「普遍の存在」についての想念を抱いて行動すべきだ、ということを意味しているのではありません。この詩節は、「普遍の存在」への帰依を知的に心に抱いたり、「それ」についての想念を大切にしたり、「神聖なるもの」の気分に浸ったり、仕事中も「神」のことを忘れないようにしたり、といったことを教えるものではありません。この詩節は、心や理知のレベルでのそのような試みによって人は罪のない状態へ導かれる、と教えているのではありません。超越瞑想の実践を通して心が神聖な意識に高まり、それを常に維持するようになったとき、すべての行動は自然に神聖な「存在」にゆだねられ、すべての執着が自然に捨て去られます（第四章詩節20、第三章詩節30参照）。自己が活動から完全に離れるとき、行動に関する権限は、自動的に「普遍の存在」へとゆだねられるのです。

「罪に汚れることがない」とは、どんな間違いも犯さない（第二章詩節38参照）という意味であり、自然界の諸法則（追録「宇宙法、創造世界の基本法則」参照）に調和していて、何ものにもまったく害を及ぼさない人生ということです。このような状態は、真我が完全に活動から離れている宇宙意識において得られます。この状態における行動は、すべての創造と進化をつかさどっている「自然」の力によって動かされています。そのために、すべての行動が人生を支援するような影響を生み出し、また、いかなる誤りを犯す可能性もまったくなくなるのです。

詩節11　身体により、心により、理知により、あるいは、単に五感のみにより、ヨーギーたちは、執着を捨て、自己浄化のために行動する。

ここで主は、自己浄化のためには行動が必要であることを明らかにしています。ヨーギーが行動するとき、自己浄化のどのような状態を目指すのでしょうか。サマーディの実践を通して、すでに意識の純粋な状態を得ているのではないのでしょうか。サマーディの実践（第二章詩節53参照）は、魂を浄化するのに十分ではないのでしょうか。どうも十分ではないように思われます。なぜなら、ここで主ははっきりと、サマーディだけでは十分に得られないような自己浄化のためには行動が必要である、と述べているからです。

「ヨーギー」とは、超越意識か宇宙意識か神意識において、「神聖なるもの」と統一されている人たちのことです。ヨーギーが宇宙意識に達し、真我は活動の場から離れていると悟るとき、この悟りによって、真我における永遠の自由にとどまりながら活動することができるようになります（第六章詩節1参照）。この悟りの状態でなされる行動は真我を巻き込みませんから、その行動は、「身体」「心」「理知」「五感」のレベルに自然にとどまっています（第三章詩節7参照）。

「のみ」という言葉は、この文脈においてたいへん重要です。この言葉は、悟りを得た人の生命における真我と活動の領域との分離を、まったく疑問の余地なく、可能なかぎりに強調しています。さらにこの言葉は、このような悟りの状態では、身体、心、理知、五感がそれぞれまったく独立して行動することができる（第三章詩節7参照）、ということをも意味しています。

超越瞑想の実践中、心が超越意識を得るとき、身体の代謝は最小限にまで減少し、神経系全体が安らぎに満ち機敏な状態になります（第四章詩節38注釈参照）。これが、「存在」の状態に対応する身体の状態です。この状態では、個別生命の心と身体のレベルが、遍在する「存在」の宇宙生命のレベルにまで高まります。個別の心が宇宙的な知性によって支えられ、身体という個別の実存が宇宙的な実存によって支えられるようになります。個人の身体や心は「存在」の手足となって、宇宙的な要請に応えるようになります。

宇宙意識に達すると、このような状況が恒常化します。「身体」「心」「理知」「五感」は、それぞれ活動の様式は異なりますが、どれも常に神聖な意志の道具として働くようになります。この状態では、それらの活動の主な原動力は、神聖な意志、全宇宙の創造と進化をつかさどる全能の宇宙知性です。ちょうど、自然界のあらゆるものが宇宙目的の要請に応じるように、人間の身体、心、理知、五感も、すべてが宇宙知性のレベルにまで高まって、宇宙生命の要請に応えるのです。これが、「身体により、心により、理知により、あるいは、単に五感のみにより、ヨーギーたちは執着を捨て、行動する」と説くときに、主が意味していることです。

「執着を捨て」という表現のこの文脈における意味は、活動の全領域が神聖な意識の直接的な影響の下に来ると、個別の自己という領域から離れ、行動の束縛的な影響から解放されて自由になるということです。その人は神聖な「存在」のレベルに高まったのですから、「執着を捨て」ることは、自動的に、その人の日々の生きた現実となります。どんなときでも、無執着を培う必要はありません。

「自己浄化」。純粋意識は、真我の純粋な状態です。それは超越的なものです。心は、相対領域の最も精妙な経験を超越することによって純粋意識に達します。この状態と活動とを交互に経験していくと、心は、やがて永続的な純粋意識を獲得します。活動に従事していても、純粋意識が自然に維持されるようになります。この状態では、人生の二元性が生きた現実となります。生命の二つの面、真我と非真我、絶対と相対が分離したものとなり、真我は何ものとも関係しない純粋な「存在」として、生きられるようになります。

真我と活動との完全な分離についてのこの経験は、「自己浄化」の過程の頂点であるように思われるかもしれません。しかし、この過程はなおも続きます。そして、最終的には、活動が真我から離れているとも認められない統一の状態がやって来ます。ここでは、宇宙意識の状態において二元性の感覚を生み出した分離が「神」の光に変わっていき、それによって、真我と活動との二元性は、神意識の一元性における神聖な実存の均一性の中に溶け込んでいきます。生命の永遠の統一というこの状態が、「自己浄化」の過程の本当の頂点であるのです。

したがって、真我の浄化の過程には三つの段階があります。第一段階は、意識の目覚めの状態から超越意識まで、第二段階は、超越意識から宇宙意識まで、第三段階は、宇宙意識から神意識までです。この三つのどの段階でも、「自己浄化のために行動する」ことが必要です。生命のより精妙なレベルで行動することによって、活動の領域を超越し、超越意識に達することが可能となります。超越意識と日々の生活における自然な通常の活動――出家の人生の場合は弁別するという精神的活動、在家の人生の場合は物理的活動――とを交互に繰り返すことによって、超越意識は恒久的なものとなり、宇宙意識の地位を獲得するに至ります。さらに、宇宙意識は、最も高度に洗練された活動、すなわち献身という活動によって、神意識へと成長していきます。

このように、浄化の過程は、行動を通して究極のゴールまで進んでいきます。

この詩節は、宇宙意識で行動するための技術を明らかにしています。なぜなら、「身体により、心により、理知により、あるいは、単に五感のみにより、ヨーギーたちは行動する」と述べているからです。「のみ」という言葉の重要性を説明したところですでに触れましたが、このレベルでの行動は宇宙意識の状態における行動であり、それは宇宙意識を神意識へと変えていくときの助けとなるものです。

詩節12

神聖なるものと統一された人は、行動の成果を捨てて、永遠の平安に達する。
神聖なるものと統一されていない人は、
欲求に駆られ、行動の成果に執着し、堅く束縛されている。

「神聖なるもの」との統一に達することが、行動の成果による束縛からの自由（第四章詩節20参照）を得るための鍵となり、さらに、この自由を得ることが永遠の平安を得るための鍵となります。「神聖なるもの」との統一は、三つの状態において見いだされます。まず、真我意識において。これは超越的なものです。次に、宇宙意識において。これは、意識の絶対状態と相対状態の両方を同時に含んでいます。超越的な真我意識が、目覚め、夢、眠りの各意識状態とともにあります。そして、神意識において。ここでは、真我と活動の領域の二つが一つになっています。

「行動の成果を捨てて」。この表現は、「すべての行動を普遍の存在にゆだね、執着を捨てて」（詩節10参照）という表現と並立しています。

永遠の平安の状態では、人生の内面も外面もどちらもたいへん強く成長し、究極的には、両方が互いに完全に独立したものとなります。内側の「存在」は活動からまったく離れたものとして経験されますし、一方、活動もたいへん強く成長して、「存在」から完全に独立したものとなります。「存在」と活動の両方が、それぞれ完全な成長を遂げるのです。

これは、「神聖なるもの」とこの世界とを同時に生きているという状態です。この状態では、活動は、自己の欲求に駆られてではなく、自然界によって行われるようになります。この状態では、行動の束縛からの自由が楽しめるようになります。これが、サンニヤーサの理想、すなわち行動の世界から完全に離れた人生です。「欲求に駆られる」人とは、真我すなわち「神聖なるもの」にしっかり確立されていない人のことです。安定性に欠けているために、行動の成果への執着から離れることができません。それゆえ、行動の全過程において、最初から最後まで、「堅く束縛されている」のです(第四章詩節18〜20参照)。

この詩節は、「神聖なるもの」と統一されている人の状態だけでなく、統一されていない人の状態についても説明しています。ここには、束縛の仕組みが指摘されています。真我、「神聖なるもの」と統一されていない人の場合は、欲求によって引き起こされる行動の成果に執着するために、自己は活動と結び付けられてしまいます。しかし、この束縛は本当の束縛ではない、ということを見落としてはなりません。なぜなら、自己はその本質において永遠に自由であり、決して束縛されることはないからです。このような自己の永遠に自由な地位を悟らないかぎり(詩節16参照)、人は活動への執着を感じ、その結果、その束縛の中にとどまってしまいます。次の詩節では、いかにして欲求の束縛から抜け出すことができるか、ということが説明されます。

詩節13　一切の行動を心によって放棄して、身体に宿るものは、九門の都において幸福の中に安らぐ。行動することも、行動を引き起こすこともなく。

心は、行動と行為者である自己との間を結び付ける絆です。もし、心が一方に偏っていたとしたら、もし、「存在」の直接的な影響を受けることなく、活動にばかり向けられていたとしたら、心はうまく仲介者の役割を果たすことができません。心は、行動の影響から自己の自由を守ることもできませんし、個別性の限界から行動を守ることもできません。そのため活動は、「自然」の全能の力の直接的な支援を受けることができない状態に、とどまってしまいます。

この詩節は、どうしたら心が良き仲介者となって、行動に力と優雅さと栄光を与え、人生に自由をもたらすことができるのか、それを説明しています。心は、活動との親しさと同じくらいに、「存在」とも親しくならなければなりません。そして、そのようになるために、心はまず活動の領域から抜け出て、「存在」の領域に入らなければなりません。心は、行動の領域から離れたとき（第二章詩節55参照）、自分自身が真我であることを見いだしますが、この詩節にはその様子が述べられています。心は、自らが真我であり、活動から完全に離れており、永遠に絶対の状態にとどまっており、「幸福の中に」あり、あらゆる出来事を静かに目撃するもの（サークシー・クータスタ）であり、「行動することも、行動を引き起こすことも」ない（詩節14参照）、ということを知るのです。「幸福の中に」。幸福は、活動の範囲を越えたところにあります。そこでは、「自己が外界からの接触を受けること」がありません（詩節21参照）。このような状態に至ったとき、心は、行為者と行動や行動の成果との本当の関係を知るようになります。次の詩節では、このことが述べられます。

詩節14　**主は、行為者としての立場も万物の行動も創造することはない。また、（行為者と）行動とその成果との間の結び付きも創造しない。「自然」がそれをなしている。**

「万物の行動も創造することはない」。このことから、万物は自らの行動を生み出している、ということが明らかになります。

「また、（行為者と）行動とその成果との間の結び付きも創造しない」。ここでの教えは、行動の成果と行為者との間の結び付きは自然によって作られるが、行為者と行動との間の結び付きは、行為者自身が作っているということです。

「自然がそれをなしている」。行為者の自然が行動を生み出し、行動の自然が行動の成果の質を生み出します。行動の成果は、行為者とその行動の自然によって、行為者と結び付けられるのです。

この詩節は、内側の神聖な「存在」と外側の行動の領域とは、完全に離れたものであることを強調しています。それは、人生の内側と外側との間に自然に存在している完全な放棄の状態について、私たちを啓発します。なぜなら、人生は、外側の表面における活動と内側の「存在」の安定性とで構成されているからです。本質的には、それらの間につながりはありません（第四章詩節18～20参照）。ちょうど、ココナッツに二つの異なる部分があるのと似ています。外側の堅い殻と内側の乳液、一方は個体であり、他方は液体です。その間には何のつながりもありません。これ同じように、人生にも二つの面があります。変わることのない永遠の面と、変化してやまない相対的な面です。この間につながりはありません。

前の詩節では、身体に宿るものがどのようにして行動からの影響を受けないようになるか、ということが説明されました。この詩節で主がアルジュナに納得させようとしている真理は、行動も、「行為者と行動とその成果との間」の関係も、人生の相対領域だけに属するものであるということです。これらは、「自然」に属するものです。「存在」の絶対的な地位とはまったく関係ありません（第四章詩節18～20参照）。

創造の目的は幸福の拡大です。「自然」から生じる三つのグナが、創造世界とその進化をつかさどっています。

三つのグナが、行為者、行動、その成果といったさまざまな区分のすべてをつかさどっているのです。三つのグナのみが、宇宙のあらゆるものの根底にあって、人生の内側の主観面と外側の世界の客観面すべての、創造、維持、破壊をつかさどっています。

行動を行っているのは、実は「私」ではありません。「私」がこれを行う、「私」がこれを経験する、「私」がこれを知るなどと理解するのは誤っています。このような理解はすべて根本的に正しくありません。「私」は、その本質において、創造されたものではありません。それは、絶対の領域に属しています。一方、行動や、行動の成果、行為者と行動の関係などは、相対領域、すなわち三つのグナの領域に属しています（第三章詩節27、28参照）。したがって、あらゆる行動は、「自然」から生じた三つのグナによってなされているのです。行動を行うのは「私」であると考えるのは、「私」と行動の本質に対する無知のためにほかなりません。

行動の知識についての主の教えは、実にみごとに展開されています。第二章詩節48での教えは、執着を放棄せよというものでした。そして、詩節64と71で、こうした放棄の栄光がたたえられました。執着の放棄という考えは、第三章の詩節7の無執着の教えに引き継がれます。同じ章の詩節17と18では、無執着は真我を悟ることによって達成されると説明しています。詩節19では、真我の悟りによって得られる、この無執着の状態における行動の尊厳を確立しています。詩節25では、自然な行動という要素を導入することによって、この主題に新たな展開を加えました。詩節26では、その人の進化のレベルに応じた自然な行動を称賛しています。詩節27では、あらゆる行動は実は自然界によってなされている、行動をしているのは自分であると考えるのは、迷いに陥っている人たちだけであり、悟りを得た人は、グナが互いに作用し合っていること、活動の全領域はグナの領域に属していること、真我はグナの活動にはまったく巻き込まれないことを知っている、といったことが説明されています。詩節30では、「神」という要素を導入して、三つのグナのすべての行動は、真我から活動の領域を分離する手段として「神」に捧げられるということを説いています。詩節33では、このような行動を「神」に捧げるときに抑制は必要ないと断言し、いかなる抑制もないその人の本性にかなった行動を再び称賛しています。詩節39では、真我に対する無知が束縛を生み出すという考えを導入しています。詩節42では、知識の剣を振りかざして、この無知を断ち切りました。

ここまでの教えの展開によって、束縛の場から抜け出るためには活動が必要である、という原理が得られました。第四章は、主の本質は宇宙の絶え間ない活動から離れている、ということを説明するために始められました。ここで、行動の放棄に関する知識の説明が導入されました。それは、第四章全体を通じて展開され、第五章の初めの部分にまで引き継がれてこの詩節に至り、「行為者と行動とその成果との間」にはまったく何の関係もない、と宣言されています。これは、宇宙生命と個別生命という生命の二つのレベルにおいていえることです。この詩節では、「主は、行為者としての立場も万物の行動も創造することはない」と述べてこの点を明らかにしています。これは、主は何も創造しない、主は創造という絶え間ない活動から完全に離れている、ということを意味しています。

これは宇宙レベルでの状況です。同じ状況が個別生命のレベルでも見いだされます。なぜなら、「行為者と行動とその結果との間」には、実は何のつながりもないからです。このことによって、真我の実現を目指すどんな行動も、どんな試みも、すべて必要なくなります。悟りへのあらゆる試みを放棄し、成就の中に生きること、これが放棄という高い状態であるのです。この放棄の状態は、知識の状態（第四章詩節38参照）、すなわち神意識の中にその頂点を見いだします。これが放棄のすばらしさです。

すべての人は、永遠の自由における生命の最も進化した状態を、とても自然な方法で容易に得ることができます。生命の苦しみや喜びがやって来るのは、このことに対する無知のためである、と次の詩節は述べます。そして、さらにその次の詩節では、知識のすばらしさが称賛されます。

詩節15　遍在する知性は、いかなる人の罪も、また徳さえも受け取らない。英知は無知に覆われている。それゆえ、万物は惑わされている。

「遍在する知性」とは、絶対「存在」のことです。「それ」は遍在しているがゆえに、超越的な本質を持っており、超越的であるがゆえに、行動の影響の外にあります。「それ」は、相対的人生の全体を静かに見ている目撃者です。前の詩節で、行動を行っているのは実は三つのグナである、ということが明らかにされました。ですから、善悪の結果を生み出すことにかかわっているのも、三つのグナの働きにほかなりません。

悟りの状態は、無知によって覆い隠されています。そして、「それゆえ、万物は惑わされて」います。「神聖なるもの」は行動の領域に巻き込まれていないという知識、自らの真我は神聖な「存在」であるという知識が、人生に自由をもたらします。それに反し、この真理に無知であれば、自分の行動の成果を与えてくれるのは「神聖なるもの」である、という迷いに陥ってしまいます。ここで主が示そうとしているのは、行動に束縛されたり、罪や徳に巻き込まれてしまうのは、悟りの状態を得ていないことに原因がある、ということです。

真実は、絶対（第二章詩節45参照）に関してと、相対（第三章詩節27、28参照）に関しての二通りに認識することができます。グナは、行動と、相対実存の領域のあらゆるものをつかさどっています。「主」、すなわち「遍在する知性」は、何ものにも巻き込まれていません（詩節14参照）。このようにして、「それ」、神聖なる「知性」、すなわち「彼」、「主」は、永遠の自由にとどまっています。この最高の知識（第四章詩節38参照）に至る人たちは永遠の自由を獲得しますが、そうでない人たちは、束縛の中にとどまります。

続く二つの詩節では、このことがさらに明らかにされます。

詩節16　しかし、英知によってその無知が滅ぼされた人にあっては、英知が、太陽のように超越的な「それ」を照らし出す。

「無知」。人生の内側と外側の分離についての無知、「存在」は活動に巻き込まれていないということについての無知、「私」と世界の真の本質についての無知、人生の永遠の側面と無常の側面についての無知、自由と束縛の本質についての無知、ということです。

「その無知」。「この」という言葉ではなく、「その」という言葉を使用しているのは、無知は自分自身から遠くにあるものだという考えを伝えるためです。その本質において、無知は真我とは関係のないものです。

英知が無知を滅ぼすと述べているこの詩節は、英知による無知の破壊と超越的な「存在」の輝きとは相伴って進む、ということを教えています。太陽は、暗闇を取り除くと同時に光を広げます。このことは、無知が英知によって滅ぼされたときには、「超越」を悟るために、それ以上何もしなくてもよい、ということを示しています。遍在する「それ」は、ただ無知によって覆われているだけです。ですから、この覆いが知識によって打ち破られたならば、「それ」はそれ自らの光で輝きだします。英知が絶対の本性、超越的な「存在」の本性とされるのは、このような理由からです。『ウパニシャッド』が「プラギャーナム　ブラフマ」と宣言しているように、英知は絶対そのものであるのです。

知識を得ることによって無知が消滅するのであって、無知を破壊することによって知識が獲得されるのではない、ということがこの詩節で明らかになりました。したがって、道を求める人は、無知から抜け出そうとする必要はありません。そうではなく、直接的な経験によって知識を得るよう努めるべきです（第四章詩節38参照）。

ここで興味深いのは、無知のゆえに一つであると考えられていた人生が、サーンキヤの分析によって、変化と不変という二つの異なる構成部分に分断されるという点です（第二章詩節11〜38参照）。これらの構成部分は、ヨーガによる直接経験によって、人生の異なる二つの領域として認識されます（第二章詩節45参照）。サーンキヤによって得られた理解が、ヨーガによって確認されるのです。宇宙意識において、真我が活動に巻き込まれていない状態（第二章詩節48参照）で人生を生き始めると、サーンキヤの教えの真理が、実生活の中で重要な意味を持つようになってきます。人はこのようにして、相対と絶対という人生の二面は互いに分離している、また、相対領域においても、苦しみや喜びにつながる罪や徳はいずれも活動への自己の執着から生じる、その執着はさらに知識の欠如から生じる、という自覚の中に生きることができるようになります。

詩節17

理知を「それ」に根づかせ、存在を「それ」に確立し、
「それ」に専念し、「それ」にひとえに献身し、
英知によって一切の不純性を洗い清めて、彼らは二度と戻ることのない状態へと至る。

この詩節は、ヨーガとサーンキヤを、絶対的な純粋性と永遠の自由という共通のゴールにおいて結び付けています。この詩節は、この章の主題を宣言している詩節4と5の正しさを裏づけています。

「理知」と「存在」という言葉はたいへん重要です。また、これらの言葉が使われている順番もたいへん重要です。理知が「それ」に根づくと、その人の存在すべてもまた「それ」に確立されるということが、言葉の順番からわかります。さらに、瞑想中に理知が「それ」に根差すようになると、理知は、「超越」から出てきたときにも、「それ」に専念した状態を保つようになります。理知が「それ」に専念しているようになるとき、その人の存在も「それ」にひとえに献身するようになります。

ここでの「存在」という言葉は、サンスクリット語の「アートマン」という言葉の訳語として選ばれたものです。「アートマン」という言葉は、真我、理知、心、息、身体といったさまざまな意味に使われます。したがって、存在が「それ」にひとえに献身するようになるということは、心、息、身体のすべてが「それ」に向かうようになる（第四章詩節38参照）ということを意味しています。

主が示しているのは、理知とその人の全存在が超越的な真実に確立されていなければ、それらは純粋ではないということです。それらは、はかない実存の領域にとどまっていて、「二度と戻ることのない」永遠の自由の状態と結ばれません。人生の超越的な絶対面を悟らないかぎり、人生の個別面の範囲は無意味なものにとどまり、その目的も成就されません。束縛が続き、誕生と死のサイクルが繰り返されます。

この詩節は、この世界のあらゆる成功の基盤であり、同時に、永遠の自由の基盤でもある人生の純粋性は、英知を得ることによって、すなわち「超越領域」を悟ることによって得られる、ということを明らかにしています。また、宇宙意識の状態を得ることによって、この絶対的に純粋な状態を人生に定着させないかぎり、いつでも人生のより低いレベルに後退する可能性がある、という原理をこの詩節は述べています。これは、超越意識が永久的なものにならないかぎり、朝の瞑想の効果が、十分な強さで一日中持続することはない、ということを意味しています。時間がたつにつれて、効果の強さは弱まっていき、それに伴い、人生の純粋性のレベルも低下していきます。そこで、夕方も瞑想をして、再び純粋性を取り戻します。

主が第二章詩節45で明らかにしたように、「三つのグナを離れる」ことが、この詩節の教えを日々の生活の中で現実のものとするための鍵となります。

人生は、「超越領域」における永遠の自由の状態にそのゴールを見いだします。「超越領域」とは、ここでは「それ」と言われていますが、「知識そのもの（第四章詩節38参照）」のことです。「それ」という言葉が使用されていることから、人生のゴールは、この現象的な実存の領域にではなく、これを越えたところにある、ということが明らかになります。真の人生は、一般的に言われているところの人生ではありません。それを超えたところに人生の真実があるのです。これが、放棄という観点からの人生の教えです。

『ウパニシャッド』は、「タット　トワム　アシ――汝はそれである」と宣言しています。つまり、あなたはこの目に見える現象的な実存を自分だと考えているが、これはあなたの真の本質ではない。あなたは、実は、あの超越的な真実である、というのです。

「英知によって一切の不純性を洗い清めて」。第四章の詩節35から38を参照してください。

「二度と戻ることのない」。自己が人生の永遠性の中に取り込まれていないかぎり、心が超越意識の中で絶対的な純粋性を恒久的に得ていないかぎり、人生は実存の相対的な領域にとどまってしまいます。この状態では、誕生と死のサイクルが、人生の進化のさまざまな層の中で繰り返されます（第六章詩節41参照）。人が宇宙意識を得たとき、人生は生死の領域を越えます。その人生は永遠であり、変化がありません。それが変化に加わることはありえません。はっきりと心にとどめておきたいのですが、この状況をつくることができるのは、この地上で人間として人生を生きている間に限られます。「二度と戻ることのない状態」へと高まるのは、人間として高まるのです。そこに至る道は、第二章詩節45で述べられた原理の中にあります。

次の詩節もまた、創造世界における形態の多様性を超越することに関するもので、あらゆるところにおける人生の一元性を描いています。これを放棄して「それ」を見いだしなさい、という教えが続きます。

詩節18

学識と謙虚さを備えたブラフミンにも、牛にも、象にも、犬にも、自らのカーストを失った人にさえも、悟りを得た人は同じものを見る。

この詩節は、悟りの状態における視野の基準を示しています。人生の真実を悟った人は、経験のあらゆる多様性を通して、同じ一元性を見るのです。

「ブラフミン」とは、一生をヴェーダの学習と精神的な修養に捧げる、ブラフミンの家庭に生まれた人のことです。主はここで、「ブラフミン」という言葉を、牛、象、犬といった言葉に並べて使っています。これは、進化した人間の「存在」も動物の「存在」も同じであること、また、「存在」の一元性に確立され、すべての多様性の根底にある「超越領域」の統一を悟った人は、偏りのない見方を得るということを強調したいからです。

「学識と謙虚さ」。英知は謙虚さをもたらします。賢人は、創造世界に見られる相違や区別は一時的なものにすぎず、それらの根底に一つの究極的な真実が存在していることを知っています。ですから、物事は何か特定の方向をもって起こるべきである、などと主張したりはしません。賢人は、物事を気楽に受け止めます。なぜなら、物事の行き着く先はすべて同じだということを知っているからです。このような賢者に備わる「存在」の自然な質が謙虚さである、と解釈することができます。実際に、謙虚さはその人が英知を備えているかどうかの基準となります。なぜなら、謙虚さは、人生の一元性の感覚、万物の根本的な統一の感覚が増大してくるときに生じるものであるからです。

一般に、謙虚さとは、自分の限界や無知や至らなさを素直に認めることと理解されています。しかし、真の謙虚さは、「存在」の質にあるのであり、心の持ち方にあるのではありません。

悟りを得た人の心には、「存在」の状態、人生の一元性が十分に浸透しています。そして、そのような心は、見るものに関係なく、自然に一元的な視野を保ちます。相対的実存における表面的な相違を見ても、視野が分離することはありません。

これは、牛を牛として見なくなるということや、牛と犬の区別がつかなくなるということではありません。確かに牛は牛として、犬は犬として見るのですが、牛や犬の形に惑わされて両方に共通な「存在」の一元性を見失うことはないのです。牛や犬を見ているのですが、その人の真我は牛の「存在」にも犬の「存在」にも確立されています。それは、自分自身の「存在」にほかなりません。主が強調しているのは、悟りを得た人は、多様な創造世界のただ中で見たり行動したりしているときも、人生の揺るぎない統一から離れない、ということです。その心は人生の統一に満たされています。また、それは、その人の視野にも浸透しており、それをぬぐい去ることはできません。

「学識と謙虚さを備えたブラフミン」は、サットワの影響が支配的なものすべてを表しています。「牛」はラジャスとサットワの影響が支配的なものすべて、「犬」はラジャスとタマスが支配的なものすべて、「象」はタマスの影響が支配的なものすべて、をそれぞれ表しています。「自らのカーストを失った人」は、最も低い人、すなわち、完全な無知の中に生き、進化の道を失ってしまった人を表しています。これらの言葉が意味しているのは、真我が相対的実存の領域から離れていると悟っている人は、自分自身の中に安定しており、サットワ、ラジャス、タマスの影響や、それらから生じるさまざまな傾向にまったく左右されない、ということです。そのような人は、あらゆるところ平等な見方をします。

次の詩節では、そのような二元性という見方が何よりも重要であることが示されます。

詩節19　**地上のこの人生においてさえも、宇宙は、心が平静に確立された人たちによって征服される。実に、ブラフマンは、欠陥なく、いたるところに平等に存在している。それゆえ、彼らはブラフマンに立脚している。**

超越瞑想の実践により、心が宇宙意識の状態に高まると、絶対「存在」が心の本性の中に永遠に確立されるようになり、心はブラフマンの状態、すなわち普遍の「存在」の状態に達します。そのとき、心は、粗雑から精妙に至る創造世界すべてのレベルを刺激し、制御し、支配できるレベルに、自分がいることに気づきます。それはちょうど、樹液のレベルから働きかけて、木の全体に思いのままの影響を及ぼす方法を知っている園芸家のようです。物質の原子のレベルや素粒子のレベルに精通した人であれば、そのレベルから働きかけることにより、その物質の実存のどんな層にも、思い通りの変化を容易に起こすことができるでしょう。これが、「地上のこの人生においてさえも、宇宙は心が平静に確立された人たちによって征服される」と説くとき、主が意味していることです。心が平静に確立されたとは、心が人生の究極的なレベルである落ち着いた平静な状態（第六章詩節3参照）に確立される、ということです。

この詩節では、その状態においては「宇宙は征服される」と表現することによって、確立された理知の地位を明らかにしています。満足、力、英知、あらゆるものを支える能力、これらは明らかに世界の征服者が備えている特質です。こういった特質やその他多くの特質は、この世界に生きながら心の平静を得ている人の本質の中に見いだされます。真実の永遠の一元性における心の平静かつ安定した状態は、純粋意識の領域、すなわち遍在する「存在」の領域に属しているものです。そして、この領域は、生命エネルギーのまさに源であり、永遠なる英知の貯蔵庫であり、自然界のあらゆる力の根源であり、この世界におけるすべての成功の泉です。

心が「存在」の状態に恒久的に高まり、行動の領域は自分から離れていると認識しないかぎり、心は活動に巻き込まれ続けます。実にそれは、活動の奴隷、宇宙の奴隷とも言うべき状態です。しかし、「存在」の中で安定性を得て、本来の平静な状態を獲得すると、心は、宇宙は自分から離れており、まったく自動的に召し使いのように自分のあらゆる要請に応じてくれる、ということに気づくようになります。心の平静さの基盤となる、このような「存在」と活動との分離の状態は、ヨーガ（第二章詩節48参照）とサーンキヤ（第二章詩節38参照）のどちらによっても得ることができます。

詩節20　**好ましいものを得ても過度には喜ばず、好ましくないものを得ても深くは悲しまない人、**
理知が安定し、迷いから解放された人、彼はブラフマンを知る人であり、ブラフマンに立脚している。

この詩節は、悟りを得た人の心はどのようなものであるか、を説明しています。悟りを得た人は、相対と絶対の両方からなる完全な真実を体現しています。そのような人であっても、相対領域においては、確かに好き嫌いもありますし、喜びや悲しみもあります。しかし、それによって、自分自身の外に連れ出されることはありません。このことは、「喜ばず」を修飾している「過度には」という言葉や、「悲しまない」を修飾している「深くは」という言葉からはっきりわかります。悟りを得た人は、神聖な意識に立脚しているのですが、地にもしっかりと足を据えています。人間のレベルにありながら、神聖であるのです。

真我の至福意識に深く根を下ろしている心は、五感の対象のもつ愛着や嫌悪の影響（第三章詩節34参照）を受けない状態に自然にとどまっています。悟りを得た人は、このような理由から、「喜ばず」「悲しまない」のです。世俗の生活でもよく経験されることですが、心が一つのことに深く根を下ろしているときは、他の物事の経験から深い印象を受けることはありません。例えば、飛行機に乗り遅れないようにという考えで心がいっぱいであれば、車を運転して通りを走っているときに何を見ようと何を聞こうと、それによって心が空港のことからそれてしまうことはありません。そのような状況では、他の物事の経験は五感による知覚の表面レベルにとどまり、心にはほんのかすかな印象しか残さないのです。意識の目覚めの状態においてすら、このようなことが起こるのですから、もう一つの意識状態が心を圧倒しているときには、なおさらのことです。

悟りを得た人の心は現象世界の中で活動しますが、その世界の経験が深く刻み込まれることはありません。理知は、それ自身の内側の光、真我の光の中に安定しています。自らの内側で目覚めており、しかも外側の世界でも目覚めています。この世界で「神聖なるもの」を生きています。絶対と相対の両方を生きています。それゆえに、「彼はブラフマンを知る人であり、ブラフマンに立脚している」のです。

意識の目覚めの状態で外側の世界を経験しつつ、同時に、心の中で意識の夢の状態の経験も保っている、という人を考えてみましょう。確かに、その人にとっては目覚めの状態の経験のほうが、夢の状態の経験よりも具体的であるのですが、とにかく、そこには二つのタイプの経験が共存しています。このことから、人は、意識の一つの状態にありながら、同時に、意識のもう一つの状態の経験を受け入れることができる、ということが明らかになります。瞑想を通して超越意識を得るとき、その自足の状態は圧倒的なものですから、目覚めの意識にあっても、「存在」の影響が自分の内側で維持されるようになります。さらに、活動している心においても、「存在」が完全にそして永続的に維持されるようになると、目覚めの状態における活動すべては、心のほんの表面だけに見いだされるようになります。これが宇宙意識の状態です。この状態においては、活動は「存在」から離れたものとして経験されます。

すでに気づかれているでしょうが、主は、悟りを得るには二つの条件を満たさなくてはならないと述べています。第一に、「ブラフマンを知る人」でなくてはなりません。つまり、真実に関してはっきりした知的理解を持っていなければならない、ということです。この条件は、サーンキヤの領域に属しています。第二の条件は、「ブラフマンに立脚して」いなくてはならないということです。つまり、神聖な本質の直接経験を持っており、日々の生活がその表れとなっていなくてはならない、ということです。この条件は、ヨーガの領域に属しています。

したがって、この詩節もまた、放棄のレベルでサーンキヤとヨーガの両方を満たしているという点において、この章の詩節４と５の教えと第四章の最後の詩節の教えを支持しています。ヨーガを通してであろうと、サーンキヤを通してであろうと、悟りを得た人の内側における放棄の状態が、ここに説明されているのです。

悟りを得た人は真我の独立した本性を知っていますから、自分が何であるかについて迷うことはありません。

このことが、理知を安定させます。この理知の安定性が、「好ましいものを得ても過度には喜ばず、好ましくないものを得ても深くは悲しまない」という人生の状態なのです。

この詩節では、外側のどんなものについても過度には喜ばないという、悟りを得た人の人生における放棄の自然な状態が明らかにされました。次の詩節では、その放棄の理由が説明されます。そのような人は、自分の「存在」の至福にしっかりと安定しているのです。

詩節21　自己が外界との接触に影響されない人は、真我の中のあの幸福を知っている。ブラフマンとの合一に自己がつながっている人は、永遠の幸福を楽しむ。

「自己が外界との接触に影響されない」。意識の超越的な状態において、内側の真我の経験を得るためには、外側の対象の経験を取り除かなくてはなりません。規則的な経験を通して、真我が心によくなじんでくると、心の性質そのものが真我の性質へと変わってきます。そうして、超越意識が意識の目覚めの状態とともに維持されるようになります。意識の目覚めの状態は、それまでと同様に、あらゆる活動を支え続けます。超越意識の永続的な維持によって、真我は常に真我として経験されるようになります。それと同時に、意識の目覚めの状態によって、活動も経験され続けます。このようにして、真我が活動と分離したものとして経験されるようになります。この状態では、自己は永遠に失われます。それは真我となったのです。

自己は心と五感の働きを通して対象と接触し、それによって経験が生じるのですが、自己が消失するとき、その対象との接触もなくなってしまいます。そこに残るのは、至福意識という純粋な本性をもった真我です。

自己によって保たれていた対象との接触はまったくありません。これが、「自己が外界との接触に影響されない人」と言うときに主が意味していることです。真我がそれ自身の本性に永遠に確立されると、至福意識が永遠のものとなります。この至福意識が対象と接触するようになると、「ブラフマンとの合一に自己がつながっている」と表現されている状態が生じます。なぜなら、ブラフマンとは、活動と至福意識の両方を含んでいる、宇宙意識の状態のことであるからです。

「ブラフマンとの合一につながっている」。これは、「自己が外界との接触に影響されない人」という言葉とともに、求道者が「ブラーフミー・スティティ」（第二章詩節72参照）、ブラフマンの状態、宇宙意識を得たかどうかを自ら知るための一つの基準となります。心が五感を通して対象を経験しつつ、同時に、自己は経験と行動の領域から離れているという自覚に目覚めています。これが宇宙意識の状態です。この状態では、この世界の中においても目覚めており、自分自身の中においても目覚めています。

これまで多くの注釈者たちが、この詩節の教えを大きく誤って解釈してきました。彼らの解釈によると、この詩節は、真我の至福を楽しむ方法を説いており、その方法とは、五感の対象を通して喜びを経験している間も、それに影響されていないという気分をつくり出すことだというのです。多くの翻訳における原文の訳し方を見ると、文法的には原文の詩節とつじつまがあっているが、その教えの解釈は間違っており、行動と放棄に関する本質的な原理と矛盾しているといった具合になっています。

喜びを経験している間であっても、何ものにも影響されない真我を維持できるのは、行動のヨーガによって得られた至福意識の永遠性のためであり、また、その至福意識に基づく放棄のヨーガによって得られた、放棄の状態のためです。人を至福意識へ、そして、真我は活動から離れていると経験する放棄の状態へと導くのは、経験の過程において心を抑制したり影響を受けないようしておこうと努める、知的な実践ではありません。人が永遠の幸福を楽しむようになるのは、真我がブラフマンとの合一につながっているからにほかなりません。

五感の喜びが悟りを得た人に深い印象を刻むことができなくなるのは、その人の自己が真我になったからです。真我は本質的にまったくの至福です。宇宙的な知性に完全に目覚めていますから、その人の立場は、自然にあらゆる五感のあらゆる喜びの源泉となります。絶対的な至福に永遠に確立されていますから、相対的実存の一時的な喜びは、自己を魅了することができません。五感の対象が五感に触れるときも、そうした接触の喜びは、自己を至福意識というその本来の状態から引き離してしまうほどには強くありません。このようなわけで、その人の自己は、五感がその対象と完全に接触しているときであっても、その影響を受けないでいられるのです。

「自己が外界との接触に影響されない人」「真我の中の幸福を知っている」、ブラフマンとの合一に自己がつながっている」といったこれらの表現は、サーンキヤとヨーガを共通の基盤の上に置き、それによって、この章の教えの要点を含んでいる詩節４と5を支持しています。

詩節22　**接触により生じる喜びは、すべて悲しみの元になるにすぎない。**
それらには始まりがあり、終わりがある。クンティーの子よ。
悟りを得た人は、それらに喜ぶことはない。

この詩節は、真我における無執着の状態の原理を説明し、同時に、幸福と苦しみの原理を明らかにすることによって前の詩節を補っている、という点で前の詩節と対照をなしています。

「接触」。前詩節と同じく、自己と活動や経験の領域との接触を意味しています。この言葉は、自己が経験の領域に影響されている状態、五感の喜びに巻き込まれている状態を表しています。そのような喜びは、自己がそれに巻き込まれているがゆえに、「悲しみの元」となります。しかし、もし自己が何ものにも影響されない状態にとどまるならば、五感の喜びは悲しみの原因とはなりません。なぜなら、そのような状態では、真我は永遠の幸福に確立されているからです。

心が五感の対象に喜びを感じ始めるということは、心の喜びが内側にないということを示しています。そのような心は、真我の至福に錨を下ろしていません。至福からそれた外側の方向に夢中になっています。もし、心が至福の方向に向かうことなく、また中立的でなくなれば、それは明らかに悲しみへと向かっていることになります。ですから、心が外側の喜びに夢中になっているときは、心は悲しみの領域に夢中になっているのです。何であれ、心を外側の方向へ導くものは、悲しみの原因となります。

この世界での楽しみについてのこの真理は、宇宙意識のレベル、そして人生の究極的な真実である神意識のレベルから考慮すると、その正しさがよくわかります。人間の通常の意識レベルから見れば、「接触より生じる喜びは、すべて悲しみの元になるにすぎない」というのは、何かばかげたことのように思われるでしょう。しかし、通常の意識レベルでも、やはりこの同じ原理が成り立ちます。すなわち、「それらには始まりがあり、終わりがある」という理由のために、それらは「すべて悲しみの元になるにすぎない」と言えるのです。

「悟りを得た人はそれらに喜ぶことはない」。悟りを得た人は、永遠の幸福の状態であるブラーフミー・スティティに確立されて、真我は活動から離れていると経験していますから、本質的に人生の現象面から離れ、相対領域のはかない喜びを超越しています。ですから、一時的な喜びに夢中になるような状況にはありません。小売商をしていた人が卸売商になったならば、その人はもう小売りの取引はしなくなるでしょう。小売りの仕事は、労力がかかる割には利益が少ないからです。

意識の目覚めの状態における五感の対象の経験は、宇宙意識の状態における五感の対象の経験とは異なっています。それはちょうど、異なる色の眼鏡を通して対象を経験するようなものです。同じ対象が、異なるもののように見えます。悟りを得た人は、悟りを得る前とは異なる意識状態にあるために、もう以前のような「それらに喜ぶ」といった立場ではないのです。

「悲しみの元」。人が楽しむことができる幸福の強さは、その人の意識レベルに依存しています。意識のどのレベルにも、それに相応する幸福の強さがあります。この原理は、知性や力にも当てはまります。

悟りを得た人の意識と悟りを得ていない人の意識の間には、絶対と相対、光と闇ほどの大きな違いがあります。このために、無知な人を喜ばせる五感の喜びも、賢者から見れば、悲しみの原因でしかありません。悟りを得た人は、絶対における永遠の至福に自然に確立されています。その永遠の至福に比べるならば、この世界のはかない喜びは、「悲しみの元」でしかありません。主がこのような言葉を使っているのは、真理を表すと同時に、そのような喜びに熱中し、そのために視野が覆われてしまっている人たちの心に、強い衝撃を与えたいからです。

もし、自己が対象の経験に喜びを見いだしたとしても、対象は変化しているので、その喜びはすぐに失われてしまいます。この喜びの消失が苦しみを引き起こします。主が「それらには始まりがあり、終わりがある。……悟りを得た人は、それらに喜ぶことはない」と言っているのは、このような理由からです。内面の「存在」と接触していない人は、外側の喜びに夢中になってしまいます。

「それらには始まりがあり、終わりがある」。この表現は、前節の「永遠の幸福」と対照をなしています。一つの喜びが終わると、自己は喜びのない状態にさらされます。喜びの経験とは対照的に、これは苦しみとなるでしょう。しかし、もし真我が永遠の幸福の状態を得ているならば、苦しみにさらされる可能性はありません。至福意識の欠如が、悲しみの原因なのです。

詩節23　肉体から解放される前の、ここにおいてさえ、欲求や怒りから生じる興奮に耐えられる人は、神聖なるものと統一されている。彼は幸福な人である。

「ここにおいてさえ」。この世界における日々の生活という、相対領域の限界の中にとどまっていても、という意味です。「欲求や怒りから生じる興奮に耐えられる」能力は、最高の満足をその基盤としています。この最高の満足は、「神聖なる存在」との合一から、また、そうした合一の結果である宇宙意識の状態における、真我は活動の領域から離れているという知識から生じます（この原理は、第二章詩節66で示されました。第二章詩節50と51では、理知を確立することの利点が述べられています）。このような永続的な満足の状態では、どんな興奮の可能性もありません。興奮とは、さらに何かを求め続ける不満足な心にのみ生じるものであるからです。

「欲求や怒り」は心の領域に属しています。どんな心の活動も、それが生じるためには、必ず、神経系の物質的な構造に、それに対応する活動がなくてはなりません。欲求や怒りといった心の活動は、神経系にたいへん強い「興奮」を生み出します。神経系を刺激して、活動へと駆り立てるのは、このような物質的な興奮にほかなりません。悟りを得ていない人の場合、この興奮は、即座に言葉や行動として表現されます。しかし、悟りを得た人の場合は、船が海底に錨を下ろしているように、興奮は永遠の静寂に錨を下ろしています。そのような人の神経系は、真我の純粋な自覚に対応する、安らぎに満ちかつ機敏な状態を恒久的に維持しています。そして、この安らぎに満ちかつ機敏な状態が、神経系に欲求や怒りによる興奮が生じるのを防いでいるのです。このように、悟りを得た人の神経系の状態は、興奮が生じることを許しません。

真我意識は、心にとっての緩衝器として作用し、また一方、神経系の安らぎに満ちかつ機敏な状態は、肉体にとっての緩衝器として作用します。これは、宇宙意識における人生の自然な状態です。

人生は欲求を通して流れます。欲求があるところには、常に怒りの可能性もあります。ですから、欲求や怒りによって生じる刺激は、人生の本質的な特徴です。主は、このような理由から、欲求を取り除けと勧めるのではなく、単に、「欲求や怒りから生じる興奮」が人生を圧倒してしまわないようにという意味で、自動的に興奮に耐えられるような状況をつくり出す必要がある、と言っているのです。

このような状況は、超越瞑想の実践を通して、人生の両面である心と体を養っていくことによって、つくり出されます。超越瞑想は、心と神経系にとって、必要となる純化された状態を同時に生み出します（第四章詩節38参照）。「神聖なるものと統一されている」と表現されている宇宙意識の状態においては、この純化が進んで、欲求や怒りによる興奮が生じないようになっています。しかし、主は、「解放される前」、つまり、宇宙意識に達する前と言っています。これは、超越意識を得る実践が進むにつれ、真我はその本質において神聖なものであり、活動の領域から完全に離れているという知識が育ち、実際に宇宙意識を得るずっと前から、心の本性への「存在」の浸透が十分に強くなり、「欲求や怒りから生じる興奮」に耐える能力が備わるようになるからです。興奮に耐える必要が生じるのは、興奮が生じる可能性がある場合に限られています。これは、宇宙意識を実際に得る前だけに起こることです。

しかし、興奮に耐える能力は、「神聖なるもの」と統一されているかどうかの基準として考えられるべきだ、ということもこの教えから明らかです。なぜなら、「存在」が心にどの程度まで浸透したかを測定したり、「存在」が完全に最後まで浸透しきったかどうかを確かめる、直接的な方法はないからです。主が述べている二つ目の基準は、「彼は幸福な人である」ということです。前の詩節でも示されたように、「悲しみの元」から解放されているということです。

「肉体から解放される前」。この表現から、この教えは、「神聖なるもの」との統一の状態を得ることを目指し、そのための実践に従事している求道者に対するものだ、ということがわかります。この表現が意味しているのは、行動の束縛的な影響から解放される前、真我は永遠に活動から離れていると経験される宇宙意識の状態を得る前、自己と肉体との同一視が解消する前、放棄の状態が達成される前、ということです。

この詩節は、これまで多くの人に誤って理解されてきました。欲求に耐えることが「神聖なるもの」との合一に達する方法である、という意味に解釈されてきたのです。そして、このような誤解から、合一に達するためとして、あらゆる種類の苦行や、欲求を放棄せよという訓戒が生じてきました。この詩節は、欲求に耐えようと努めることによって合一への道が得られる、と説いているのではありません。この詩節は、ただ、「神聖なるもの」との合一と、欲求に耐える自然な能力を並べて説いているだけです。相対領域におけるこのような能力は、絶対領域における合一の表れです。この二つのうち、「神聖なるもの」との合一の方が容易に達成できます（第二章詩節40、45、第六章詩節28参照）。合一が、耐える能力の基盤となるのです。

この詩節では、ヨーギーの心は活動の場にあっても揺るぎない状態を維持している、ということが明らかにされました。次の詩節では、そうした心の内側の状態がさらに説明されます。

詩節24　内側に幸福があり、内側に満足があり、内側すべてに光がある人、そのようなヨーギーは、ブラフマンと一体であり、神聖なる意識における永遠の自由に到達する。

この詩節は、放棄に関するこの章の教えの頂点です。この詩節は、人生がその最も内側の相に完全に収束している状態を示し、そのような状態が永遠の自由であると宣言しています。さらに、この詩節は、悟りへの途上にある、いくつかの段階の順番を明らかにしています。超越瞑想の実践が進むにつれ、内側の幸福が増大します。それに伴い、満足が増大し、同時に、「存在」の経験がより明確になってきます。つまり、内側の光が成長してくるのです。そうすると、内側の自覚が成長し、それに伴い、活動中にも「存在」を自然に維持できるようになってきます。目覚め、夢、眠りのすべての状態において「存在」を自然に維持できるようになるとき、人は神聖な意識における永遠の自由に到達します。

「内側に幸福があり」。この表現は、前の二つの詩節の論点をさらに発展させたものです。最初に、「接触より生じる喜びは、すべて悲しみの元にすぎない。……悟りを得た人は、それらに喜ぶことはない」（詩節22）と説かれました。これは、外側の世界は、悟りを得た人にとっては、幸福の場ではない、ということを意味しています。次に、「彼は幸福な人である」（詩節23）と説かれました。もし、外側の世界に幸福はない、しかし幸福である、とすれば、その幸福は自分自身の内側にあるはずです。心は幸福を求めてさまようものですが、「神聖なるもの」との合一（詩節21参照）を通して、心が至福意識へと変えられると、心はその探求のゴールを自らの内側に見いだすのです。

至福意識によって、人間の実存の相対面にまで至福がすっかり浸透するようになります。そうすると、外側では幸福の相対領域を、内側では絶対的な至福を経験しながら、人生全体は内なる幸福に自然に錨を下ろし、したがって、「満足」にも錨を下ろして安定します。

「内側すべてに光がある人」。真我の光の中に住む人、内側の「神聖なるもの」の光によって自分の内面が照らされている人、ということです。「すべてに」という言葉は重要です。この言葉は、その人が内側の光に完全に包まれている、その人の人生全体が内側の「存在」の光によって満たされている、ということを意味しています。自分自身の内側に目覚めており、外側の世界でどんな活動にかかわろうとも、その状態を保っています。あらゆるものの内側深くにある実存の絶対レベル、自ら満たされ、自ら輝いている、無限の至福意識の領域に確立されています。

これは、その人が外側の人生において活動しなくなるということではありません。それは単に、心、理知、自我、五感、肉体がそれぞれのレベルで機能し、その人が現象世界に取り囲まれているにもかかわらず、真我は完全に無執着の状態にとどまっている、という意味です。真我は、このような人生の外側の領域からは、単なる表面的な影響しか受けていません。これが、実存の統合された状態です。この状態では、人生のあらゆるレベルが自足的になり、さまざまなレベルがすべて調和して進歩的に機能するようになります。

「神聖な意識における永遠の自由」。これは、「ブラフマニルヴァーナ（ブラフマンの状態から生じる自由）」というサンスクリット語を訳したものです。

この詩節は、自分を幸福にするのに外側の世界の何ものをも必要としない、「そのようなヨーギー」について述べています。外側の世界にある何ものも、その人をひきつけることはできません。外側の光さえも必要としません。なぜなら、自分自身の光の中に目覚めているからです。その人は、宇宙意識の自由に立脚していますから、常に自由です。この世界の多様な経験も、この解放の状態からその人を連れ出すことは決してできません。外側のどんな光、相対世界のどんな知識も、その人からこの状態を奪い去ることは決してできません。ひとたび、真我意識が心の性質の中に確立されると、心は、どんな状況にあっても、それを手放すことはないのです。

この世界のどんなものも、この確固とした状態にあるヨーギーの永遠の自由を覆い隠すことはできない、と主は言っています。そのような人は、人生の相対領域で活動しているときでも、自分自身の真我に立脚しています。神聖な意識は、この世界における人生と対立するものではありませんし、また、相対世界の意識も、絶対の実存としての神聖な意識と対立するものではありません。

次の詩節では、悟りの状態の他の特徴が明らかにされます。

詩節25　**罪を破壊し、疑いを打ち払い、自己を制御し、万物に対し善をなすことを喜ぶ見者《けんじゃ》たちは、神聖なる意識における永遠の自由に到達する。**

放棄の原理を通して得られる永遠に自由な状態を示すとき、前の詩節でもそうでしたが、主はその後ですかさず、そのような状態にある人は「万物に対し善をなすことを喜ぶ」と付け加えています。これは、注意しておきたいところです。放棄の状態にある人は、あらゆるものに献身的になって、自分だけでなく万物に善をなすことができるようになるのです。放棄の哲学と行動のヨーガの哲学とが並べて扱われるのは、このような教えによります。

「見者」とは、真実を知っている人のことです。見者は、真我は活動から離れているという悟りに立脚し、自分自身は何ものにも巻き込まれることなく、人生を「神聖なるもの」のドラマとして見ています。

「罪を破壊し」。罪は、ヨーガ（第二章詩節65、第三章詩節13、41参照）とサーンキヤ（第二章詩節38、第四章詩節21、30、36参照）のどちらによっても破壊することができます。

「疑いを打ち払う」のも、ヨーガ（第二章詩節72、第五章詩節20参照）とサーンキヤ（第四章詩節35、40、41参照）の両方です。

「自己を制御し」。この状態も、ヨーガ（第二章詩節61、第三章詩節7参照）とサーンキヤ（第四章詩節18、20、21、23、28、41参照）のどちらによっても得ることができます。

「万物に善をなすことを喜ぶ」。この状態もやはり、ヨーガ（第三章詩節20参照）とサーンキヤ（第三章詩節25参照）によって達成されます。

主はここで、人が「神聖なる意識における永遠の自由に到達する」ための前提条件をいくつか挙げています。道を志す人たちにとって幸いなことに、これらの条件はすべて、第二章詩節45で主が説いた、「三つのグナを離れよ」という方法も含めたサーンキヤの教えを通し、極めて自然に自動的に満たされていきます。この「三つのグナを離れ」た状態を達成するための簡単な方法は、超越瞑想の実践です。なぜなら、超越瞑想を実践すれば、心は直ちに（第二章詩節40参照）、粗雑な経験の領域から超越意識の状態へと導かれていくからです。

瞑想中、心が超越すると、心は純粋意識の状態に達し、あらゆる多様性から解放されます。心が恒久的に「存在」に確立されると、知識が完全になり、あらゆる疑問（第四章詩節41参照）は、たとえそれがどんなものであっても、まったく自然に消え去ります。人は、個別的な自己中心主義や利己主義を越えて、至福意識にとどまり、しかも、エネルギーの源と完全に結ばれますから、慈悲の心を持って、万物に善をなしながら動き回らずにはいられなくなります。

詩節26　欲求や怒りから自由になり、想念を調え、真我を悟り自らを律した人は、あらゆるところに、神聖なる意識における永遠の自由を見いだす。

詩節24ではヨーガによる永遠の自由が、詩節25ではサーンキヤによる永遠の自由が約束されました。そして、この詩節では、同じ永遠の自由の約束が、放棄の観点から言い換えられていることに注意してください。これらの三つの詩節の順序は、第三章、第四章、第五章のテーマの順序を反映しています。こうして、主は放棄の哲学を完全なものとしています。

この詩節は、永遠の自由の中にいる人を描いています。その人は、「自らを律した人」です。なぜなら、真実に関する知識に確立されており、この知識は、放棄の状態についての、つまり、真我と活動との間にある分離についての、明確な理解を与えてくれるからです。その状態に達することによって、欲求と怒りから解放されており、想念を調えています。その人は、真我を悟っています。なぜなら、「存在」の純粋な状態、真我意識に恒久的に確立されているからです。つまり、宇宙意識を得ているのです。このように、その人は、神聖な意識に確立されており、あらゆるところに永遠の自由を見いだします。

この詩節が説明している状態は、詩節23で説かれている状態よりもさらに高度な状態です。なぜなら、この状態は、詩節25で述べられているような、罪の破壊や疑いの解消から生じたものであるからです。

詩節23では、「神聖なるもの」と合一した幸福な人は、「欲求や怒りから生じる興奮に耐えられる人」であることが示されました。このことは、「神聖なるもの」と統一されたそのような幸福な人であっても、欲求や怒りから興奮が生じてくる可能性がまだあるが、しかし、この興奮に耐えることができる、ということを意味しています。この詩節は、「想念を調え、真我を悟った人」は、欲求や怒りの興奮が生じる可能性から完全に解放される、ということを示しています。そのような成就を得た人は、神聖な意識における永遠の自由を生きることになります。

「想念を調え」。調えられた想念とは、考える人とその周囲のあらゆるものの進化の過程に調和している想念、ということです。それは、すべての自然法則に調和した想念です。瞑想中に、心が超越的で神聖な意識に達すると、心は、創造世界のあらゆるレベルで進化の過程をつかさどっている、すべての自然法則の基盤となります。そして、心が相対的人生の領域に出てくると、その心の想念は、自然に、すべての自然法則の支援を受けるようになります。したがって、「想念を調える」とは、日々の生活において「存在」を生きるという意味であって、想念を制御するという意味ではありません。

「あらゆるところ」とは、この地上での人生とその後の人生において、という意味です。

アルジュナは、自由を得るために、死ぬ必要も肉体を捨てる必要もない、と教えられました。もし、人が真我を悟り、心が「それ」に確立されてそこから離れることがないならば、もし、真我が活動から離れているものとして認識されるならば、どんな欲求や怒りが生じようとも、真我はそれらにまったく巻き込まれることがなく、したがって、完全にそれらから解放されることになるでしょう。このように心が真我という観点で調えられていくとき、心はあらゆる活動から、そして欲求や怒りの活動からも、離れているようになります。そのような状態に達した人は、当然のことながら、この地上に生きている間も、また、引き続き死後においても、束縛から解放されているのです。

前にも述べましたが、調えられた人生（第三章詩節7、17参照）、欲求と怒りからの解放（第三章詩節43参照）、想念の制御（第三章詩節43参照）、真我についての悟り（第三章詩節43参照）、これらは、ヨーガ（第四章詩節23、38参照）とサーンキヤ（第四章詩節19参照）のどちらによっても達成されます。したがって、この詩節から、ヨーガとサーンキヤは、結果に関するかぎりでは同じである、と推論することができるでしょう。この推論は、この章の目的を表している詩節4と5とも一致しています。

この詩節と前の三つの詩節を合わせると、ヨーガの実践によるならば、あるいは、サーンキヤの英知によるならば、この世界にあっても神聖な人生を生きることができる、という可能性が明確になります。主は次の詩節で、人がこの生涯の間に宇宙意識の状態（ジーヴァン・ムクティ）を達成できるようにする実践を、詳しく正確に説き始めます。これは、この章の教えを完結させ、第六章の英知の堅固な基盤となっていきます。

詩節27　外界との接触を外側に残し、視線を眉《まゆ》の内側に保ち、
鼻孔を流れる入息と出息のバランスをとり、

第一のポイントは、五感の知覚が働いている外界から注意を切り替えなければならない、ということです。「外界との接触を外側に残し」とは、外界の経験に対する五感の扉をすべて閉じ、それと同時に、五感の印象の元になる対象について考えない、ということです。

第二のポイントは、視線を「眉《まゆ》の内側」に保つということです。これは、視線が眉の内側から外側に向けられているという意味です。つまり、視線を眉の裏側から外側へ向けるということであり、目を閉じればこのようになります。この状態は、目の筋肉にとって最もリラックスした楽な状態です。神経系全体が休まりますし、同時に、「外界との接触を外側に残し」、「入息と出息のバランスをとる」という効果もあります。このポイントはこれまで多くの人たちに誤って理解され、この詩節は視線を眉間《みけん》に集中することを勧めているものと誤解されてきました。そのような方法は、努力に依存している別の方式の中ではそれなりの価値があるかもしれません。このように視線を集中することは、たとえ目を閉じた状態で行ったとしても、かなり無理をしなくてはなりません。そのような方法は、簡単で努力のいらない方法を説いている『バガヴァッド・ギーター』とは、まったく関係のないものです。

第三のポイントは、出る息と入る息との間にバランスのとれた状態を確立すべきだということです。この場合、バランスとは、息が均一に流れ、それから両方向の流れが止まり、そして、最終的には一時的な停止状態に至る、ということです。

これらの三つの目的を達成するためには、多くの方法があります。五感の制御を中心とする実践もありますし、想念の制御や呼吸の制御を中心とする実践もあります。しかし、この詩節で主が述べている実践は、これらすべての面に同時に作用し、その結果、次の詩節で述べられるような状態を生み出すものです（第六章詩節13、14注釈参照）。

詩節28　五感と心と理知を制御し、解放を目指し、欲求と恐れと怒りが去ったそのような賢者は、まさに永遠に自由である。

「賢者」（ムニ）。第二章の詩節56と59を参照してください。

「五感と心と理知を制御し」ているのは、「理知を越えた彼を知っている」からです（第三章詩節43）。「解放を目指し」とは、努力がすべて解放に傾注されているということです。その人は、「解放を求めた古代の求道者たち」（第四章詩節15）が歩んだ確かな道をひたむきに進んでいきます。人生における日々の日課のすべては、瞑想の実践とバランスのとれた活動とに捧げられています（第二章詩節45、第四章詩節18、21注釈参照）。このような継続的な実践の結果、ごく自然に欲求と恐れと怒りから自由になります。「欲求と恐れと怒りが去った」とは、それらを追い払うために何もしなかった、つまり、それらは自分の方から去っていった（詩節26、第二章詩節40、45注釈参照）、という意味です。

この詩節では、詩節26で描かれた状態よりも、さらに完成された悟りの状態が説明されています。詩節26の「欲求と怒りとから自由になり」という表現は、人がそれらから離れるということを示していますが、この詩節の「欲求と恐れと怒りが去った」という表現は、それらが人から離れるということを示しています。

それというのも、そのような人は、真我が活動から離れたものとして経験される状態に達しており、そして、自分が「まさに永遠に自由である」ことを見いだしているからです。これは、宇宙意識において得られる完全な放棄の状態です。ここに、放棄の哲学の成就があります。あらゆるものが真我から離れ、真我は解放の中に無執着の完全な状態を得ています。

一見すると、これが放棄の頂点であるかのように思われます。しかし、ここで一つの疑問が生じます。放棄の哲学で提供されるのはこれだけなのだろうか。もしそうであるとしたら、その哲学は完全なものとはいえません。なぜなら、あらゆるものから離れた実存が人生の成就であるなどとは、とても考えられないからです。この気になる疑問に対する答えは、次の詩節で与えられます。次の詩節では、理想的な人生の成就が説かれ、その成就こそが放棄の哲学の真の頂点であることが示されます。

詩節29　私を、ヤギャと苦行を楽しむ者、全世界の偉大な主宰者、万物の友と知れば、その人は平安に達する。

ここに放棄の真の栄光があります。それは、偉大な「楽しむ者」を発見し、「神」との合一へと発展します。「私」。「私」の誕生と行動は神聖です（第四章詩節9）。「私」は執着と恐れと怒りから解放された人たちの憩いの場であり、英知による苦行によって浄化された人たちは「私」の「存在」に達します（第四章詩節10）。「私」は、人々が「私」に近づくのと同じように、人々に好意を示します（第四章詩節11）。「私」は創造世界の四層の秩序の創造者ですが、しかし、非行為者として不動の状態にとどまっています（第四章詩節13）。行動が「私」を巻き込むことはありませんし、「私」には行動の成果を切望することがありません。「私」を知ることによって、人は行動の束縛から解放されます（第四章詩節14）。

「ヤギャ」とは、人生と進化を支援する行動です。ヤギャについては、第四章の詩節24から33で詳しく説明しました。

「苦行」は、浄化の手段です。ヤギャを行うことも、苦行であると考えることができます。第四章詩節10では、苦行という観点から英知を解説しました。英知による苦行によって、人は浄化され、至高者の意識の中に参入します。

「私を、ヤギャと苦行を楽しむ者と知れば」。このような人は、自分のヤギャと苦行を「私」が受け入れていることを知っています。その人は活動の領域から離れており、その活動は主のものである「自然」にゆだねられています。このような理由から、主は『私』を、ヤギャと苦行を楽しむ者と知れば」と言っているのです。

「私を、全世界の偉大な主宰者と知れば」（第三章詩節22、30、第四章詩節6、13参照）とは、意識を「私」の意識にまで高めて、つまり、神意識を達成して、ということです。「神」についての知識は、人が神意識の状態に達したときに初めて得ることができます。このことは、第四章詩節38の注釈ですでに明らかにしました。

「万物の友」。友人は喜びの源です。友は、人生を支援する幸福をもたらします。主の創造の目的は、幸福の拡大にあります。人はそれぞれの意識レベルに応じて、創造世界に表現された「彼」の愛を楽しみます。このように、「全世界の偉大な主宰者」は、人生を支援してくれる友であり、万物に幸福を授ける者でもあるのです。このように「彼」を知り、自分自身を「彼」の身近に見いだす人は、成就に至ります。主が述べているように、「その人は平安に達する」のです。

アルジュナの心が人生の現実から逃避して、どこか遠くにいる万物の友、などという抽象的な概念に行ってしまわないように、また、アルジュナが、自分に話しかけてくれる全世界の偉大な主を身近に見ることができるように、主クリシュナは、彼自身が主であることを示しています。主が自分自身のことをそのように完全に明らかにしているのは、アルジュナが完全に帰依しているからにほかなりません。

行動の放棄についての英知を明らかにするこの章は、主クリシュナの神聖な本質についての実に完全で、親しみやすい、心安らかな説明で終わります。これは、『バガヴァッド・ギーター』独特の放棄に関する英知のすばらしさです。それは、無味乾燥で不毛で孤立無援な無執着の状態に、人を置き去りにしたりはしません。それは、放棄を至高の権威、至高の善、至高の幸福の直接的な悟りにまで高めます。これらは、「神」のレベルへ、「神」との直接的な交流へと高まっていくときに見いだされるものです。人間の想像を越えたこのような達成を、人間の人生において可能にするのが、放棄の恵みであるのです。ここに、主からの全人類への誘いがあります。それは、「行動の道を通って、または、行動の放棄の道を通って、『神の王国』へ入りなさい。どちらの道でも、あなたの好きな方を選べばよいのです」というものです。

ここに、栄えあるバガヴァッド・ギーターのウパニシャッド、絶対に関する科学、ヨーガの聖典、主クリシュナとアルジュナの対話は、「行動と行動の放棄に関するヨーガ、カルマ・サーンニヤーサ・ヨーガ」と題する第五章を終える。

第六章　瞑想のヨーガ　ディヤーナ・ヨーガ

第六章における教えの展望

詩節1……無執着の状態における正しい行動は、悟りを得た人の外側と内側の人生が反映したものです。

詩節2〜10……「神聖なる合一」に達するのであれば、道の違いは重要ではありません。重要なのは、どの道も活動のレベルから始まり、絶対「存在」の永遠の静寂に至るということ、また、その静寂がさらに神意識へと発展していくということを知ることです。この過程は、三つの段階に分けられます。すなわち、目覚めの状態から超越意識へ、超越意識から宇宙意識へ、宇宙意識から神意識へという三つの段階です。

詩節11〜28……意識の日覚めの状態から超越意識へと成長するための実践。

詩節29……超越意識から宇宙意識へと成長するための実践。

詩節30〜32……宇宙意識から神意識へと成長するための実践。

詩節33・34……揺れ動く心が、どのようにして成長の途上で安定するのか。

詩節35・36……心を直接的に制御するのは困難ですが、実践と無執着を通して支配下に置くことができるようになります。

詩節37〜39……誠実に道を進み始めたにもかかわらず、この人生でゴールに達することのできなかった人の運命はどうなるのか。

詩節40〜45……死は進化の妨げにはなりません。来世においては、現世で到達したレベルから進化を続けることになります。もし、この人生で完成に達しなかったとすれば、次の人生でそれに達することができるでしょう。なぜなら、ひとたびこの道を進み始めたならば、だれしもゴールを逸することはないからです。

詩節46・47……求道者は、超越瞑想の道を進み始め、超越意識において心は神聖な真我との合一に達し、宇宙意識において真我は活動から離れていると悟り、献身によって「神」に至り、そして最終的に「神」との完全な合一に到達することを勧められます。

この章は、『バガヴァッド・ギーター』をアーチに例えると、そのかなめ石に当たるところです。ここには、主クリシュナの「ロイヤル・ヨーガ（王者のヨーガ）」とも呼ぶべきものが詳細に説明されています。これは、いかなる時代のどんな人にもたやすく悟りをもたらすヨーガです。

ここまでの六つの章におけるテーマの見事なところは、最初に、人生をその多様な面において説明し、それから、それらすべての面を神意識の統一の中にまとめ上げている点にあります。

それは、真実を説き明かす神聖なテーマであり、人間の意識の成長に伴い、次々と新しい意味を帯びてくるものです。それは、あらゆる意識レベルにおいて人生を意義あるものとし、人間の進化におけるいかなる段階にも成就をもたらし、最終的には、永遠の成就に至ることができるようにします。

第一章では、深い迷いの状態に陥ってしまい、行動することもできなくなった偉大な英雄の姿が描かれていました。このような極端な状況を示すことにより、あらゆる時代の人生におけるすべての苦しみや悲しみを癒やしてくれる、万能の救いを暗黙のうちに求めたのです。

第二章では、実存の相対面と絶対面を明らかにすることにより、完全な人生についての展望が与えられました。そこでは、意識の相対的な状態に意識の絶対的な価値を付け加えることにより、人生の相対面におけるすべての問題を解決する、という一つの実践が提唱されています。

第三章では、超越状態で得られる絶対的な意識の状態において経験される、合一の状態を恒久化するためには、行動が大切であるということが説明されました。

第四章では、合一の状態が恒久化されたときに経験される無執着、すなわち放棄の状態に関する知識が与えられました。

第五章では、この無執着の状態は、サーンキヤの道とカルマ・ヨーガの道のどちらにも共通している、ということが示されました。

第六章では、この無執着の状態をもたらす実践が説かれ、それにより、第三章と第四章で説かれた、行動についての教えと放棄についての教えが成就されます。

この第六章は、「三つのグナを離れよ」という『バガヴァッド・ギーター』の中心的な教えを含んでいる、第二章詩節45の注釈としての役割を果たしています（第二章詩節48、第三章詩節2、7、9、30、34、43、第四章詩節27、41、42、第五章詩節1、4、6、7、11に含まれている教えも明らかにしています）。この章では、超越瞑想という簡単な方法が説明されています。この方法は、「存在」が常に自発的に維持され、それによって活動の領域にあっても心と行動の平静さが保たれる、そのような意識状態に達するためのものです。この方法は、サーンキヤとヨーガの両方に対して、また、出家の人生や在家の人生などこれらの道に関連するさまざまな生き方に対して、その実際的な基盤を提供してくれます。サーンキヤとヨーガは、実質的に、二つの異なった道ではなくなります。しかし、たとえそれらを異なったものと見なしたとしても、それらはやはり共通の基盤から出発して共通の目標に到達する、ということが言えるのです。これが、この第六章の実際的な教えのすばらしさです。

詩節1　**聖なる主は言った。**

行動の結果にこだわることなく、なすべき行動を行う人、
彼はサンニヤーシーでありヨーギーである。火もなく活動もない者がそうなのではない。

この詩節の初めの二つの表現、「行動の成果にこだわることなく」と「なすべき行動を行う」には、これまでに説かれてきた教えのすべてが要約されています。それと同時に、これからこの章で説明される実践によれば、その教えを実際に生きられるようになる、ということも示唆されています。この実践により、すべての人が高い神聖な意識を開発することができます。この神聖な意識は、人の通常の意識となるべきものであり、また、サンニヤーシーやヨーギーの人生の基盤となるものです。

教えのテーマからも明らかですが、人生に成就をもたらすのは、出家の生活あるいは在家の生活といった特定の生活様式ではなく、真実の経験と「それ」に関する知識です。このことは、ヨーギーとサンニヤーシーに共通する意識状態を述べているこの詩節の、「行動の成果にこだわることなく、なすべき行動を行う」という表現からも明らかです。

アルジュナは第五章の最初の詩節で、行動の放棄と行動のヨーガの関係についての質問をしましたが、この詩節は、その質問に対する主の答えの続きです。

主は答えの初期の段階で、どちらの道も解放の状態において同一のゴールに至り、その目的においては同じである、ということを説きました。主は次に、行動のヨーガ（カルマ・ヨーガ）が行動の放棄（サンニヤーサ）よりも優れていることを明確にし、それにより、この二つの道がそれぞれ異なる道である、という事実を明らかにしました。主はさらにこの詩節で、サンニヤーシーの道とカルマ・ヨーギーの道の間にはいくつか異なる点があるかもしれないが、二つの道を結び付ける共通点が少なくとも一つある、ということを明らかにしています。それは、活動の最中にも行動の成果に執着していないという心の状態です。主は、このような状態こそが、サンニヤーシーとヨーギー両方の、すなわち放棄の状態と合一の状態両方の基準になるのだと述べています。

合一の状態と放棄の状態が等しいというのは、矛盾しているように聞こえるかもしれませんが、宇宙意識の状態を得れば、これが真理であることがはっきりします。この状態では、「存在」すなわち真我意識と心との合一が永続的なものとなっています。つまり、これは完全な合一の状態です。また、この状態では、真我は活動から離れていると経験されます。すなわち、これは完全な放棄の状態でもあります。このようにして、放棄と合一とが、人生の同一の状態に共存するようになるのです。

行動の成果（第四章詩節19、20注釈、第五章詩節12参照）に執着しないという心の状態は、真我は活動から離れているという経験の結果です。さらにこれは、すでに第二章詩節45で主がアルジュナに授けた方法を通し、超越的な至福意識を得るという実践から生じる合一の結果です。

主はアルジュナに、「なすべき行動」と言っています。これは、無執着の立場から説く行動の教えが、誤解を受けないようにしたいからです。さもなければ、だれか誤解した人が、人殺しや泥棒をして、自分は行動の成果に執着せずに行動したのだ、などと主張するかもしれません。

カルマ・ヨーガの教えは、考え方に基盤を置くものではありません。それは、意識の状態、「存在」の状態に基盤を置くものです。その目的は、「存在」を心の本性に浸透させ、「それ」をそこにおいて永続的なものとすることにあります。そうすれば、「それ」は、想念や言葉や行動のすべての領域、人生の全領域において、永遠のものとなります。これは、超越瞑想の実践と、それに続く緊張や無理のない活動とによって、ごく自然にもたらされます。

カルマ・ヨーガとサンニヤーサの目的は、人を完全に統合された生命の状態に確立することにあります。サンニヤーシーとヨーギー両方の特徴としてここで述べられている、行動の成果に対する無執着は、心のある特定の状態です。それは、想念のレベルではなく、「存在」のレベル（第四章詩節19、20注釈参照）にあるものです。

活動している最中に、行動の成果に対する無執着の気分を装うのは、間違っています。想念のレベルで、あるいは気分を装うことによって、次のような考えや感情を知的に保とうとすることは、単なる偽善でしかありません。「私はこの行動を神のために、または、義務のために行っている。私には行動の成果に対する欲求（第四章詩節19、20注釈参照）はない。確かに私は行動しているが、本当は私が行動しているのではない。私はブラフマンであり、行動もブラフマンであり、行動の成果もブラフマンである。だから、行動の成果も私自身の真我にほかならない。そして、私はすでにその真我である。したがって、行動の成果について考える必要がどこにあるだろうか」。このような考え方は、カルマ・ヨーガやサンニヤーサの無執着の教えとは、まったく関係のないものです。そうした考え方を元に無執着を生きようとする人は、自らを欺いているだけです。にもかかわらず、何世紀もの間、カルマ・ヨーガとサンニヤーサの教えは、まさにこのように間違って理解されてきたのです。

サンニヤーサとカルマ・ヨーガはどちらも、考え方に基盤を置くものでも、心の中で意識的に気分を装うことに基盤を置くものでもありません。これらは、悟りの状態における、心の内側の安定性に基盤を置くものです。そこに至る方法は超越瞑想です。正しい瞑想と超越意識の獲得、さらには宇宙意識の獲得がなかったならば、行動はいつも束縛のための手段となるばかりです。どんなに考えを巡らせたとしても、それは行動の束縛的な影響から人を解放する助けにはなりません。

残念なことに現代では、超越意識を得ていないのにもかかわらず、この世界で活動的な人が、自分はカルマ・ヨーギーだと考えることがあります。けれども、それはただ単に、「神」の観点から、あるいは他の何か特別な方法で、何かを行ったりその行動について考えたりすることで、人生を活動的に生きているにすぎないのです。カルマ・ヨーギーであるためには、まずヨーギーでなくてはなりません。カルマ・ヨーガには、活動とともに超越的な純粋意識の状態が必要です。超越瞑想の実践により、心は純粋意識すなわち「存在」の中にすっかり浸されますから、どんなに多くの行動を行おうとも、また、人生での経験がどんなに強いものであったとしても、それによって「存在」が覆い隠されることはまったくなくなります。活動とともにある「存在」の状態こそが、人をカルマ・ヨーギーにするのです。

「存在」を経験することがカルマ・ヨーガの必須条件ですが、これはサンニヤーサの場合も同じです。意識の状態に関するかぎり、サンニヤーサとカルマ・ヨーガとは同じであるのです。

「火もなく」。火は食物を調理するものです。サンニヤーシーは、肉体の要求に惑わされないようにするため、伝統として食物を調理しないことになっています。ですから、火がないということは、サンニヤーシーの人生の象徴であるのです。また、火は破壊するものです。大海の永遠の静けさを破壊するのは一体何でしょうか。それは、波を立てる風です。永遠で形に現れていない「存在」は、欲求という媒介を通して、個別生命の波として表れてきます。ですから、静寂の人生を選ぶ人にとっては、欲求は火であると考えられるのです。

この詩節では、主はサンニヤーシーの人生を、執着や欲求のない状態という観点からではなく、自由の中の活動という観点から描いています。

詩節2　人がサンニヤーサと呼ぶもの、それがヨーガであると知れ。パーンドゥの子よ。なぜなら、欲求の誘因を捨てていない者は、ヨーギーとはなりえないから。

「欲求の誘因」（第四章詩節19注釈参照）という言葉は、欲求へと芽吹く種子といった意味を持つサンスクリット語の「サンカルパ」を翻訳したものです。

ここで主クリシュナは、ヨーガを学ぼうという人たちに向けて、最も重要な点を指摘しています。それは、ヨーギーとなるためにはサンカルパを根絶しなくてはならない、ということです。

主はすでに、サンニヤーサとカルマ・ヨーガとを、それらの結果という点に関して同じ基盤の上に確立しました。「行動の放棄と行動のヨーガは、ともに最高善に至る」（第五章詩節2）。「一方にでも正しく立脚した人は、その両方の成果を得る」（第五章詩節4）。主はこの詩節においては、前の詩節と同様に、この二つの道そのものを同じ基盤に置き、しかも、「人がサンニヤーサと呼ぶもの、それがヨーガであると知れ」と、それをかなり強調しています。主は、このことを裏づけるために、人をサンニヤーシー、またはカルマ・ヨーギーとするただ一つの質を明らかにしています。すなわち、「欲求の誘因を捨てていない者は、ヨーギーとはなりえない」のです。ヨーギーとは、その心が「神聖なるもの」と統一されている人のことであり、そのような超越意識の状態においては、欲求の誘因は根絶されています。

ここで、次のような疑問が出てくるかもしれません。もし、サンカルパを捨てていなければヨーギーとはなれないというのなら、また、サンカルパを捨てていることがサンニヤーシーの特質であるというのなら、人は実際にどうしたらサンニヤーシー、またはヨーギーとなることができるのだろうか。なぜなら、在家者であろうと、出家者であろうと、人生はサンカルパや欲求に満ちあふれているからです。その答えは、サンカルパのない心の状態をつくり出さなければならない、ということです。そして、主の教えはこの世界のすべての人のための教えなのですから、だれでもそのような心の状態をつくり出すことが可能であるはずです。

心をサンカルパから解放する方法の原理は、第二章詩節45でアルジュナに授けられました。それは、この章でさらに説明されています。瞑想中、心は、次第に精妙になっていく経験のさまざまな状態を通過していき、やがては、最も精妙な状態をも超越します。こうして、心は超越意識の状態へと導かれ、サンカルパの領域から完全に抜け出します。これがヨーガの状態です。これはまた、サンニヤーサの状態でもあります。そこにおいて、心はあらゆるものを放棄し、心それ自体の状態になっています。このように、心がサンカルパを超越するのを助ける超越瞑想の方法は、ヨーギーまたはサンニヤーシーになるための方法であるのです。

実践が進んでいくと、超越意識が宇宙意識の状態の中で永続するようになります。そして、この状態にある人は、欲求の誘因を永遠に捨て去っています。

次の詩節では、ヨーガを志す人の活動と、完成の域に達したヨーギーの心の静けさとが、サンカルパのない心の状態に関連させて考察されます。

詩節3　ヨーガに達しようとする思索の人にとっては、行動が手段であると言われる。ヨーガに達した人にとっては、また、そのような人にとってのみ、静寂が手段であると言われる。

「手段」とは、道筋、道、あるいは方法ということです。

「思索の人」。これは、サンスクリット語の「ムニ」を翻訳したものです。「ムニ」とは、思索によって成就に至る人のことです。ムニの実践は、肉体的な活動の領域にではなく、心の領域にあります。この点を明確にするためには、心が何かを経験するときは、必ずそれに対応する神経系の活動がある、ということが説明されなくてはなりません。このような心と神経系との関係から、あらゆる経験は心と神経系のどちらによっても引き起こされうる、ということになります。ハタ・ヨーガは悟りへの一つの道ですが、これは、物質的な神経系を訓練し、それによって心を調整して、超越意識の状態に、さらには宇宙意識を得ることができるようにするものです。一方、これらの詩節で述べられている瞑想の実践は、心を訓練し、それによって神経系を調節し、超越意識の状態を、さらには宇宙意識を生み出そうとするものです。この心の面からのアプローチが、ムニの道です。

主は「ムニ」という言葉を使うことによって、行動は行動する人のための手段であるばかりか、知識の道を歩む人のための手段でもある、ということを明らかにしようとしています。

「ヨーガに達しようとする」とは、前の詩節で述べられたサンカルパのない心の状態をまだ達成していない、という意味です。

「行動が手段であると言われる」。行動は、サンカルパのない心の状態を養うための手段です。これは、第四章詩節18の逆説と同じような逆説であるように思われます。主はそこでは、「行動の中に無行動を見る」と言いました。この詩節では、「行動を通して静寂をつくれ」と言っているようです。主の表現には深い意味があります。「行動が手段であると言われる」。この表現は、サンカルパのない心の状態をつくり出すヨーガの道の秘訣すべてを、明らかにしています。

この表現は、いくつかの異なるレベルで考察できます。この表現の意味として第一に考えられるのは、ヨーガを志す人が、自分のダルマにかなった正しい行動を行って自らを浄化することを、また、そのような純粋性の増大によって、心の安定性を維持するようになることを主は望んでいる、ということです。このような考察は、人生の表面に属しているものですが、正しい生き方に励ましを与えるという点で尊重されるべきです。

次の考察は、主の言葉のより深い意味を明らかにします。主が望んでいるのは、ヨーガを志す人がより精妙な形の活動にかかわることです。つまり、普通の五感レベルにおける行動や経験という粗雑なレベルから、思考のより精妙なレベルへと心を導いていき、ついには思考の最も精妙なレベルをも超越して、サンカルパのない心の状態、「ヨーガに達した」状態、すなわち超越意識に達しなさい、と主は求めているのです。

このように、超越意識を得ることは、活動を通してなされます。さらに、目覚めの意識という相対的な状態から絶対的な意識という超越的な領域の静寂へ、そして、そこからまた目覚めの状態における活動へと、いわば活動というはしごを登ったり降りたりしながら、心は、絶対の静寂と相対世界の活動との間に、永遠の調和を確立していきます。これが宇宙意識（第三章詩節20参照）です。この状態では、「ヨーガに達した」状態、すなわち超越意識が永遠のものとなります。したがって、主のこの表現は、宇宙意識のレベルにおいても意味を持っているのです。宇宙意識は、さらに、神意識におけるヨーガの最高の状態の基盤となります。神意識においては、人生の永遠の統一が「神」の光の中に行き渡ります。この状態に達した人は、最高の意味で、「ヨーガに達した人」ということになります。

活動がヨーガに達するための手段であることを明らかにした主は、次に、「ヨーガに達した」ときには、「静寂」が手段として重要になるという点に話を転じます。

「ヨーガに達した人」。心が意識の目覚めの状態から意識の超越状態へと高まり、「神聖なるもの」との完全な合一にある人ということです。超越意識におけるヨーガのこの状態は、静寂の増大、つまり、心の本性に「存在」を浸透させることによって、宇宙意識で永遠のものとなります。主はこのような理由から、超越意識においてヨーガが達成されたときには静寂が手段となる、と言っているのです。さらに、静寂は、宇宙意識のヨーガから神意識のヨーガへ登っていく手段にもなります。宇宙意識の状態においては、静寂が、真我は活動から離れているという経験を与えてくれます。神意識においては、この静寂は「神」の光に変わり、その中で、真我と活動という二元性の経験が解消されます。

神意識のこのような永遠の静寂は、宇宙意識の状態で経験される静寂のいっそう進んだ段階です。宇宙的な活動の基盤となると同時に、「神」を宇宙的な活動から完全に分離するのは、人生の統一におけるこの生き生きとした静寂にほかなりません。宇宙意識で経験される静寂は真我を活動から分離しますが、これは極めて小さな規模の静寂です。なぜなら、これは個人の実存のレベルでの静寂であるからです。一方の静寂は、創造世界全体の活動の基盤となっており、もう一方の静寂は、個人の活動の基盤を成しています。この二つの静寂の本質的な違いは、宇宙意識では静寂と活動が同じレベルで共存していますが、神意識のレベルは完全に二元性から解放されているという点にあります。それは永遠の人生という生き生きとした静寂であり、ちょうど水があらゆる波に行き渡っているように、統一がすべての活動に行き渡っています。神意識とは、「存在」の一元性における純粋な自覚です。宇宙意識における真我の自覚が神意識における「神」の自覚へと成長していくとき、それは静寂のレベルで成長していきます。その過程はすべて、静寂が変化していく過程です。成長のあらゆる段階で、静寂の質が変化していきます。主はこのような理由から、「ヨーガに達した人にとっては、また、そのような人にとってのみ、静寂が手段であると言われる」と述べているのです。

このように、静寂には三つの状態があります。超越意識での静寂、宇宙意識での静寂、そして神意識での静寂です。超越意識の静寂には、活動の形跡すらありません。宇宙意識においては、真我の自覚における静寂が活動と共存しています。神意識においては、活動と静寂の共存が変化して、「神」の自覚の一元性になります。神意識のこの静寂は、静寂が最も高度に発達した状態です。それは、実存の全能のレベルにおける人生そのものです。それは、遍在する全知全能の「神」のもつ静寂です。それは、静寂のまったく異なる状態であり、宇宙意識や超越意識の静寂とはまったく共通点がありません。

　宇宙意識または神意識に確立されている完成されたヨーギーにおいては、宇宙の生命を創造し維持している無数の自然法則すべての源である、絶対「存在」における永遠の静寂の力によって、どんな達成もなされます。ヨーギーの個別生命は「それ」と一体となっていますから、遍在する静寂が自分のためにあらゆることを達成してくれることを知っています。

　主は「そのような人にとってのみ」という表現を用いることにより、「ヨーガに達した人」にとっては、何もしないでもあらゆることが起きる（第四章詩節38参照）、つまり静寂が手段として働いてくれるが、それは、そのような人だけに言えることであって、他の人たちには当てはまらない、ということを明らかにしています。超越意識に達すると、神経系は安らぎに満ちかつ機敏な状態を得ます。神経系のこの状態は、「遍在するもの」の静寂のレベルにある永遠の人生に対応し、また、その永遠の人生を反映させることができます。だからこそ、この状態では、神聖な知性がその人のためにあらゆることをしてくれるのです。超越意識が永続するようになり宇宙意識の状態を得ると、神経系は、「神聖なるもの」の手足である状態に永遠にとどまるようになります。真我の自覚が生命の中で永遠に確立されます。この祝福された状態は、神意識においては、さらに深い意味を持って存在するようになります。

　次の詩節では、「行動が手段であると言われる」という表現がさらに説明されます。行動という手段（第三章詩節4参照）を通して、無行動の状態がどのようにして得られるのか、それが示されます。そして、さらにその次の詩節では、「静寂が手段であると言われる」という表現が説明されます。そこでは、真我による自己の向上は、「静寂」によってなされるのだということが示されます。

詩節4　五感の対象と行動に執着せず、欲求の誘因をすべて捨て去ったとき、そのとき初めて、人はヨーガに達したと言われる。

主はここでアルジュナに、ヨーガすなわち「神聖なる合一」の状態に確立された心の状態を説いています。瞑想中、心は五感による知覚の領域から退いて、外側の世界から離れます（第三章詩節4注釈参照）。「五感の対象と行動」の領域から離れ、内側へと向かうのです。内側へと進んでいくにつれて、心は粗雑な経験の領域から次第に遠くへ退いていきます。そして、ますます精妙になる思考の領域を通過していき、ついには想念の最も精妙な状態をも超越して、超越的な「存在」の状態に達します。ここに至ると、心はまったく「五感の対象と行動に執着」しなくなるのです。

「存在」の状態とは純粋な意識の状態であり、相対世界の領域から完全に抜け出た状態です。そこには五感の世界も物質の世界もなく、五感の活動も心の活動もその形跡すらありません。思考する人と思考の過程と想念、行動する人と行動の過程と行動、経験する人と経験の過程と経験の対象といった三者の関係は、そこにはありません。人生の超越的な統一状態、純粋意識、ヨーガの状態においては、二元性はその形跡すらまったくありません。この超越意識の状態において、人は「ヨーガに達したと言われる」のです。

ここにおいて、真我はそれ自身で存在しており、「存在」の完全性の中に自ら光り輝き、自ら満ち足りています。ここにおいて、人は「欲求の誘因（第四章詩節19、第六章詩節2参照）をすべて捨て去って」います。なぜなら、二元性のないところには、欲求の種子さえもありえないからです。しかし、超越意識におけるヨーガの状態は永遠ではありません。瞑想から出てくると、心は、以前ほどではないにしても、再び五感の対象や行動に執着するようになり、欲求の誘因がまた働きだします。宇宙意識の状態を得たときに初めて、人は真我にしっかりと確立され、永遠に満足しているようになり、この詩節で設定されている「ヨーガに達した人」の条件が永遠に満たされるようになります。これらの条件は、神意識においても当然満たされています。なぜなら、神意識は宇宙意識の成就であるからです。このように、前の詩節でもすでに示されたように、「ヨーガに達したと言われる」という表現は、超越意識だけでなく、宇宙意識や神意識にも当てはまるのです。

詩節5　真我によって自己を高めるべきである。自己によって真我を低めてはいけない。実に、自己のみが自己の友であり、自己のみが自己の敵である。

精神、心、物質といった人生のあらゆる面の成長を促す基本的な原理が、この一つの教えの中に示されています。それは、どんな領域であっても、自分の成長の責任を負っているのは自分自身であるということです。前の詩節で、アルジュナは悟りの意味を教えられましたが、ここでは、その悟りの状態を得るように求められています。

「自己を高める」。サンスクリット語の原文では「ウッダレート」という言葉が用いられています。これは、「高める、持ち上げる、向上させる、栄光化する、束縛から解放する」といった意味の言葉です。主はこの言葉を使うことによって、五感による知覚のレベルや想念や活動の領域から、真我を悟る状態へと自己を高めなさい、とアルジュナを励ましています。主はアルジュナに、超越的な真我意識の状態を開発するよう単に励ましているだけでなく、そうするための直接的な方法も教えています。「真我によって自己を高めるべきである」というのが、その方法です。外側からの手助けは何も必要ありません。人は、どんなに高い完成された状態であろうと、そこに到達するために必要なものすべてを、自分自身の中に備えています。自己を向上させるためには、この世界の何ものも必要ありません。方法を採用したり、手段を求めたりする必要はありません。自己は真我によってのみ高められるのです。

ここで疑問が生じるかもしれません。外側のいかなるものの影響の範囲も越えていると宣言されているのに、人はどうして「真我を低める」ことができるのでしょうか。第二章の詩節13から詩節30では、肉体に宿るものは時間や空間のどんな影響をも越えていると断言されたはずではなかったでしょうか。

このことを理解するために、前の詩節を思い出してみてください。心が超越意識に達するとき、それは完全な純粋性の状態に達します。心は宇宙的な地位を獲得するのです。主はこの詩節で、その状態へと高まるようにアルジュナを励ましているのですが、それと同時に、一度その状態に達したならば、もうそこから落ちてほしくないと思っています。なぜなら、超越状態から出てきて、再びこの世界で五感の対象を経験し始めると、心はその限界のある個別的な地位に戻ってしまい、普遍的な実存の高みから転落してしまうからです。主は、アルジュナがこのようなことにならないように警告するため、「自己によって真我を低めてはならない」と言っているのです。これは、詩節3と4の注釈で説明したように、いったん真我意識の状態に達したならば、さらに続けて宇宙意識の状態へと高まっていくべきである、という意味です。

「実に自己のみが自己の友であり」という表現は、超越意識という純粋な状態にあるときにかぎり、心は心自身に協力的である、ということを意味しています。心がそのような「存在」の状態から出てくると、今度は敵として振る舞うようになり、自分自身からその宇宙的な地位を奪い取ろうとします。しかし、実践を続けて心が宇宙意識にまで高まったときには、再び心は自分自身の友として振る舞うようになり、その宇宙的な地位を維持するようになります。

この教えは、「真理」探究の全領域を明るく照らします。外側の世界のどんなものも、この探求には役立ちません。なぜなら、主は、真我以外に自己の友はない、と述べているからです。特定の文化や生活様式が特に真我実現の助けとなるということはありません。無執着感が真我実現に役立つ、あるいは、執着感がその妨げになる、ということはありません。世俗を放棄したり隠遁生活をすることが、真我を開発するのに特に有益だということもありません。なぜなら、真我は真我自身によって真我自身を真我自身に開くからです。瞑想を通して、真我が、何ものによっても影を投げかけられず、その純粋な本質のままに見いだされる、という状況がつくり出されます。

瞑想が真我を開くのではありません。繰り返して言いますが、真我が真我自身によって真我自身に真我自身を開くのです。風は太陽に何もしません。風はただ雲を追い払うだけです。そうすると、それ自身の光で輝いている太陽が見いだされます。真我という太陽は、自らの光で輝いています。瞑想は、ただ心を相対世界の雲の外へ連れ出すだけです。真我の絶対的な状態は、それ自身の光で永遠に輝いているのです。

この詩節での主の教えは、進化のあらゆる段階に当てはまります。このことは、前の二つの詩節と後に続く二つの詩節からも明らかです。ここで、自己は三つの段階を通して完全に成長するということに注意してみると興味深いでしょう。三つの段階とは、意識の目覚めの状態から超越意識へ、超越意識から宇宙意識へ、そして宇宙意識から神意識への三段階です。この詩節の教えは、人間のこれらの成長の段階すべてに等しく適用できるものです。第一の段階では、自己が超越瞑想という活動によって進化して、真我を悟ります。超越意識から宇宙意識へと成長する二番目の段階では、活動の最中にあっても真我をその本質において維持するために、真我の状態は自己の活動によって補われるようになります。宇宙意識から神意識へと成長する三番目の最終段階では、真我はまったく真我のみで、まったく活動のない静寂のレベルを進んでいかなくてはなりません。主はこのような理由から、詩節3では、「静寂が手段と言われる」と説き、また、この詩節では、「真我によって自己を高めるべきである」と説いています。

詩節6　自己を真我によって征服した人だけが、自己を自分の友とする。
しかし、自己を征服していない人の真我は、敵のように対立する。

心（その相対面としては自己）が真我実現の状態すなわち超越意識に達することを、ここでは征服と表現しています。低次の自己が、高次の真我を征服するのです。このような征服によって、個別の心が宇宙的な心の地位を、すなわち純粋意識の地位を得ます。そうすると、この宇宙的な知性が、実際の生命すべての基盤となります。宇宙的な知性が、相対世界のすべての領域を支援し、それに強さを与えるようになるのです。

瞑想中、心は超越的な「存在」の状態に達します。そして、「超越」から相対的な人生の領域に出てくるとき、心は「存在」に満たされた状態を保ちます。超越瞑想を規則的に実践していけば、やがて心は常に「存在」で満たされているようになります。心が相対世界でどんな経験をしようとも、それに少しも妨げられることなく、「存在」に満たされた状態が持続します。その結果、真我が活動から離れたものとして経験されるようになり、行動の束縛的な影響が中和されます。そうすると、意識している心がこの世界で活動しながら、「存在」に支えられかつ守られて、自由の中で活動するようになります。このようにして、真我は、自己によって征服されて、自己を助けるようになるのです。

低次の自己と高次の真我は、人生の超越面と相対面の両方を含んでいる、不可分の一なる真実に属しています。ちょうど、生まれながらにして血のつながりを持っている兄弟のように、自己と真我はあらゆる点で互いに助け合います。これが両者の関係の一面ですが、もう一つの面があります。兄弟の間に違いが生じたときには、互いが真っ向から対立する敵となることもありえます。自己が真我を征服していないときには、このようなことが起こります。

もし、人がまだ瞑想を始めておらず、意識的に真我を悟っていないとしたら、もし、心が超越的な「存在」の領域に達していないとしたら、その人の心は、一時的にも永久的にも、宇宙的な知性の地位を得ていないということになります。これは、その人の低次の自己が高次の真我と親しくなっていない、両方の間に協調がないということです。一方が他方を受け入れていません。互いがその本質において対立しています。なぜなら、一方は相対的であり、他方は超越的であるからです。相対領域にあっては、両者は互いに敵として存在しています。低次の自己は、常に五感を通して活動し、五感を励まし、多様な物質的経験を楽しんでいます。そのために、高次の真我は、実存の相対領域で効果的に振る舞えず、あたかも「超越」の領域に閉じ込められているかのようです。逆に、真我も低次の自己に対して敵として振る舞います。真我は、相対的実存の無常の生命にしっかりと捕らえられている自己を助けようとはせず、それを誕生と死のサイクルの中に置き去りにします。高次の真我における無限のエネルギーや英知や創造性や幸福がなければ、低次の自己は平安や豊かさを得られないのですが、真我はそれを与えてくれません。

真我が自己を征服するのも、自己が真我を征服するのも、結局は同じことです。征服ということが、両者の合一、すなわち一方が他方へ溶け込むことを意味しているかぎり、どちらの方法でも理解することができます。自己が真我に溶け込むのは、超越意識の状態で起こり、宇宙意識で永遠のものとなります。自己は自分が真我と一つであることを見いだします。これは、自己と真我がたいへん親密に助け合い、それぞれが独立しては存在しなくなる状態です。

次の詩節では、悟りを得た人、「征服した」人の内側と外側の状態が詳しく説明されます。

詩節7　自己を征服し深い平安の中にある人にとって、超越的な真我は、暑さにも寒さにも、喜びにも苦しみにも、名誉にも不名誉にも動じない。

主はこの章の詩節4で、世俗的な行動の領域と「存在」の領域とを区別し、詩節5と6で、その二つの間の協調を確立する方法を示しました。そしてこの詩節では、このような状態における心の状態について、外側の人生と内側の「存在」との協調が確立されたとき、人は内側でどのように感じるか、ということを説明しています。人は至高者の栄光に浸されて永遠の平安を感じる、と主は言っています。この状態においては、対立するすべてをも含んだ人生全体に、超越的な「存在」の栄光が行き渡ります。どんなものも、至福意識の中のこの永遠に平安な状態を揺るがすことはできません。

この詩節では、確立された理知（第二章詩節56参照）の確固とした本質が強調されました。次の詩節では、この考えがさらに発展し、統一されたヨーギーの説明となります。

詩節8　知識と経験に満足しており、揺るぎなく、五感を支配し、土も石も黄金も平等視できるヨーギーは、統一されていると言われる。

主は、悟りの二つの面、ヨーギーとなるための二つの面を明らかにしています。一つの面は、「真理」についての明確な概念を知的に得るということです。これは、聞いたり、考えたり、黙想したり、真実のさまざまな面を知的に弁別することによって得られます。しかし、これは理性だけを満たすものです。もう一つの面は、直接的な経験によって真実を知るということで、これは心情を満たします。これは、超越瞑想によって得られます。

主が言っているのは、真実についての完全に明確な知的概念によって理性が満たされ、また、真実の至福に満ちた永遠の本質を直接的に経験することによって心情が満たされるとき、人は永遠の満足を得る、ということです。そのとき初めて、人は自分の人生にしっかりと安定することになります。そのような「揺るぎない」本質は、五感の領域において常に「五感を支配」する主人として振る舞い、決してその奴隷として振る舞うことはありません。そのような人こそ、「統一されていると言われる」のであり、そのような人こそ、ヨーギーであるのです。その人生の特徴は、多様性の領域におけるすべての経験を通して、心が平静のとれた状態を保っている、ということにあります。

人生における平静というこの考えは、教えを通して何度も繰り返されます。この原理が短い間隔で繰り返されていることから、それが本質的に重要であるだけでなく、アルジュナの置かれた状況にも関連している、ということがわかります。それと同時に、この繰り返しは、アルジュナに次のようなことを納得させます。それは、真実に確立されるために、心がどんな方法を採用したとしても――それが行動の道であったとしても、放棄の道であったとしても――ひとたび心が確立されたならば、心の本性に「存在」が浸透したことには変わりなく、それに伴いバランスのとれた見方が得られたことにも変わりはない、ということです。生活様式や行動形態は違うかもしれませんが、悟りを得た人はこのような共通点を持っています。つまり、常にバランスのとれた理解と見方を持っているのです。

この詩節では、悟りを得た人の心の内側の状態と、外側の世界を経験しているときの様子とが説かれました。次の詩節では、社会で他の人々に対してどのように振る舞うか、ということが説かれます。

詩節9　好意ある人や友人や敵に対して、無関係な人や中立的な人に対して、憎むべき人や親族に対して、また、聖者や罪人に対して、偏りのない安定した理知を保つ人は優れている。

「偏りのない安定した理知を保つ」。このように内側が永遠の満足の状態にあるために、ヨーギーの心は静寂を保っています。この静寂を基盤にして、理知が平静であるのです。これは、だれに対しても同じように振舞うという意味ではありません。ヨーギーは、認めるべき相違を認めずに、様々な関連性を持った世界に混乱を生み出すようなことはしません。そうではなく、ヨーギーの理解は、人生の二元性を基盤としているために、様々な関連性を持った世界の中にあっても動揺しない、ということです。「偏りのない安定した理知を保つ」のです。

前の詩節では、対象を経験しているときにも、バランスのとれた見方を保っている人がヨーギーである、と宣言されました。そこで説かれたバランスのとれた見方は、ヨーギーに特有のものです。その状態にサーンキヤの道で到達しようと、カルマ・ヨーガの道で到達しようと、どちらでも同じことです。この詩節では、「優れている」ヨーギーの基準が示されているのです。

この章のこの詩節までは、瞑想の実践によって何が達成されるのか、ということが説明されてきました。次の詩節からは、瞑想の実践そのものが詳しく説明されます。

詩節10　ヨーギーは常に自分自身を落ち着かせるべきである。
静かな所で、ただ一人、心身を制して、何も期待せず、所有を離れて。

「自分自身を落ち着かせる」とは、瞑想するという意味です。ヨーギーがどのようにして自分自身を落ち着かせるかについては、すでに第五章の詩節21で説かれましたが、この章のこの詩節に続く五つの詩節では、それがさらに詳しく説かれています。

ここでの「ヨーギー」は、完成されたヨーギーではありません。完成されたヨーギーであれば、より高い状態に至るための実践を続ける必要はもはやありません。なぜなら、すでにそれを達成しているからです。ここでは実践の必要性が説かれていますから、ここでの「ヨーギー」はヨーガを志す人を意味しています。また同時に、「ヨーギー」という言葉は、合一の状態に達した人のことも示します。したがって、ここでの「ヨーギー」という言葉は、真我意識の状態つまりサマーディを悟ってはいるが、まだ宇宙意識（ニッティヤ・サマーディまたはジーヴァン・ムクティ）には達していない人のことである、と理解するのが一番よいでしょう。このようなヨーギーは実践に専念しなくてはなりません。真我意識が永続するように、それを心の本性にしっかりと確立し、心が相対的な経験の場に出ているときにも、決して「存在」の状態を失わないようにならなくてはなりません。それが、宇宙意識の状態、完成されたヨーギーの状態です。宇宙意識に達するために、ヨーギーは静寂の中で瞑想し、それから活動の中に出て来ることが必要です（第五章詩節11参照）。主がこの詩節で強調しようとしているのは、ヨーギーが瞑想を行うときには、常に次のような条件のもとで行うべきである、ということです。

一．静かな所で
二．ただ一人
三．心身を制して
四．何も期待せず
五．所有を離れて

「静かな所で」ということはたいへん大切です。なぜなら、心が超越的な至福意識に達するための直接的な方法である超越瞑想の過程は、デリケートなものであるからです。何ものにも妨げられずに、心が進んでいくことができなければなりません。もし、瞑想の場所が活動から離れた静かな所でないならば、妨害が入る可能性が高くなるでしょう。瞑想中、心は、想念の過程におけるより深いレベルにかかわります。もし、心が妨害され、五感による知覚が働く粗雑なレベルに急に連れ出されたとしたら、知覚の精妙な領域と粗雑な領域との間の大きなギャップを経験することになるでしょう。このような突然のギャップは、心の静けさを損ない、神経系を混乱させてしまいます。

「ただ一人」。もし、一人で瞑想しなければ、だれかが自分の周囲にいることや、だれかが自分を見ていることが気になり、滑らかな超越の過程が妨げられてしまうでしょう。そのような影響が少しでもあったならば、至福意識へと向かう心の歩みは遅くなり、心に余分な緊張が加わり、神経系にはその緊張に対応するストレスが生じることでしょう。

「心身を制して」。「制し」という言葉は、特に興味深いものです。心は、幸福の経験によって「制」されるのです（第三章詩節43、第五章詩節21、第六章詩節21参照）。瞑想中、心が次第に精妙になる想念の状態を経験していくとき、心は一歩進むごとに増大する魅力を経験します。この増大する幸福のために、心はしっかりと瞑想の過程にとどまっています。このように心が制御されているときには、神経系も心にならって揺れ動くことはありません。

このようにして、「心身」は最も自然な方法で「制」されるのです。

ここで、ヨーギーは「心身を制する」ために絶えず努力しなければならない、と結論したとしたら、それは正しくありません。

「何も期待せず」。ヨーガを志す人は「静かな所で常に心を落ち着けるべきである」と説くとき、主は、それと同時に、期待する傾向が少しでもあってはならない、と警告しようとしています。心を落ち着けていくこの過程には、先の段階への期待や、何か特定の経験の期待など、期待というどんな要素も含まれていてはいけません。ゴールにうまく到達しようなどという期待が、少しでもあってはなりません。この表現は、「あなたが制御するのは行動のみであって、決してその成果ではない」という第二章詩節47の教えを、瞑想に適用したときの意味を明らかにしています。

「期待」に対するこの警告は、たいへん重要です。瞑想中、超越への途上で、心が想念の過程のより精妙な状態の経験に従事するとき、心は魅力が次第に増大する道にいるといえます。もし、そこに期待したり望んだりといった傾向がわずかでもあれば、心をこの道から引き離してしまうことになります。次第に増大する幸福の道からこのようにそれてしまうことは、本質的に心の望むところではありません。それはただ心に緊張を生み出すばかりです。したがって、「期待」は、心を惨めな方向へ向かわせるばかりか、その結果として、身体をも緊張させることになります。瞑想中は「何も期待せず」(第四章詩節21参照)という原則がここで明らかにされているのは、このような理由からです。

「所有を離れて」(第二章詩節45参照)。瞑想は、所有の意識から「存在」の意識へと心を導いていく過程です。所有という観点から見ると、瞑想は所有のない状態になっていく過程だといえます。ただ真我だけが残ります。心は周囲や肉体についての意識を失い、ヨーギーはごく自然に所有の意識がまったくない状態になります。主が「所有を離れた」状態について話しているのは、いかなるものも瞑想の助けにはならない、ということを示すためです。なぜなら、より大きな幸福の領域へと向かう心の自然な傾向を基にして、瞑想は進められていくからです。それと同時に、その過程は、あらゆるものがひとりでに去ってしまった状態に人を導く、ということをも主は示しています。

さらにこの表現は、人はすべてを失う覚悟をして瞑想に座るべきである、という意味も含んでいます。外側の対象の意識が失われ始めるとき、その消失を嘆き悲しむべきではありません。瞑想を始めるとき、ヨーギーは何ものにも固執しようとしてはいけません。とらわれのない自由な心で、「存在」に赴き、存在するべきです。すなわちこの世界から離れ、自分自身に目覚めるべきなのです。そうすれば、この世界におけるさまざまな所有のただ中にあっても、真我を失うことはなくなるでしょう。「所有を離れて」という言葉は、「存在」の状態を表しているのです。

「何も期待せず、所有を離れて」と言うとき、主はアルジュナに、瞑想中、心に実際に起こることを示しています。座って瞑想しているときに、どんな期待も欲求も持たないように、また、所有を望まないように努めるというのであれば、それは間違っています。なぜなら、そのように努めるとき、心は所有やその他の欲求の対象を忘れようとして、かえって、それらについての考えにかかわってしまうからです。忘れようと努めることは、結局、忘れようとしていることを思い出してしまうことになります。瞑想の過程は、所有という粗雑な物質的、客観的な世界を忘れることに基づくのではなく、経験のより精妙な領域を楽しむということに基づいているのですから、そのような努力をすべきではありません。忘れようとする努力は、嫌悪や非難を基にしています。しかし、瞑想中、想念のより精妙な領域が自然に経験されるのは、より大きな幸福への途上、神を悟ることへの途上において、それを喜んで受け入れようとする心の自然な傾向に基づいているのです。

この詩節は、瞑想の最も大切な事柄を明らかにしています。つまり、心を超越意識へと容易に導き、さらに、「存在」が活動に自発的に注入されることで宇宙意識へと高めていく、そのための実践であるということです。この詩節は、人生全般における行動の方法を説いている教えである、と誤解してはいけません。この詩節は、僧侶のように人生から隠遁することをヨーギーに勧めているのではありません。この詩節を誤解しないでください。ヨーギーはいつも社会から離れていて、一人で、何も求めず、何も所有すべきではない、と教えているのではないのです。もし、瞑想している時とそれ以外の時を区別しないならば、この詩節やこれに続く詩節を誤解してしまうのも当然です。

次に続く詩節では、実践の詳細がさらに説かれていきます。

詩節11　清らかな場所に、高すぎず、低すぎず、堅固な座を設けて、
聖なる草と鹿皮と布とを敷き重ねて。

「清らかな場所」とは、もともときれいな場所か、あるいは、ちりや虫を除いてきれいにした場所という意味です。その環境も、もし可能であれば、快適な所がよいでしょう。少なくとも、見苦しい不快な所であってはなりません。場所も座るところも、瞑想を助けるようなものであるべきです。瞑想を行う人が心地よく快適に感じられるようでなくてはなりません。

詩節12　そこに座し、心を一点に向け、五感と想念の活動を制して、
自己浄化のために、ヨーガを実践すべきである。

主が明確にしようとしている第一のポイントは、瞑想は座った姿勢で行うべきだということです。横になった姿勢や立った姿勢では行いません。体を横にすると心が鈍くなりますし、立った姿勢ですと、心が内側に深く入った時に、倒れてしまう恐れがあります。瞑想を始めるためには、心が正常な状態にあることが必要です。鈍いのも活発すぎるのもよくありません。心が鈍いときには、眠りに陥って、経験する能力を失ってしまいます。心が活発すぎるときには、粗雑な経験の領域にとどまってしまいます。ちょうど、水の表面で活発に動いている人が沈まないのと同様に、心が精妙な経験の領域に入っていくのを拒んでいるかのようです。瞑想するということは、心を真我の中に沈ませていくということです。体が立っているときには、心も活動的でなければなりませんが、心があまりに活動的ですと、心が沈んでいくという過程が始まりません。そのようなわけで、主はアルジュナに、瞑想を始めるためには座らなくてはならない、と教えているのです。

「心を一点に向け」。想念の過程のより精妙な状態へと心が引かれていくようにすれば、最も効果的に心を一点に向かわせることができます。

「五感と想念の活動を制して」。経験はすべて、心が五感を通して経験の対象と結び付くことから生じます。瞑想中、心は五感のより精妙な領域と結び付き始め、このようにして、経験の対象のいっそう精妙な面を経験していきます。そしてついには、五感の最も精妙なレベルと結び付き、対象の最も精妙な状態を経験し、さらにそれさえも超越して、「存在」の状態に確立されます。このようにして、心と五感の活動は次第に制されていきます。

心は絶対的な意識の状態において、相対的な次元のあらゆる活動様式から解放され、最も浄化された状態に達します。これがヨーガの状態です。主は、「自己浄化のために、ヨーガを実践すべきである」と説いています。それは、このような状態に達するための実践は肉体と心と精神を浄化する手段である、ということを言おうとしているのです。

心が瞑想の対象の精妙な状態を経験するとき、心はたいへん鋭敏で洗練された状態になります。それと同時に、呼吸もこれに対応して洗練されていきます。そして、この柔らかい洗練された呼吸によって、神経系が正常な機能秩序を取り戻します。どんな異常な機能も回復して、正常な機能を取り戻します。心が超越意識を得ると、心は最も浄化された状態に達します。それと同時に、神経系全体も安らぎに満ちかつ機敏な状態に達します。この状態では、肉体は神聖な本質に同調した生ける道具となります（第四章詩節38参照）。これが、肉体の最も浄化された状態です。

精神すなわち自己の浄化に関していえば、精神の純粋な状態は「存在」であり、それは、限りない普遍的な純粋意識であります。瞑想の実践によって心がこのような意識に達するとき、時間や空間や因果に束縛されていた個別精神は、その限りない宇宙的な本質を見いだします。実践を続けていくと、この状態が恒久化して、真我が活動からまったく離れているものとして経験されるようになります。これが、自己すなわち精神の最も浄化された状態です。

このようにして、ヨーガの実践、すなわち超越瞑想の実践の結果として、自己の浄化がなされます。

興味深いことですが、第五章の詩節11でも、自己浄化はヨーギーの行動の結果である、と説かれていました。この教えは、ヨーガの実践を通して、より深い意味を持つようになってきます。

詩節13　**しっかりと、体と頭と首とをまっすぐに静かに保ち、**
鼻の前方に視線を向け、どの方向も見ることもなく。

ここには、しっかりと安定させる秘訣が説明されています。首と頭が背骨に沿ってまっすぐであれば、息の通りがよく、呼気も吸気も滑らかで抵抗がありません。このようにすれば、身体に不自然な動きが生じる可能性がなくなります。

主は、身体を不動にする方法を示した後、五感を不動にする方法を説明しています。視覚は五感の中でも最も活発な器官です。もし、これが静められれば、他の五感もごく自然にそれに従うはずです。視覚は、他の五感と同様に、心を通して機能します。心の活動には呼吸が必要です。ですから、心と五感と呼吸を協調させるために、普通の視線と呼吸が出合うところである「鼻の前方」に注意を向けます。こうすることによって、心の活動と五感と呼吸の協調を確立することができます。また、それらの機能に何らかの異常があれば、を取り除くこともできます。それによって、心は落ち着き、一点に向かうようになります。五感が静まり、呼吸が精妙になっていきます。

「視線を向け」というのは、視線をその方向に向けて、その後は放っておくということです。ずっと凝視し続けるという意味ではありません。

「どの方向も見ることなく」は、第一に、あちこち見回さない、第二に、鼻の前方にも視線を鋭く固定したりしない、そして第三に、目を閉じるということを意味しています。

ここでの教えは、視線を鼻先に集中することであると広く誤解されてきました。シャンカラも述べているように、もし、ここでの意味が鼻先に視線を固定することであるとしたら、心は「神」とともにではなく、鼻とともにいるということになってしまいます。

ここで説明されているのは、身体、心、五感、呼吸に無理がまったくない姿勢です。

この詩節は、心が「存在」へと飛び込むための飛び込み台を準備するものです。ここでは、外側の世界の多様性から落ち着いた静かな状態へと、注意を収束させる方法が与えられています。これは、心がまだ外側の経験の領域にとどまっている状態です。ここからは、瞑想の過程が心を内側へと導いていきます。

詩節14　自らの存在を深く平安に導き、恐怖を離れ、純潔の誓いに安定し、心を制し、想念を私にゆだねて、統一の状態に座し、私を超越者と悟るべきである。

「自らの存在を深く平安に導き」とは、心を増大する魅力の道に進ませるということを意味しています。この道は、一歩進むごとにより大きな満足をもたらし、その人の存在を次第に深まっていく静寂と平安で満たします。これは、心を動揺させる要素が何もない状態です。これは、深い眠りの状態ではありません。なぜなら、眠りの状態では、存在の感覚が失われるからです。これは、深い平安があり、しかも、存在の感覚が失われていないという状態です。これは純粋な自覚の状態です。五感による経験の領域から真我の状態へ、深い平安の状態へ、心が移行したのです。

「恐怖を離れ」。瞑想中の増大する幸福の道においては、恐怖が感じられる可能性はありません。『ウパニシャッド』は、恐怖は二元性より生じると説いています。恐怖を離れるとは、二元性の領域から離れるということです。前の詩節では、心が多様性の領域から離れて収束するのを見ました。この詩節では、心が二元性の感覚から離れて自由に向かっていきます。瞑想の内側への歩みで、心は二元性の感覚を失い始めます。すなわち、恐怖の領域から離れ始めるのです。ひとたびこの動きが始まれば、この過程によって、二元性は消滅し、超越意識が現れてきます。そこにおいては、恐怖の可能性はまったくありません。

「純潔の誓いに安定し」。これは、ここで説かれている実践は純潔を誓った人たちだけのものである、ということを意味しているのではありません。ここでの文脈においては、求道者の表面的な生活様式や、その人が純潔の誓いを立てたかどうか、ということが説明されているのではありません。この詩節の表現は、いずれも、瞑想中に心が内側へと進んでいくときの状態を深く考察したものであり、「純潔の誓いに安定し」という言葉も、その意味において理解されるべきです。

純潔を誓った人のすべてのエネルギーは、絶えず上方へと向けられています。肉体、心、五感のすべての流れが進化のより高いレベルに向いており、そのエネルギーが下方に流れることはありません。同じように、瞑想者の心が深く内側に入っていくときも、肉体、五感、心など、さまざまな領域の生命エネルギーが上方に向けられ、進化の最高レベルへと導かれることになります。このとき、精神のエネルギーも、五感のエネルギーも、肉体のエネルギーも、それが下方に流れる可能性はまったくありません。その人の個別性のあらゆる面が、「存在」の超越的な領域にある普遍的な意識に収束していきます。超越瞑想は、心を永遠の「存在」の意識へと継続的に高めていくものですから、これを純潔の誓いに例えることができます。なぜなら、純潔の誓いも、独身者の生命の流れすべてを、この至高の意識に向けて高めていくものであるからです。

したがって、ここで強調されているのは、誓いを立てるという行為ではありません。そうではなく、神聖な探求の途上においては、エネルギーの上方への流れが安全に確保されなければならない、ということが強調されているのです。これは、超越瞑想の実践中と、独身者の生活に生じることです。そのとき、人は「ウールドゥワレータス」となります。この言葉は、その人のエネルギーが上方にのみ流れるということを意味しています（瞑想中に現れる顔の輝きは、このエネルギーの上方への流れによるものです)。

「心を制し」とは、心を永遠の「存在」の影響の下に導いて、ということです。この状態は、超越意識において得られますから、したがって、宇宙意識においても神意識においても得られています。これがこの詩節の中心点です。他の表現はすべてこの点から導き出されたものです。

「心を制し」という表現は、心をその自然な傾向に逆らって制御し、「超越」の方向へと強引に向かわせる、という意味ではありません。制御しようと努めることによって心を訓練するのは、心を真我に確立する方法ではありません。この詩節は、「真理」を悟るための簡単な方法を与えているのであって、それを複雑にしたり難しいものにしたりするものではありません。この「心を制し」という表現は、超越意識において心が自然に静かになっている状態と、超越的な至福へと向かう一つの経路を自由に流れていく、心の自然な傾向との両方を意味しています。心が自由に流れていくのは、内側へと進むにつれてますます増大する魅力を、瞑想中に経験するからです。心は、意志や訓練の圧力や制御によって強制されるためではなく、増大する魅力によって「超越」へと引き付けられ、極めて自然に制されるのです。

「想念を私にゆだねて」とは、全創造世界の最高の主宰者(第五章詩節29参照)である「私」に想念を引き渡して、という意味です。「想念を私にゆだねて」(第四章詩節19、20参照)とは、「私」のことを考える、という意味ではありません。想念の主体としての立場を放棄する、という意味です。これは、考えるのをやめる、という意味ではありません。無執着の状態で考える、という意味です。無執着の状態では、真我は思考の過程から離れ、その永遠の自由の中にとどまっています。一方、すべての活動は、宇宙の全生命の基盤である「神」に自然にゆだねられています。

しかし、この文脈においては、「想念を私にゆだねて」は、瞑想中のことに言及していると理解するのが最もよいでしょう。主の言葉が示しているのは、想念が浮かんできたとき、それと戦ってはならない、想念に対して心を制御しようとしてはいけない、想念から逃げようとしてはいけない、ただ無邪気に振る舞いなさい、ということです。想念は「神」の御心のままにしておくのがよいのです。想念をすでに「神」にゆだねてしまったかのように、想念のことを気にせず、気楽に瞑想を続けなさい、ということです。

瞑想中、想念を「神」にゆだねようと気分を装いなさい、というのではありません。そうではなく、想念がすでに「神」にゆだねられていて、自分のものではないかのように想念を扱いなさい、ということです。想念に対しては、まったく無関心でいればよいのです。

「統一の状態に座し」とは、超越意識に達しなさい、あるいは、心を宇宙意識に、または神意識にしっかりと確立しなさい、という意味です。「統一の状態に座し」という表現は、活動について述べたものでも、無活動について述べたものでもありません。それはただ次のようなことを意味しているだけです。すなわち、超越意識と宇宙意識の状態では、「存在」が完全に心の本性に浸透しているために、心はその中にすっかり浸され安定している、また、神意識の状態においては、心は人生の統一によって完全に圧倒されている、ということです。宇宙意識と神意識の状態においては、心が活動の状態にあろうと、無活動の状態にあろうと、この合一は変わらないのです。

「私を超越者と悟るべきである」。この表現で、この詩節の意味のすべてが明確になります。なぜなら、この表現は、帰依の状態を明らかにしているからです。帰依は、思考や感情や理解のレベルにではなく、純粋意識のレベル、人生それ自体のレベル、「存在」のレベルにあるのでなくてはなりません。

詩節15　このように常に自分自身を落ち着かせ、心を調えたヨーギーは、平安に達し、私の中にある最高の解放に達する。

「このように常に自分自身を落ち着かせ」。この表現は、これまでの四つの詩節で説明された実践について述べたものです。座って瞑想するとき、ヨーギーは心を落ち着かせていきます。つまり、前の詩節で説明された「制される」状態へと心を導き戻していくのです。

主は、「心を落ち着かせ」ではなく、「自分自身を落ち着かせ」という言葉を使っていますが、これには重要な意味があります。「自分自身を落ち着かせ」とは、肉体、呼吸、五感、心といった自分自身の存在のすべての面を落ち着かせるという意味です。これは、純粋意識に達する途上で、心がより精妙な経験の領域へと入っていくときに起こります。すべての五感が、「存在」の静かな海の中に収束し始め、落ち着いていきます。体の内側の機構の活動も、あの静寂の中に沈み始め、呼吸も、宇宙的な呼吸のあの静寂のレベルに落ち着いていきます。人を構成する多様な要素がすべて、純粋な「存在」におけるあのレベルにともにあるようになります。心、五感、呼吸、肉体に、自動的に、同時に、このようなことが起こります（第四章詩節38参照）。ですから、「自分自身を落ち着かせ」という表現は、「三つのグナを離れよ」（第二章詩節45参照）という主の指示の中に述べられている状態を、直接的にもたらす超越瞑想の過程を示しているのです。

「常に」とは、瞑想中のヨーギーの唯一の関心は、自分自身の落ち着いた状態を維持する、または、自分自身を落ち着かせていく過程に従事することである、という意味です。前の詩節で述べられた純粋な「存在」に落ち着いた状態を維持する、あるいは、もし、落ち着いた構造全体が緩んでしまうようであれば、再び自分自身を落ち着かせなければならない、のどちらかということです。ヨーギーは、常にこのように瞑想に専念していなくてはならないのです。ただし、「常に」という言葉の意味は、瞑想中だけに限られます。それは、ヨーギーの一日二十四時間すべてに拡張されるべきではありません。

「心を調えたヨーギー」。「自分自身を落ち着かせ」のすぐ後に位置しているこの表現は、「落ち着かせる」方法への洞察を与えています。瞑想中、落ち着きの状態を失ったとき、ヨーギーはどのようにして自分自身を落ち着かせるのでしょうか。「心を調える」ことによってです。調えられた心は、その働きにおいて、秩序的で滑らかで調和的ですから、その行動も楽で静かです。落ち着かせるときと落ち着いたときの間も、また、落ち着いたときと落ち着かせるときの間も、心は楽に自然に調えられます。これは、心が瞑想の道からそれたとき、ヨーギーは、そっと静かに、無理をすることなく心を元に連れ戻す、ということを意味しています。瞑想中のどんな状況にも優しく対処するこのような実践により、心は次第に調えられていき、活動の外側の領域で意味もなく不必要にさまようことはなくなります。

「平安に達し」。瞑想中、落ち着いていくとき、心は想念のより精妙な状態の経験へと入っていきます。心は、進むにつれて増大する魅力を経験し、次第に大きな満足を得ていきます。これが心に平安をもたらすのです。

「最高の解放」。主は、「平安」という言葉を使った後で、この平安の本質を明らかにしようとしています。これは、想念の重荷からいっとき解放された状態である睡眠により得られる平安や、人生のさまざまな領域での満足から得られる平安を、この平安から区別したいからです。それで、この平安こそ最高の解放である、と主は付け加えているのです。資格のある教師（追録「超越瞑想、その主要な原理」参照）の指導で正しく瞑想を始めた人は、この世界にあって活動的な人生を生きながら、自分自身の中に永遠の平安と永遠の解放の状態を確実に成長させていきます。
「私の中にある」。最高の解放は、どこかの国や自然界の力にあるのではなく、全創造世界の偉大な主宰者である「私」の中にあります。「私」の「存在」の力により、無数の対照をなす要素から成り立っているこの巨大な宇宙が、永遠にしかも自ら存在しているのです。しかし、「私」はそれに巻き込まれない状態にとどまっています。これが「私の中にある最高の解放」である、と主は言っているのです。この何ものにも巻き込まれない心の状態は、「心を調える」ことによって開発されます。それによって、心の平安が深まり（詩節3参照。そこでは、「静寂」が手段であると説かれています）、心が神意識へと高まっていくからです。
この詩節では、実践の結果は平安と解放である、と宣言されています。これに対し、詩節28を見ると、実践の結果は無限の喜びである、と宣言されているのがわかります。この詩節では、その喜びについては何も述べられていません。なぜなら、詩節28で示されているように、それは「汚《けが》れを離れた」人生の結果であり、そのような人生は、この詩節で説かれている実践を通して得られるものであるからです。

詩節16　**実にヨーガは、過度に食べる人のものでも、まったく食べない人のものでもない。アルジュナよ、それは、過度の睡眠を習慣とする人のものでも、目覚めたままでいる人のものでもない。**

「食べる」という表現は、五感にその対象を楽しませることを示しています。喜びの対象は、五感が食べすぎるほどに過度に与えられるべきではありません。また、その経験を完全に奪い取ってしまうべきでもありません（第二章詩節64、67参照）。

「睡眠」は、経験のための五感が不活発になっている状態を意味しており、一方、「目覚めたまま」は、それとは反対の状態を示しています。ここで説かれているのは、「過度の睡眠を習慣とする」人や、目覚めたままでいることを習慣とする人は、目覚めや眠りの状態を越えて高まっていくことが難しい、ということです。ヨーガのためには、目覚めや眠りの状態を越えることが絶対に必要なのです（第二章詩節69注釈参照）。

「過ぎたるは及ばざるがごとし」とはよく耳にする諺です。エネルギーの源となる食物でさえも、それを摂りすぎたり、あるいは、ほとんど摂らなかったりすると、鈍くなって能率が上がらなくなります。主はここで、どちらの方向にも過度になってはいけない、と注意しています。どちらの場合も、心が鈍くなり、瞑想中、経験のより精妙な状態に達することができなくなってしまいます。粗雑な経験の領域にとどまっていると、心は消極的になってきます。これでは、貴重な人間としての実存を無駄にすることになってしまいます。人間の実存は、幸福を拡大するために、そして、人生の統合された状態、すなわち、前の詩節で説かれた解放における最高の状態を実現するためにあるべきです。

この詩節では、ヨーガの実践を成功させるためには、日々の生活が正常で快適なものでなくてはならない、ということが説かれています。

詩節17　食物と休養を適度にとり、行動において適度に努力し、眠りと目覚めを適度に保つ人、悲しみを破壊するヨーガは、そのような人のためにある。

内面における平安や幸福と、外側の世界における成功を収める活動とが統合された、そのような人生を生きたいと願う人が従うべき一般的な原則が、ここに示されています。肉体には必要な休息が与えられるべきです。人は活動に従事すべきですが、疲れきってしまうほどに活動してはいけません。休養は少なすぎず多すぎず、適度な割合でとるべきです。主が言おうとしているのは、人生は適度な活動をし、あらゆるものに正しい価値を与えて、規則正しく生きていくべきだ、ということです。人はどんなものについても行きすぎを避け、規則正しく瞑想すべきです。なぜなら、そうすることによって、詩節15で説かれた内なる平安と束縛からの自由な状態が得られるからです。

「ヨーガ」すなわち合一とは、ただ単に、心が神聖な意識に安定した状態だけを言うのではありません。それは同時に、個別生命の存在のあらゆる面が、神々や自然界の生物と完全に調和した状態をも指しています。このような状態は、物質的な神経系がそれを維持できるよう十分に養われたときに初めて、永遠のものとなります。詩節15の注釈で述べたように、心は宇宙的な心、すなわち「神」の知性と調和するようになります。五感は、その能力が最大限に高められ、神聖なレベルで対象を経験し楽しむようになります。一方、肉体の機能は、宇宙的な質をもつ働きと調和するようになります。しかし、肉体や諸器官や五感が自然法則に調和して最も自然に機能するためには、日々の生活において節度を保つことが絶対に必要です。食事や活動に関するあらゆることが、適切な範囲内にとどまっているようでなくてはなりません。快適に中庸を維持することが必要なのです。

「眠りと目覚めを適度に保つ」。この表現は、高次の意味においては、眠りと目覚めの状態にただ適度に関係しているだけである（第二章詩節69参照）、ということを示しています。つまり、目覚めの状態、すなわち、客観世界を認識し経験している状態は、主に五感によって維持されているが、心は主に「存在」の中に保たれている、という意味です。また、眠りの状態では、肉体と五感は完全に活動から退いていますが、心は眠りにとらわれてはいません。心は、すべての活動から離れているのですが、心自身の自覚に目覚めているのです。このように、すっかり没頭してしまっていないという意味で、「眠りと目覚めを適度に保つ」と言っているのです。

「食物を適度にとり」。食物に適度であるためには、身体全体の機能を正常に維持しなければなりません。瞑想を朝夕規則的に行えば、身体の内側の働きを正常な状態に保つことができ（詩節14注釈参照）、自然に「食物と休養を適度に」とるようになってきます。

「休養（レクリエーション）」とは身体全体の正常な機能を再創造し、その最大限の力を発揮できるようにすることです。肉体のある器官に特定のタイプの活動をさせ続けると、その部分が疲れてきて、活動の能率が落ちてきます。次に、別のタイプの活動を始めると、別の器官が働き始め、疲労した器官は休息し、それによって、再び能率を取り戻すことができます。これが、レクリエーション（再創造）と呼ばれるものです。生命の外側の領域での活動を変えることによって行うレクリエーションは、身体全体を同時に再創造することはできません。したがって、このようなレクリエーションでは、最大限に能率を刷新することはできません。しかし、超越瞑想であれば、まさに再創造を行うことができます。超越瞑想は、身体全体に安らぎに満ちかつ機敏な状態を生み出し、身体を若返らせ、レクリエーションの目的を成就します。

「行動において適度に努力し」とは、仕事をするときに頑張りすぎてはいけない、ということです。これが意味していることは、第一に、人は疲れてしまうことのないように、十分強くなければならない、つまり、人はエネルギッシュで鋭敏であるべきであり、怠惰に陥ってはならない、ということです。第二に、仕事は、その人のダルマ（第一章詩節1注釈参照）にかなったもの、自然界の諸法則（追録「宇宙法、創造世界の基本法則」参照）

に調和したものであるべきだ、ということです。そうでなければ、自然界はその努力に対して無言の抗議をしますから、人は行動において不当に大きな「努力」をしなければならなくなります。超越瞑想を規則的に実践すれば、これら二つの条件を両方とも満たすことができます。なぜなら、瞑想の実践は、より大きなエネルギーをもたらし、自然界との調和を生み出すからです。

「行動において適度に努力」をすることが、ヨーガの前提条件であると理解するべきではありません。このような質は、実践が進行していくにつれて成長してくるものです。これは、その人の本性と環境を変えずに達成できることではありません。瞑想の実践が進むにつれて、内側の本性も周囲からの影響も、どちらも無理なく変化していきます。こうして、その人は、「行動において適度に努力」をするように自動的になっていくのです。

この詩節で与えられている条件は、どれも、適度にということを強調しています。そしてこのことは、超越瞑想の規則的な実践を通して最も効果的に実現されます。ですから、超越瞑想は、最も効果的なレクリエーションであると考えることができるでしょう。

「悲しみを破壊するヨーガ」。前に、意識の超越状態がヨーガの状態である、と述べました。これが至福の状態であることは、疑いの余地がありません。しかし、どのようにしたら、超越状態にある至福が、人生の相対領域にある悲しみや苦しみを終結させる手助けになるのでしょうか。それは、超越的な至福を得て、それを相対的実存の領域に連れ出すことによってなされます。そうすれば、悲しみや苦しみがはびこっていたところを至福が支配し始めます。「悲しみを破壊するヨーガ」という表現は、この詩節が行動に関して明らかにしているさまざまなポイントが、超越的な純粋意識を宇宙意識へと変えていくための実践（詩節25参照）の極めて大切な部分になる、ということを明確にしています。

この詩節は、ヨーガを志す人の一般的な行動様式を説明しています。このような行動様式によってのみ、瞑想中に経験する至福を、実存の相対領域に注ぎ込むことができるのです。その全体の目的は、相対的人生のどの一つの面も、それを重要視しすぎてはいけない、と求道者に警告することです。物事をその正しい価値において扱いさえすれば、人生のどの面も緊張のないものとなるでしょう。実存のこのような調和的なレベルこそが、この世界において神聖な「存在」を生きるための基盤となるのです。このことは、次の詩節の「統一されている」という言葉でさらに詳しく説明されます。

詩節18　心が完全に静まり、真我のみに確立されているとき、人が一切の喜びへの渇望から離れているとき、そのとき、彼は統一されていると言われる。

これは、これまでの詩節で説かれた実践を通して到達する、心の状態を述べたものです。

「心が完全に静まり」。これは超越意識のことです。超越意識において心は、想念の波の一つもない、無限で静かな純粋意識の大海となります。また、これは宇宙意識のことを述べているとも言えます。宇宙意識においては、想念や経験という波があるにもかかわらず、大海の静けさが乱されることはありません。

ここで、どんな対象を経験するときであっても完全に静かになるのが心の本性である、という議論が考えられるかもしれません。第二章詩節67では、ちょうど「舟が水面の風によって運ばれるように」、人の理知は五感によって運び去られる、と説かれたのではなかったでしょうか。もし、そうであれば、五感の力によって引き寄せられた心が、五感とその対象との接触において完全に静かになり、そこから得られる幸福を楽しむ、とい

うことは考えられないでしょうか。（第二章詩節14参照）

主は、このような議論の余地をなくし、誤解を招かないようにするために、「真我のみに確立されている」と言っています。この表現は、二つのレベルで意味を持っています。超越意識のレベルと宇宙意識のレベルです。超越意識のレベルでは、ただ真我だけがあって、ほかには何もありません。真我の本質は、純粋な意識、宇宙的な知性、宇宙的な実存、宇宙的な生命、永遠の「存在」、絶対的な至福です。それは超越的であり、常に同じであり、不滅です。それは「最も小さいものよりも小さく」、静寂そのものです。真我という言葉は、人生の表現しがたい超越的な「真理」を表しています。この領域に来ると、心はその個別性を失い、純粋な「存在」としてその真の本質を得ます。

「真我のみに確立されている」という表現は、宇宙意識のレベルにおいては次のことを意味しています。つまり、目覚め、夢、眠りの状態における活動や静寂といった、あらゆる振る舞いのただ中においても、真我は活動の領域から完全に離れていると悟ることが、真我のみに確立された状態となる、ということです。人生の多様な経験も、心が得たこのような宇宙的実存と完全な成就の状態を覆い隠すことはできません。

永遠に満足した状態にある心の、揺るぎない不動の特質を説明してから、主は、そのような状態における心の実際的な価値に話題を転じます。なぜなら、日々の生活で実際に役に立たないような心の原理や状態は、この世界においてあまり重要ではないからです。すでに主は、ここで説いているヨーガは世界の最初の支配者に授けられた（第四章詩節1、2参照）、とアルジュナに教えることにより、このヨーガを極めて実際的なレベルに位置づけました。さらに主は、この教え全体を通して、高度に精神的で抽象的な説明をした後には、それを実際的な人生に結び付けるために必ず何かを言い添えています。ここでは、「一切の喜びへの渇望から離れている」

と言っているのがそれです。

「一切の喜びへの渇望から離れている」とは、成就の状態にあるという意味です。喜びへの渇望は、満足感の欠如から生じます。満足感の欠如は、五感の対象が得られないためかもしれませんし、あるいは、そこにある喜びを五感が経験できないためかもしれません（第二章詩節59参照）。しかし、ひとたびこの詩節で説かれている状態に確立されれば、永遠に満足していられるようになります。そして、この永続する満足の状態によって、喜びへの渇望が入り込む余地がまったくなくなってしまうのです（第三章詩節17、18、第六章詩節2参照）。

このような「一切の喜びへの渇望」から自由になった状態は、個別的な存在が宇宙的な「存在」と一体化した、人生の完全な成就のレベルにあります。それは、「神聖な意識における永遠の自由」のレベル（第五章詩節24〜26、第二章詩節55〜72参照）、「あなたの意識を真我に保っている」レベル（第三章詩節30参照）、合一と「知識」のレベル（第四章詩節10、18〜24、35、41、第五章詩節7、19〜21、23、第六章詩節4、8参照）です。それは、第二章詩節55と第四章詩節38で述べられた願望を成就し、第五章詩節8で与えられた達成のレベルを満たします。

この状態は、第五章詩節5で明らかにされたように、サーンキヤの道とカルマ・ヨーガの道とが出合う共通のゴールのレベルにあるものです。

「統一されている」。詩節8では、バランスのとれた見方を表すためにこの言葉が使われました。ここでは、詩節14と同じように、もっと広い意味が与えられています。この言葉は、静寂や欲求や活動といった心の全領域、束縛と永遠の自由という両極の間にある人生の全領域、個別的な人間と宇宙的な「神聖なるもの」との間にある人生の全領域、これらの存在全体という観点から使われています。つまり、この言葉は、相対と絶対の両方を含んでいる宇宙意識の人生を示しているのです。

詩節19　風のない所の揺るがない灯火……想念を制し、真我との合一を実践するヨーギーは、このように例えられる。

この詩節は、第二章詩節69と比較できるでしょう。そこでは、「自己を制御した人は万物の夜に目覚めている」と説かれました。しかし、この詩節の比喩にはもっと深い意味があります。なぜなら、第二章の表現は、五感とその制御（第二章詩節68参照）という観点からでしたが、風のない所の灯火という表現は、五感の影響から解放され、それのみで存在している「想念」を表しているからです。

このことから、悟りを得た人たちの教えが、時に応じて異なっていることの理由がよくわかります。悟りを得た人が現れ「真理」を説明するとき、その表現の仕方や思想の深さは、その時と周囲の状況によって決まります。その教えは、それを聞く人たちの意識の純粋さ次第であるのです。この段階では、アルジュナの意識は十分に浄化されて、「想念を征服し、真我との合一を実践するヨーギー」の状態を正確に理解できるようになっています。

対象の経験は、どんな経験であれ、心が五感を通して対象と結び付くことから生じる、ということに注意してください。例えば、ある人が一つの想念を使って瞑想しているとしましょう。その想念の粗雑な段階や精妙な段階が経験されるのは、心が言葉の感覚と結び付くからです。

瞑想中、経験の対象は、次第にそのかすかな状態で知覚されるようになっていきます。しかし、経験の最も精妙な状態を超越すると、心は、それまで経験のよりどころとしてきた、対象や五感の影響から解放され自由になります。五感とその対象に影響されているかぎり、心は風に揺らぐ灯火のようです。しかし、ひとたびその影響から抜け出すと、「風のない所の揺るがない灯火」のように、不動の状態を得るのです。

心が対象と結び付いているかぎり、それは経験する心です。しかし、経験の対象が次第にかすかになっていって消えてしまったならば、もはやその心は経験する心ではありません。何かを意識していた心が意識そのものになるのです。しかし、このような変化の過程で、心が最初に得るのは、心自身の個別性の純粋な状態です。

興味深いことに、この詩節は、心ではなく「想念」が不動となると説いています。ここで使われているサンスクリットの言葉は「チッタ」です。この言葉は、印象すなわち欲求の種子の静かな集まり、という心の一面を意味しています。チッタは、波のない水面のようです。波が生じると、それは「マナス」すなわち「心」と呼ばれるようになります。

心は、チッタすなわち「想念」のこのような状態に達すると、「風のない所の揺るがない灯火」のように、不動となります。そこには心が経験するものは何もありませんから、心は、その個別性を、空――心の周りの抽象的な完全性――の中に保ちます。心は、何ものにも妨げられることなく、それ自身の中に目覚めています。

静かな大海の静かな波を想像してみてください。それは、今まさに拡大して海の静寂の中に溶け込もうとしています。この詩節で表されている心の純粋な個別性の状態、「私」の純粋な個別性の状態は、直接、超越的な真我意識へと溶け込んでいきます。主が「真我との合一」と表現しているのは、そのことです。すなわち、心が神聖な「存在」と統一されるのです。

次に続く四つの詩節では、この「神聖なる合一」すなわちヨーガの状態のさまざまな面が明確にされていきます。そして、その後の六つの詩節では、超越意識から宇宙意識への変化が説明されます。さらに、その後の三つの詩節では、宇宙意識から神意識への道の最も重要なところが明らかにされます。ヨーギーは、神意識において達成の頂点に到達します。

詩節20　想念がヨーガの実践により静まって退き、人が真我のみにより真我を見て、真我の中に満足を見いだす、そのような状態、

この詩節は、実践のさらに進んだ段階を説明しています。これまでの詩節で、心は、想念――確固とした理知――が安定し揺らぐことなく、それだけで存在している状態へと導かれてきました。この詩節では、実践を継続していき、この安定した理知がその個別性をはっきりと経験するようになると、それは退き始める、と説かれています。この退くという過程は、個別性の拡大とともに始まります。そして、個別性の拡大が起こるとき、理知は個別性を失い、普遍性を獲得し始めます。理知が、「存在」の無限の地位を獲得し始めるのです。理知は、「存在」に溶け込みながら、「存在」をそれ自身の真我として認識し、至福意識を獲得します。このようにして、ヨーギーは「真我の中に満足を見いだす」のです。

真我は、詩節18の注釈で述べたように、超越的なものです。心が真我を悟るためには、すべての経験を超越しなければなりません。すべての経験を超越していく過程において、心は多様性の経験から退き、それ自身の個別的な本性の中に統一の経験を獲得します。そして、心は、その個別的な地位を超越して、宇宙的な「存在」へと拡大していきます。この「存在」の状態、超越意識の状態は、「真我のみにより真我を見て」という言葉によって表されています。

「のみに」という言葉は重要です。なぜなら、この言葉は、超越的な真我それ自体がその「存在」の内容であり、相対的に実存するものは何ものも「それ」を認識できない、ということを強調しているからです。「それ」の純粋性は永遠で最高のものであり、個別生命の最も精妙な面でさえも、確固とした理知でさえも、「それ」とは異質なものであるため、「それ」に参入しようとしても拒まれてしまいます。真我の永遠なる「存在」に自分の場を見いだすためには、理知は、その実存を放棄しなければならないのです。

これが真我の本質のすばらしさです。自分の家に帰って来た旅人は、平安を見いだします。その幸福の強さは、最高の強さをさらに越えたものです。この至福により、大きな悲しみも小さな悲しみも、あらゆる悲しみの可能性が消えてなくなります。太陽の輝く光の中には、どんな暗闇も入り込めません。どんな悲しみも至福意識の中には入り込めませんし、また、至福意識が至福意識以上のものを得ることもありません。この自足の状態により、人は自分自身の中に安定し、永遠の満足に満たされます。

この詩節は、詩節23で頂点に達する長い文の始まりになっています。『バガヴァッド・ギーター』の中にはどこを見ても、これほど長い文は見当たりません。これは、この四つの詩節が、ヨーガすなわち「神聖なる合一」の状態を、その完全な栄光において表しているからです。この詩節は、超越意識における「神聖なる合一」を描いています。次の二番目の詩節は宇宙意識の観点から、三番目の詩節は神意識という最高の達成の観点から、四番目の詩節は苦しみの除去という観点から、それぞれヨーガの状態を描いていきます。

詩節21　限りない喜びであるそれ、五感を越えたところにあり、理知によって得られるそれ、
そこに確立した人が実に揺らぐことのないそれ、

五感がなぜ「限りない喜び」を経験できないのかを知るためには、五感とその対象の起源を理解する必要があります。創造は、プラクリティ、「自然」から始まります。プラクリティは、それ自体をサットワ、ラジャス、タマスの三つのグナに表現します。創造の過程が進むにつれて、三つのグナは「マハト　タットワ」、理知の原理として現れます。これはさらに、「アハム　タットワ」、心の原理として現れ、さらにこれが五つの「タンマートラ」として表れ、そこから五感が生じます。そして、さらに創造の過程が進むと、五つのタンマートラは五元素として現れ、これらが結合して客観的な創造世界のすべてを構成するに至ります。

五感による知覚の範囲は、この五元素からなる創造世界の領域に限られています。五感によって経験できるのは、客観世界の楽しみだけです。永遠の人生における至福は、五感をはるかに越えたところ、理知を越えたすぐのところにあります。それは、理知によって味わうことはできますが、五感によって味わうことはできません。

限りない喜びは超越的なものである、と土は述べています。それを知ることができるのは、前の詩節で説明されたように、相対世界の最も精妙な面である理知が、超越的な真我に自らをゆだねたときだけです。一度それを知れば、人はすっかりその虜《とりこ》となってしまいますから、再びその影響から完全に離れてしまうことはもう二度とありません。

「理知によって得られる」。無限の喜びは理知の放棄とともにやってくるのですが、それでも、「理知によって得られる」と言うことができます。王子が土になれば、その王子はもう王子ではなくなるのですが、しかしそれでも、王子が王位を得たと言うことができます。超越的な真我の状態が「理知によって得られる」と言うのは、このような意味においてであるのです。

「揺らぐことがない」。超越意識の状態においては、活動の可能性はまったくありません。しかし、相対世界の領域を超越する実践を続けていくと、心が養われ、活動の領域にあっても、揺らぐことなく至福に確立されているようになります。

この詩節は、宇宙意識におけるヨーガの本質的な特徴を明らかにしています。「限りない喜び」「五感を越えたところにある」「理知によって得られる」「そこに確立した人は実に揺らぐことがない」。

この状態の詳細については、詩節24から詩節29で説かれます。

詩節22　それを得れば、それに勝る利益はなく、
そこに確立すれば、大きな悲しみにも動かされない、

これは、ヨーガの最高の状態のすばらしさです。神意識における「神聖なる合一」という最高の状態、人生の祝福された一元性にあっては、「それに勝る利益」はありません。これは、宇宙意識で経験される真我が活動から分離した状態が、二元性をまったく知らない「神」の光、人生の統一の中にその成就を見いだした状態です。人生はこの状態にすっかり安らぎますから、人生の相対面で継続するどんな悲しみや苦しみにも「動かされない」ようになります。

主のこの教えのすばらしさは、「そこに確立すれば、大きな悲しみにも動かされない」という言葉の中に見いだされます。主はここで人生の最高の状態を、「それを得れば、それに勝る利益はなく」という言葉で示していますが、このときでさえも、それを、悲しみにさらされている人間の心の範囲内にとどめています。実は、主は「神聖なる合一」、最も祝福されたヨーガのこのような状態の定義そのものを、人間の苦しみのレベルにまで拡大しています。このことは、「神」とは最も対照的なこうした人生の局面でさえも、「神聖なる合一」というこの祝福された状態に親しく包み込まれる、ということを示しています。次の詩節では、この点がさらに詳しく説かれます。

神意識の詳細については、詩節30から32で扱われます。

詩節23　悲しみとの合一からのそのような分離が、ヨーガ（合一）という名で呼ばれると知れ。堅い決意とひるむことのない心をもって、このヨーガが実践されるべきだ。

この詩節は、「分離」における合一という観点から、主の精神的な教えを明らかにしています。主は、ヨーガは普遍的なものであるということを示しています。それは、「分離」の領域においてさえも見いだすことができるのです。心が悲しみから分離することも合一であり、そして、この合一（ヨーガ）は堅い決意と確固たる心をもって実践しなくてはならない、と主は述べています。主は、あらゆる人にこれを実践してほしいと思っています。合一の名において実践できる人は、そのようにすればよいし、そのようにできない人は、「分離」の名において実践すればよいのです。合一という言葉は、絶対的な至福を想像することができ、至福そのものになってしまえるほどにそれを手に入れたい、と願う人たちのためにあります。「分離」という言葉は、そのような至福を想像することができないか、あるいは、自分自身の能力が信じられず、そんなものはとても望めないと思っている人たちのためにあります。しかし、このような人たちであっても、自分の人生における悲しみのことはよく知っており、その中から抜け出したいとは願っているはずです。ですから、このような人たちも、悲しみを終わらせるために、この実践を始めるべきです。そうすれば、心は苦しみの領域から救い出されるに違いありません。なぜなら、人の内側にはこのような幸福の中心があるのですから、人生において苦しむ必要はまったくないのです。

次に続く五つの詩節では、すべての苦しみを終わらせるこのヨーガの実践をどのようにして続けていくのか、それが説明されます。

詩節20から23までは、ヨーガの定義づけに捧げられてきました。四つの詩節でヨーガを定義したのは、ヒンドゥーの聖典に説かれている人生の四つの目標すべてが、ヨーガによって十分に成就されるということを示すためです。聖典が説いている人生の目標とは、一・ダルマ、二・アルタ、三・カーマ、四・モークシャを成就することです。

一・ダルマは、その人本来の義務であり、道徳的な善、正しい行動、自由、正義、合法性など、人生を支え維持するすべての原理を含んでいます。これらはすべて、人が自分自身を悟ったときに完全に満たされます。なぜなら、人は、真我の知識と経験を得たときに、あらゆる道徳や美徳や正しい行動の基盤となる人生のレベルに達することができ、そのレベルから、自然界の諸法則（追録「宇宙法、創造世界の基本法則」参照）を満たし、全創造世界に対する正しい行動がとれるようになるからです。詩節20は、心と「存在」の統一を説き、ダルマについてのすべての願いが成就されることを示しています。

二・アルタは詩節21に成就が見いだされます。アルタとは、富、仕事、利点、有用性、報酬、利益といった意味です。永遠の至福を経験すれば、このような願望はすべて完全に満たされます。なぜなら、幸福という富をますます蓄積していくことは、あらゆる点において、まさにアルタの目的そのものであるからです。

三．カーマは欲求です。欲求は本来、幸福を目指し苦しみを取り除くことを目標としています。すべての願望は、人が真我という永遠の至福を悟るときにすべて満たされます。より多くを求めなくなったとき、より大きな幸福を望まなくなったとき、そのとき人は、カーマの観点からの成就を得たと言えます。詩節22は、このような成就を説き、カーマ実現の頂点を示しています。カーマの成就によって、大きな悲しみからも安全に守られ、最高の幸福が与えられるようになります。

四．モークシャは解放です。詩節23は、詩節20で説かれたヨーガすなわち至高者との合一による、すべての苦しみや悲しみからの解放を宣言しています。

詩節20から23までは、ヨーガの殿堂を支える四本の柱を成しています。これらの柱は、人生において苦しむ必要はない、人生のゴールは容易に達成できる、すべての願望は簡単に成就できるということを、あらゆる世代の人々に思い起こさせるために立っています。心が内側へと進んでいき、隠れていた普遍的な「存在」を静かに見いだす、というのがその方法です。「存在」における永遠の光の一条の輝きだけでも、無知の暗闇を追い払い、全能の「神」の祝福を降り注ぐのに十分です。

これらの詩節は、ヨーガを定義しながら、人生のあらゆるレベルにおける成就（マハリシ・マヘーシュ・ヨーギー著『超越瞑想』マハリシ出版、参照）へと至る王道を提供しています。この大道を進む人たち、超越瞑想を実践する人たちは、実に幸運な人たちです。

ここで明確にしておきたいことがあります。それは、ヨーガの目的は、超越状態において真我を悟ること（詩節20）で終わるのではない、ということです。これは、瞑想の内側への歩みの最終的なゴールであり、また、神聖な意識との完全な合一を得るという点で、十分な意味を持っているのですが、しかし、それだけでは完全ではないのです。それだけでは、ヨーガの全体的な目的はまだ満たされていません。超越状態で得られた神聖な意識が、目覚め、夢、眠りのどの状態においても、心が活動に従事しているときも、静寂に従事しているときも、常に自然に存続し続けるのでなければ、ヨーガの目的は成就されたとは言えないのです。真我意識、アートマーナンダの状態で得られたヨーガすなわち「神聖なる合一」は、宇宙意識、ブラフマーナンダへとさらに成長していかなければなりません。宇宙意識もヨーガの一つの状態です。この宇宙意識から、最終的に、ヨーガの頂点である神意識が生じてきます。そこは、悲しみや苦しみが完全に消滅したところです。

詩節24　（行動への）誘因を生み出す欲求を、すべて残らず放棄して、心のみによって、あらゆる方面で五感の集落を制御して、

ここまでのところで、ヨーガの三つの状態が明らかにされました。主は、この詩節とこの後の四つの詩節で、超越意識におけるヨーガの状態が、どのようにして宇宙意識におけるヨーガの状態に変わっていくのかを説明します。

主の表現は驚くほど巧みです。主は、この五つの詩節（詩節24〜28参照）において、順番に、超越意識の獲得というテーマだけでなく、それに並行して、超越意識をすでに得た後の宇宙意識への成長という二番目の主題をも展開しています。この二つのテーマを並行して説いていること自体、一つの教えになっています。それは、第一に、宇宙意識への道はその中に超越意識への道も包含しており、第二に、宇宙意識は心の中の超越意識の成長と同時に発達していく、ということを示しているのです。

「(行動への) 誘因」。欲求が神経系に生み出す刺激のことです。その刺激が、知覚の器官や行動の器官を活動へと駆り立てます。このような刺激は、超越意識に対応している安らぎに満ちた機敏な状態を、神経系が得ることとは対立するものです。ですから、主は、超越意識を恒久的なものとする全過程を説明するとき、対立する過程に妨げられないようにする必要があることを強調しています。しかし、心に留めておくべきですが、このような注意を与えてはいても、欲求を制御する実践を勧めているわけではありません。一つの原理として、欲求はこの道においては役に立たない (第二章詩節37参照)、と説いているのです。なぜなら、欲求は神経系を刺激し外側の活動へと向かわせるものであり、これは、心が超越意識の状態へ向かって進んでいくときに、より精妙な想念を経験するための神経系の内側での活動とは対立するものだからです。

「(行動への) 誘因を生み出す欲求を、すべて残らず放棄して、心のみによって、あらゆる方面で五感の集落を制御し」と主が言っているのは、心を超越瞑想の過程に従事させて、思考の精妙な領域の経験へと入っていきなさい、という意味です。

心が「超越」の領域における至福意識になじみ、他に気を散らさずに進んで行くことができるならば、心はごく自然にそして自動的にその方向に引かれていくようになります。主は、「心のみによって」と言っていますが、これは、五感の門を閉じるのにはどんな苦行も強制的な制御も必要ない、という意味です。心が「超越」へと進んでいくとき、自動的に五感は心に静かに従い始めます。瞑想中に心が静かに内側へと動く中で、欲求は自然に放棄されます。ここで主が説いているのは、最も自然で正常な方法により、心が「超越」へ向かってなじみ深い道を進めるようにすべきだ、ということだけです。

「五感の集落」とは、五感が収容されている場所という意味であり、神経系の構造を指しています。神経系全体を一つの村落とすれば、個々の五感は村人であり、心は村の地主です。したがって、「心のみによって、あらゆる方面で五感の集落を制御し」と説くとき、主が明らかにしようとしている原理は、村人に影響を与え村を正しく方向づけるためには、地主を制御しなさい、ということです。そうすれば、村のすべての活動、つまり神経系のすべての活動が、自然界の諸法則に調和して進行するようになり、同時に、真我の自覚は永遠「存在」の中にその自然な状態を維持するようになるだろう、というのです。このようにして、生命全体が最も自然な状態に置かれるようになります。宇宙意識の状態における生命では、絶対「存在」と活動の相対領域とは、離れていながら、しかも統合された状態を保ちます。

この実践は完全に心の中で行われるものですが、五感の機能のよりどころである神経系全体にも直接的な影響を及ぼします。これは注意すべきことですが、主は宇宙意識の獲得についての教えを説き始めるとき、神経系という生命の肉体面について話し、それを正しく方向づけることが必要だ、と強調しています。しかし、人間の神経系は極めて複雑で洗練されたものですから、これを肉体的な方法によって正しく方向づけることは不可能です。この難点は、「心のみによって」という言葉を強調することによって解決されます。主はそれによって、ヨーガを志す人が五感を直接的に制御しようとしたり、肉体的な方法によって神経系に働きかけたりしないようにと、注意を促しているのです。神経系を正しく方向づけることは、超越意識を恒久化する（第四章詩節38参照）

ためには欠くことのできない重要なことですが、これは心を扱う方法を通して行われなければなりません。もし、五感のレベルで五感を制御しようとしたり、あるいは、五感の自然な傾向に逆らうような方法で、五感を制御しようとしたりするならば、無理を生じるばかりです。この詩節で教えられている実践は、無理の生じる可能性がまったくないものです。

「あらゆる方面で五感の集落を制御し」。この表現は、五感自体のレベルで個々の五感にまったく抵抗を与えず、また、心を対象に導くという五感の自然な傾向を損なうことなく、すべての五感を一挙にかつ同時に制御する方法を示しています。これが、教えの最も大切なところです。瞑想の内側への動きで、五感もまた内側に向けられ、瞑想の外側への動きで、五感も外側に向けられるとき、五感は最も自然な方法で正しく方向づけられ、その活動はことごとく、自然界の諸法則におのずと調和したものとなります。

もし、五感を制限したとしたら、この方向づけの過程は無理を伴うものとなってしまうでしょう。五感がそれ自身の楽しみたいという本性によって動機づけられ、内側へも外側へも自由に活動できるという状況がつくられたときに初めて、人は内側への方向により大きな幸福があるということを悟ることができます。そして、このような悟りとともに、「存在」の至福の影響下にとどまっているという習慣が形成され、宇宙意識が成長してくるのです。

詩節25　**忍耐を備えた理知を通して、徐々に退くべきである。**
心を真我に確立して、何も考えるべきでない。

この詩節は、「退き」（詩節20）と「放棄して」（詩節24）という言葉を説明しています。退くのは徐々になされるべきだと強調し、さらに、「忍耐を備えた」と付け加えていますが、これは、この退くという過程を急がせたり修正したりすることは一切すべきではない、ということを明らかにするためです。その過程は、ひとたび始まったならば、そのままひとりでに進んでいくようにしておくべきなのです。

忍耐強く、そして徐々にという点はとても重要です。もし、せっかちになって、心を「超越」へと無理やり押し込もうとすれば、いろいろな不都合が生じてきます。心が想念から抜け出し、相対領域の経験を失おうとしている思考の精妙なレベルにおいては、想念はとても強力です。もし、その過程が邪魔されず、たいへん無邪気にひとりでに進行していくままにされるのであれば、心は真我に滑り込みます。もし、その反対に、何らかの形で圧迫や力を加えて心を阻止したり、その過程を制御したりすれば、心はその自然な道筋から放り出されてバランスを失い、落ち着かない不快な感情に陥ることでしょう。ですから、この過程は心配したり急いだりしないで、静かに忍耐強く進行させる必要があるのです。

超越しようと一生懸命になってはいけません。どんな種類の努力も、超越の過程を妨げるだけです。心は自然に真我の方向へ向かっていきます。なぜなら、次第に増大する幸福によって、心はその方向に引き寄せられていくからです。だからこそ主は、心をその方向に自然に無邪気に向かわせるようにするべきだ、と説いているのです。

「忍耐を備えた理知」の表面的な意味は、理知は忍耐強くあらねばならない、ということですが、これとは別に、もう一つ深い意味があります。それは、その過程では理知を働かせるべきではない、ということです。そこで起こることを、理知によって観察したり、分析したり、調査したりしてはいけません。その過程を批判的に調査する必要はまったくありません。理知は、ただ受け入れ認めるという態度でいればよいのであって、決して弁別的であったり注意深く見守ったりしてはいけません。理知は、経験をやってくるままにただ受け入れるだけでよいのです。

「徐々に退くべきである」。このようにすれば、心が想念の過程のより深いレベルに入っていくと同時に、より精妙な状態を経験できるように洗練され、もっと先へと無邪気に進んでいくことができるようになります。もし、明るい光の中に立っていた人が急に暗い洞窟の中に駆け込んだとしたら、その人の目は洞窟の中に何があるか見ることができないでしょう。しかし、もし、ゆっくりと入っていくのであれば、徐々に弱い光に慣れてきて、見ることができるはずです。心が内側深くに退いていくとき、経験の粗雑なレベルから精妙なレベルへと向かっていきます。ですから、急に駆け込むのではなく、徐々に忍耐強く進んでいくことが大切であるのです。

理知という個別性が「存在」の状態に達するときも、やはり、その過程はゆっくりであることが絶対に必要です。そのとき初めて、至福が経験の範囲に入ってくるのです。

「何も考えるべきでない」。心が真我に確立されたならば、人は考えようとするべきではない、と主は言っています。なぜなら、意識の超越状態は、心の思考能力を越えたところにあるからです。そのような状態で考えようと試みても、うまくいくはずがありません。これは、そこに在るということをただ楽しんでいるという状態です。この状態は、思考がその居場所を見つけられるレベルにはありません。主は、その状態になれば何かよい考えが浮かんでくるだろうなどと求道者が期待しないように、その状態がどんなものかを教えているのです。

主は、「何も考えるべきでない」と述べています。この何も考えないという状態は、心が真我に確立されたときに、自然に得られる結果です。ただし、これは瞑想中だけに言えることです。瞑想から出てきたときに何も考えてはならない、という意味ではありません。なぜなら、何も考えない習慣は、人生を鈍く無益なものにするからです。

瞑想中、超越状態すなわち真我から出てくると、心は想念に出合います。そのときに何をすべきかは、次の詩節で説明されます。

「忍耐を備えた理知を通して、徐々に退くべきである」。この表現は、超越意識がすでに得られたとき、そこから宇宙意識へと向かう途上で大切になる教えをも示しています。超越瞑想の実践を通して心が「存在」の状態に親しんでくると、人は活動に従事しているときも、それにかかわっていないかのように感じ始めます。この無執着の経験は、実践が進むにつれて次第に強く感じられるようになります。これが、「徐々に退く」という言葉の、宇宙意識の獲得という文脈における意味です。主はさらに、この過程で理知は「忍耐を備えて」いなくてはならない、と付け加えています。これは、理知があわててしまい、経験を誤解することがないようにするためです。理知がこの無執着の感覚を正しく認識するならば、そのとき、外側の世界における活動がいっそう効果的で実り多いものとなるのです。この無執着という表現の正しい解釈がなかったとしたら、人は戸惑い、この人生の偉大な祝福もかえって重荷となってしまうことでしょう。

「心を真我に確立して、何も考えるべきでない」。超越的な真我意識を恒久的に獲得したならば、心はもはやどんな活動にも乗り出す必要がありません。心の活動の必要性については前の詩節で示されたとおりです。心が真我に恒久的に確立されたならば、前の詩節の教えの目的は達成されたことになります。つまり、宇宙意識が獲得されたのです。

「何も考えるべきでない」という表現は、宇宙意識の本質的な特徴を明らかにしています。第一に、人生のこの状態は、思考や感情を基にして維持されるものではありません。これは「存在」のレベルで自然に生きられるものです。第二に、この状態における真我は活動の領域から完全に離れていて、心が想念を抱いているときも、真我はその思考の過程から離れた完全に自由な状態（第五章詩節7～9参照）にとどまっています。これは、詩節3で「ヨーガに達した人にとっては、また、そのような人にとってのみ、静寂が手段であると言われる」と説かれた人生の状態です。

前の詩節では、瞑想中の内側への動きにおける心の活動の価値が説明されました。次の詩節では、心が意識の超越状態から出てきたとき、どのように心の活動を導くのか、その方法が示されます。

詩節26　気まぐれで不安定な心が、いかなる理由でさまよい出ようとも、そこから退いて、真我のみの支配下に心を導くべきである。

「退いて」。原文では「ニヤミヤ」という言葉になっています。その意味は、「調節して」または「統制して」ということです。ここでは、真我に戻ってという意味です。

これは、瞑想をうまく行うための秘訣です。当然のことですが、心が真我へ飛び込んで、また相対領域に出てきたとき、二回目の飛び込みを始めるためには、それを瞑想の媒体に連れ戻さなければなりません。しかし、瞑想の初期の段階では、瞑想の外側への歩みとともに、心が何らかの想念と出合うということもよくあります。そのために、主は、心を他の想念から瞑想の媒体に連れ戻すべきだ、と言っているわけです。そうすれば、心は確立された道筋へと戻り、自然なやり方で再び瞑想の媒体のより精妙な状態を経験して、再び「超越」に達します。

主は、心を真我に向けなさい、と言っています。これは、決して難しいことを提案しているのではありません。『バガヴァッド・ギーター』を学ぶ人たちにとって残念なことに、注釈家たちは、心は制御され訓練されなくてはならない、と説いてきました。そしてそのことは、方法全体が努力のいる困難なものである、ということを意味していました。しかし、主の教えの中には、心を制御する、あるいは心を訓練する、という考え方はありません。確かに心を修飾するのに、「気まぐれ」と「不安定な」という二つの言葉を用いています。しかし、主がここで説いているのは、心を真我に導く過程である、ということを思い起こす必要があります。これらの修飾語は、瞑想の外側への歩みに従っているときの心に対して、用いられたものにすぎません。心が超越的な統一の場から出てきたときに、揺らいでいる状態に入るのは極めて当たり前のことと言えます。それはちょうど、大海の静かな表面に立ち始める波のようなものです。したがって、瞑想中、時々心が他の想念を考えたとしたら、それは——瞑想の過程が正しいものであれば——瞑想の外側への歩みと見なされるべきです。注釈家たちは、それを心が本来「気まぐれ」で「不安定」である証拠と考えたのですが、私たちはそのように考えるべきではありません。

もし、瞑想の内側への歩みの最中に、心が超越「存在」にまだ達しておらず、そこへの途上にあるのにもかかわらず、外に出てきて雑多な想念を考えていると気づいたとしたら、その場合もやはり、心の本質的な弱さのためだと見なすべきではありません。それは、神経系が疲れすぎているためかもしれませんし、あるいは、適切な指導が欠けているためかもしれません。教師の教え方か生徒の学び方がうまくなく、それが原因になっているという可能性もあります。普通、こうした場合は、教師の側に責任があることのほうが多いようです。

次に主は、もし、何か外側のものによって心がそれるようなことが起こったら、心を静かに真我への道筋に連れ戻すべきだ、と教えています。より大きな幸福の領域へと向かうのは心の本性です。瞑想中、注意を向けている対象のより精妙な状態を心が経験し始めるとき、心は一歩進むごとに増大する魅力を経験し始めます。そのときには、「超越」への方向以外に、心がどこかへ進んでいくという可能性はありません。

これは、これらの詩節の主な関心の的である、超越瞑想の方法について当てはまることです。

宇宙意識との関連におけるこの詩節の意義は、心の内側への歩みと外側への歩みを交互に繰り返すことの必要性を強調している、という点にあります。これは、心の本性に「存在」を浸透させるためです。そうすれば、心のすべての活動が神聖な価値によって支えられ豊かにされます。そして、最終的には、人生全体が宇宙意識において神聖なものとなります。

次の詩節では、最高の幸福という観点から宇宙意識の本質を説明し、その道の本質的な特徴を要約します。

詩節27　なぜなら、最高の幸福は、心が深い平安の中にあり、活動への刺激が静められ、汚れがなく、ブラフマンと一体になったヨーギーに訪れるから。

最高の幸福については、詩節21でも同様の説明がなされました。しかし、主の注意は、詩節24以降では、最高の幸福に達するための方法を説くことに向けられています。瞑想中、心は瞑想の対象のより精妙な面を経験していき、ついには最も精妙な経験をも超越します。そのときには、まったく活動がなくなります。これが、「活動への刺激」（ラジャス）が「静められ」という主の言葉の意味です。これは、「超越」の領域であり、罪も汚れもない純粋意識の状態です。ここにおいては、個別的な心はもう存在しておらず、神聖な知性の地位を獲得しています。心は、その個別的な望みや欲求の限界を越えて、深い平安にしっかりと確立され、最高の幸福を獲得するのです。

心が個別性を失うとき、経験する能力もなくなります。「存在」の状態には、知るということがありません。それは、知るまたは経験するといったことを一切超越した状態です。しかし、もしそうであるなら、どうして心が最高の幸福を経験すると言えるのでしょうか。最初に注意すべきことは、「ウパイティ」すなわち「訪れる」という意味の言葉が使われているということです。「経験する」という言葉は使われていません。しかし、「経験する」という言葉が使用されていたとしても、やはりそれは正しいものと見なすことができるでしょう。心は、それがまさに超越しようとしているときには、つまり、それが相対世界と絶対の境界にあるときには、まだ経験する能力を持っているのです。心が絶対的な至福意識の本質を経験するのは、まさにこの瞬間においてです。このことは、『ウパニシャッド』の中にも明らかにされています。そこには、真実は心によってのみ経験される、とはっきり述べられています。心が真実を経験するのは、いつも境界点においてです。つまり、瞑想の内側への歩みの最後で、心が今まさに超越しようとしているときと、瞑想の外側への歩みの最初で、心が超越から出て来るときにおいてです。

「深い平安」については、この章の詩節7と14と15、それから第二章の詩節70と71を参照してください。主が意味しているのは、活動によっても覆い隠されることのない平安です。それは、人が「活動の中に無活動を見る」（第四章詩節18）ときに得られる永遠の平安であり、「最高の平安」（第四章詩節39）であり、「永遠の平安」（第五章詩節12）です。

「活動への刺激」（ラジャス）の性質については、第二章詩節45の注釈で説明しました。

「汚れがなく」。「存在」の絶対的な純粋性に確立されていて、活動の領域から完全に離れている、という意味です。そのような人は、その行動が自然界の諸法則に完全に調和していますから（第五章詩節25参照）、汚れがないのです。

「ブラフマンと一体になった」。宇宙意識を得た、ということです。

宇宙意識の状態そのものとそこに至る道の両方が、この一つの詩節の中でどのように説明されているか、ということを見るのは興味深いことです。この詩節は、最高の幸福は宇宙意識において得られ、その宇宙意識に達するためには三つの必要条件がある、ということを明らかにしています。すなわち、心は「深い平安の中にあり」、「活動への刺激が静められ」ており、人は「汚れのない」状態になくてはならないのです。

前の三つの詩節で説かれた教えは、宇宙意識に至る道の本質を詳しく説明するものでしたが、それがこの詩節の一つ一つの表現の中に示されています。「心が深い平安の中にあり」は詩節24に、「活動への刺激が静められ」は詩節25に、「汚れなく」は詩節26に、それぞれ関連しています。

この詩節における神聖な英知の花は、以下に続く五つの詩節でさらに完全に開花していきます。

詩節28

このように常に自分自身を落ち着かせ、汚《けが》れを離れたヨーギーは、
ブラフマンとの接触を容易に達成する。それは無限の喜びである。

主はここで、極めて明確に、宇宙意識の実現はまったく難しいことではない、と述べています。それは、容易に達成できることなのです。

「このように常に自分自身を落ち着かせ」は、これまでの四つの詩節で明らかにされたポイントを表しています。

ここでの「常に」という言葉は、時間の連続性を意味しているのではありません。それは、日々の日課の一部として「規則的に」という意味です。「このように」という言葉と直接つながっていますが、それは、ヨーギーが自分自身を落ち着かせるときには、いつもこのような一定の方法で行うべきである、ということを示しています。

「汚れを離れた」。どんな経験にも、それに対応する神経系の状態があるはずです（第四章詩節38参照）。人間の神経系の最も正常な状態は、遍在する真実である「ブラフマンとの接触」を支持できる状態です。それは、最高に洗練され、最高に柔軟な状態であるに違いありません。そのような状態は、神経系が完全に純粋になったときに初めて可能になります。そのような純粋性を得るためには、神経系の機能が自然界の諸法則にまったく違反しなくなることが必要です。このような純粋性から生じる影響力が、人生のすべてを支持し、宇宙目的を成就していくようにしなくてはなりません。

興味深いことに、詩節15の前半とこの詩節の前半は、ほとんど同じ表現になっています。異なっているところは、詩節15の「心を調えたヨーギー」に対し、この詩節では「汚れを離れたヨーギー」となっているところです。この違いは重要で、それぞれ異なる結果をもたらしています。詩節15での結果は「平安」と「解放」ですが、この詩節での結果は「無限の喜び」です。

この比較から明らかなように、もし、神経系が汚れから解放されなかったとすれば、その神経系は、平安や自由の経験を生み出すことはできるかもしれませんが、無限の喜びは生み出すことができないでしょう。

自分自身を「落ち着かせ」、超越意識に達する実践を繰り返すことによって、神経系は洗練されていき、ついには、「ブラフマンとの接触」と表現されている意識状態を生み出すことができるほどに、純粋になります。「容易に達成する」。なぜなら、実践が容易であり、また、勧められている生き方も容易で快適であるからです。実践が容易であるのは、心がごく自動的に動いていく方向、つまり至福へと向かう方向への心の動きを利用しているからです。この簡単な方法についての教えは、この方法にはまったく抵抗がない、と主が宣言した第二章詩節40の教えを思い起こさせるとともに、それを補足しています。

そこで明らかにされたように、超越瞑想の実践は、心を超越意識へと導くことにより、人生のあらゆる面に純粋性をもたらし、それを自然界と調和させます。ただ一つの方法で、こういったことがすべて達成されます（追録「超越瞑想、その主要な原理」参照）。実践それ自体も心の本性に一致したものであり、そのために、「ブラフマンとの接触」が容易であるのです。

「ブラフマンとの接触」。詩節20の注釈で述べたように、意識の超越状態において、心は「存在」になります。心が外側の相対領域にあるときにも「存在」が自然に保持されるようになったとき、「ブラフマンとの接触」が実現します。そのような接触は、意識の絶対状態と相対状態との調和を意味しています。このような高度に進化した意識は、これまでの詩節で説明されてきた実践と無理のない生き方とによって、「容易に」達成される、と主は説いています。そして、その結果が、「無限の喜び」なのです。

留意すべきですが、無限の喜びであるのは、「ブラフマンとの接触」であり、ブラフマンそれ自体ではありません。ブラフマンは、あらゆるところに行き渡っている至福のかたまりとでも言うべきものですが、それ自体は至福の質を一切示しません。それは、物質が、エネルギーのかたまりであるにもかかわらず、エネルギーの質を示さないのと同じようなものです。この詩節は、ブラフマンとの接触のすばらしさを強調しているのであって、ブラフマンそのものを説明しているのではありません。

『ウパニシャッド』は、言葉を用いてブラフマンとはどんなものかを私たちに教えようとしていますが、ブラフマンはもともと言葉では表現できないものです。言葉を使うとすれば、ブラフマンは反対の意味を持つ二つの表現の間にあります。それは絶対的であると同時に相対的です。それは無常でありながら永遠不滅です。それは「これ」であるとも「あれ」であるとも言われます。それはサット・チット・アーナンダ（サットは永遠、チットは意識、アーナンダは至福）と呼ばれますが、サットでないものも、チットでないものも、アーナンダでもないものも含んでいます。それは言葉や想念を越えていますが、しかし、想念と言葉の全範囲はその中に含まれています。「それに含まれる」と言ったり「それに含まれない」と言ったりするのは、単に表現の仕方の違いにすぎません。ブラフマンについてどんな表現を用いたとしても、それはブラフマンにとっても、話し手にとっても、聞き手にとっても、正しいものとは言えません。ブラフマンは、人がそれを生きることは容易なのですが、それについて語ることはできません。超越「存在」における無限の完全性であると同時に、活動的な人生の完全性でもある「それ」は、言葉ではとても言い尽くせるものではないからです。第二章詩節29では、「奇異なるもの」であると説かれました。なぜなら、それは知的に想像できるものでも、感情で把握できるものでもないからです。

この詩節とその「容易に」という表現は、ブラフマンについてのこれまでの詩節に、新しい意味を付け加えています。これまでの詩節とは、次のようなものです。「パールタよ、これがブラフマンの状態である。これに至った人は迷うことがない。そこに立脚するならば、たとえ臨終の時であろうと、人は神聖なる意識における永遠の自由を獲得する」(第二章詩節72参照)。「ブラフマンとの合一に自己がつながっている人は、永遠の幸福を楽しむ」(第五章詩節21参照)。「ブラフマンと一体であり、神聖なる意識における永遠の自由に到達する」(第五章詩節24参照)。

ブラフマンは私たちの人生にとって重要なものであり、それについての真理は、「それは容易に生きられる」ということです。

この詩節のすばらしさは、同時に、『バガヴァッド・ギーター』のすばらしさでもあります。人間が得ようと努めるゴールの永遠のすばらしさは、「人は無限の喜びであるブラフマンとの接触を容易に達成できる」ということです。

詩節29　自己をヨーガに確立し、あらゆるところを平等に見る人は、
万物の中に真我を見、真我の中に万物を見る。

この詩節は、ブラフマンの状態を描くと同時に、前の詩節で述べられた「接触」に実際的な意味を与えています。ブラフマンの性質は、並べて置かれている二つの表現の中に述べられています。「万物の中に真我を見」、「真我の中に万物を見る」(第四章詩節35参照)――絶対が相対の中に、相対が絶対の中にあります。このことから、ブラフマンは理解し難いもののように思われます。相対と絶対、創造世界の多様性とその根底にある統一、それらを別々に考えたとしても、どちらも人間の心ではとても把握しきれるものではありません。その二つがブラフマンの中に統合されているというのですから、それは通常の理解の範囲を完全に越えています。主の教えのすばらしさは、理解し難いものを明快に理解できるようにし、しかも、それを「容易に」生きる方法を示してくれている、ということにあります。

経験の質は、その人の意識の状態によって決まります。もし、心が楽しければ、何でも楽しく見えるでしょう。もし、心が悲しく惨めであれば、何でも憂鬱《ゆううつ》な感じに見えるでしょう。瞑想中、「存在」の状態が心の本性に注ぎ込まれると、それによって、心は神聖になります。そして、この注入された「存在」が持続するようになると、心は多様性の全領域において統一を生き始めます。そのとき、多様性の全領域は、内側の神聖な統一の光の中に認識されるようになります。心が神聖な「存在」で満たされるようになると、その人は自然に、完全で平等な見方をするようになってきます。それは安定しており、この世界における人生の多様性によって歪められることはありません。これが、ブラフマンとの「接触」に達した人の見方です。

平等な見方は「ブラフマンとの接触」の結果であることを見失ってはいけません。それがブラフマンを悟るための方法であると考えてはいけません。もし、悟りを得ていない人が、人生において何でも平等に見ようと努めたとしたら、自分にとっても他人にとっても混乱を生み出すばかりです。そのように努めたとしても、奇妙な気分や奇妙な態度が生まれるだけです。このような結果を招いた責任は、真実を理解して「それ」を生きるという名の下に、気分を装うことの価値をこの詩節から間違って引き出した注釈者たちにあります。

この詩節のすばらしさは筆舌に尽くしがたいものがあります。表現しがたいブラフマンをたいへん明快に表現し、同時に、それを人間の視野のレベルに明らかにしています。これこそ、『バガヴァッド・ギーター』が『ウパニシャッド』のエッセンスであると称賛されているゆえんです。
以下に続く三つの詩節は、この祝福された見方を神意識の中の成就へと導いていきます。

詩節30　至るところに私を見、私の中に万物を見る人、彼が私を見失うことはなく、私が彼を見失うこともない。

前の詩節で説かれたような一元性という見方を人が得るとき、「存在」の完全性が心を通して知覚の領域へと流れ出るとき、精神的な統一が五感の領域にも行き渡るとき、「神」の一元性（第四章詩節35参照）が人生を圧倒するとき、そのとき、何を知覚していようとも形に現れた「存在」がそこに知覚される、という状態が達成されます。そのとき、人の意識は、主との、すなわち形に現れた「存在」との直接的な関係を見いだします。そして、意識の最も神聖なレベルにおいて、主はその人にとって生きた真実となります。そのときには、その人も主も、互いを見失うことはありません。

人間と「神」とのこのような直接的な関係は、まず、「存在」のレベルにおいて確立され、次に、感情のレベルにやってきます。そして、そこから思考の領域に入り、さらに、五感による経験のレベルへと進みます。このようにして、「神」は人生のあらゆるレベルを圧倒するようになります。人は「神」の聖域に生きるようになります。愛の中に、至福の中に、英知の中に、神意識の中に、人生があるようになります。人は普遍的な実存の領域に生きるようになります。地上で活動しながら、「神」の国に、すなわち、人間の視野と想念をはるかに越えた「存在」の神聖な領域に、生きるようになるのです。

このような祝福された状態を開発する方法は、想念を超越することです。それについて考え続けることにも、楽しい思いで心が満たされるといったような、それなりの価値はあるのですが、しかし、それでは望んでいる状態を生み出すことはできません。考えることよりも、想念を超越することのほうが、はるかに価値があるのです。

ですから、心が想念を超越し、「神」の住み給う絶対的に純粋な領域に入るようにすべきです。それについて考えることは、人生の表面で時間を浪費することでしかありません。想念は、心をその神聖な領域から離れた状態に保ちます。パンを思い描いてみたところで、その味を味わうことも、胃袋を満たすこともできません。パンが欲しければ、居間で座って考えていないで、台所に行ってパンを手に入れるべきです。「神」について考え続けたり、「神」を感じ続けようとしたりするのは、「神」についての知識が欠けているからです。それは、経験の現象的な領域を突き抜けて、超越的な至福の領域、全能者の純粋な王国に入る方法を知らないからなのです。

直接「神」と交わったという賢者や聖人たちの記録が歴史に残されていますが、それらを読むと、その人たちの祝福された人生について知ることができます。しかし、そのような人たちの成功の秘訣は、想念や感情や経験の領域を超越したことにあるのです。神を悟る秘訣は、「神」についての想念を超越することにあります。想念のままにとどまっている想念は、神意識を覆い隠してしまいます。感情もまた同じように、神聖な至福を覆い隠してしまいます。「神」についての想念は、それが消滅するときに成就を見いだします。そして、「神」の無限の愛で心が満たされるためには、感情もまた消滅しなければなりません。

万物の偉大なる主宰者の栄光を知っている意識の状態は神聖です。このような意識状態は、継続的で規則的な瞑想の実践と、超越的な「存在」の経験とによって開発されます。そして、それがやがて、心情と理性とが完全に成熟した状態である宇宙意識をもたらします。このような心情と理性の完全な発達によって、人は神聖な「存在」を理解し、それを生きることができるようになるのです。形に現れていない絶対と形に現れた「存在」との関係が、おのずから明らかになります。人格的な「神」が五感のレベルで経験されるようになります。「神」は日々の生活の中の生きた真実になります。創造世界のあらゆる対象が、自分自身の真我として、「神」の光を反映するようになります。

哲学者は、これを神秘的な経験と呼びます。しかし、それは子供にとって時計の仕組みが神秘的に見えるのと同じようなものです。意識の一つのレベルではそれは当然のことであり、また別のレベルでは不思議なことであり、またさらに別のレベルでは不可能なことです。人格面と非人格面における神をどの程度悟れるかは、「存在」のレベルによって、すなわち意識の純粋性（詩節28）によって決まります。神意識を理解することは、神意識以外の意識状態では絶対に不可能です。しかし、超越瞑想という純粋意識を開発する直接的で簡単な方法を実践していけば、人間の意識のいかなるレベルにあるどんな人でも、神意識の悟りへと高まっていくことが可能です。

この詩節で与えられている主の約束の圧倒的な優しさは、人生の栄光を表しています。それは、過去、現在、未来にわたって、「真理」を求める数多くの熱心な求道者たちにとって、また、「神」を愛する数多くの熱心な献身者たちにとって、励ましと導きの源となるものです。それは、そのような人たちが全能者の愛を楽しみ、全能者の差し伸べる加護を享受するようにと与えられたものです。これは幸運なことです。人生を「神」とともに生きるのです。一瞬一瞬生きていくその一元性は、創造世界の多様性の中における絶対の一元性、永遠の人生の一元性における合一です。それは、形に現れた「神聖なるもの」、全能の人格神に象徴される偉大なる一元性です。
この詩節での主の約束は、次に続く詩節の中で、さらに深い真理とより大きな栄光とともに、繰り返し述べられていきます。

詩節31　統一に立脚して、万物に宿る私を崇拝する人、そのようなヨーギーは、どのような人生を生きていようとも、私の中に生きている。

「神」への崇拝を保ちながら、この地上で人生の多様な局面を生きていくということは、ある特定の意識レベルにおける特徴です。その基盤は「神」についての想念にあるのではないということを明確にするために、主は、「どのような人生を生きていようとも」と述べています。心や五感がどのように働いていようとも、活動のさまざまな様式がどんなものであろうとも、「神」の中における人生のあの完全性はまったく変わることがない、ということです。緑色の眼鏡を通して物を見ている人にとっては、その人が何を見ようとも、そこに緑色があります。献身者にとっては、その人が何をしていようとも、そこに、その人の意識の中に、「神」が存在しています。「神」は、献身者の視野の中に、その人の存在自体の中に存在しているのです。
「崇拝」という言葉には、深い意味があります。それは、献身、奉仕、信頼、帰依といった事柄を表しています。これを通常の意識レベルから理解するのは容易ではありません。しかも、神意識の本質を説明するとなると、それはなおいっそう困難なことです。しかし、意識のさまざまなレベルの違いを明確にすれば、いくらかでもその概念がつかめるかもしれません。

子供は喜んでおもちゃで遊びます。しかし、子供の意識が成長するにつれて、その興味は本へと移ってきます。子供がさらに大きくなると、世の中でどんな仕事をするかということが関心の的になってくるでしょう。意識が成長するにつれて、その人の興味や理解のレベルもまた成長してきます。同じように、人の意識が宇宙的な地位にまで成長したときには、創造世界における最高のレベルがその人の普段の興味の対象となってきます。「神」、すなわち創造世界の最高レベルにおいて顕現した「存在」が、その人を「神」自身へと引き寄せるようになります。つまり、その人は神意識へと高まり始めるのです。同胞たちの住んでいるこの世界にとどまっていながら、「神」の世界に生き始めます。そして、この祝福された状態に永遠に確立されるとき、「そのようなヨーギーは、どのような人生を生きていようとも、私の中に生きている」という主のこの慈愛に満ちた表現に包まれるのです。

主は、崇拝の本質を明確にするために、「私を崇拝する」という言葉に「万物に宿る」という表現を付け加えています。献身者を「神」に結び付けているのは、献身者の崇拝の気持ちです。つまり、それは個人的な関係を表しているのです。通常の人間の意識からすると非人格的で普遍的なものが、このような意識状態においては、親密で個人的なものとなります。なぜなら、形に現れていない絶対と形に現れた「存在」(すなわち全創造世界の主宰者)との調和したレベルに、この意識状態はあるからです。ここで主が説いている言葉から、ヨーギーは万物の中に人格神を見ようと努めるべきである、と解釈するのは間違っています。このような解釈は実際的でないばかりか、控え目に言っても、緊張を生み出すばかりです。神聖な「存在」は、神意識を基盤として、最も自然な生き方を通して崇拝されるべきです。「神」をここやそこ、あらゆるところに見つけようと努めることは、単なる想像力による行為でしかありません。そのような行為は、この詩節の真理からかけ離れていますし、実際的な人生からもなおいっそうかけ離れています。

個人の意識が宇宙意識へと成長すると、次は、神聖なる意識のこの満ち足りた状態が神意識へとさらに成長していきます。この神意識が確立された状態において、「万物に宿る」主宰者が崇拝されるようになるのです。そのとき、あらゆる想念が「神」の御足へ捧げられる花となり、あらゆる言葉が「神」への祈りとなり、あらゆる行動が「神」への捧げ物となります。聖典には、こうした献身者の栄光の中における神の栄光がうたわれています。主が「私の中に生きている」と述べているのも、そのような人についてであるのです。

この詩節では、悟りを得た人は、その人の真の実存のレベルすなわち「神」を現実化する、ということが示されました。次の詩節では、このような人が人生において平等な見方を確立する、ということが説かれます。

詩節32　真我との比較によって、喜びであれ、苦しみであれ、すべてに対して平等な見方をする人は、最高のヨーギーであると見なされる。アルジュナよ。

この詩節は、神意識の実際的な価値を明らかにし、悟りを得た人の周りのあらゆるものに、この悟りの尊厳を広げます。

詩節29は、非人格的な「存在」の観点から悟りの状態を表しました。詩節30は、それを人格的な観点から表しました。詩節31は、悟りを得た人との親密な接触へと人格神を引き寄せ、「神」との合一というその祝福された状態を維持するために、献身の絆《きずな》を生き生きとした状態に保ちました。この詩節は、その献身の絆を溶かしてしまいます。なぜなら、親密さが完全になったときには、絆はもはや存在しないからです。献身が合一を維持するためのつなぎの役目を果たしていた間は、それは、まだいくらか手続きのレベルにとどまっていました。崇拝という手続きは、献身者の心情とその存在すべてを圧倒する喜びです。それは、献身者の人生に意味を与え、それをあらゆるレベルで栄光化します。しかし、そうした献身の喜びは、まだ距離のある合一の喜びです。合一がもっと完全になってくると、崇拝、敬慕、献身といった絆は、それ自体が消滅していくことに成就を見いだします。崇拝する人と崇拝される「神」とは完全に一つになり、絶対的な統一の一元性の中に溶け込みます。そのとき、崇拝者と「神」は崇拝者自身の中で一つになります。崇拝者自身が「神」自身となります。その人の見方は「神」自身の観点からとなり、その人の喜びも苦しみも「神」自身の観点からとなります。

「真我との比較によって」とは、献身者自身の真我の観点からということです（第四章詩節35参照）。前の詩節で説かれた状態では、献身者と「神」との統一はとても完全な状態に達し、そのため、献身者の人生は「神」の生命となります。あらゆるところで、あらゆるものにおいて、「神」を生きます。あらゆるものを「神」の観点から見ます。しかし、この詩節では、「神」との合一におけるこのような崇高な状態が、さらにいっそう大きな栄光で輝きます。主は次のように述べています。「真我との比較によって……平等な見方をする」。前詩節で説かれた状態では、まだ献身者と「神」との間には違いがありましたが、ここでは、それがもはや見当たりません。「神」への崇拝がまだ認められるというレベルにあった、献身者と「神」との合一は、ここでは、よりいっそう強力な合一になっています。今や献身者の「神」は献身者自身と一つです。至高の神聖なる統一が献身者の中に行き渡っているのです。献身者の個別性の中に、「神」の永遠なる栄光が明るく輝いています。そのような完全性の中で、「神」の永遠なる栄光は、「存在」のレベルだけでなく、感情、思考、視野、経験の全領域にまで満ちあふれています。以前には主への献身によって彩られていた献身者の視野は、今や自分自身の真我の観点からの澄みきった視野となり、そこには自分自身の永遠の「存在」が行き渡っています。そのような「存在」の中にこそ、「それ」を支えている「神」の栄光があるのであり、それによって、「神」の愛する献身者が「神」の中に得た永遠の自由が、維持されているのです。

このような完全な解放において、献身者は豊かに満ち足りた人生を生きます。献身者の見方は、ごく自然に、万物を自分自身の真我と同じものと見なす見方となります。なぜなら、自分自身も自分が見るものも真我の表現にほかならないからです。

主は「喜びであれ、苦しみであれ」という言葉を用いていますが、これは、対立するもの――そして、実に、人間の個性が創り出す創造世界の多様性のすべて――も、ヨーギーには、その相違を示さなくなる、ということを説くためです。ヨーギーの見方は、全体性としての人生をとらえるようになっています。喜びと苦しみといった対立するものは、進化の低いレベルでは大きな対照を示しますが、ヨーギーの平等な見方を分割することはありません。通常の意識レベルの人にもわかりやすくするために、そのような見方を、おもちゃに対する父親の平等な見方に例えてみましょう。つまり、さまざまな種類のおもちゃは、未発達な意識の子供にとっては大きな相違を示しますが、父親にとってはどれも同じように見えるということです。

この詩節は、悟りの頂点を示しています。それは、人生における最高の一元性を自分自身の真我として悟ることです。どんな人生の多様性も、この最高の統一の状態を減ずることはできません。それに到達した人は、ありとあらゆるものを支える人になります。なぜなら、そのような人は永遠の生命となったからです。そのような人は、相対と絶対との間の隔たりに橋を渡します。滅びゆく現象世界においても、永遠の絶対がその人の中にあります。その人は、「プールナマダ　プールナミダム――あの絶対も完全に満ちている、この相対も完全に満ちている」という『ウパニシャッド』の讃歌に意味を与えるために生きます。日々の生活において、このような最高の真実を生きる人は、「最高のヨーギーと見なされる」と主は説いています。このような状態のヨーガは、完成の域に達しています。ヨーギーが到達したこのレベル以上の合一のレベルはありません。究極の意識レベルに確立されているのです。

「神」との合一を形而上学的に考察することが好きな人たちであれば、ここに合一の二つの状態がはっきりと描かれていることに、興味を感じることでしょう。しかし、この詩節に述べられている状態は、前の詩節の合一のさらに進んだ状態にすぎません。献身者がまだ「神」の優越性を捨てないでいる合一も、ごく自然に、よりいっそう親密な「神」との合一へと進んでいきます。合一の原理は、他からの影響を受けることはありません。これは、形而上学的な思索や神学的な理解によって決められるものではありません。人の意識が実際に神意識のレベルにまで高まらないかぎり、合一の二つの状態の違いをどのように説明し、また、どのように理解したとしても、とても真理には及びもつかないでしょう。なぜなら、前にも述べたように、高い意識状態に関する真理を正しく評価することは、低い意識レベルからはできないからです。

「神」との合一に生きる人たちは幸運です。地上にあって人類を導き、あらゆる創造物の進化を促します。宗教や人種の枠を越えています。その人たちが「神」と戯れるのか、あるいは、「神」を自分自身の「存在」と一なるものとしてとらえるのかは、その人たちと「神」との間で決定されることです。「神」の献身者として生きるか、あるいは、統一されて「最愛なる方」と一つになるか、それはその人たちと「神」との間のことです。それは、合一におけるそのレベルで決定されればよいことです。一つの見解が他の見解を締め出す必要はありません。合一の原理の違いをあげつらうことは、「神」に対する罪です。どの学派を信奉する人たちであっても、それぞれのゴールを達成するように励むべきです。そうすれば、その意識において、他の見地もまたそのレベルでは正しいということが理解できるでしょう。

詩節33

アルジュナは言った。
このヨーガの特徴は平等さにあるとあなたは説くが、マドゥスーダナよ、
私はその安定した持続を思い描くことができない、動揺のために。

アルジュナは、神意識の開発に関する主の教えを理解しています。ここで、アルジュナは、詩節26の「気まぐれで不安定な心」についての教えから生じる、一つの問題点を取り上げています。その質問は、もし、主自身が言うように、心が本当に「気まぐれで不安定」であるとしたら、どうしたら神意識の一元性における「平等な見方」(詩節32参照)を維持することができるのか、ということです。

アルジュナは、動揺する心をもってしても神意識が開発できるのか、という疑いを持っているのではありません。疑問に思っているのは、心が動揺しているときにも神意識が安定して持続できるのか、ということです。

それは、多くの賢人たちや「神」への献身者たちが経験してきたことです。彼らは神聖な光の閃光を時折感じつつも、それが常には持続しないために、惨めな思いをしてきました。しかし、注意が揺らいだときに見失ってしまった理由は、心の注意というレベルで開発しようとしていたからにほかなりません。神意識の安定した持続は注意力に基づくと考えるのは誤りです。もし、持続しないのであれば、それはただ「存在」が欠けているからです。なぜなら、神意識の基盤は、宇宙意識という堅固な土台の上に成長していく、人生の一元性にあるからです。このことは、主がアルジュナの質問に答えて後で説明します。アルジュナの質問は、次の詩節で完了します。

詩節34　なぜなら、クリシュナよ、心は動揺し、荒れ狂い、強力で、頑固であるから。それは風のように制御しがたいと、私は考える。

主はすでに第二章で、五感は本質的に「動揺し」、「荒れ狂い」、「強力で」、「頑固」なものであると認めています（第二章詩節60、67参照）。心は、五感のレベルでは決して安定しないものです。アルジュナは、このことを主に思い起こさせているのです。

五感の領域で心が揺れ動こうとも、あるいは五感が心を引き寄せようとも、神意識を開発することは容易なことです（第二章詩節40参照）。このような主の教えの中心を、アルジュナが見落としていると考える根拠はどこにもありません。アルジュナはただ、心が五感に引き寄せられたときに神意識を失ってしまうのではないか、と懸念しているだけです。したがって、心を支配下に置き、神意識における心の平等さを養い楽しむための方法を知りたい、と思っているのです。アルジュナの質問は、実は五感レベルでの心の制御に関したものであり、主の答えもそのレベルに関して与えられています。

この二つの詩節でのアルジュナの質問は、大きく誤解されてきました。心の動揺する本性のために、神意識を達成するのは難しいことだと解釈されてきたのです。その結果、神意識を開発しようという人々の熱意は抑えられ、また、求道者たちは、心を制御し注意を固定しようとする、たいへん困難な実践を行うことになってしまいました。神意識という崇高な領域でこのような嘆かわしい事態が生じたのは、一つの重要な原理が見失われたという、ただそれだけの理由からです。その重要な原理とは、神意識は宇宙意識における「存在」のレベルを基盤とするものであって、思考や理解あるいは注意の固定や継続に基づくものではない（第二章詩節45、第三章詩節43参照）、ということです。

これは留意しておくべきことですが、アルジュナの質問に対する答えの中で、主が実践の必要性を強調するとき、その実践は、超越意識を宇宙意識へ、そしてさらに神意識へと成長させるための実践であって、決して注意を持続させる力を得るためのものではありません。

詩節35

聖なる主は言った。
疑いなく、武勇すぐれた者よ、心は動揺し、制御し難い。
しかし、実践と無執着とによって、それはとらえられる。クンティーの子よ。

心をその動揺するレベルで制御することは難しい、ということを主は認めています。なぜなら、多様な事物に心がかかわるというのが人生の本質であるからです。もし、心が一つの方向にしか向かわないとしたら、人生の他の方面が苦しむことになるでしょう。心がさまようのは、そうする必要があるからであり、そのために、どこか一点に安定していることは難しいのです。心を固定しておこうとするのは、自然なことではありません。不動ということは、人生の相対領域に属することではありません。このような理由から、主は「心は制御し難い」と認めているのです。

しかし、心が揺れ動きさまよっているときであっても、幸福の経験によって「それはとらえられる」ということを見失ってはいけません。心の本性についてこういった事実があるからこそ、心がどこにあろうとも「とらえて」おく方法を、動揺し続ける心に安定性を与えるものを、主はアルジュナに示すことができるのです。

主は、心は実践と無執着とによって「とらえられる」と言っていますが、これは、心がさまようのをやめて常に安定した不動の状態にとどまるようになる、という意味ではありません。なぜなら、それは日々の生活において実際的なことではないからです。主が言おうとしているのは、実践と無執着によって遍在する「存在」という安定した場が得られ、それによって、心がそれ自身の真の本質である至福の中に、恒久的にとらえられるようになる、ということです。

「実践と無執着」とは、超越瞑想の規則的な実践と、瞑想後の無理のない快適な日々の生活ということです。心を固定し不動の状態に保つ能力を得るために、実践が勧められているのではありません。それは、「存在」を成長させるためのものです。無執着の状態は、「存在」を心の本性の中に注ぎ込む助けになります。

「無執着」とは、どんなものも不当に重視しすぎることなく、適切な価値観をもって、単純で、無理のない気楽な生き方をするということです。なぜなら、執着とは、人生の特定の一面だけに重きを置くことによって、人生を制限することであるからです。無執着は、人生におけるさまざまな責任を放棄することではありません。むしろ、実生活のあらゆる面を正当に扱い、それと同時に、活動から離れた真我をおのずと維持できるようにしていく、ということです。これは、超越意識が宇宙意識へと成長していくときに起こります。ここでの「無執着」が意味しているのは、無執着の状態のことであって、その状態を得るための実践のことではありません。

「実践」によって、心が超越的な「存在」と接し、一方、「無執着」の無理のない生活によって、「存在」が活動の領域で生きられるように促されます。そして最終的には、詩節33におけるアルジュナの主要な関心の的であり、あらゆるヨーガのゴールである、安定した忍耐が神意識に与えられることになります。

宇宙意識は無執着の完全な状態です。神意識を得て、それを保つことができるようになるためには、その完全な無執着の状態においても実践を続けていく必要があります。この段階における実践とは、献身のことを意味しています。

詩節36　**ヨーガは、自分自身を律しない人にとっては達成し難い、と私は考える。しかし、自分自身を律した努力の人は、適切な手段を通してそれを達成することができる。**

この詩節の「ヨーガ」は、神意識におけるヨーガの状態のことを指しています。なぜなら、ここで主が答えているアルジュナの質問は、神意識におけるヨーガの状態に関しての質問であるからです。

「自分自身を律しない人」とは、ここの文脈では、詩節24と25の教えに従って自分自身を調えていない人、すなわち、宇宙意識を得ていない人ということです。

主はこの詩節で、ヨーガを成功させるための三つの必要条件を挙げています。それは、「適切な手段」（詩節3参照）と「努力」（詩節1、第三章詩節8、19参照）と「自分自身を律する」（第五章詩節26参照）人生です。

「適切な手段を通して」とは、前の詩節の「実践と無執着」を指しています。

「努力の人」という表現は、神意識におけるヨーガの状態は、鈍くて怠惰な人たちのものではない、ということを意味しています。それは、責任ある活動的な人たちのものだ、というのです。それによって、主は、人生のさまざまな領域に心がかかわると神意識が失われるのではないか、というアルジュナの心配（詩節33）を打ち払っています。

「自分自身を律した人」。これは、適切な価値観を持ち、真我すなわち絶対的な「存在」と相対的人生の領域での活動とを取り違えたりしない人、という意味です。つまり、宇宙意識を実現した人ということです。

人生を正しく調えるために、無理をしなければならない、と考えてはいけません。犬を飼い慣らすには、二つの方法があります。一つは簡単な方法で、もう一つは難しい方法です。犬を追いかけ、捕まえて、玄関につなぐ――これが犬を制御する一つの方法です。もう一つの方法は、追いかけず、捕まえようともせず、玄関につなごうともしません。まったく自由にしておいて、どこへでも行きたいところへ行かせますが、ただ、犬の好きな餌を玄関の前に置いておきます。そうすれば、望むときにいつでも、犬が玄関に来るようになります。これが、制御することなしに犬を手なずける簡単な方法です。私たちは心を手なずけたいのですが、そのための簡単な方法として、それを抑制しようとしないことです。心はより大きな幸福の場に引かれるものです。ですから、生命のより大きな幸福の場へと心を導いてあげればよいのです。そうすれば、その幸福を楽しみたいという心自身の欲求によって、心はそこにとどまるようになるでしょう。超越瞑想の実践は、「存在」の経験を通して満足をもたらし、自然に宇宙意識を確立し、それによって、人生に調えられた形を与えます。これが、心の調えられた状態を得るための簡単な方法です。

主はこの詩節で、簡単な方法も難しい方法も、何か特定の方法を唱導しているわけではありません。ただヨーガを成功させる原理を明らかにしているだけです。つまり、人生を調えることが必要だということを説いているだけです。主が説いている「ヨーガは、自分自身を律しない人にとっては達成し難い」という原理は、まったく明白な原理です。心が満足しておらず、しかも、五感の全領域を自由に探索するというのでは、心は調えられていません。心が調えられるのは、宇宙意識において、超越的な絶対の至福（第二章詩節59参照）を恒久的に経験するようになり、それにより満足が得られるときです。「律して」いるという言葉が意味していることは、心が五感と結び付いて対象を楽しむときにも心の平静さが失われない、ということです。そして、この心の平静さは、真我は活動から離れているという悟りを通して恒久化されます。

詩節37

アルジュナは言った。

信頼を持ちながらも努力に欠け、心がヨーガからそれて、ヨーガの完成に達しなかった人、彼はどのようなゴールに至るのか。クリシュナよ。

この質問は、宇宙意識は実践すなわち「努力」によって達成できる、と宣言している詩節24から28の主の教えから出てきたものです。

しかし、この質問の直接のきっかけは、前の詩節の「自分自身を律した努力の人は、適切な手段を通してそれを達成することができる」という言葉にあります。そこでは、最高に神聖な心の平等さ（詩節32参照）を得るための三つの条件が挙げられましたが、そのために、アルジュナにはそこに至る道が長いかのように思われたのです。前に主はアルジュナにこう話しています。「このヨーガにおいては、いかなる努力も無駄にならず、いかなる障害も存在しない。たとえわずかでもこのダルマをなせば、大いなる恐怖から解放される」（第二章詩節40参照）。ですから、ここで主が三つの条件を付けたとき、この人生でゴールに達することができないかもしれない、と思いつつもこの道を進み始めることに、はたして利点があるのかどうか、という点をアルジュナは明確にしたいと思ったのです。

この詩節にはさらにもう一つの意味合いがあります。アルジュナは、神意識におけるヨーガの状態に達するための三つの必要条件を聞いたとき、そこへの近道があるのかどうかを知りたいと思ったのです。信頼がこの道でどの程度助けとなるのか知りたいのです。というのは、たぶんアルジュナは、信頼のみによって神を悟ることに成功するほうが容易かもしれない、と考えているからです。アルジュナはとても実際的な人ですから、このような質問をするのも当然と言えます。努力を避けたいという気持ちがあったために、この質問が生じたのではありません。アルジュナの理解がとても実際的なものであるからこそ生じたのです。道を進み始める前に、それがどんな道かを始めから終わりまで理解している人たちは賢明です。ゴールに達するために近道をする人たちは、なおいっそう賢明です。アルジュナの質問は、その真剣さと、主の教えについていくことのできる偉大な鋭敏さとを反映しています。

「彼はどのようなゴールに至るのか」とアルジュナは質問しています。そのような人の運命はどうなるのか、そのような人はどこへ行くのか、このような問題が気になるのは、アルジュナが宇宙に関する知識を持っているからです。この話の冒頭で、アルジュナはダルマ、子孫、天国と地獄、社会の構造について述べましたが、それらの言葉から、アルジュナは、人生や世界について正確な認識を持っているということがわかります。このような知識を持っている人であれば、ヨーガの道を志す人のゴールを知りたいと思うのも当然のことでしょう。しかも、主はこの世界の実際的な日々の生活からも、また、この危急の戦場からも、まったくかけ離れているように思われる、意識の抽象的な領域における達成について話しているのですから、アルジュナがこのような質問を発するのも、なおさら当然であると言えます。
アルジュナは、次の詩節でその質問をさらに明確にしています。

詩節38　ブラフマンへの途上で迷って、よりどころなく、どちらからも脱落した人は、ちぎれ雲のように滅びてしまうのではないか。力強き者よ。

「ブラフマンへの途上で迷って」とは、宇宙意識を開発する超越瞑想の規則的な実践からそれると、という意味です。この質問は、実践を始めはしたが（第二章詩節45参照）、さまざまな理由で続けることができなかった人についての質問です。「迷って」という言葉は、実践をやめた理由が求道者の側にあるということを示しています。「神」の側にも、「神」に至る道にも、求道者に対して実践をやめるように勧めたり、強制したりする要素は何も存在しません。もし、求道者が実践をやめたとしたら、それは、その人自身の迷いの結果として起こったとしか考えられません。そして、その迷いは、ゴールについての知識がその人に欠けていたためかもしれませんし、あるいは、その人が自分の能力を疑い、自分はゴールに至ることができない、と考えてしまったためかもしれません。あるいは、ゴールの価値を正しく評価できなかったためかもしれません。また、これらすべてが、適切な指導が欠けていたことに起因するのかもしれません。原因が何であれ、もしその人が実践をやめてしまったとしたら、それはその人が迷っていたからにほかなりません。アルジュナがここで「迷って」という言葉を使っていることから、主の教えをいかに深く理解しているかが明らかになります。アルジュナは実践からそれてしまった人について質問しているのですが、この言葉によって、自分はすでにそのような人を迷った人と見なしている、ということを示したいと思っているのです。

「よりどころなく」。アルジュナは、意識にはさまざまなレベルがあり、人生にもそれに相当するさまざまな状態がある、ということを知っています。また、人の意識があるレベルから次のレベルへと進化していくときには、前のレベルの人生はその人にとって無用のものとなる、ということも承知しています。アルジュナが質問しているのは、いくらかの実践の結果として、通常の人間の意識レベルよりは高いレベルに達しているが、解放を約束し神意識の基盤となる宇宙意識にはまだ達していない人に関してです。そのような人は、人間のレベルではすでによりどころを失っており、神聖なレベルにはまだよりどころを得ていません。そのような人は、ここにも、そこにも、どちらにもいないのです。これが、「どちらからも脱落し」という言葉でアルジュナが表現している状態です。アルジュナはさらに、「ちぎれ雲のように滅びてしまう」という言葉で、恐ろしい破滅の様子を描いています。

アルジュナが知りたいのは、迷って実践をやめた人の運命はどうなるのか、ということです。この質問は単純そうに見えますが、実際のところは極めて複雑です。なぜなら、無知な人の意識と完全な解放と悟りを得た人の意識との間には、無数のレベルがあるからです。次の詩節でアルジュナが認めているように、この質問に対する的確な答えは、人生の全範囲と、無知と悟りの意識状態との間に存在するあらゆる可能性とを知っている、主からしか得られません。

詩節39

あなたは私のこの疑惑を完全に打ち払うことができる。クリシュナよ。
実に、あなたのほかにこの疑惑を断ち切れる人はいない。

これまで主の教えに耳を傾けてきたアルジュナは、今では主のもつ英知の計り知れない深さを確信するに至っています。「あなたのほかに……人はいない」という言葉は、質問をしながらも、今は質問などしている時ではない、とアルジュナが考えていることを示しています。なぜなら、戦場は形而上学的な議論をする場所ではないからです。しかし、主のほかにアルジュナの質問に答えることができる人はいないのですから、今、それを尋ねなければ、もう二度とチャンスはないかもしれません。アルジュナは、このことを指摘することによって、自分が今、質問することを正当化しています。アルジュナは、詩節28から32までの教えによって、主クリシュナのもとには無限の英知があるということを確信したようです。

弟子が師の英知の真価を認めてそれを表明するとき、優しさと愛に満ちたいっそう繊細な雰囲気の中で、英知は師から弟子へと流れ始めます。このことは、次の詩節で主クリシュナが答える最初の言葉からも、また、アルジュナのこの質問に答えて主から流れ出た知識の大洪水からも明らかです。

詩節40　**聖なる主は言った。**

パールタよ。この世界においてもその後の世界においても、そのような人が滅びることはない。

なぜなら、我が子よ、善を行う人が不幸の道を歩むことはないからである。

ある人が布を洗い始め、何らかの理由でたった一度しか洗えなかったとしましょう。その布は、完全にはきれいになっていないかもしれませんが、いくらかは汚れが取れているはずです。少なくとも、洗う前よりも汚れているということはありません。ある人が瞑想の実践を始めたとします。たとえ、その人がほんの数回しか瞑想しなかったとしても、あるいは、わずか一、二回しか超越しなかったとしても、それによってその人の心が得た純粋性は、すべてその人のものになります。

詩節41　ヨーガから脱落した人は、善なる者の世界に至り、無数の歳月の間そこに住んだ後、純粋で誉れある人々の家に生まれる。

「ヨーガから脱落した人」とは、一生のうちに瞑想の実践を完成させることができず、したがって、解放を約束する宇宙意識に達することができなかった人、あるいは、ヨーガの実践をしばらく行った後に興味を失ってやめてしまった人、そのどちらかを意味しています。

瞑想すれば、その実践に比例して純粋性が得られます。純粋性が増大すれば、より優れた、より幸福な意識レベルを現世で得ることになりますが、それは来世へも引き継がれていきます。

瞑想中、心は超越意識の状態に達し、相対世界の影から完全に自由になります。心は宇宙実存というその本来の地位を取り戻し、無知の影という汚れのまったくない状態に達します。これは、罪の影響からまったく自由になった、心の浄化された状態です。その状態に達すると、心は普遍的な「存在」の地位を完全に得ますから、相対世界の領域に戻ってからも、想念や言葉や行動の全領域に満足をもたらします。こうして極めて自然に、人の行動は人生のあらゆる面で正しいものとなり、その結果、人は善なる者の世界に至ることとなります。その世界は、人間界よりも上位にあり、実存のさまざまに異なる次元から構成されていると言われています。

善行の人が宇宙意識に達する前に死んだとすると、その人は、それらの次元のいずれかに入っていきます。

なぜなら、地上での人生は、それらすべてへの入り口だと考えられているからです。そこでの人生はより長く、ずっと幸福です。なぜなら、それらの次元はより高い意識レベルに相当しているからです。意識の最高のレベルは絶対「存在」であり、それは永遠の生命を持っています。その反対の極では、純粋性が最も少なく、寿命も極めて短い期間に限られています。純粋性のレベルによって、それぞれの次元での寿命の長さや幸福の程度が決定されるのです。

『ターイッティリーヤ・ウパニシャッド』には、創造世界のいろいろな存在によって楽しまれる、さまざまな幸福の度合が記されています。さまざまに異なる生命の次元すべては、行動とその結果という原理に従って得られることになっています。この世界での善行がどの程度かを基準として、これら高次元の生命のどこに至るかが決められるのです。

したがって、善なる者の世界とは、より大きな幸福の世界であり、そこにおいては、この地上で人間が享受しているよりも、もっと大きな調和と自由を楽しむことが可能です。しかし、そこではもはやヨーガの実践を行うことはありません。そのために、地上に戻って来る必要があるのです。この地上に戻り、「純粋で誉れある人々の家」に生まれ、その家がヨーガに適した環境を提供してくれます。そして再び実践を始め、最終的な解放に達します。

詩節42　あるいは、英知を備えた真のヨーギーたちの家庭に生まれる。しかし、地上でのこのような誕生はいっそう得難いものである。

「純粋で誉れある人々の家に生まれる」ことは、「英知を備えた真のヨーギーたちの家庭」に生まれるよりは容易であると、主はアルジュナに印象づけようとしています。これには二つの理由があります。まず、そのようなヨーギーの家庭はこの世界では稀《まれ》であるということです。次に、ヨーギーの家庭の持つ神聖な雰囲気の中に生まれるためには、それ以前に相当の純粋性を得ておく必要があります。このような環境の下に生まれた人は、神意識を速やかに実現する機会を得ることになります。

詩節43　そこにおいて彼は、前世の肉体において理知が到達した合一のレベルを再び得て、それによって、完成に向かってさらなる努力をする。クル族の喜びよ。

「そこにおいて」とは、「英知を備えた真のヨーギーたちの家庭」（詩節42）という環境において、あるいは、「純粋で誉れある人々の家」（詩節41）においてということです。

「彼は……再び得て」。その人は、「前世の肉体において理知が到達した合一のレベル」から自分の人生を始めます。これは次のような例えから理解できるでしょう。今、仮に、ある布を完全に染め上げるのに、染料に百回浸す必要があるとします。そして、その布を十回浸したところで、その工場が閉鎖されたとしましょう。その布は他の工場に持っていかれますが、二番目の工場では十一回目の作業から始めることができます。このように、たとえ一つの工場の連続した作業で完全に染め上げられなかったとしても、最初の工場で染められた色の程度に応じて、次の工場での作業の開始点を決めることができます。ある人が瞑想を始めると、「存在」が心の本性の中に浸透し始めます。もし、あるところまで浸透した後、その人がこの人生での実践をやめるか、あるいは、その人の肉体が滅びるかしたならば、今度また実践を始めるときには、それまでの実践を通して得た純粋性のレベルから始めることになります。この人生で得た純粋性は、肉体が滅びようとも、失われることはないのです。

詩節44　それまでの実践だけでも、それによって、いや応なしに前進させられる。ヨーガを志す人でさえも、ヴェーダを越えて行く。

「それまでの実践だけでも、それによって」とは、過去世での瞑想の実践によってということです。「だけでも」という言葉は、前世での実践は、それだけでその人をヨーガの道に進ませる十分な力を持っている、ということを示しています。そのような人には自然界が好意的に働いてくれ、実践を再開するのに有利な環境がおのずから調えられます。

「いや応なしに前進させられる」とは、意識的に努力をして実践を始めるにしても、あるいは、前世で行った実践の累積的な影響によって無意識に実践に引きつけられるにしても、どちらにしても、その人は瞑想を再開するということです。

主が言おうとしているのは、人生のいかなる面からの誘惑であっても、その人が再び道を歩み始めるのを妨げることはできない、ということです。どんなものも、ヴェーダの祭式（第二章詩節42、43参照）によるさまざまな利益の約束さえも、引き止めることはできません。その人はわき目も振らず、ヨーガの道を歩き始め、ヨーガの道に専念し、速やかにゴールに達します。

「ヴェーダを越えて行く」とは、相対世界の領域を超えて、超越意識に達するということです。主は、「志す人」すなわちヨーガの初心者でさえも、相対的人生の領域を超越すると言っています。なぜなら、第二章の詩節40ですでに明らかにされたように、心が絶対的な超越意識に達するのには何の困難もないからです。ここに、学識の有無にかかわらず、ヨーガを学ぶ人にとっての大きな希望があります。

詩節45　**しかし、熱心に努力して、あらゆる罪を浄化し、数多くの誕生を経て完成に達したヨーギーは、ついに超越的なゴールに到達する。**

この詩節は、これまで大きな誤解と失望の原因となってきました。なぜなら、多くの人たちが、主はここで、達成に至るまでには何回も誕生を繰り返す必要があるという原理を宣言している、と判断してしまったからです。このようなことになったのは、「誕生」という言葉の真意を理解し損なったからです。誕生とは、新しい肉体を得ることを意味しています。超越意識において個別の心が宇宙的な地位を得るとき、そこで何が起こっているのかを分析してみると、個別性が存在しなくなるということがわかります。つまり、その人は純粋な「実存」になります。そして、「超越領域」から外に出てくると、また再び個別的な人生を得ます。誕生とは、このように個別的な実存を再び獲得することを意味しているのです。ヨーガの聖典の言葉を理解できないのは、ヨーガの状態の経験と、ヨーガの実践に関する詳しい知識が欠けているためです。このような状況では、どうしても誤解が生じてしまいます。

ヨーガの三つの状態（詩節3注釈参照）についてはすでに述べました。超越意識におけるヨーガ、宇宙意識におけるヨーガ、神意識におけるヨーガです。「完成に達した」という言葉が示しているように、この詩節では神意識のことを述べています。主は、「数多くの誕生を経て完成に達した」と述べています。ここで主が言おうとしているのは、超越意識を繰り返し得て、そうして、この世界に何度も繰り返し再生して、ついには宇宙意識を得るという継続的な実践を通して完成に達した、ということです。この宇宙意識の状態は、「容易に」（詩節28参照）得られると主が説いているものであり、神意識へと成長していくための確固とした基盤となるものです。

主は、宇宙意識から神意識へのこの成長について、「やがて自ら、自己の中にこれを見いだす」（第四章詩節38参照）と教えています。主の「やがて」という表現には、数多くの生涯というような意味合いはまったく含まれていない、ということに注意してください。このように、「数多くの誕生」という表現が数多くの生涯を意味している、と考える理由はまったくないのです。ここでの教えは、超越瞑想の実践によってたやすく超越意識が得られ、超越意識を獲得する規則的な実践を通して「遠からずして」（第五章詩節6参照）宇宙意識へと高まり、さらに神意識に至ることができる、というものです。

「数多くの誕生」を表面的に解釈して、数多くの生涯と考えることもできますが、しかし、明らかに、そのような解釈は、「努力に欠け」、「心がヨーガからそれ」たために、この人生で「ヨーガの完成に達しなかった」人たちについてのみ当てはまる解釈です（詩節37参照）。そのような人たちでさえも、主が述べているように、数多くの生涯での実践を通して、徐々に自分自身を浄化していくことにより、超越的なゴールに達することができます（詩節43、44参照）。これがヨーガのすばらしさです。一度ヨーガを始めたならば、必ずやその結果を得ることができます。もし、実践が足らなかったために、現世で完全な成就に至らなかったとしても、現世でのヨーガの影響が来世に現れ、その人は実践を再開し、ついには解放に至るのです。

「超越的なゴール」。超越意識というゴールということです。超越意識が宇宙意識において恒久的なものとなると、その先にあるゴールは神意識です。

詩節46

ヨーギーは、苦行者よりも優れ、さらに知識をもった人よりも優れているとされている。
また、ヨーギーは、行動の人よりも優れている。それゆえ、ヨーギーであれ。アルジュナよ。

主はこの詩節で、悟りを目的としたあらゆる作為、あらゆる無理、あらゆる努力の価値を否定しています。苦行を行う人は、肉体や心に無理をかけます。ヨーガの実践は、神経系を穏やかに洗練し、あらゆる歪みを取り除いて、超越意識へと導きます。ですから、苦行は、どのような観点から見ても、ヨーガよりも劣っています。

ここで言う知識の人とは、三つのグナや真我や「神」についての理論的な知識を持ちながらも、それらを直接的に経験したことのない人のことです。確かに、このような人たちもヨーギーより劣っています。なぜなら、ヨーギーは、それらの本質を直接的な経験を通して知っているからです。

行動の道は、正しい祭式、慈善、適切な義務の遂行、心を洗練し悟りを得ることを目的とするあらゆる種類の行動などにより、肉体と心と魂の浄化に努める人たちが採用する道です。この道もまた、ヨーガには劣っています。なぜなら、ヨーガの道は、容易で直接的な方法で心を啓発するからです。

確かに、こういった実践はどれも浄化の効果を持っており、心にサットワを増大させるための助けとなります。このようにして次第に純粋になっていけば、心はやがて真我の地位に到達するでしょう。どの道も理論的には正しいのですが、しかし、ヨーガには劣っています。なぜなら、それらは長い年月を要するばかりか、「行動が手段である」（詩節３参照）と主が説いている領域に制限されているからです。それに対して、ヨーギーは、「静寂がその手段である」（詩節３参照）と主が説いている領域に確立されています。この方が、はるかに進歩した人生の状態です。

ヨーギーが優れているのは、至高者を速やかにしかも容易に悟ることができるばかりか、その完全な栄光を、形に現れた「存在」の栄光を、「神」の絶対的な実存の中に実現できるからです。これは、人間の生命における神意識の栄光です。それは、苦行や知識や行動を通して得られる優れた状態を、さらに越えたところにある栄光なのです。

詩節47　**そして、すべてのヨーギーのうちでも、信頼を持って私を崇拝し、最も内なる真我が私の中に溶け込んだ人が、最も完全に統一された者であると私は考える。**

ここには、進化の最高の状態が説明されています。主は、「すべてのヨーギーのうちでも」と言っています。これは、ヨーギーの中にも、ハタ・ヨーギー、ギヤーナ・ヨーギー、カルマ・ヨーギーなど、さまざまなタイプがあることを意味しています。そのすべてに、四つのレベルでの達成があります。第一のレベルは真我意識の悟り（詩節10～18）、第二のレベルは宇宙意識の悟り（詩節24～29）、第三番のレベルは、神意識の悟り（詩節30～32）、第四のレベルは神意識における全創造世界の悟りです（詩節32）。「すべてのヨーギーのうちでも、……最も内なる真我が私の中に溶け込んだ人」と主が述べているのは、次のような人のことです。つまり、自分自身の内側に、万物の主宰者との、そして全創造世界との、自然で永遠の合一という絆を確立した人のことです。

これは、献身が成就したレベルで起こることです。

宇宙意識の特徴は、「存在」の状態が心の本性に完全に満ち恒久的に浸透しており、相対世界のどんな経験も心に影を落とすことができない、ということです。この状態を得た人は、常に自分自身の内側で満足しています。しかし、この満足感は、はっきりとした現実のものであるにもかかわらず、本質的にまったく抽象的です。なぜなら、それは、結局のところ、超越的な「存在」が心の本性へと浸透したという一つのしるしにしかすぎないからです。この浸透によって、「存在」が五感のレベルで経験できるようになるわけではありません。目は「存在」を見ることができません。舌は「それ」を味わえません。耳は聞くことができません。手は「それ」に触れません。それができるようになるのは、誠実な献身の過程を経てからのことです。

献身はいつも個人的なレベルにあります。ですから、「すべてのヨーギーのうちでも」、「信頼を持って私を崇拝し」と言うとき、主が意味しているのは、次のような人のことです。つまり、宇宙意識に確立されており、献身と崇拝のために、形をとって現れた宇宙的実存、すなわち「神」として個別化した宇宙的実存に、自らを結び付けている人のことです。そのとき、曰は、形をとって現れた抽象的で永遠の「存在」を楽しむようになります――すべての五感が、経験の対象として「それ」を楽しむようになります。これが、宇宙意識を得た人さえも栄光化し、五感のレベルでも「超越」、「至高者」を楽しむことができるようにする献身の道です。宗教の歴史には、シュカデーヴァやジャナカ王などの、真実に立脚し、主に献身し、五感、心、理知、魂といった経験のあらゆる手段を通して、主を楽しんだ人たちのことが記されています。「最も完全に統一されている」と主が表現しているのは、このような幸運な人たちのことなのです。

この詩節は、合一の最高の状態に関するあらゆる誤解を解消します。主は、最高のヨーギーの「最も内なる真我」が主の中に「溶け込んで」安らぐということを示しています。これは主の側からの説明ですが、献身者の側からのその状態についての表現は異なっています。つまり、献身者は主を「信頼を持って」崇拝するのです。これが、主との合一のすばらしさです。主は献身者を包み込み、主自身と一つにします。また、献身者は崇拝において主にしっかりと結び付きます。これは、「主」と献身者が相互に支え合っている一元性の状態です。

これは、「偉大なる合一」における二元性と統一です。

ここに、栄えあるバガヴァッド・ギーターのウパニシャッド、絶対に関する科学、ヨーガの聖典、主クリシュナとアルジュナの対話は、「瞑想のヨーガ、ディヤーナ・ヨーガ」と題する第六章を終える。

JAI GURU DEV

追録

I　聖なる伝統
II　超越瞑想、その主要な原理
III　宇宙法、創造世界の基本法則
IV　インド哲学の六体系
V　サンスクリット語原文

I　聖なる伝統

次の詩は、ヴェーダの英知を伝える聖なる伝統における、偉大な大師たちの栄えある名前を記録したものです。

Nārāyaṇaṁ Padmabhavaṁ Vashishthaṁ
Shaktiṁ cha tatputra Parāsharaṁ cha
Vyāsaṁ Shukaṁ Gaudapādaṁ mahāntaṁ
Govinda Yogīndram athāsya shishyam

Shrī Shankarāchāryam athāsya Padma-
Pādaṁ cha Hastāmalakaṁ cha shishyam
Taṁ Trotakaṁ Vārtikakāram-anyān
Asmad Gurūn santatam ānato 'smi

Shruti-Smṛiti-Purāṇānām
Ālayaṁ Karunālayam
Namāmi Bhagavat-pādaṁ
Shankaraṁ loka-shankaram

Shankaraṁ Shankarāchāryaṁ
Keshavaṁ Bādarāyaṇam
Sūtra-Bhāshya-kṛitau vande
Bhagavantau punaḥ punaḥ

Yad-dwāre nikhilā nilimpa-parishad
Siddhim vidhatte 'nisham
Shrīmat-Shrī-lasitaṁ Jagadguru-padaṁ
Natwātmatṛiptiṁ gatāḥ

Lokāgyān payod-pātan-dhuraṁ
Shrī Shankaraṁ Sharmadam
Brahmānanda Saraswatīṁ Guruvaraṁ
Dhyāyāmi Jyotirmayam

II　超越瞑想、その主要な原理

波が海のもっと深いレベルと接触するようになれば、波はいっそう強力になります。同じように、意識的な心が拡大して、思考のもっと深いレベルを包括するようになれば、想念の波もいっそう強力になります。

意識的な心の幅が拡大されれば、心の力が増大し、その結果、知性やエネルギーも増大します。いつも自分の心のほんの一部分しか使っていなかった人が、心の全潜在力を活用するようになります。

その方法は、注意を内側に、想念のより精妙なレベルに向け、そして、心が想念の最も精妙なレベルの経験を超越して、想念の源に達するようにする、というものです。これは、意識する心を拡大すると同時に、あらゆる想念を生み出している創造的な知性に触れさせるものです。

想念のインパルスは、ちょうど、泡が海底から湧き出るように、内側の静かな創造性の中心

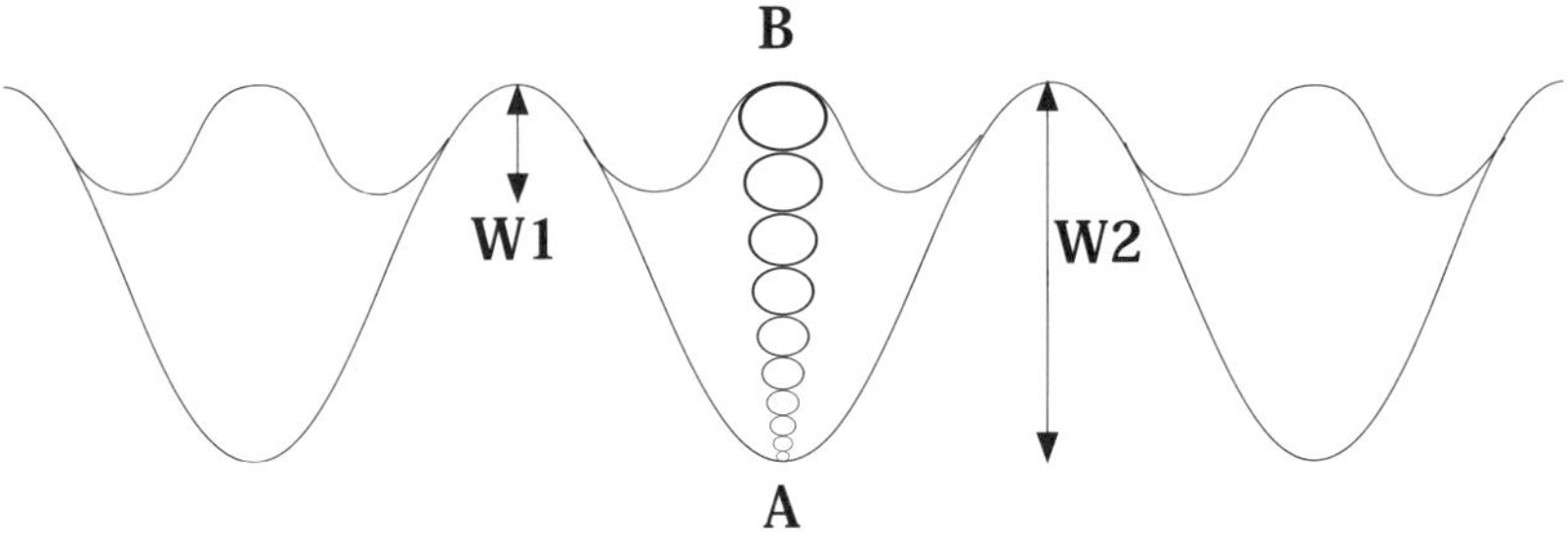

から出てきます。それは、上昇するにつれて次第に大きくなります。心の意識的なレベルに達したときには、十分に大きくなって、一つの想念として認識されます。そして、そこから、さらに言葉や行動となって展開していきます。

注意を内側に向けることによって、心は、意識的なレベルでの想念の経験（B）から、想念のより精妙な状態へと導かれていき、ついには、想念の源（A）に達します。このような心の内側への動きによって、意識する心が拡大することとなります（W_1からW_2）。

この方法は、超越瞑想と呼ばれています。実践は簡単です。始めるに当たって準備しなければならないことは、何もありません。ただ、資格のある教師から個人的に指導を受ければよいだけです。

これは心に留めておくべきですが、超越瞑想は黙想法でも集中法でもありません。黙想法も集中法も、心を意識的な思考のレ

ベルにとどめるのですが、超越瞑想は、心を系統的に創造的知性の純粋な場である、想念の源へ導きます。

Ⅲ　宇宙法、創造世界の基本法則

無限の多様性を持ち常に変化してやまない創造世界は、何か安定した実存の次元を基礎として成り立っているように思われます。自然界のリズムは、何か明確なパターンに従っているようであり、宇宙空間という巨大な構造の中の無数の銀河は、一定の計画に従って動いているように見えます。万物の創造、進化、崩壊は、何か決まった順序に従って進行していくように思われます。万物は変化しています。しかし、この絶え間ない変化それ自体の根底に、何か変化しないものがあるようです。

水素も酸素も気体です。これが結合すると水（H_2O）になります。気体の性質が水の性質に変わりますが、しかし、水素はH、酸素はOで、どちらも元のままです。さらに、水が凍ると氷になります。水の性質が氷の性質に変わりますが、やはり、その本質的な構成要素である水素と酸素は変わりません。これは、気体の性質を水に、また水を氷に変えるいくつかの法則がある一方で、水素や酸素を元のままに維持している何らかの力、何らかの法則があるということを意味しています。

水素や酸素がほかのものに変化するのを許さないその法則こそ、気体を液体に変え、液体を固体に変える諸法則の根底にある不変の基盤にほかなりません。宇宙法とは、創造世界の本質的、究極的な構成要素である絶対「存在」を完全なままに維持している法則のことです。「存在」が「存在」のままとどまっているのは、宇宙法の働きによります。ここから、創造世界のさまざまな層をつかさどっている、さまざまな法則が生まれてきます。これらの多様な自然界の諸法則が宇宙の維持と進化を直接的につかさどっているのですが、その基盤となっているのは、「存在」の次元にある永遠の宇宙法なのです。

超越瞑想中、心が想念の最も精妙な状態を超越して、真我意識、すなわち純粋な「存在」に達するとき、心は宇宙法のレベルに達します。その状態から出てきた心の立場は、ちょうど、大統領の部屋に入っていって、大統領と親しくなって出てきた人の立場に似ています。大統領の部下たち全員がその人に好意を示すようになり、全力で支援して、その人の活動が成功するように導いてくれます。

心が「存在」の領域、すなわち宇宙法の次元から、自然界の無数の法則の影響下にある活動の相対領域へと出てくるとき、心の活動は宇宙法の支援を自動的に受けることができるようになります。その結果、どんな願望の達成も、人生の究極的な成就も、それが可能となります。

宇宙意識に達した人の人生は、このようにして、宇宙法のレベルに永遠に確立されて、すべての自然法則から自発的に支援を受けるようになるのです。

Ⅳ　インド哲学の六体系

知識は、インド哲学の六体系のどの観点から見ても受け入れられるときに初めて、真理として認められます。『バガヴァッド・ギーター』のどの表現も、このようにして、それが真理であることを確かめ、裏づけることができます。ヴィヤーサの表現がこのように完全なものであることを示すために、第一章詩節２（最初の詩節は質問を示しています。質問が真理かどうかは、答えを示している文と同じようには、確かめる必要がありません。ここで最初の詩節を分析しなかったのは、そのためです。答えは二番目の詩節から始まります。そして、その正しさは、インド哲学の六体系に照らし合わせて確かめることができます）を以下に分析してみました。六つの体系は、伝統的な順序に従って示しました。

第一番目の体系ニヤーヤは、知識獲得の手順の正しさを分析します。ニヤーヤによって、調査の対象に正しくたどり着いたら、次は、第二番目の体系ヴァイシェーシカに進みます。ヴァイシェーシカは、ある対象と他の対象とを区別する特質を分析するための基準を提示します。ヴァイシェーシカが調査の対象をはっきりと突き止めたら、次は、第三番目の体系サーンキヤが対象のさまざまな構成要素を数えあげます。第四番目の体系ヨーガは、対象を直接的に認知する方法を提供します。対象とその構成要素の活動形態に関する知識は、第五番目の体系カルマ・ミーマーンサーによって与えられます。これら五つの体系が、相対的実存の観点から、調査の対象のさまざまな面を分析した後、第六番目の体系ヴェーダーンタが、対象のすべての局面の根底にある、究極的な真実は本質的に絶対である、ということを示します。このように、六つの体系をすべて合わせると、対象のあらゆる面を考察することができ、それによって知識が完全なものとなります。

ここで注意しておきたいことがあります。それは、この六つの体系はどれもとても完全なものであるために、一つの体系だけでも、解放のための完全な知識を与えるのに十分であるかのように見える、ということです。多くの学者が、どれか一つの体系のすばらしさに幻惑されてしまい、他の体系の価値が見えなくなってしまいました。ですから、一つ一つの体系が完全であったために、かえってインド哲学はその全体性を奪われ、弱められてしまったようです。知識が完全であるためには、六つの体系のすべてに裏づけられる必要があるのです。

次の分析は、第一章詩節2のさまざまな言葉が、どのように六体系のそれぞれを詳細に表しているかを具体的に説明したものです。

詩文は、次の通りです。

そのときドゥルヨーダナ王は、
戦闘配置についたパーンダヴァの軍を見て、
彼の師に近づき、これらの言葉を語った。

ニヤーヤ

ニヤーヤは、ガウタマによって説かれた論証学であり、知識獲得の手順を吟味する十六の項目を提示します。

一．正しい知識を得るための手段（プラマーナ）

正しい知識を得るには、次の四つの手段があります。

（一）知覚（プラティヤクシャ）

知覚（『バガヴァッド・ギーター』の中心的な教えである超越瞑想は、直接的な知覚の手段、知識獲得の直接的な手段です）に関する教えは、「見て」という言葉で与えられています。

（二）推論（アヌマーナ）

「戦闘配置についた……軍を見て」。軍が戦闘配置についたのを見て、ドゥルヨーダナは、いよいよ戦いの時が来たと推論し、師に近づきました。

(三) 類比(ウパマーナ)

これは、ある対象を別のよく知られた対象と類比することによって、それについての知識を得るという手段です。ここでは、「王」という言葉が、ドゥルヨーダナに対して用いられています。

(四) 信頼できる言葉(シャブダ)

「これらの言葉」。王の発する言葉は信頼できます。

二. 正しい知識の対象(プラメーヤ)

知識の対象とは、探究、あるいは近づこうとしている対象であり、ここでは「師」がそれに当ります。

ここで注意すべき点は、ヴィヤーサは、プラメーヤの教えを説くとき、知識の対象としてすべての知識の源である師を示しているということです。

三. 疑惑(サンシャヤ)

疑惑を取り除き、対象をはっきりさせるために、「師」に「近づき」ます。

四. 目的(プラヨージャナ)

「戦闘配置についた」という言葉が、軍隊の目的を明示しています。

五. 実例(ドゥリシュターンタ)

「ドゥルヨーダナ」という言葉が、ドゥリシュターンタに関する教えを与えています。前の詩節で、ドリタラーシュトラは、息子たちの行動について質問しました。ドゥルヨーダナは最年長の息子ですから、彼の行動は、ドリタラーシュトラの百人の息子全員の行動の実例である、と考えることができます。

六. 確立された原則(シッダーンタ)

師に近づいていくのはいつでも弟子の方から、というのが確立された原則です。ドゥルヨーダナは、「師に近づき」ました。

七. 論説の部分(アヴァヤヴァ)

「見て……近づき……言葉を語った」

八. 論証の過程(タルカ)

ドゥルヨーダナは「師に近づき」ました。これは、権威ある決定を得て、誤りや憶測の可能性を残さないためです。ここで与えられている論証に関する教えは、極めて実際的です。

九．結論を下す技術（ニルナヤ）

ドゥルヨーダナは軍を見て、状況を判断し、結論を下し、即座にそれに基づいて行動しました。彼は「師に近づき」ました。

一〇．論議（ヴァーダ）

論議は、決定的な結論を得ることを目的として、対立する両側に分かれて相互に作用し合うことから成り立ちます。この詩節で説かれている論議に関する教えは、とても完全なものです。一人の人間が両側を見て、解決を見いだすために、真実を知っている「師」に「近づき」ました。この詩節は、論議すなわち対立する両側の相互作用に関する教えを授けると同時に、調和についての教えも授けています。

一一．論争（ジャルパ）

論議が真理にたどり着くためのものであるのに対して、論争は勝つためのものです。この詩節の論争に関する教えは、「これらの言葉を語った」というところで授けられています。戦場は行動の場ですが、ドゥルヨーダナは、行動を起こす代わりに言葉を語っています。さらに、対立する軍は沈黙しているのですが、その沈黙に対して、ドゥルヨーダナは「これらの言葉を語った」のです。ですから、この詩節では、行動が言葉と戦わせられ、また、言葉が静寂に戦いを挑んでいるのです。ここに、論争についての教えが最も極端な形で説かれています。

一二．非難（ヴィタンダー）

この詩節は、一方の側に「軍」を、もう一方の側に「言葉」を置き、それによって、軍の尊厳を低めています。これは、論詰の目的――相手の側の尊厳を低めること――を示しています。非難の言葉を使わずに非難についての教えを説いているのが、この詩節の優れているところです。

一三．誤り（ヘートワーバーサ）

誤りには五つのタイプがあります。

（一）不確定（サヴィヤビチャーラ）

二つ以上の結論が引き出されるような推論。この詩節では、「これらの」という限定を意味する言葉が使われているにもかかわらず、ドゥルヨーダナが語ったことは不確定なままにされています。

（二）矛盾（ヴィルッダ）

立証すべき命題に矛盾する推論。『戦闘配置についたパーンダヴァの軍』を見たドゥルヨーダナは、当然、戦いを始めるという命題を立証すべきです。ところが、彼は戦いを始めないで、「師に近づき」ました。

（三）質問と同じであること（プラカラナリマ）

答えようとしている質問と同じ質問を引き起こすような推論。この誤りに関する教えは、「これらの言葉」という表現の中に見いだされます。「これらの」は「言葉」を限定しているのですが、ここでは、「言葉」がどのように限定されているのかという質問を引き起こすような使い方になっています。

（四）証明されていないこと（サーディヤサマ）

結論を立証しようとして提出された根拠が、証明しようとしていることと同じであり、それ自体、証明される必要があること。ドゥルヨーダナが彼の師に近づく理由は、証明または正当化される必要があります。なぜなら、戦闘が始まろうというとき、彼が総司令官に近づく理由はあったとしても、師に近づく理由はなかったはずだからです。

（五）時を逸していること（カーラーティーター）

すでに時が過ぎているのに、根拠を提出すること。師に相談するのは、行おうとする行動が正しいかどうかを判断してもらうためです。ドゥルヨーダナは、戦闘の場に臨む前に師に近づくべきでした。

一四．詭弁（チャラ）

詭弁には三つのタイプがあります。

（一）言葉による詭弁（ヴァークチャラ）

話し手が意図した意味と異なる意味で言葉を使用すること。原文では、「王」（ラージャー）という言葉が「言葉を」を修飾しているとも解釈できるような語順になっています。もし、そのように解釈するならば、ドゥルヨーダナは王のような言葉を語った、王のように話した、という意味になります。つまり、彼は王ではないのに王のように話した、ということになります。「言葉」に関連させた「王」のこのような使い方は、言葉による詭弁に関する教えとなっています。

（二）一般化による詭弁（サーマーニヤッチャラ）

全体の状況にとっては不可能なことなので、一つの陳述のもつ可能性に異議を唱えること。王の言葉は信頼できるものであるはずですが、ドゥルヨーダナの言葉が信頼できたことは一度もありません。ですから、「王」という言葉を使っているのは、皮肉であると理解することもできます。そうだとすると、ドゥルヨーダナはここで嘲笑されていることになります。これが、詭弁の二番目のタイプに関する教えになっています。

（三）比喩による詭弁（ウパラチャラ）

比喩的に用いられた言葉を、そのまま文字どおりにとって誤解すること。ドゥルヨーダナは真の支配者ではありませんから、「王」（ラージャー）という言葉を彼に対して用いているのは比喩と考えられます。それを文字どおりに解釈すれば、それがこのタイプの詭弁に関する教えとなります。

一五．不毛の議論（ジャーティ）

これは、類似している特質と類似していない特質だけに基づいた議論、という意味です。「ドゥルヨーダナ」と「王」の間には、類似している性質があります。「パーンダヴァ」と「戦闘配置についた……軍」の間には、類似していない性質があります。なぜなら、パーンダヴァは本来平和的であるからです。

一六．最初の原理との不一致（ニグラハスターナ）

これは、間違った考えや理解の完全な欠如から生じるものです。師に近づくのは、人が何かを説明してもらいたいからです。そして、説明が必要であるのは、間違いや誤解を取り除きたいからです。最初の原理との不一致に関する教えは、「師」という言葉に示されています。なぜなら、あらゆる不一致が解消するのは、師においてであるからです。

これは、『バガヴァッド・ギーター』におけるガウタマのニヤーヤの教えの完全さです。不調和に関する教えでさえも、完全な調和の中心から教えられています。ですから、ニヤーヤを学ぶ人が無味乾燥な論理の次元にとどまってしまう、などということはありません。

ヴァイシェーシカ

ヴァイシェーシカは、カナーダによって説かれた体系であり、ある対象を他の対象から区別する特質（ヴィシェーシャ）を分析するものです。この詩節では、「王」という言葉が、ドゥルヨーダナを他の人たちから区別する特質を明らかにしています。「師」を特定している「彼の」、「言葉」を特定している「これらの」という言葉も、同じような役割を果たしています。ここに、ヴァイシェーシカ哲学の一般的な教えがあります。

ヴァイシェーシカによれば、全創造世界の基盤となっている九つの実体があります。これらの実体の特質が、創造世界における無数の対象の多様な性質のもとになっています。九つの実体とは、地（プリティヴィー）、水（アーパス）、火（テージャス）、風（ヴァーユ）、空（アーカーシャ）、時（カーラ）、方角（ディク）、魂（アートマン）、心（マナス）です。

初めの四つの実体は、それぞれの原子（パラマーヌ）の特質によって互いに区別されます。その四つの特質とは、香り（ガンダ）、味（ラサ）、形（ルーパ）、可触性（スパルシャ）です。地にはこの四つの特質のすべてが含まれています。水は香りと形と可触性を、火は形と可触性を、風は可触性のみを持っています。

一．地（プリティヴィー）
地の要素に関する教えは、「ドゥルヨーダナ」という言葉によって表されています。香りが地と切り離せないように、王にふさわしい芳香は、王すなわち地上の支配者であるドゥルヨーダナから切り離すことができません。

二．水（アーパス）
味は水の要素の重要な特質です。味覚は舌にあります。そして、舌はまた言葉の器官でもあります。したがって、「語った」という言葉が、水の要素についての教えを与えていると言えます。

三．火（テージャス）
「見て」という言葉が、火の要素に関する教えを与えています。なぜなら、視覚は火の要素に関係しているからです。

四．風（ヴァーユ）
「近づき」という言葉が、風の要素に関する教えを与えています。なぜなら、可触性は風の要素から切り離せない特質であるからです。近づいていく過程は、最後に接触に達します。

五．空（アーカーシャ）
五番目の実体である空は、音声によって特徴づけられます。したがって、空に関する教えは、「言葉」という言葉によって与えられます。

六．時（カーラ）
時は、順序、同時、速さ、遅さなどの概念で示されます。「見て……近づき……語った」という表現は、これらすべての概念に関する教えを与えています。

七．方角（ディク）
方角は、ここに、そこに、遠くに、近くに、上に、下に、といった表現で示されます。方角に関する教えは、「戦闘配置についた……軍」、「近づき」という表現で表されています。

八．魂（アートマン）
ヴァイシェーシカ・スートラによると、八番目の実体である魂の存在は、次のような事柄からわかります。上昇する息（プラーナ）、下降する息（アパーナ）、目を閉じること（ニメーシャ）、目を開けること（ウンメーシャ）、生命（ジーヴァナ）、心の活動（マノーガティ）、五感の領域内の変化（インドリヤーンタラ・ヴィカーラ）、快（スカ）、不快（ドゥフカ）、欲求（イッチャー）、努力（プラヤットナ）。

魂に関する教えは、次のように表されています。

（一）上昇する息と下降する息がいっしょになって言葉が生じます。「これらの言葉を語った」

（二）目を閉じたり開けたりすることは、視覚と関係しています。「見て」

（三）生命は、「見て」、「近づき」、「語った」という言葉によって、ドゥルヨーダナの中に示されています。

（四）心の活動は、「見て」、「近づき」、「語った」という順序の中にあります。

（五）快は、「師に近づく」ことの中にあります。

（六）不快は、「戦闘配置についたパーンダヴァの軍を見て」の中にあります。不快に関する教えは、不快にはっきりと言及することなく、与えられています。

（七）ドゥルヨーダナの欲求は、「これらの」という言葉によって示されています。ヴィヤーサは、欲求に関する教えを説くにあたって、特定の欲求について述べることなく欲求の原理を示すような表現を使用しています。これは、今、考察している中心点から心がそれてしまわないようにするためです。これは、ヴィヤーサがインド哲学のさまざまな体系に関する教えを説くときに、とても緻密な言葉使いをしているという一つの例です。

（八）努力に関する教えは、「近づき」という言葉で表されています。どんな人でも、近づいていく過程には努力が必要です。いつでもだれでも呼び寄せることができる権力を持っている王であれば、なおさらです。

明らかなことですが、魂の特質を確認するためには、魂に「近づか」なくてはなりません。今、考察している詩節では、「近づき」は、「見て」という五感の活動に続く心の活動の結果です。同じように、魂に近づくためには、五感の活動の領域から心の活動の領域に行き、さらに、最も精妙な心の活動を超越して、あらゆる活動の基盤である純粋意識、純粋「存在」の領域に達することが必要です。超越瞑想として知られるこの過程を通して初めて、心は、カナーダが魂の特質を構成しているものとして示している、相対的実存の精妙な領域を深く悟ることができるようになります。そして、これによって、ヴァイシェーシカの教えの目的が成就されます。

九．心（マナス）

九番目の実体である心は、魂が五感とその対象に接触するとき、魂に知識を与える働きをする器官です。心に関する教えは、「見て」、「近づき」、「語った」という行動の間にある想念によって表されています。

サーンキヤ

サーンキヤとは、数に関連しているという意味です。この哲学体系はカピラによって説かれたものであり、対象についての知識は、その構成要素に関する知識があって初めて完全なものになる、と説いています。サーンキヤは、人生と創造世界の分析において、全創造世界と宇宙的な進化の過程の根底に、二十五の原理があることを明らかにしています。これらの原理に関する教えは、超越瞑想の実践を通して、直接的な経験によって確かめることができます。超越瞑想を実践するときには、心が、創造世界の粗雑から精妙に至るすべてのレベルを通過して、超越的な純粋意識に到達するからです。

一．プルシャ

「プルシャ」すなわち「宇宙精神」とは、超越瞑想中に、創造世界の最も精妙なレベルが超越され、純粋な超越意識のみが残ったときに直接的に経験される、超越的な真実のことです。プルシャは、人生の主観面の基盤です。「彼」は、過去にあったもの、現在あるもの、未来にあるであろうもの、そのすべての永遠にして静かなる目撃者です。

今、考察中の詩節では、プルシャに関する教えは、「パーンダヴァ」という言葉の中に見いだされます。「パーンダヴァの軍」という表現は、確かにその軍はパーンダヴァに属しているが、パーンダヴァたち自身は、必ずしも軍の一部とは限らない、ということを示しています。いわば、軍に巻き込まれない状態にとどまっていることができるのです。自然界のすべてはプルシャの意志の下で機能していますが、「彼」は、自然界の活動の静かな目撃者にとどまっています。

二．プラクリティ

「プラクリティ」すなわち「自然」とは、全創造世界がそこから生じる根本的な実体のことです。それは、サットワ、ラジャス、タマスの三つのグナ（第二章詩節45注釈参照）から構成されています。これらは、あらゆる変化の原因であり、進化の基盤です。

この詩節では、「パーンダヴァ」がプルシャを表し、「軍」がプラクリティを表しています。さらに、「戦闘配置についた……軍」は、異なる構成要素が配置され、活動の準備が整ったプラクリティを示しています。ヴィヤーサは、三つのグナに特に言及することなく、プラクリティの性質を見事に表現しています。三つのグナは、それらが平衡状態にあるかぎりは、三つとしての姿を現しませんし、どんな活動も起こしません。そこには、創造や進化の過程もありません。しかし、三つのグナが活動し始めると、それらは無数の組み合わせとなって現れてきます。

三．マハト

マハトは、進化の最初の段階です。それまで未分化であった根本実体、プラクリティが、形をとって現れるために動き始め、特定の方向を取り始めます。三つのグナの完全な平衡が乱れることによって生じるのは、動きとして現れた宇宙意志であり、それは形をとることへの衝動を満たします。

マハトに関する教えは、「近づき」という言葉で表されています。なぜなら、この言葉は、この詩節で表された状況の中における最初の動き、特定の方向への動きを表しているからです。

四．アハンカーラ

アハンカーラは、マハトの個別化に責任をもつ原理です。

アハンカーラに関する教えは、個別化の原理の例を示している「彼の」という言葉に見いだされます。この言葉は、「師」という一般的な言葉を限定し個別化しています。

五．マナス

マナスは宇宙的な心です。それは、個別化の原理であるアハンカーラに対象を提供します。マナスの状態において、形をとった現れへと向かうプラクリティの衝動がはっきりと限定されます。

マナスに関する教えは、「これらの言葉」という表現によって表されています。なぜなら、この表現は、「近づき」という言葉で示された最初の動きであるマハトから生じた状況に、特定の形を与えているからです。

六～一五．インドリヤ

次の十の原理は、インドリヤ、器官と呼ばれるものです。五つの知覚器官（ギヤーネーンドリヤ）と五つの行動器官（カルメーンドリヤ）があります。これらが、形に現れた客観世界と心を結び付けます。

知覚器官に関する教えは、「見て」という言葉で表されています。五つの知覚器官の代表として、視覚が取り上げられているのです。

行動器官に関する教えは、「語った」という言葉で表されています。五つの行動器官の代表として、発声器官が取り上げられています。

一六～二〇．タンマートラ

タンマートラとは、五つの知覚器官の対象となる五つの基本的実体、要素のことです。それらは五つの元素となって現れます。そして、その五元素が、五感の対象を構成して、全客観宇宙の物質的な基盤を提供します。音声の要素（シャブダ・タンマートラ）からは空の元素が、可触性の要素（スパルシャ・タンマートラ）からは風の元素が、形の要素（ルーパ・タンマートラ）からは火の元素が、味の要素（ラサ・タンマートラ）からは水の元素が、香りの要素（ガンダ・タンマートラ）からは地の元素が、それぞれ現れてきます。

　タンマートラに関する教えは、サンスクリット語の「トゥ」という言葉で表されています。これは翻訳では省略されていますが、見て「その後にのみ」という意味です。この表現は、出来事の連続の中に前後を区切る線を引いています。同じように、タンマートラも、主観世界の創造と客観世界の創造の間を区切る線を引いています。進化の過程において、タマス（第二章詩節45注釈参照）の影響が増大してくると、主観世界の創造は終わり、客観世界の創造が始まります。五つの元素の基盤となっているタンマートラは、主観世界の最も粗大な領域にあります。

二一～二五．マハーブータ

　物質世界を構成している五つのマハーブータすなわち五元素は、空（アーカーシャ）、風（ヴァーユ）、火（テージャス）、水（アーパス）、地（プリティヴィー）です。

　マハーブータに関する教えについては、ヴァイシェーシカについて論じたときにすでに説明しました。

　カピラの説くサーンキヤの教えはすべて、超越瞑想中の直接的な経験によって確かめることができます。なぜなら、心が超越意識の状態に達するためには、心は創造世界の粗大から精妙にわたるすべてのレベルを通過しなければならないからです。

ヨーガ

　ヨーガの目的は、直接的な知覚によって知識を得ることです。ヨーガは生命に関する実際的な科学であり、絶対「存在」の領域のみならず、相対世界のすべてのレベルを直接的に経験できるようにします。

　この詩節のまさに最初の言葉である「ドゥリシュトゥワー（見て）」が、ヨーガの目的とその成就の方法に関する教えを与えています（第二章詩節40の「このダルマをわずかでもなせば」という表現は、直接的な知覚の原理を表しています）。

　パタンジャリは、そのヨーガの解説書の中で、ヨーガという主題を余す所なく完全に論じるために、人生を八つの領域に分けています。

一．創造世界のすべての領域。個人の外側にありますが、常に個人の想念や行動の影響を受けています。人生が、次の五つの順守すべきことがら（ヤマ）によって、自然に支持されていれば、ヨーガすなわち完全な調和の状態がこの領域に確立されているとわかります。

（一）真実（サッティヤ）
（二）非暴力（アヒンサー）
（三）他人のものを欲しがらないこと（アステーヤ）
（四）純潔（生命力が常に上方に向けられている個人の状態）（ブラマチャリヤ）
（五）他人の所有物を受け取らないこと（アパリグラハ）

これらの質は、パーンドゥの有徳な五人の息子「パーンダヴァ」によって表されています。

二．個人の身体と神経系の物質的な構造。生命が、次の五つの規則（ニヤマ）によって自然に支持されていれば、ヨーガの状態が身体と神経系の領域に確立されていると言えます。

（一）浄化（シャウチャ）
（二）満足（サントーシャ）
（三）苦行（タパス）
（四）学習（スワーディヤーヤ）
（五）「神」への献身（イーシュワラ・プラニダーナ）

この五つの質も、「パーンダヴァ」によって表されています。

三．身体のさまざまな部分、姿勢（アーサナ）の領域。身体のすべての部分が互いによく調和して完全に機能していれば、ヨーガの状態がこの領域に確立されていると言えます。このような状態であれば、身体は安定した姿勢を長時間にわたって維持することができます。アーサナに関する教えは、「ついた」という言葉によって表されています。なぜなら、ヨーガの状態すなわち超越意識の状態においては、身体の各部分は互いに完全に調和し十分に機敏な状態にあるのですが、まだ行動し始めていないからです。

四．個人の呼吸の領域、呼吸の調整の領域（プラーナーヤーマ）。ヨーガの状態においては、呼吸の活動は自動的に休止します。

プラーナーヤーマに関する教えは、「戦闘配置についたパーンダヴァの軍」という言葉で表されています。「パーンダヴァ」、つまりパーンドゥの五人の息子は、体のさまざまな部分で機能している五つの呼吸、プラーナ、アパーナ、ヴィヤーナ、ウダーナ、サマーナを表しています。「戦闘配置についたパーンダヴァの軍」は、この五つの呼吸のすべてがヨーガの状態で安定している様子を表しています。

五．五感とその対象との間にある生命の領域。この領域におけるヨーガの状態は、五感が完全な自足の状態にあり、外側の対象に向いていない、ということによって知られます。ここでのヨーガは、五感が対象の場から退くことを意味しています。

五感が対象から離れること（プラティヤーハーラ）に関する教えは、「見て」という言葉で表されています。なぜなら、この言葉は、ドゥルヨーダナの視線がパーンダヴァの軍に向けられた後、それから退いた、ということを示しているからです。

六．五感と心との間にある生命の領域。この領域におけるヨーガの状態は、心が五感の領域から退いている、ということによって知られます。

心の安定（ダーラナー）に関する教えは、「ついた」という表現によって表されています。なぜなら、この言葉は、心が安定して、もはや五感と関係していない、ということを示しているからです。

七．心と「存在」との間にある生命の領域。この領域におけるヨーガの状態は、心のインパルスが洗練され、心が最も精妙な心の活動を超越し、純粋意識の状態、絶対実存、永遠「存在」に達している、ということによって知られます。

このような瞑想の過程（ディヤーナ）に関する教えは、「彼の師に近づき」という言葉で表されています。師は、「存在」の状態を表しているのです。

直接的にサマーディすなわち超越意識をもたらすのは、ディヤーナすなわち瞑想だけであるかのように思われます。しかし、パタンジャリのヨーガに関する解説をよく調べてみると、ヨーガの状態に達する実際の過程は、瞑想だけでなく、彼の説くヨーガの八つの部分すべてに関係している、ということがわかります。それぞれの部分が、その部分に関連する生命の領域に、ヨーガの状態をもたらすための実践の基礎となる原理を示しているのです。

何百年もの間、ヨーガのこれらの部分は、ヨーガの状態が成長するための段階であると誤解されてきました。しかし本当のところは、それぞれの部分は、それに関連する人生の領域に、ヨーガの状態を生み出すように設計されたものであるのです。これらの部分つまり方法のすべてを同時かつ継続的に実践していけば、ヨーガの状態が、人生の八つの領域のすべてにおいて同時に成長し、ついには永遠のものとなります。

ここで一つ指摘しておきたいことがあります。それは、超越意識という意味ではすでにヨーガの状態であるサマーディでさえも、究極のヨーガの状態すなわち宇宙意識への手段として役立てられるものである、ということです。宇宙意識の状態では、超越意識が心の本性に永遠に確立されます。インドの言葉で言えば、クシャニカ（一時的な）サマーディがニッティヤ（永遠の）サマーディになるのです。マハリシ・パタンジャリが、サマーディをヨーガの他の七つの部分、すなわち手段と並べて解説しているのには、このような意味があるのです。

ディヤーナの原理を実践と関係づけるために、付け加えておくことがあります。それは、ディヤーナの領域において最も価値のある実践は、超越瞑想という簡単な方法であるということです。超越瞑想はディヤーナの領域に属するものですが、しかし同時に、その領域を越えて、超越意識の状態すなわちサマーディを生み出します。この状態を得た後、注意はディヤーナの領域へと引き返します。そこは活動の領域です。一つの領域からもう一つの領域へと、心を規則的に移動させることにより、超越意識が活動の最中であっても維持されるようになってきます。初めはたいへん精妙なレベルで維持され、次第に日々の生活の粗雑なレベルでも維持されるようになり、ついには永遠のものとなります。このように、ある特定の実践、超越瞑想として知られているこの簡単な方法が、生命の二つの領域、ディヤーナとサマーディにおいて最も効果的に働く手段であるのです。

八．絶対「存在」、超越意識の状態（サマーディ）の領域。

サマーディに関する教えは、「パーンダヴァ」という言葉で表されています。この詩節における「パーンダヴァ」という言葉の使われ方は、パーンダヴァは軍を所有しているが、その支配者として軍から離れている、ということを示しています。同じように、サマーディの状態では、自己は、何ものにも巻き込まれない「超越者」として経験されます。

カルマ・ミーマーンサー

ミーマーンサーとは調査、綿密な考察という意味です。カルマ・ミーマーンサーでは、行動に関する綿密な研究を行います。なぜなら、行動は個人の実存と進化の基盤であるからです。ジャイミニのカルマ・ミーマーンサーの冒頭の句は、ダルマについての問いかけから始まります。ダルマとは、全創造世界を支えている自然界の無敵の力のことです。カルマ・ミーマーンサーで主に探求するのは、ダルマにかなった自然な行動についてです。一つ一つの行動の影響はたいへん遠くまで及ぶものであり（第四章詩節17注釈参照）、人間の理解を越えています。したがって、行動の善悪を判断する基準は、信頼できる『ヴェーダ』の言葉（シャブダ）以外にはありえません。

ジャイミニは、論理的な議論によって、シャブダの永遠性を立証し、これについての一切の疑いを取り除いています。これに関する教えは、「彼の師に近づき」という表現で表されています。なぜなら、師に近づくことで、あらゆる疑惑が取り除かれるからです。

シャブダの永遠性を立証した後、次にジャイミニが必要としたのは、『ヴェーダ』は創造の時における神聖な啓示である、ということを立証することでした。これに関する教えは、「そのとき」――創造のとき――という言葉に見いだされます。

またジャイミニは、『ヴェーダ』の言葉は、「神聖なるもの」のインパルスであるが、意味のないただの音声やリズムではない、ということを証明しました。それらには意味があり、したがって、特定の目的があります。それはちょうど、どんな言語においても、話された音声（言葉）に意味や目的があるのと同じです。今、考察している詩節のあらゆる言葉や表現が、この点に関する教えを提供しています。

ジャイミニは、『ヴェーダ』をダルマに関する最高の権威としていますから、『ヴェーダ』の文献を調査する明確な方法を工夫する必要がありました。そのために、『ヴェーダ』の内容を次のように分析しています。

一．ヴィディ（教訓、命令）
これに関する教えは、「見て……近づき……語った」という順序によって表されています。
二．マントラ（キーワード）
マントラは、ヤギャ（第三章詩節9注釈参照）のさまざまな段階を思い出すためのキーワードです。
「師」（アーチャーリヤ）は、マントラに関する知識の継承者であり、マントラに対して唱えられるあらゆる異論に答えるために存在しています。マントラヤギャの実行を助けるためのものです。ヤギャのあらゆる段階にそれぞれ異なるマントラがあります。ヤギャの過程で、師はマントラを語り、それに合わせて他の人々が行動を行います。ドゥルヨーダナは、行動のための正しい言葉（マントラ）を授かろうと、「師に近づき」ました。
三．ナーマデーヤ（固有名詞）
ナーマデーヤに関する教えは、「ドゥルヨーダナ」と「パーンダヴァ」という言葉によって表されています。
四．ニシェーダ（禁戒）
ニシェーダはヴィディの反対です。ニシェーダに関する教えは、「彼の師に近づき」と「これらの言葉を語った」という表現によって表されています。教訓（ヴィディ）に従った手順からすれば、師に近づいた後は直ちにひれ伏すものです。しかし、ドゥルヨーダナはひれ伏すことをしないで、話し始めています。
五．アルタヴァーダ（説明）
「王」という言葉が、アルタヴァーダに関する教えを与えています。
ミーマーンサーの学者は、サンスクリット語の文法学者たちに従って、『ヴェーダ』の名詞を三つに分類します。
（一）ルーディ（師やその他の権威者から学ぶ、慣用的な意味を持った簡単な非合成語）
ルーディに関する教えは、「言葉」という言葉で表されています。
（二）ヤウギカ（二つ以上の語が結合してできた合成語。それぞれの語が独自の意味を持っており、それが全体の意味を形成しています）
ヤウギカに関する教えは、「パーンダヴァの軍」（パーンダヴァ・アニーカム）という言葉によって表されています。

（三）ヨーガルーディ（合成語であるけれども、独自の慣用的な意味を持つもの）
これに関する教えは、「ドゥルヨーダナ」（ドゥル・ヨーダナ）という言葉によって表されています。

ジャイミニは、名詞はそれだけでは不十分であり、話の目的を伝えるためには動詞が必要である、ということを指摘しています。動詞は、行動という要素を導入します。ジャイミニは、その結果が目に見えるものであるか否かによって、行動を分類しています。ほとんど目に見えない結果（アプールヴァ）を持つ行動は、一次的（プラダーナ）と呼ばれ、ほとんど目に見える結果を持つ行動は、二次的（ガウナ）と呼ばれます。

プラダーナの行動に関する教えは、「語った」という言葉によって表されています。なぜなら、ドゥルヨーダナの語った言葉の結果は、この詩節では見ることができないからです。ガウナの行動に関する教えは、「見て」という言葉で表されています。なぜなら、見たことの結果が、「彼の師に近づき、これらの言葉を語った」という表現の中にすぐに現れているからです。

以上に述べた解釈の諸原理に従って『ヴェーダ』の文献を徹底的に調べていくために、『ヴェーダ』を二つの分野に分けて考察します。一．サンヒター、マントラを扱っている部分。二．ブラーフマナ、祭式とその説明を扱っている部分。

一．サンヒター
これは三つの部分に分けられます。

（一）リク　グループごとに集められた詩文で、韻律が整っていることにその特徴があります。これに関する教えは、この詩文の韻律の整った質によって表されています。

（二）サーマ　ヤギャの終わりに詠われる韻文。サーマに関する教えは、「そのとき」という言葉で表されています。この言葉は、この詩節で描かれている状況を何か他の出来事の後に置くものであるからです。

（三）ヤジュス　散文のマントラ。これには二つのタイプがあります。

a．声を出して語るもの（ニガダ）。このタイプのマントラに関する教えは、この詩節のすべての言葉によって表されています。なぜなら、これらの言葉は声に出して語られているからです。

b．声に出さないで発するもの（ウパーンシュ）。「これらの言葉」は、この詩節では発音されていない言葉のことを指しています。これは、声に出さないで発するマントラに関する教えを与えています。

二．ブラーフマナ

シャバラは、ミーマーンサー・スートラに関する注釈書の中で、ブラーフマナを分析する十の方法を述べています。

（一）ヘートゥ　動機。これに関する教えは、「見て」という言葉で表されています。ドゥルヨーダナが師に近づき、語ったのは、「見た」ことがその動機になっています。

（二）ニルヴァチャナ　説明、表現。これに関する教えは、「戦闘配置についた」という言葉によって表されています。なぜなら、これは、見たものを説明している表現だからです。

（三）ニンダー　軽蔑。これに関する教えは、ドゥルヨーダナは王と呼ばれているが、「パーンダヴァ」は呼び捨てにされている、という事実によって表されています。

（四）プラシャンサー　称賛。これに関する教えは、「戦闘配置についた」という言葉によって表されています。なぜなら、この言葉は軍の威厳を表しているからです。

（五）サンシャヤ　疑惑。「彼の師に近づき」という言葉が、疑惑に関する教えを与えています。なぜなら、師に近づくのは、いつでも疑いを取り除くためだからです。

（六）ヴィディ　教訓。すでに説明したように、これに関する教えは、「見て……近づき……語った」によって表されています。

（七）パラクリヤー　個人の行動。「見て……近づき……語った」というこの詩節の全体は、ドゥルヨーダナの行動に関するものです。

（八）プラーカルパ　過去の出来事。これに関する教えは、「戦闘配置についた」という言葉によって表されています。

（九）ヴィヤヴァダーラナ・カルパナー　文脈に沿った意味。「そのとき」という言葉が、この教えを与えています。

（一〇）ウパマーナ　類比。これは、もう一つのよく知られた対象との比較により、あるものの知識を得るということです。ウパマーナに関する教えは、ドゥルヨーダナを指して用いられている、「王」という言葉によって表されています。

カルマ・ミーマーンサーは、ダルマにかなった行動を追求していますが、それは超越瞑想の実践によっておのずと満たされます。これは、知っておくべき重要なことです。超越瞑想は心を「存在」の状態に導きます。「存在」は永遠です。「それ」は創造世界の基盤であり、したがって全宇宙を支えているものです。心が「存在」の状態に達すると、心は同時にダルマのレベルにも達します。ですから、「存在」の中に保たれている心が行う行動は、自動的にダルマにかなうものとなります。このように、超越瞑想は、カルマ・ミーマーンサーの教えに成就をもたらします。

ヴェーダーンタ

ヴェーダーンタとは、『ヴェーダ』の最後、『ヴェーダ』の最終的な知識という意味です。ヴェーダーンタの体系は、ウッタラ・ミーマーンサーとしても知られています。これは、『ヴェーダ』の最終章『ウパニシャッド』に対する調査という意味です。プールヴァ（前）ミーマーンサーとも呼ばれることもあるジャイミニのカルマ・ミーマーンサーは、『ヴェーダ』の行動に関する部分を考察します。これに対して、ヴィヤーサのウッタラ（後）

ミーマーンサー、すなわちヴェーダーンタは、「ヴェーダ」の知識に関する部分を考察します。ヴェーダーンタの主な目的は、生命についての完全な知識とは、「存在」のレベルで自然に生きられる人生そのものにほかならない、という真理を人々に教えることにあります。

ヴェーダーンタは、宇宙的な観点から、マーヤーの原理を導入することによって、形に現れない未顕現の絶対的な真実（ブラフマン）と、形に現れた人生の相対面との関係を説明しています。マーヤーという言葉の文字どおりの意味は、ないもの、実存しないもの、ということです。このことから、マーヤーがどんなものか明らかになります。それは、まったく実体のないものです。マーヤーの存在はそれが生み出す影響によって推測されます。マーヤーの影響は、木として現れる樹液の例で理解することができるでしょう。木のあらゆる部分は、樹液にほかなりません。樹液が、樹液としてとどまっていながら、木として表れているのです。同じように、マーヤーの影響によって、ブラフマンは、ブラフマンとしてとどまっていながら、形に現れた世界として表れているのです。

個人のレベルでは、アヴィディヤーという原理により、絶対的な真我（アートマン）と個人の相対領域との関係を、ヴェーダーンタは説明します。アヴィディヤーすなわち無知とは、より粗雑な形態としてのマーヤーにほかなりません。もし、マーヤーを透明な水に例えるならば、泥水がアヴィディヤーです。

マーヤーの影響の下で、ブラフマンはイーシュワラとして現れます。イーシュワラは人格神であり、創造世界の最も精妙な領域にある、生命の神々しいレベルに実存しています。同様に、アヴィディヤーの影響の下で、アートマンは、ジーヴァすなわち個別の魂として現れます。

ブラフマンに関する教えは、「師」という言葉によって表されています。人生に関するすべての英知を備えている師は、ブラフミー・スティティ、すなわちブラフマンの状態、宇宙意識の状態に立脚しています。

マーヤーに関する教えは、この詩節では、「王」を意味する「ラージャー」という言葉で表されています。ドゥルヨーダナは、公正な王ではありませんでした。

イーシュワラに関する教えもまた、「ラージャー」すなわち王という言葉によって表されています。王は、人間のレベルでは最高の権力を行使するからです。

アートマンに関する教えは、「パーンダヴァ」という言葉で表されています。「パーンダヴァの軍」という表現は、パーンダヴァは軍の支配者であるが、必ずしも軍の一部ではない、ということを表しています。同様に、アートマンは活動の世界から離れており、それに巻き込まれることはありません。

アヴィディヤーに関する教えは、「見て……近づき……語った」という言葉によって表されています。アヴィディヤーすなわち無知は、個別生命のすべての活動の基盤にあるものです。

ジーヴァに関する教えは、「ドゥルヨーダナ」という言葉によって教えられています。彼は、見て、近づき、そして語った、と述べられています。活動にかかわるのはジーヴァにほかなりません。

ヴェーダーンタにおける生命の知識の解説は、とても完全なものであり、普通の人間の知能のレベルでは十分に理解することができません。ですから、ヴェーダーンタに関する知識を獲得するためには、その前提条件として、意識のレベルを高めることが必要です。ヴェーダーンタを理解できるようになるためには、人生を次の四つの質のレベルで生きなくてはなりません。

一．ヴィヴェーカ（弁別）

これに関する教えは、「軍を見て」と「師に近づき」という言葉によって表されています。ドゥルヨーダナが軍を見て、最終的に戦闘へ突入する前に、師に近づいてその状況を報告しようと決心したのは、弁別の力の働きによります。

二．ヴァイラーギヤ（無執着）

これに関する教えは、「パーンダヴァ」という言葉に見いだされます。パーンダヴァは戦場にいます。しかし、「パーンダヴァの軍」という表現は、まるで彼らが軍とは関係していないかのように、そこから離れているようすを表しています。このことから、この詩節のヴァイラーギャに関する教えは、活動や人生の責任を放棄することではない、ということが明らかです。自分の所有物に巻き込まれない状態にとどまっていることが、無執着であるのです。所有物を放棄することが、無執着の基準なのではありません。

三．シャットサンパッティ（六つの宝）

（一）シャマ　心の制御。これに関する教えは、「軍を見て」と「彼の師に近づき」によって教えられています。もし、ドゥルヨーダナにこのシャマの質がなかったならば、師に近づいて相談するという心の落ち着きもなかったことでしょう。

（二）ダマ

五感の制御。これに関する教えは、「戦闘配置についた……軍」という表現で表されています。五感という軍がそれぞれの位置について機能する準備ができているのですが、まだ活動し始めていません。これは、五感の鋭敏さは五感の制御の原理に反しない、ということを示しています。

（三）ウパラティ

節制。「彼の師に近づき」が、節制に関する教えを与えています。それは、悟りの状態に近づく道は、無知と束縛から離れることであり、これが真の節制である、ということを示しています。この言葉は、一般に、活動を節制することと誤解されてきました。

節制の実践面は超越瞑想です。なぜなら、瞑想の実践は、超越意識、悟りの状態への直接的な方法であるからです。瞑想の内側への動きによって超越意識を得た後、心は外に出てきて活動に従事します。超越意識を得てそれから活動をするということの繰り返しによって、悟りの状態は永続的なものとなります。ですから、明らかに、ウパラティすなわち節制に関する教えは、無活動になることや一切の活動を放棄することとはまったく関係ありません。

（四）ティティクシャー

忍耐。これに関する教えは、「戦闘配置についた……軍」という言葉によって表されています。軍の機能は戦うことにありますが、いまは無活動に耐えています。忍耐の本質は、すべてをやって来るままに受け入れるということです。

（五）シュラッダー　信頼。これに関する教えは、「師に近づき」で表されています。

（六）サマーダーナ　心の平静。この詩節に示されている「師」の不動の状態が、この心の平静に関する教えを与えています。

四．ムムクシュットワ（解放への願望）

これに関する教えは、「師に近づき」で教えられています。

第一章詩節2における以上の分析は、『バガヴァッド・ギーター』のすべての詩節は正しいものであり、その真理はインド哲学の六体系に照らして確認することができる、ということを示す一つの実例です。また同時に、どの体系の目的も超越瞑想の実践によって成就される、ということも示されています。

ジェイグルデーヴァ
U・P・リシケシ
シャンカラーチャーリヤ・ナガル
マハーシヴァラートリ
一九六六年二月一八日

バガヴァッド・ギーター

マハリシ・マヘーシュ・ヨーギーによる新訳と注釈　第一章–第六章

2021 年 10 月 11 日　初版第 1 刷発行

著　者　マハリシ・マヘーシュ・ヨーギー
翻訳者　原田稔久
監訳者　一般社団法人マハリシ総合教育研究所

発行者　鈴木志津夫
発行所　マハリシ出版
東京都千代田区麹町 2-10-10-1F（〒 102-0083）
☎ 03-6272-9398　FAX 03-6272-9466

発売所　星雲社（共同出版社・流通責任出版社）
東京都文京区水道 1-3-30（〒 112-0005）
☎ 03-3868-3275　FAX 03-3868-6588

印刷・製本所　中央精版印刷株式会社

落丁本・乱丁本はお取り替えいたします。定価はカバーに表示してあります。

ISBN978-4-434-29314-6

本書は、1994 年『超越瞑想と悟り』の表題で出版された旧版（読売新聞社）の翻訳等を修正し、英文原書の表題を書名とした改訂復刻版である。

〈著者〉
マハリシ・マヘーシュ・ヨーギー
超越瞑想、ヨーガなどヴェーダの総合的知識の普及を通して、人類の幸福と完全な健康、世界の平和と繁栄を実現するために、1958年、精神復活運動を創設。世界ツアーを7回行い、マハリシ国際大学（1971年アメリカ)、マハリシヨーロッパ研究大学(1984年オランダ)、マハリシ・マヘーシュ・ヨーギー・ヴェーダ大学(1995年インド)などの教育機関をはじめとして 世界1,300か所以上にTMセンター、大学、高等学校、中学校、小学校、研究所、健康センター等を多数設立。世界各国の教育、健康、ビジネス、行政、更生教育などの領域において、超越瞑想、ヨーガ、アーユルヴェーダ、ジョーティシュ、スターパティヤ・ヴェーダを始めとするヴェーダの知識全般の普及・応用活動を推進。現在、全世界累計1,000万人以上の超越瞑想の指導実績を有し、30か国以上で1,000校以上の一般の小中高等学校に超越瞑想を導入。科学的研究や出版活動を推進し、アーユルヴェーダ医師の養成、健康補助食品等の研究開発、途上国援助プロジェクトなども推進。イデオロギー、政治、人種、宗教を超えた世界的な業績は、国際的に高い評価を得ている。

〈翻訳者〉
原田稔久（はらだとしひさ）
1951年、岐阜県生まれ。東京大学工学部卒業。マハリシ・ヨーロッパ研究大学創造的知性の科学教師養成課程修了。超越瞑想TM教師。翻訳家。翻訳書に『超越瞑想 存在の科学と生きる技術』（共訳マハリシ出版)、『超越瞑想 癒しと変容』（さくら舎)、『人生のプロフェッショナル思考』（経済界）などがある。

〈監訳者〉
マハリシ総合教育研究所
日本における活動は1974年から始まる。現在、一般社団法人マハリシ総合教育研究所（2011年設立）を本部として、マハリシ・アーユルヴェーダ株式会社などの関連会社と共に、超越瞑想、ヨーガ、アーユルヴェーダ、ジョーティシュ、スターパティヤ・ヴェーダを始めとするヴェーダの知識全般の普及活動を推進している。

関連図書 :『超越瞑想 存在の科学と生きる技術』（マハリシ出版)、『究極の瞑想』(かんき出版)、『超越瞑想 TMがよくわかる本』(マハリシ出版)、『大きな魚をつかまえよう』(四月社)、『瞑想の生理学』(日経サイエンス社)、『人間の生理 ヴェーダとヴェーダ文献の現れ』(マハリシヴェーダ大学) その他。

マハリシ総合教育研究所・全国の TM センターのご案内

センターのない地域に出張も行っています。お気軽にお問い合せください。

【北海道・東北】

◆札　幌　札幌市豊平区平岸三条 3-2-9 アムリタ 2F
☎ 011-814-2320　sapporo@maharishi.or.jp

◆青　森　☎ 090-2025-4865　m.imai@maharishi.or.jp

◆仙　台　☎ 090-6782-8578　sendai@maharishi.or.jp

【関東】

◆神　田　千代田区神田須田町 1-34-6　吉田ビル 4F
☎ 090-2747-9233　kanda@maharishi.or.jp

◆麹　町　千代田区麹町 2-10-10　パレスサイドステージホームズ麹町 201
☎ 03-6272-9992　kojimachi@maharishi.or.jp

◆渋　谷　渋谷区渋谷 3-6-4　プライア渋谷 1301
☎ 03-6427-3325　shibuya@maharishi.or.jp

◆新　宿　渋谷区代々木 2-16-15 キタビル 301
☎ 070-5519-4964　kobayashitaku@maharishi.or.jp

◆蒲　田　大田区西蒲田 7-25-2-803
☎ 03-6424-7916　nakata@maharishi.or.jp

◆明大前　杉並区和泉 2-27-8
☎ 03-3328-1555　meidaimae@maharishi.or.jp

◆高円寺　☎ 03-3314-6078　koenji@maharishi.or.jp

◆東久留米　東久留米市浅間町 3-12-4
☎ 042-421-0276　higashi-kurume@maharishi.or.jp

◆小田原　小田原市国府津 2904-401
☎ 090-2443-5305　y.kimura@maharishi.or.jp

◆横浜湘南　☎ 080-1001-7888　y.kato@maharishi.or.jp

◆大　宮　☎ 080-4005-9472　y.okubo@maharishi.or.jp

◆群　馬　邑楽郡千代田町赤岩 3296-1
☎ 0276-86-9888　gunma@maharishi.orjp

◆茨　城　つくば市松代 4-9-33
☎ 029-852-1721　tsukuba@maharishi.or.jp

◆那須塩原　☎ 090-9951-7013　nasu-shiobara@maharishi.or.jp

【中部】

◆金　沢　金沢市野田 1 丁目 77 番地
☎ 090-6274-9866　a.saito@maharishi.or.jp

◆浜　松　☎ 090-7257-5452　hamamatsu@maharishi.or.jp

◆名古屋栄　名古屋市中区上前津 2-5-7 エスポア上前津 201
☎ 052-321-6623　sakae@maharishi.or.jp

◆名古屋名駅　☎ 052-990-1053　m.takeuchi@maharishi.or.jp

◆愛　知　東海市大田町東畑 158
☎ 090-6083-7429　m.takeuchi@maharishi.or.jp

【近畿】

◆大　阪　大阪市中央区淡路町 3 丁目 6-12　ローズプラザ 605
☎ 06-6105-5965　osaka@maharishi.or.jp

◆京　都　京都市下京区鶏鉾町480 番地 オフィス・ワン四条烏丸ビル1205 室
☎ 090-7880-7889　kyoto@maharishi.or.jp

◆滋　賀　近江八幡市宮内町 172-7
☎ 0748-26-2794　shiga@maharishi.or.jp

【中国・四国】

◆広　島　広島市中区本川町 2-1-9 川本ビル 4F
☎ 080-5247-1666　hiroshima@maharishi.or.jp

◆島　根　松江市東出雲町錦新町 1 丁目 7-10 Do コーポレーション 1F
☎ 090-6840-3662　y.sueda@maharishi.or.jp

◆徳　島　徳島市南矢三町 3-6-47
☎ 090-5278-1400　tokushima@maharishi.or.jp

◆愛　媛　☎ 090-4545-1358　ehime@maharishi.or.jp

【九州】

◆福　岡　福岡市中央区大手門 2-8-18　大手門ハウス 1001
☎ 092-741-3134　fukuoka@maharishi.or.jp

◆鹿児島　姶良市蒲生町上久徳 312-1
☎ 090-3738-7683　kagoshima@maharishi.or.jp

◆沖　縄　☎ 090-9857-4721　h.fukuyama@maharishi.or.jp

■一般社団法人マハリシ総合教育研究所　東京事業本部
〒 102-0083 東京都千代田区麹町 2-10-10-1F
☎ 03-6272-9398　FAX 03-6272-9466　tokyo-hq@maharishi.or.jp
https://maharishi.or.jp/

॥ ॐ श्रीमद्भगवद्गीता ॥

धृतराष्ट्र उवाच ।
धर्मक्षेत्रे कुरुक्षेत्रे समवेता युयुत्सवः ।
मामकाः पाण्डवाश्चैव किमकुर्वत संजय ॥१॥

संजय उवाच ।
दृष्ट्वा तु पाण्डवानीकं व्यूढं दुर्योधनस्तदा ।
आचार्यमुपसंगम्य राजा वचनमब्रवीत् ॥२॥

पश्यैतां पाण्डुपुत्राणामाचार्य महतीं चमूम् ।
व्यूढां द्रुपदपुत्रेण तव शिष्येण धीमता ॥३॥

अत्र शूरा महेष्वासा भीमार्जुनसमा युधि ।
युयुधानो विराटश्च द्रुपदश्च महारथः ॥४॥

धृष्टकेतुश्चेकितानः काशिराजश्च वीर्यवान् ।
पुरुजित्कुन्तिभोजश्च शैब्यश्च नरपुंगवः ॥५॥

युधामन्युश्च विक्रान्त उत्तमौजाश्च वीर्यवान् ।
सौभद्रो द्रौपदेयाश्च सर्व एव महारथाः ॥६॥

अस्माकं तु विशिष्टा ये तान्निबोध द्विजोत्तम ।
नायका मम सैन्यस्य संज्ञार्थं तान्ब्रवीमि ते ॥७॥

भवान्भीष्मश्च कर्णश्च कृपश्च समितिंजयः ।
अश्वत्थामा विकर्णश्च सौमदत्तिस्तथैव च ॥८॥

अन्ये च बहवः शूरा मदर्थे त्यक्तजीविताः ।
नानाशस्त्रप्रहरणाः सर्वे युद्धविशारदाः ॥९॥

अपर्याप्तं तदस्माकं बलं भीष्माभिरक्षितम् ।
पर्याप्तं त्विदमेतेषां बलं भीमाभिरक्षितम् ॥१०॥

अयनेषु च सर्वेषु यथाभागमवस्थिताः ।
भीष्ममेवाभिरक्षन्तु भवन्तः सर्व एव हि ॥११॥

तस्य संजनयन्हर्षं कुरुवृद्धः पितामहः ।
सिंहनादं विनद्योच्चैः शङ्खं दध्मौ प्रतापवान् ॥१२॥

ततः शङ्खाश्च भेर्यश्च पणवानकगोमुखाः ।
सहसैवाभ्यहन्यन्त स शब्दस्तुमुलोऽभवत् ॥१३॥

ततः श्वेतैर्हयैर्युक्ते महति स्यन्दने स्थितौ ।
माधवः पाण्डवश्चैव दिव्यौ शङ्खौ प्रदध्मतुः ॥१४॥

पाञ्चजन्यं हृषीकेशो देवदत्तं धनंजयः ।
पौण्ड्रं दध्मौ महाशङ्खं भीमकर्मा वृकोदरः ॥१५॥

अनन्तविजयं राजा कुन्तीपुत्रो युधिष्ठिरः ।
नकुलः सहदेवश्च सुघोषमणिपुष्पकौ ॥१६॥

काश्यश्च परमेष्वासः शिखण्डी च महारथः ।
धृष्टद्युम्नो विराटश्च सात्यकिश्चापराजितः ॥१७॥

द्रुपदो द्रौपदेयाश्च सर्वशः पृथिवीपते ।
सौभद्रश्च महाबाहुः शङ्खान्दध्मुः पृथक्पृथक् ॥१८॥

स घोषो धार्तराष्ट्राणां हृदयानि व्यदारयत् ।
नभश्च पृथिवीं चैव तुमुलो व्यनुनादयन् ॥१९॥

अथ व्यवस्थितान्दृष्ट्वा धार्तराष्ट्रान्कपिध्वजः ।
प्रवृत्ते शस्त्रसंपाते धनुरुद्यम्य पाण्डवः ॥२०॥

हृषीकेशं तदा वाक्यमिदमाह महीपते ।
सेनयोरुभयोर्मध्ये रथं स्थापय मेऽच्युत ॥२१॥

यावदेतान्निरीक्षेऽहं योद्धुकामानवस्थितान् ।
कैर्मया सह योद्धव्यमस्मिन्रणसमुद्यमे ॥२२॥

योत्स्यमानानवेक्षेऽहं य एतेऽत्र समागताः ।
धार्तराष्ट्रस्य दुर्बुद्धेर्युद्धे प्रियचिकीर्षवः ॥२३॥

सञ्जय उवाच ।
एवमुक्तो हृषीकेशो गुडाकेशेन भारत ।
सेनयोरुभयोर्मध्ये स्थापयित्वा रथोत्तमम् ॥२४॥

भीष्मद्रोणप्रमुखतः सर्वेषां च महीक्षिताम् ।
उवाच पार्थ पश्यैतान्समवेतान्कुरूनिति ॥२५॥

तत्रापश्यत्स्थितान्पार्थः पितृनथ पितामहान् ।
आचार्यान्मातुलान्भ्रातृन्पुत्रान्पौत्रान्सखींस्तथा ॥२६॥

श्वशुरान्सुहृदश्चैव सेनयोरुभयोरपि ।
तान्समीक्ष्य स कौन्तेयः सर्वान्बन्धूनवस्थितान् ॥२७॥

कृपया परयाविष्टो विषीदन्निदमब्रवीत् ।
दृष्ट्वेमं स्वजनं कृष्ण युयुत्सुं समुपस्थितम् ॥२८॥

सीदन्ति मम गात्राणि मुखं च परिशुष्यति ।
वेपथुश्च शरीरे मे रोमहर्षश्च जायते ॥२९॥

गाण्डीवं स्रंसते हस्तात्त्वक्चैव परिदह्यते ।
न च शक्नोम्यवस्थातुं भ्रमतीव च मे मनः ॥३०॥

निमित्तानि च पश्यामि विपरीतानि केशव ।
न च श्रेयोऽनुपश्यामि हत्वा स्वजनमाहवे ॥३१॥

न काङ्क्षे विजयं कृष्ण न च राज्यं सुखानि च ।
किं नो राज्येन गोविन्द किं भोगैर्जीवितेन वा ॥३२॥

येषामर्थे काङ्क्षितं नो राज्यं भोगाः सुखानि च ।
त इमेऽवस्थिता युद्धे प्राणांस्त्यक्त्वा धनानि च ॥३३॥

आचार्याः पितरः पुत्रास्तथैव च पितामहाः ।
मातुलाः श्वशुराः पौत्राः स्यालाः संबन्धिनस्तथा ॥३४॥

एतान्न हन्तुमिच्छामि घ्नतोऽपि मधुसूदन ।
अपि त्रैलोक्यराज्यस्य हेतोः किं नु महीकृते ॥३५॥

निहत्य धार्तराष्ट्रान्नः का प्रीतिः स्याज्जनार्दन ।
पापमेवाश्रयेदस्मान्हत्वैतानाततायिनः ॥३६॥

तस्मान्नार्हा वयं हन्तुं धार्तराष्ट्रान्स्वबान्धवान् ।
स्वजनं हि कथं हत्वा सुखिनः स्याम माधव ॥३७॥

यद्यप्येते न पश्यन्ति लोभोपहतचेतसः ।
कुलक्षयकृतं दोषं मित्रद्रोहे च पातकम् ॥३८॥

कथं न ज्ञेयमस्माभिः पापादस्मान्निवर्तितुम् ।
कुलक्षयकृतं दोषं प्रपश्यद्भिर्जनार्दन ॥३९॥

कुलक्षये प्रणश्यन्ति कुलधर्माः सनातनाः ।
धर्मे नष्टे कुलं कृत्स्नमधर्मोऽभिभवत्युत ॥४०॥

अधर्माभिभवात्कृष्ण प्रदुष्यन्ति कुलस्त्रियः ।
स्त्रीषु दुष्टासु वार्ष्णेय जायते वर्णसंकरः ॥४१॥

संकरो नरकायैव कुलघ्नानां कुलस्य च ।
पतन्ति पितरो ह्येषां लुप्तपिण्डोदकक्रियाः ॥४२॥

दोषैरेतैः कुलघ्नानां वर्णसंकरकारकैः ।
उत्साद्यन्ते जातिधर्माः कुलधर्माश्च शाश्वताः ॥४३॥

उत्सन्नकुलधर्माणां मनुष्याणां जनार्दन ।
नरके नियतं वासो भवतीत्यनुशुश्रुम ॥४४॥

अहो बत महत्पापं कर्तुं व्यवसिता वयम् ।
यद्राज्यसुखलोभेन हन्तुं स्वजनमुद्यताः ॥४५॥

सञ्जय उवाच ।
एवमुक्त्वार्जुनः संख्ये रथोपस्थ उपाविशत् ।
विसृज्य सशरं चापं शोकसंविग्नमानसः ॥४७॥

ॐ तत्सदिति श्रीमद्भगवद्गीतासूपनिषत्सु ब्रह्मविद्यायां योगशास्त्रे
श्रीकृष्णार्जुनसंवादेऽर्जुनविषादयोगो नाम प्रथमोऽध्यायः ॥१॥

संजय उवाच ।
तं तथा कृपयाविष्टमश्रुपूर्णाकुलेक्षणम् ।
विषीदन्तमिदं वाक्यमुवाच मधुसूदनः ॥१॥

श्रीभगवानुवाच ।
कुतस्त्वा कश्मलमिदं विषमे समुपस्थितम् ।
अनार्यजुष्टमस्वर्ग्यमकीर्तिकरमर्जुन ॥२॥

क्लैब्यं मा स्म गमः पार्थ नैतत्त्वय्युपपद्यते ।
क्षुद्रं हृदयदौर्बल्यं त्यक्त्वोत्तिष्ठ परंतप ॥३॥

अर्जुन उवाच ।
कथं भीष्ममहं संख्ये द्रोणं च मधुसूदन ।
इषुभिः प्रतियोत्स्यामि पूजार्हावरिसूदन ॥४॥

गुरूनहत्वा हि महानुभावान्
श्रेयो भोक्तुं भैक्ष्यमपीह लोके ।
हत्वार्थकामांस्तु गुरूनिहैव
भुञ्जीय भोगान्रुधिरप्रदिग्धान् ॥५॥

न चैतद्विद्मः कतरन्नो गरीयो
यद्वा जयेम यदि वा नो जयेयुः ।
यानेव हत्वा न जिजीविषामः
तेऽवस्थिताः प्रमुखे धार्तराष्ट्राः ॥६॥

कार्पण्यदोषोपहतस्वभावः
पृच्छामि त्वां धर्मसंमूढचेताः ।
यच्छ्रेयः स्यान्निश्चितं ब्रूहि तन्मे
शिष्यस्तेऽहं शाधि मां त्वां प्रपन्नम् ॥७॥

न हि प्रपश्यामि ममापनुद्याद्
यच्छोकमुच्छोषणमिन्द्रियाणाम् ।

संजय उवाच ।
एवमुक्त्वा हृषीकेशं गुडाकेशः परंतप ।
न योत्स्य इति गोविन्दमुक्त्वा तूष्णीं बभूव ह ।।९।।

तमुवाच हृषीकेशः प्रहसन्निव भारत ।
सेनयोरुभयोर्मध्ये विषीदन्तमिदं वचः ।।१०।।

श्रीभगवानुवाच ।
अशोच्यानन्वशोचस्त्वं प्रज्ञावादांश्च भाषसे ।
गतासूनगतासूंश्च नानुशोचन्ति पण्डिताः ।।११।।

न त्वेवाहं जातु नासं न त्वं नेमे जनाधिपाः ।
न चैव न भविष्यामः सर्वे वयमतः परम् ।।१२।।

देहिनोऽस्मिन्यथा देहे कौमारं यौवनं जरा ।
तथा देहान्तरप्राप्तिर्धीरस्तत्र न मुह्यति ।।१३।।

मात्रास्पर्शास्तु कौन्तेय शीतोष्णसुखदुःखदाः ।
आगमापायिनोऽनित्यास्तांस्तितिक्षस्व भारत ।।१४।।

यं हि न व्यथयन्त्येते पुरुषं पुरुषर्षभ ।
समदुःखसुखं धीरं सोऽमृतत्वाय कल्पते ।।१५।।

नासतो विद्यते भावो नाभावो विद्यते सतः ।
उभयोरपि दृष्टोऽन्तस्त्वनयोस्तत्त्वदर्शिभिः ।।१६।।

अविनाशि तु तद्विद्धि येन सर्वमिदं ततम् ।
विनाशमव्ययस्यास्य न कश्चित्कर्तुमर्हति ।।१७।।

अन्तवन्त इमे देहा नित्यस्योक्ताः शरीरिणः ।
अनाशिनोऽप्रमेयस्य तस्माद्युध्यस्व भारत ।।१८।।

य एनं वेत्ति हन्तारं यश्चैनं मन्यते हतम् ।
उभौ तौ न विजानीतो नायं हन्ति न हन्यते ।।१९।।

न जायते म्रियते वा कदाचिद्
नायं भूत्वा भविता वा न भूयः ।
अजो नित्यः शाश्वतोऽयं पुराणो
न हन्यते हन्यमाने शरीरे ।।२०।।

वेदाविनाशिनं नित्यं य एनमजमव्ययम् ।
कथं स पुरुषः पार्थ कं घातयति हन्ति कम् ।।२१।।

वासांसि जीर्णानि यथा विहाय
नवानि गृह्णाति नरोऽपराणि ।
तथा शरीराणि विहाय जीर्णा-
न्यन्यानि संयाति नवानि देही ।।२२।।

नैनं छिन्दन्ति शस्त्राणि नैनं दहति पावकः ।
न चैनं क्लेदयन्त्यापो न शोषयति मारुतः ।।२३।।

अच्छेद्योऽयमदाह्योऽयमक्लेद्योऽशोष्य एव च ।
नित्यः सर्वगतः स्थाणुरचलोऽयं सनातनः ।।२४।।

अव्यक्तोऽयमचिन्त्योऽयमविकार्योऽयमुच्यते ।
तस्मादेवं विदित्वैनं नानुशोचितुमर्हसि ।।२५।।

अथ चैनं नित्यजातं नित्यं वा मन्यसे मृतम् ।
तथापि त्वं महाबाहो नैनं शोचितुमर्हसि ।।२६।।

जातस्य हि ध्रुवो मृत्युर्ध्रुवं जन्म मृतस्य च ।
तस्मादपरिहार्येऽर्थे न त्वं शोचितुमर्हसि ।।२७।।

अव्यक्तादीनि भूतानि व्यक्तमध्यानि भारत ।
अव्यक्तनिधनान्येव तत्र का परिदेवना ।।२८।।

आश्चर्यवत्पश्यति कश्चिदेन-
माश्चर्यवद्वदति तथैव चान्यः ।
आश्चर्यवच्चैनमन्यः शृणोति
श्रुत्वाप्येनं वेद न चैव कश्चित् ।।२९।।

देही नित्यमवध्योऽयं देहे सर्वस्य भारत ।
तस्मात्सर्वाणि भूतानि न त्वं शोचितुमर्हसि ।।३०।।

स्वधर्ममपि चावेक्ष्य न विकम्पितुमर्हसि ।
धर्म्याद्धि युद्धाच्छ्रेयोऽन्यत्क्षत्रियस्य न विद्यते ।।३१।।

यदृच्छया चोपपन्नं स्वर्गद्वारमपावृतम् ।
सुखिनः क्षत्रियाः पार्थ लभन्ते युद्धमीदृशम् ।।३२।।

अथ चेत्त्वमिमं धर्म्यं संग्रामं न करिष्यसि ।
ततः स्वधर्मं कीर्तिं च हित्वा पापमवाप्स्यसि ।।३३।।

अकीर्तिं चापि भूतानि कथयिष्यन्ति तेऽव्ययाम् ।
संभावितस्य चाकीर्तिर्मरणादतिरिच्यते ।।३४।।

भयाद्रणादुपरतं मंस्यन्ते त्वां महारथाः ।
येषां च त्वं बहुमतो भूत्वा यास्यसि लाघवम् ।।३५।।

अवाच्यवादांश्च बहून्वदिष्यन्ति तवाहिताः ।
निन्दन्तस्तव सामर्थ्यं ततो दुःखतरं नु किम् ।।३६।।

हतो वा प्राप्स्यसि स्वर्गं जित्वा वा भोक्ष्यसे महीम् ।
तस्मादुत्तिष्ठ कौन्तेय युद्धाय कृतनिश्चयः ।।३७।।

सुखदुःखे समे कृत्वा लाभालाभौ जयाजयौ ।
ततो युद्धाय युज्यस्व नैवं पापमवाप्स्यसि ।।३८।।

एषा तेऽभिहिता सांख्ये बुद्धिर्योगे त्विमां शृणु ।
बुद्ध्या युक्तो यया पार्थ कर्मबन्धं प्रहास्यसि ।।३९।।

नेहाभिक्रमनाशोऽस्ति प्रत्यवायो न विद्यते ।
स्वल्पमप्यस्य धर्मस्य त्रायते महतो भयात् ।।४०।।

व्यवसायात्मिका बुद्धिरेकेह कुरुनन्दन ।
बहुशाखा ह्यनन्ताश्च बुद्धयोऽव्यवसायिनाम् ।।४१।।

यामिमां पुष्पितां वाचं प्रवदन्त्यविपश्चितः ।
वेदवादरताः पार्थ नान्यदस्तीति वादिनः ।।४२।।

कामात्मानः स्वर्गपरा जन्मकर्मफलप्रदाम् ।
क्रियाविशेषबहुलां भोगैश्वर्यगतिं प्रति ।।४३।।

भोगैश्वर्यप्रसक्तानां तयापहृतचेतसाम् ।
व्यवसायात्मिका बुद्धिः समाधौ न विधीयते ॥४४॥

त्रैगुण्यविषया वेदा निस्त्रैगुण्यो भवार्जुन ।
निर्द्वंद्वो नित्यसत्त्वस्थो निर्योगक्षेम आत्मवान् ॥४५॥

यावानर्थ उदपाने सर्वतः संप्लुतोदके ।
तावान्सर्वेषु वेदेषु ब्राह्मणस्य विजानतः ॥४६॥

कर्मण्येवाधिकारस्ते मा फलेषु कदाचन ।
मा कर्मफलहेतुर्भूर्मा ते सङ्गोऽस्त्वकर्मणि ॥४७॥

योगस्थः कुरु कर्माणि सङ्गं त्यक्त्वा धनंजय ।
सिद्ध्यसिद्ध्योः समो भूत्वा समत्वं योग उच्यते ॥४८॥

दूरेण ह्यवरं कर्म बुद्धियोगाद्धनंजय ।
बुद्धौ शरणमन्विच्छ कृपणाः फलहेतवः ॥४९॥

बुद्धियुक्तो जहातीह उभे सुकृतदुष्कृते ।
तस्माद्योगाय युज्यस्व योगः कर्मसु कौशलम् ॥५०॥

कर्मजं बुद्धियुक्ता हि फलं त्यक्त्वा मनीषिणः ।
जन्मबन्धविनिर्मुक्ताः पदं गच्छन्त्यनामयम् ॥५१॥

यदा ते मोहकलिलं बुद्धिर्व्यतितरिष्यति ।
तदा गन्तासि निर्वेदं श्रोतव्यस्य श्रुतस्य च ॥५२॥

श्रुतिविप्रतिपन्ना ते यदा स्थास्यति निश्चला ।
समाधावचला बुद्धिस्तदा योगमवाप्स्यसि ॥५३॥

अर्जुन उवाच ।
स्थितप्रज्ञस्य का भाषा समाधिस्थस्य केशव ।
स्थितधीः किं प्रभाषेत किमासीत व्रजेत किम् ॥५४॥

श्रीभगवानुवाच ।
प्रजहाति यदा कामान्सर्वान्पार्थ मनोगतान् ।
आत्मन्येवात्मना तुष्टः स्थितप्रज्ञस्तदोच्यते ॥५५॥

दुःखेष्वनुद्विग्नमनाः सुखेषु विगतस्पृहः ।
वीतरागभयक्रोधः स्थितधीर्मुनिरुच्यते ॥५६॥

यः सर्वत्रानभिस्नेहस्तत्तत्प्राप्य शुभाशुभम् ।
नाभिनन्दति न द्वेष्टि तस्य प्रज्ञा प्रतिष्ठिता ॥५७॥

यदा संहरते चायं कूर्मोऽङ्गानीव सर्वशः ।
इन्द्रियाणीन्द्रियार्थेभ्यस्तस्य प्रज्ञा प्रतिष्ठिता ॥५८॥

विषया विनिवर्तन्ते निराहारस्य देहिनः ।
रसवर्जं रसोऽप्यस्य परं दृष्ट्वा निवर्तते ॥५९॥

यततो ह्यपि कौन्तेय पुरुषस्य विपश्चितः ।
इन्द्रियाणि प्रमाथीनि हरन्ति प्रसभं मनः ॥६०॥

तानि सर्वाणि संयम्य युक्त आसीत मत्परः ।
वशे हि यस्येन्द्रियाणि तस्य प्रज्ञा प्रतिष्ठिता ॥६१॥

ध्यायतो विषयान्पुंसः सङ्गस्तेषूपजायते ।
सङ्गात्संजायते कामः कामात्क्रोधोऽभिजायते ॥६२॥

क्रोधाद्भवति संमोहः संमोहात्स्मृतिविभ्रमः ।
स्मृतिभ्रंशाद्बुद्धिनाशो बुद्धिनाशात्प्रणश्यति ॥६३॥

रागद्वेषवियुक्तैस्तु विषयानिन्द्रियैश्चरन् ।
आत्मवश्यैर्विधेयात्मा प्रसादमधिगच्छति ॥६४॥

प्रसादे सर्वदुःखानां हानिरस्योपजायते ।
प्रसन्नचेतसो ह्याशु बुद्धिः पर्यवतिष्ठते ॥६५॥

नास्ति बुद्धिरयुक्तस्य न चायुक्तस्य भावना ।
न चाभावयतः शान्तिरशान्तस्य कुतः सुखम् ॥६६॥

इन्द्रियाणां हि चरतां यन्मनोऽनु विधीयते ।
तदस्य हरति प्रज्ञां वायुर्नावमिवाम्भसि ॥६७॥

तस्माद्यस्य महाबाहो निगृहीतानि सर्वशः ।
इन्द्रियाणीन्द्रियार्थेभ्यस्तस्य प्रज्ञा प्रतिष्ठिता ॥६८॥

या निशा सर्वभूतानां तस्यां जागर्ति संयमी ।
यस्यां जाग्रति भूतानि सा निशा पश्यतो मुनेः ॥६९॥

आपूर्यमाणमचलप्रतिष्ठं
समुद्रमापः प्रविशन्ति यद्वत् ।
तद्वत्कामा यं प्रविशन्ति सर्वे
स शान्तिमाप्नोति न कामकामी ॥७०॥
विहाय कामान्यः सर्वान्पुमांश्चरति निःस्पृहः ।
निर्ममो निरहंकारः स शान्तिमधिगच्छति ॥७१॥

एषा ब्राह्मी स्थितिः पार्थ नैनां प्राप्य विमुह्यति ।
स्थित्वास्यामन्तकालेऽपि ब्रह्मनिर्वाणमृच्छति ॥७२॥

ॐ तत्सदिति श्रीमद्भगवद्गीतासूपनिषत्सु ब्रह्मविद्यायां योगशास्त्रे
श्रीकृष्णार्जुनसंवादे सांख्ययोगो नाम द्वितीयोऽध्यायः ॥२॥

अर्जुन उवाच ।
ज्यायसी चेत्कर्मणस्ते मता बुद्धिर्जनार्दन ।

तत्किं कर्मणि घोरे मां नियोजयसि केशव ॥१॥

व्यामिश्रेणेव वाक्येन बुद्धिं मोहयसीव मे ।
तदेकं वद निश्चित्य येन श्रेयोऽहमाप्नुयाम् ॥२॥

श्रीभगवानुवाच ।
लोकेऽस्मिन्द्विविधा निष्ठा पुरा प्रोक्ता मयानघ ।
ज्ञानयोगेन सांख्यानां कर्मयोगेन योगिनाम् ॥३॥

न कर्मणामनारम्भान्नैष्कर्म्यं पुरुषोऽश्नुते ।
न च संन्यसनादेव सिद्धिं समधिगच्छति ॥४॥

न हि कश्चित्क्षणमपि जातु तिष्ठत्यकर्मकृत् ।
कार्यते ह्यवशः कर्म सर्वः प्रकृतिजैर्गुणैः ॥५॥

कर्मेन्द्रियाणि संयम्य य आस्ते मनसा स्मरन् ।
इन्द्रियार्थान्विमूढात्मा मिथ्याचारः स उच्यते ॥६॥

यस्त्विन्द्रियाणि मनसा नियम्यारभतेऽर्जुन ।
कर्मेन्द्रियैः कर्मयोगमसक्तः स विशिष्यते ॥७॥

नियतं कुरु कर्म त्वं कर्म ज्यायो ह्यकर्मणः ।
शरीरयात्रापि च ते न प्रसिध्येदकर्मणः ॥८॥

यज्ञार्थात्कर्मणोऽन्यत्र लोकोऽयं कर्मबन्धनः ।
तदर्थं कर्म कौन्तेय मुक्तसङ्गः समाचर ॥९॥

सहयज्ञाः प्रजाः सृष्ट्वा पुरोवाच प्रजापतिः ।
अनेन प्रसविष्यध्वमेष वोऽस्त्विष्टकामधुक् ॥१०॥

देवान्भावयतानेन ते देवा भावयन्तु वः ।
परस्परं भावयन्तः श्रेयः परमवाप्स्यथ ॥११॥

इष्टान्भोगान्हि वो देवा दास्यन्ते यज्ञभाविताः ।
तैर्दत्तानप्रदायैभ्यो यो भुङ्क्ते स्तेन एव सः ॥१२॥

यज्ञशिष्टाशिनः सन्तो मुच्यन्ते सर्वकिल्बिषैः ।
भुञ्जते ते त्वघं पापा ये पचन्त्यात्मकारणात् ॥१३॥

अन्नाद्भवन्ति भूतानि पर्जन्यादन्नसंभवः ।
यज्ञाद्भवति पर्जन्यो यज्ञः कर्मसमुद्भवः ॥१४॥

कर्म ब्रह्मोद्भवं विद्धि ब्रह्माक्षरसमुद्भवम् ।
तस्मात्सर्वगतं ब्रह्म नित्यं यज्ञे प्रतिष्ठितम् ॥१५॥

एवं प्रवर्तितं चक्रं नानुवर्तयतीह यः ।
अघायुरिन्द्रियारामो मोघं पार्थ स जीवति ॥१६॥

यस्त्वात्मरतिरेव स्यादात्मतृप्तश्च मानवः ।
आत्मन्येव च संतुष्टस्तस्य कार्यं न विद्यते ॥१७॥

नैव तस्य कृतेनार्थो नाकृतेनेह कश्चन ।
न चास्य सर्वभूतेषु कश्चिदर्थव्यपाश्रयः ॥१८॥

तस्मादसक्तः सततं कार्यं कर्म समाचर ।
असक्तो ह्याचरन्कर्म परमाप्नोति पूरुषः ॥१९॥

कर्मणैव हि संसिद्धिमास्थिता जनकादयः ।
लोकसंग्रहमेवापि संपश्यन्कर्तुमर्हसि ॥२०॥

यद्यदाचरति श्रेष्ठस्तत्तदेवेतरो जनः ।
स यत्प्रमाणं कुरुते लोकस्तदनुवर्तते ॥२१॥

न मे पार्थास्ति कर्तव्यं त्रिषु लोकेषु किंचन ।
नानवाप्तमवाप्तव्यं वर्त एव च कर्मणि ॥२२॥

यदि ह्यहं न वर्तेयं जातु कर्मण्यतन्द्रितः ।
मम वर्त्मानुवर्तन्ते मनुष्याः पार्थ सर्वशः ॥२३॥

उत्सीदेयुरिमे लोका न कुर्यां कर्म चेदहम् ।
संकरस्य च कर्ता स्यामुपहन्यामिमाः प्रजाः ॥२४॥

सक्ताः कर्मण्यविद्वांसो यथा कुर्वन्ति भारत ।
कुर्याद्विद्वांस्तथासक्तश्चिकीर्षुर्लोकसंग्रहम् ॥२५॥

न बुद्धिभेदं जनयेदज्ञानां कर्मसङ्गिनाम् ।
जोषयेत्सर्वकर्माणि विद्वान्युक्तः समाचरन् ॥२६॥

प्रकृतेः क्रियमाणानि गुणैः कर्माणि सर्वशः ।
अहंकारविमूढात्मा कर्ताहमिति मन्यते ॥२७॥

तत्त्ववित्तु महाबाहो गुणकर्मविभागयोः ।
गुणा गुणेषु वर्तन्त इति मत्वा न सज्जते ॥२८॥

प्रकृतेर्गुणसंमूढाः सज्जन्ते गुणकर्मसु ।
तानकृत्स्नविदो मन्दान्कृत्स्नविन्न विचालयेत् ॥२९॥

मयि सर्वाणि कर्माणि संन्यस्याध्यात्मचेतसा ।
निराशीर्निर्ममो भूत्वा युध्यस्व विगतज्वरः ॥३०॥

ये मे मतमिदं नित्यमनुतिष्ठन्ति मानवाः ।
श्रद्धावन्तोऽनसूयन्तो मुच्यन्ते तेऽपि कर्मभिः ॥३१॥

ये त्वेतदभ्यसूयन्तो नानुतिष्ठन्ति मे मतम् ।
सर्वज्ञानविमूढांस्तान्विद्धि नष्टानचेतसः ॥३२॥

सदृशं चेष्टते स्वस्याः प्रकृतेर्ज्ञानवानपि ।
प्रकृतिं यान्ति भूतानि निग्रहः किं करिष्यति ॥३३॥

इन्द्रियस्येन्द्रियस्यार्थे रागद्वेषौ व्यवस्थितौ ।
तयोर्न वशमागच्छेत्तौ ह्यस्य परिपन्थिनौ ॥३४॥

श्रेयान्स्वधर्मो विगुणः परधर्मात्स्वनुष्ठितात् ।
स्वधर्मे निधनं श्रेयः परधर्मो भयावहः ॥३५॥

अर्जुन उवाच ।
अथ केन प्रयुक्तोऽयं पापं चरति पूरुषः ।
अनिच्छन्नपि वार्ष्णेय बलादिव नियोजितः ॥३६॥

श्रीभगवानुवाच ।
काम एष क्रोध एष रजोगुणसमुद्भवः ।
महाशनो महापाप्मा विद्ध्येनमिह वैरिणम् ॥३७॥

धूमेनाव्रियते वह्निर्यथादर्शो मलेन च ।
यथोल्बेनावृतो गर्भस्तथा तेनेदमावृतम् ॥३८॥

आवृतं ज्ञानमेतेन ज्ञानिनो नित्यवैरिणा ।
कामरूपेण कौन्तेय दुष्पूरेणानलेन च ॥३९॥

इन्द्रियाणि मनो बुद्धिरस्याधिष्ठानमुच्यते ।
एतैर्विमोहयत्येष ज्ञानमावृत्य देहिनम् ॥४०॥

तस्मात्त्वमिन्द्रियाण्यादौ नियम्य भरतर्षभ ।
पाप्मानं प्रजहि ह्येनं ज्ञानविज्ञाननाशनम् ॥४१॥

इन्द्रियाणि पराण्याहुरिन्द्रियेभ्यः परं मनः ।
मनसस्तु परा बुद्धिर्यो बुद्धेः परतस्तु सः ॥४२॥

एवं बुद्धेः परं बुद्ध्वा संस्तभ्यात्मानमात्मना ।
जहि शत्रुं महाबाहो कामरूपं दुरासदम् ॥४३॥

ॐ तत्सदिति श्रीमद्भगवद्गीतासूपनिषत्सु ब्रह्मविद्यायां योगशास्त्रे
श्रीकृष्णार्जुनसंवादे कर्मयोगो नाम तृतीयोऽध्यायः ॥३॥

श्रीभगवानुवाच ।
इमं विवस्वते योगं प्रोक्तवानहमव्ययम् ।
विवस्वान्मनवे प्राह मनुरिक्ष्वाकवेऽब्रवीत् ॥१॥

एवं परंपराप्राप्तमिमं राजर्षयो विदुः ।
स कालेनेह महता योगो नष्टः परंतप ॥२॥

स एवायं मया तेऽद्य योगः प्रोक्तः पुरातनः ।
भक्तोऽसि मे सखा चेति रहस्यं ह्येतदुत्तमम् ॥३॥

अर्जुन उवाच ।
अपरं भवतो जन्म परं जन्म विवस्वतः ।
कथमेतद्विजानीयां त्वमादौ प्रोक्तवानिति ॥४॥

श्रीभगवानुवाच ।
बहूनि मे व्यतीतानि जन्मानि तव चार्जुन ।
तान्यहं वेद सर्वाणि न त्वं वेत्थ परंतप ॥५॥

अजोऽपि सन्नव्ययात्मा भूतानामीश्वरोऽपि सन् ।
प्रकृतिं स्वामधिष्ठाय संभवाम्यात्ममायया ॥६॥

यदा यदा हि धर्मस्य ग्लानिर्भवति भारत ।
अभ्युत्थानमधर्मस्य तदात्मानं सृजाम्यहम् ॥७॥

परित्राणाय साधूनां विनाशाय च दुष्कृताम् ।
धर्मसंस्थापनार्थाय संभवामि युगे युगे ॥८॥

जन्म कर्म च मे दिव्यमेवं यो वेत्ति तत्त्वतः ।
त्यक्त्वा देहं पुनर्जन्म नैति मामेति सोऽर्जुन ॥९॥

वीतरागभयक्रोधा मन्मया मामुपाश्रिताः ।
बहवो ज्ञानतपसा पूता मद्भावमागताः ॥१०॥

ये यथा मां प्रपद्यन्ते तांस्तथैव भजाम्यहम् ।
मम वर्त्मानुवर्तन्ते मनुष्याः पार्थ सर्वशः ॥११॥

काङ्क्षन्तः कर्मणां सिद्धिं यजन्त इह देवताः ।
क्षिप्रं हि मानुषे लोके सिद्धिर्भवति कर्मजा ॥१२॥

चातुर्वर्ण्यं मया सृष्टं गुणकर्मविभागशः ।
तस्य कर्तारमपि मां विद्ध्यकर्तारमव्ययम् ॥१३॥

न मां कर्माणि लिम्पन्ति न मे कर्मफले स्पृहा ।
इति मां योऽभिजानाति कर्मभिर्न स बध्यते ॥१४॥

एवं ज्ञात्वा कृतं कर्म पूर्वैरपि मुमुक्षुभिः ।
कुरु कर्मैव तस्मात्त्वं पूर्वैः पूर्वतरं कृतम् ॥१५॥

किं कर्म किमकर्मेति कवयोऽप्यत्र मोहिताः ।
तत्ते कर्म प्रवक्ष्यामि यज्ज्ञात्वा मोक्ष्यसेऽशुभात् ॥१६॥

कर्मणो ह्यपि बोद्धव्यं बोद्धव्यं च विकर्मणः ।
अकर्मणश्च बोद्धव्यं गहना कर्मणो गतिः ॥१७॥

कर्मण्यकर्म यः पश्येदकर्मणि च कर्म यः ।
स बुद्धिमान्मनुष्येषु स युक्तः कृत्स्नकर्मकृत् ॥१८॥

यस्य सर्वे समारम्भाः कामसंकल्पवर्जिताः ।
ज्ञानाग्निदग्धकर्माणं तमाहुः पण्डितं बुधाः ॥१९॥

त्यक्त्वा कर्मफलासङ्गं नित्यतृप्तो निराश्रयः ।
कर्मण्यभिप्रवृत्तोऽपि नैव किंचित्करोति सः ॥२०॥

निराशीर्यतचित्तात्मा त्यक्तसर्वपरिग्रहः ।
शारीरं केवलं कर्म कुर्वन्नाप्नोति किल्बिषम् ।।२१।।

यदृच्छालाभसंतुष्टो द्वंद्वातीतो विमत्सरः ।
समः सिद्धावसिद्धौ च कृत्वापि न निबध्यते ।।२२।।

गतसङ्गस्य मुक्तस्य ज्ञानावस्थितचेतसः ।
यज्ञायाचरतः कर्म समग्रं प्रविलीयते ।।२३।।

ब्रह्मार्पणं ब्रह्म हविर्ब्रह्माग्नौ ब्रह्मणा हुतम् ।
ब्रह्मैव तेन गन्तव्यं ब्रह्मकर्मसमाधिना ।।२४।।

दैवमेवापरे यज्ञं योगिनः पर्युपासते ।
ब्रह्माग्नावपरे यज्ञं यज्ञेनैवोपजुह्वति ।।२५।।

श्रोत्रादीनीन्द्रियाण्यन्ये संयमाग्निषु जुह्वति ।
शब्दादीन्विषयानन्य इन्द्रियाग्निषु जुह्वति ।।२६।।

सर्वाणीन्द्रियकर्माणि प्राणकर्माणि चापरे ।
आत्मसंयमयोगाग्नौ जुह्वति ज्ञानदीपिते ।।२७।।

द्रव्ययज्ञास्तपोयज्ञा योगयज्ञास्तथापरे ।
स्वाध्यायज्ञानयज्ञाश्च यतयः संशितव्रताः ।।२८।।

अपाने जुह्वति प्राणं प्राणेऽपानं तथापरे ।
प्राणापानगती रुद्ध्वा प्राणायामपरायणाः ।।२९।।

अपरे नियताहाराः प्राणान्प्राणेषु जुह्वति ।
सर्वेऽप्येते यज्ञविदो यज्ञक्षपितकल्मषाः ।।३०।।

यज्ञशिष्टामृतभुजो यान्ति ब्रह्म सनातनम् ।
नायं लोकोऽस्त्ययज्ञस्य कुतोऽन्यः कुरुसत्तम ।।३१।।

एवं बहुविधा यज्ञा वितता ब्रह्मणो मुखे ।
कर्मजान्विद्धि तान्सर्वानेवं ज्ञात्वा विमोक्ष्यसे ।।३२।।

श्रेयान्द्रव्यमयाद्यज्ञाज्ज्ञानयज्ञः परंतप ।
सर्वं कर्माखिलं पार्थ ज्ञाने परिसमाप्यते ।।३३।।

तद्विद्धि प्रणिपातेन परिप्रश्नेन सेवया ।
उपदेक्ष्यन्ति ते ज्ञानं ज्ञानिनस्तत्त्वदर्शिनः ।।३४।।

यज्ज्ञात्वा न पुनर्मोहमेवं यास्यसि पाण्डव ।
येन भूतान्यशेषेण द्रक्ष्यस्यात्मन्यथो मयि ।।३५।।

अपि चेदसि पापेभ्यः सर्वेभ्यः पापकृत्तमः ।
सर्वं ज्ञानप्लवेनैव वृजिनं संतरिष्यसि ।।३६।।

यथैधांसि समिद्धोऽग्निर्भस्मसात्कुरुतेऽर्जुन ।
ज्ञानाग्निः सर्वकर्माणि भस्मसात्कुरुते तथा ।।३७।।

न हि ज्ञानेन सदृशं पवित्रमिह विद्यते ।
तत्स्वयं योगसंसिद्धः कालेनात्मनि विन्दति ।।३८।।

श्रद्धावाँल्लभते ज्ञानं तत्परः संयतेन्द्रियः ।
ज्ञानं लब्ध्वा परां शान्तिमचिरेणाधिगच्छति ।।३९।।

अज्ञश्चाश्रद्दधानश्च संशयात्मा विनश्यति ।
नायं लोकोऽस्ति न परो न सुखं संशयात्मनः ।।४०।।

योगसंन्यस्तकर्माणं ज्ञानसंछिन्नसंशयम् ।
आत्मवन्तं न कर्माणि निबध्नन्ति धनंजय ।।४१।।

तस्मादज्ञानसंभूतं हृत्स्थं ज्ञानासिनात्मनः ।
छित्त्वैनं संशयं योगमातिष्ठोत्तिष्ठ भारत ।।४२।।

ॐ तत्सदिति श्रीमद्भगवद्गीतासूपनिषत्सु ब्रह्मविद्यायां योगशास्त्रे
श्रीकृष्णार्जुनसंवादे ज्ञानकर्मसंन्यासयोगो नाम चतुर्थोऽध्यायः ।।

अर्जुन उवाच ।
संन्यासं कर्मणां कृष्ण पुनर्योगं च शंससि ।
यच्छ्रेय एतयोरेकं तन्मे ब्रूहि सुनिश्चितम् ।।१।।

श्रीभगवानुवाच ।
संन्यासः कर्मयोगश्च निःश्रेयसकरावुभौ ।
तयोस्तु कर्मसंन्यासात्कर्मयोगो विशिष्यते ।।२।।

ज्ञेयः स नित्यसंन्यासी यो न द्वेष्टि न काङ्क्षति ।
निर्द्वंद्वो हि महाबाहो सुखं बन्धात्प्रमुच्यते ।।३।।

सांख्ययोगौ पृथग्बालाः प्रवदन्ति न पण्डिताः ।
एकमप्यास्थितः सम्यगुभयोर्विन्दते फलम् ।।४।।

यत्सांख्यैः प्राप्यते स्थानं तद्योगैरपि गम्यते ।
एकं सांख्यं च योगं च यः पश्यति स पश्यति ।।५।।

संन्यासस्तु महाबाहो दुःखमाप्तुमयोगतः ।
योगयुक्तो मुनिर्ब्रह्म नचिरेणाधिगच्छति ।।६।।

योगयुक्तो विशुद्धात्मा विजितात्मा जितेन्द्रियः ।
सर्वभूतात्मभूतात्मा कुर्वन्नपि न लिप्यते ।।७।।

नैव किंचित्करोमीति युक्तो मन्येत तत्त्ववित् ।
पश्यञ्शृण्वन्स्पृशञ्जिघ्रन्नश्नन्गच्छन्स्वपञ्श्वसन् ।।८।।

प्रलपन्विसृजन्गृह्णन्नुन्मिषन्निमिषन्नपि ।
इन्द्रियाणीन्द्रियार्थेषु वर्तन्त इति धारयन् ।।९।।

ब्रह्मण्याधाय कर्माणि सङ्गं त्यक्त्वा करोति यः ।
लिप्यते न स पापेन पद्मपत्रमिवाम्भसा ।।१०।।

कायेन मनसा बुद्ध्या केवलैरिन्द्रियैरपि ।
योगिनः कर्म कुर्वन्ति सङ्गं त्यक्त्वात्मशुद्धये ॥११॥

युक्तः कर्मफलं त्यक्त्वा शान्तिमाप्नोति नैष्ठिकीम् ।
अयुक्तः कामकारेण फले सक्तो निबध्यते ॥१२॥

सर्वकर्माणि मनसा संन्यस्यास्ते सुखं वशी ।
नवद्वारे पुरे देही नैव कुर्वन्न कारयन् ॥१३॥

न कर्तृत्वं न कर्माणि लोकस्य सृजति प्रभुः ।
न कर्मफलसंयोगं स्वभावस्तु प्रवर्तते ॥१४॥

नादत्ते कस्यचित्पापं न चैव सुकृतं विभुः ।
अज्ञानेनावृतं ज्ञानं तेन मुह्यन्ति जन्तवः ॥१५॥

ज्ञानेन तु तदज्ञानं येषां नाशितमात्मनः ।
तेषामादित्यवज्ज्ञानं प्रकाशयति तत्परम् ॥१६॥

तद्बुद्धयस्तदात्मानस्तन्निष्ठास्तत्परायणाः ।
गच्छन्त्यपुनरावृत्तिं ज्ञाननिर्धूतकल्मषाः ॥१७॥

विद्याविनयसंपन्ने ब्राह्मणे गवि हस्तिनि ।
शुनि चैव श्वपाके च पण्डिताः समदर्शिनः ॥१८॥

इहैव तैर्जितः सर्गो येषां साम्ये स्थितं मनः ।
निर्दोषं हि समं ब्रह्म तस्माद्ब्रह्मणि ते स्थिताः ॥१९॥

न प्रहृष्येत्प्रियं प्राप्य नोद्विजेत्प्राप्य चाप्रियम् ।
स्थिरबुद्धिरसंमूढो ब्रह्मविद्ब्रह्मणि स्थितः ॥२०॥

बाह्यस्पर्शेष्वसक्तात्मा विन्दत्यात्मनि यत्सुखम् ।
स ब्रह्मयोगयुक्तात्मा सुखमक्षयमश्नुते ॥२१॥

ये हि संस्पर्शजा भोगा दुःखयोनय एव ते ।
आद्यन्तवन्तः कौन्तेय न तेषु रमते बुधः ॥२२॥

शक्नोतीहैव यः सोढुं प्राक्शरीरविमोक्षणात् ।
कामक्रोधोद्भवं वेगं स युक्तः स सुखी नरः ॥२३॥

योऽन्तःसुखोऽन्तरारामस्तथान्तर्ज्योतिरेव यः ।
स योगी ब्रह्मनिर्वाणं ब्रह्मभूतोऽधिगच्छति ॥२४॥

लभन्ते ब्रह्मनिर्वाणमृषयः क्षीणकल्मषाः ।
छिन्नद्वैधा यतात्मानः सर्वभूतहिते रताः ॥२५॥

कामक्रोधवियुक्तानां यतीनां यतचेतसाम् ।
अभितो ब्रह्मनिर्वाणं वर्तते विदितात्मनाम् ॥२६॥

स्पर्शान्कृत्वा बहिर्बाह्यांश्चक्षुश्चैवान्तरे भ्रुवोः ।
प्राणापानौ समौ कृत्वा नासाभ्यन्तरचारिणौ ॥२७॥

यतेन्द्रियमनोबुद्धिर्मुनिर्मोक्षपरायणः ।
विगतेच्छाभयक्रोधो यः सदा मुक्त एव सः ॥२८॥

भोक्तारं यज्ञतपसां सर्वलोकमहेश्वरम् ।
सुहृदं सर्वभूतानां ज्ञात्वा मां शान्तिमृच्छति ॥२९॥

ॐ तत्सदिति श्रीमद्भगवद्गीतासूपनिषत्सु ब्रह्मविद्यायां योगशास्त्रे श्रीकृष्णार्जुनसंवादे कर्मसंन्यासयोगो नाम पञ्चमोऽध्यायः ॥५॥

श्रीभगवानुवाच ।
अनाश्रितः कर्मफलं कार्यं कर्म करोति यः ।
स संन्यासी च योगी च न निरग्निर्न चाक्रियः ॥१॥

यं संन्यासमिति प्राहुर्योगं तं विद्धि पाण्डव ।
न ह्यसंन्यस्तसंकल्पो योगी भवति कश्चन ॥२॥

आरुरुक्षोर्मुनेर्योगं कर्म कारणमुच्यते ।
योगारूढस्य तस्यैव शमः कारणमुच्यते ॥३॥

यदा हि नेन्द्रियार्थेषु न कर्मस्वनुषज्जते ।
सर्वसंकल्पसंन्यासी योगारूढस्तदोच्यते ॥४॥

उद्धरेदात्मनात्मानं नात्मानमवसादयेत् ।
आत्मैव ह्यात्मनो बन्धुरात्मैव रिपुरात्मनः ॥५॥

बन्धुरात्मात्मनस्तस्य येनात्मैवात्मना जितः ।
अनात्मनस्तु शत्रुत्वे वर्तेतात्मैव शत्रुवत् ॥६॥

जितात्मनः प्रशान्तस्य परमात्मा समाहितः ।
शीतोष्णसुखदुःखेषु तथा मानापमानयोः ॥७॥

ज्ञानविज्ञानतृप्तात्मा कूटस्थो विजितेन्द्रियः ।
युक्त इत्युच्यते योगी समलोष्टाश्मकाञ्चनः ॥८॥

सुहृन्मित्रार्युदासीनमध्यस्थद्वेष्यबन्धुषु ।
साधुष्वपि च पापेषु समबुद्धिर्विशिष्यते ॥९॥

योगी युञ्जीत सततमात्मानं रहसि स्थितः ।
एकाकी यतचित्तात्मा निराशीरपरिग्रहः ॥१०॥

शुचौ देशे प्रतिष्ठाप्य स्थिरमासनमात्मनः ।
नात्युच्छ्रितं नातिनीचं चैलाजिनकुशोत्तरम् ॥११॥

तत्रैकाग्रं मनः कृत्वा यतचित्तेन्द्रियक्रियः ।
उपविश्यासने युञ्ज्याद्योगमात्मविशुद्धये ॥१२॥

समं कायशिरोग्रीवं धारयन्नचलं स्थिरः ।
संप्रेक्ष्य नासिकाग्रं स्वं दिशश्चानवलोकयन् ॥१३॥

प्रशान्तात्मा विगतभीर्ब्रह्मचारिव्रते स्थितः ।
मनः संयम्य मच्चित्तो युक्त आसीत मत्परः ॥१४॥

युञ्जन्नेवं सदात्मानं योगी नियतमानसः ।
शान्तिं निर्वाणपरमां मत्संस्थामधिगच्छति ॥१५॥

नात्यश्नतस्तु योगोऽस्ति न चैकान्तमनश्नतः ।
न चाति स्वप्नशीलस्य जाग्रतो नैव चार्जुन ॥१६॥

युक्ताहारविहारस्य युक्तचेष्टस्य कर्मसु ।
युक्तस्वप्नावबोधस्य योगो भवति दुःखहा ॥१७॥

यदा विनियतं चित्तमात्मन्येवावतिष्ठते ।
निःस्पृहः सर्वकामेभ्यो युक्त इत्युच्यते तदा ॥१८॥

यथा दीपो निवातस्थो नेङ्गते सोपमा स्मृता ।
योगिनो यतचित्तस्य युञ्जतो योगमात्मनः ॥१९॥

यत्रोपरमते चित्तं निरुद्धं योगसेवया ।
यत्र चैवात्मनात्मानं पश्यन्नात्मनि तुष्यति ॥२०॥

सुखमात्यन्तिकं यत्तद्बुद्धिग्राह्यमतीन्द्रियम् ।
वेत्ति यत्र न चैवायं स्थितश्चलति तत्त्वतः ॥२१॥

यं लब्ध्वा चापरं लाभं मन्यते नाधिकं ततः ।
यस्मिन्स्थितो न दुःखेन गुरुणापि विचाल्यते ॥२२॥

तं विद्याद्दुःखसंयोगवियोगं योगसंज्ञितम् ।
स निश्चयेन योक्तव्यो योगोऽनिर्विण्णचेतसा ॥२३॥

संकल्पप्रभवान्कामांस्त्यक्त्वा सर्वानशेषतः ।
मनसैवेन्द्रियग्रामं विनियम्य समन्ततः ॥२४॥

शनैः शनैरुपरमेद्बुद्ध्या धृतिगृहीतया ।
आत्मसंस्थं मनः कृत्वा न किंचिदपि चिन्तयेत् ॥२५॥

यतो यतो निश्चरति मनश्चञ्चलमस्थिरम् ।
ततस्ततो नियम्यैतदात्मन्येव वशं नयेत् ॥२६॥

प्रशान्तमनसं ह्येनं योगिनं सुखमुत्तमम् ।
उपैति शान्तरजसं ब्रह्मभूतमकल्मषम् ॥२७॥

युञ्जन्नेवं सदात्मानं योगी विगतकल्मषः ।
सुखेन ब्रह्मसंस्पर्शमत्यन्तं सुखमश्नुते ॥२८॥

सर्वभूतस्थमात्मानं सर्वभूतानि चात्मनि ।
ईक्षते योगयुक्तात्मा सर्वत्र समदर्शनः ॥२९॥

यो मां पश्यति सर्वत्र सर्वं च मयि पश्यति ।
तस्याहं न प्रणश्यामि स च मे न प्रणश्यति ॥३०॥

सर्वभूतस्थितं यो मां भजत्येकत्वमास्थितः ।
सर्वथा वर्तमानोऽपि स योगी मयि वर्तते ॥३१॥

आत्मौपम्येन सर्वत्र समं पश्यति योऽर्जुन ।
सुखं वा यदि वा दुःखं स योगी परमो मतः ॥३२॥

अर्जुन उवाच ।
योऽयं योगस्त्वया प्रोक्तः साम्येन मधुसूदन ।
एतस्याहं न पश्यामि चञ्चलत्वात्स्थितिं स्थिराम् ॥३३॥

चञ्चलं हि मनः कृष्ण प्रमाथि बलवद्दृढम् ।
तस्याहं निग्रहं मन्ये वायोरिव सुदुष्करम् ॥३४॥

श्रीभगवानुवाच ।
असंशयं महाबाहो मनो दुर्निग्रहं चलम् ।
अभ्यासेन तु कौन्तेय वैराग्येण च गृह्यते ॥३५॥

असंयतात्मना योगो दुष्प्राप इति मे मतिः ।
वश्यात्मना तु यतता शक्योऽवाप्तुमुपायतः ॥३६॥

अर्जुन उवाच ।
अयतिः श्रद्धयोपेतो योगाच्चलितमानसः ।
अप्राप्य योगसंसिद्धिं कां गतिं कृष्ण गच्छति ॥३७॥

कच्चिन्नोभयविभ्रष्टश्छिन्नाभ्रमिव नश्यति ।
अप्रतिष्ठो महाबाहो विमूढो ब्रह्मणः पथि ॥३८॥

एतन्मे संशयं कृष्ण छेत्तुमर्हस्यशेषतः ।
त्वदन्यः संशयस्यास्य छेत्ता न ह्युपपद्यते ॥३९॥

श्रीभगवानुवाच ।
पार्थ नैवेह नामुत्र विनाशस्तस्य विद्यते ।
न हि कल्याणकृत्कश्चिद्दुर्गतिं तात गच्छति ॥४०॥

प्राप्य पुण्यकृताँल्लोकानुषित्वा शाश्वतीः समाः ।
शुचीनां श्रीमतां गेहे योगभ्रष्टोऽभिजायते ॥४१॥

अथवा योगिनामेव कुले भवति धीमताम् ।
एतद्धि दुर्लभतरं लोके जन्म यदीदृशम् ॥४२॥

तत्र तं बुद्धिसंयोगं लभते पौर्वदेहिकम् ।
यतते च ततो भूयः संसिद्धौ कुरुनन्दन ॥४३॥

पूर्वाभ्यासेन तेनैव ह्रियते ह्यवशोऽपि सः ।
जिज्ञासुरपि योगस्य शब्दब्रह्मातिवर्तते ॥४४॥

प्रयत्नाद्यतमानस्तु योगी संशुद्धकिल्बिषः ।
अनेकजन्मसंसिद्धस्ततो याति परां गतिम् ॥४५॥

तपस्विभ्योऽधिको योगी ज्ञानिभ्योऽपि मतोऽधिकः ।
कर्मिभ्यश्चाधिको योगी तस्माद्योगी भवार्जुन ॥४६॥

योगिनामपि सर्वेषां मद्गतेनान्तरात्मना ।
श्रद्धावान्भजते यो मां स मे युक्ततमो मतः ॥४७॥

ॐ तत्सदिति श्रीमद्भगवद्गीतासूपनिषत्सु ब्रह्मविद्यायां योगशास्त्रे
श्रीकृष्णार्जुनसंवादे आत्मसंन्यासयोगो नाम षष्ठोऽध्यायः ॥६॥